Tierra vieja

Tierra vieja

Antonio Pérez Henares

Papel certificado por el Forest Stewardship Council®

MIXTO
Papel procedente de fuentes responsables
FSC® C117695

Penguin Random House Grupo Editorial

Primera edición: mayo de 2022

Printed in Spain – Impreso en España

ISBN: 978-84-666-7202-3
Depósito legal: B-3.257-2022

Compuesto en Comptex&Ass. S. L.

Impreso en Rotoprint By Domingo, S.L.
Castellar del Vallès (Barcelona)

BS 7 2 0 2 3

A mi abuelo, el Valentín, a mi padre,
el Antonio, y a mi madre, la Agustina
*(*in memoriam*), y con ellos a todas las*
generaciones que durante siglos hicieron,
con sus manos y sudor, y a veces sangre,
esa hermosa y vieja tierra de la que
me siento también hijo

LIBRO PRIMERO

COMÚN DE TIERRA DE ATIENZA

LABRADORES

1

La mula

Los dos hermanos, al salir de misa, se habían subido hasta el castillo. Bueno, hasta la plataforma rocosa donde aún emergían restos de la barbacana y la torre desportillada y cada vez más derruida. Su piedra venía muy bien para todo lo que se levantaba o rehacía en el pueblo. Pero le seguían llamando «el castillo» y al Valentín y al Julián les gustaba subir y sentarse a mirar desde allí. Sobre todo hacia la sierra, allá al fondo, azulando a lo lejos y cerrando el horizonte; a las lomas de Peña Blanca, al otro lado del río, al que delataba la serpiente de árboles que lo seguía, y ya, en este, la vega del Samoral, el Bacho de San Pedro y la Salía por donde el arroyo de Fuente Rey se iba encharcando y enredando en carrizales hasta ir a verter en el Henares.

Era allí donde habían estado quemando, roturando y haciendo una reguera para poder aprovechar aquella buena tierra y sembrar melones y calabazas, y también unas semillas que les había traído el Juanito desde Zorita y que llamaban alubias o judías, porque las sembraban los moros y se las vendían a los judíos que gustaban de comerlas y utilizarlas en los platos ceremoniales suyos. Las habían probado y les habían complacido mucho.[1] En el Bacho de San Pedro echarían trigo y en las franjas pegadas a la reguera se podrían poner berzas, rábanos, cebollas y cualquier hortaliza. En el Samoral ya tenían también algunas pero lo que allí medraba que daba gusto eran los frutales.

Habían contemplado, despacio y satisfechos, señalándose esto o aquello, su propia faena, que les había llevado más de una semana, y de dos, de sudores. Luego, callados, los ojos se les habían ido hacia el fondo, hacia las crestas de la sierra, más allá de por donde, aunque no se veía, caía Atienza. Contra la cordillera ya rebotaba la vista pero sus recuerdos traspasaban sus picos y los hacían viajar a otros lugares que guardaban en un rincón de la memoria. Aquellos en los que nacieron y de los que un día, ya un tanto lejano, aunque bien presente, vinieron huyendo.

El Valentín se volvió hacia su hermano y le dijo:

—¿Ves, Julián, como hicimos bien entonces en no matar a aquel mozo para robarle la mula?

—Me quitaste la idea de la cabeza, sí. Pero necesitábamos una caballería y él llevaba dos.

1. La alubia (*al-lubya*) apenas fue cultivada en la Edad Media. Las europeas de la familia botánica *Vigna* las trajeron los árabes de Asia, pero no se generalizó su cultivo ni tuvieron apenas aceptación en las mesas cristianas sino, y además del plato árabe (*alubiya*), en la cocina judía que las utilizaba en sus ceremonias. La multitud de variedades americanas, traídas desde allí por los españoles, del género *Phaseolus*, esenciales en la dieta de los amerindios, fueron las que conquistaron el mundo y hoy son la leguminosa más extendida. Los árabes también trajeron de Asia el arroz y se crearon los primeros arrozales (siglo XI), pero era un producto carísimo y prohibitivo excepto para los muy poderosos, ricos y exquisitos. Se usaba para dulces. Fueron en este caso los españoles quienes lo llevaron a América.

—Hubiera sido un crimen y nos hubieran enganchado y colgado del pescuezo. Estaríamos criando malvas hace ya muchos años.

—Sin mula también nos hubiéramos muerto de hambre.

—Tuvimos la mula al final, en préstamo, y un amigo para siempre.

—Habría que ir un día a Atienza a ver a Pedro. Quién iba a decirnos que el muchacho tenía que ver con el propio rey Alfonso.

—Él se lo tuvo bien callado al principio.

—Y tanto que se lo tuvo, si quien nos lo dijo no fue siquiera él sino el Juanillo. Tenemos que ir a verlo.

—A ver si vamos este año.

Se callaron un rato. A saber qué año les acabaría por venir bien con todo lo que había que hacer siempre. Al cabo volvió a hablar el Valentín.

—¿Sabes, Julián? No te lo he dicho en todos estos años, pero a mí también se me pasó por la cabeza matarlo. Menos mal que vencimos la tentación.

—La mula fue bien buena hasta el final. Hasta para morirse, que se rompió una pata y la tuvimos que matar. Pero al no morir de enfermedad, pudimos aprovechar la carne y comérnosla —respondió su hermano.

—Y el Maula la piel.

—El Maula lo aprovecha todo —concluyó el Julián.

Aquella mula y aquel mozo habían cambiado la vida de los dos hermanos fugitivos. Fue aquella noche de hacía ya más de diez años en la que pudo haberse acabado por despeñarse todo y que sin embargo alumbró una mañana donde se les comenzó a enderezar la vida.

Pedro de Atienza andaba entonces por los diecisiete años y ellos por la veintena, el Valentín recién pasada y el Julián a punto de cumplirla, según sus cuentas. Cuando le vieron bajar al atardecer por el camino de Fuente Rey, la única fuente con pilones de piedra escalonados que había quedado en todo aquel término casi por completo abandonado, y abrevar a las dos caballerías que traía, un caballo en el que montaba y una mula en reata, supieron solo por ello, y bien de sobra, que mejor condición que ellos tenía. Porque ellos no tenían nada. Hacía muy poco que habían llegado a las ruinas de aquel pueblo hundido, donde no parecía quedar nadie, y allí se habían resguardado. Con ellos solo había venido un perro.

Cuando el joven avanzó hasta el humo que salía de su refugio, ya entre dos luces, lo hizo con precaución pero sin mostrar miedo, aunque lo tuviera. Porque alguna conclusión habría sacado sobre ellos al topárselos allí y de aquella manera. Pero se echaba la noche ya encima, que venía recia de frío. Le propusieron para las caballerías un corral desportillado y a él su lumbre. Desmontó, desaparejó sus bestias, les echó de comer unos puñados de paja y cebada y ellos alcanzaron a vislumbrar el relucir del acero de algún arma entre los fardos. Entraron a lo que era su vivienda y le ofrecieron un pote de caldo caliente donde poco había que mascar pero que le entonó el cuerpo. Él, a cambio, compartió media hogaza de pan con aceite que les puso a ellos golosos los ojos. Luego le señalaron un rincón para dormir y allí trajo el fardo en el que habían visto el brillo del arma y una manta.

En aquel primer encuentro poco supieron el uno de los

otros ni los otros del uno. Ellos porque lo mejor que podían hacer era callar de dónde venían, pues ambos lo hacían huyendo y con sangre a las espaldas. Sí alcanzaron a darle el nombre del pueblo, que habían sabido por un moro solitario que cuidada unas cabras y alguna oveja y andaba por las alcarrias. Pero allí ya no quedaban ni moros ni cristianos. Solo ruinas, ellos dos y el perro.

Él se limitó a dar su origen, Atienza, y el nombre de su abuela, Yosune, que lo había criado y acababa de morirse. Añadió que venía desde Hita, donde tenía parientes, e iba hacia Sigüenza, donde también los tenía. Nada dijo entonces de quién había sido su padre y menos su abuelo, y ni por asomo que a pesar de su humilde condición pocos habría que más tiempo hubieran pasado al lado del pequeño rey Alfonso, quien por aquellos días ya estaba cercano a la mayoría de edad pues iba camino de cumplir los catorce.

Nada dijo de aquello y más aún callaron los otros. Los hechos hablan más que las palabras de la condición de los hombres y los tres demostraron ser de los que hacen honor a las suyas.

Que eran hermanos se notaba, aunque no se lo hubieran dicho, por las trazas y hasta por el andar, aunque el más pequeño, también en corpulencia, aunque los dos la tenían sobrada, renqueaba un poco y dejaba al hermano mayor llevar el peso de la conversación. Que fue escasa. El mozo, aunque no hubiera querido dormirse, estaba rendido de cansancio y sueño y cerró los ojos con la imagen de las anchas espaldas de los otros, todavía sentados en unos troncos ante la hoguera, y el recuerdo de sus gestos secos y duros y tan solo con la esperanza de que no le asaltaran en el mirar de frente, y a los ojos, que los dos tenían. Y porque además no le quedaba otro remedio.

Si tuvo miedo no se le notó en demasía y su alivio, al amanecer vivo, tampoco mucho pero sí que puede que tuviera que ver bastante con su gesto de generosidad y nobleza de aquella mañana.

Con la luz del día el estado del pueblo revelaba, mejor y más ruinosamente, su abandono. La desportillada torre parecía a punto de desplomarse del todo, y alguno de sus lienzos ya lo había hecho y caído desde lo alto por la vertical de las rocas sobre algunas de las casas que estaban bajo la plataforma de piedra. Ellas y las demás estaban muy castigadas así como los cerrados y cobertizos que un día habían sido cuadras, apriscos o vete tú a saber el qué y ahora solo eran paredes hundidas, matojos, maderas y tejas desparramadas.

Pero donde el uno, Pedro, solo veía desolación, los otros, Valentín y Julián, veían oportunidad. Ya le contaron, mientras volvían a agradecer el pan del mozo y alegrarse con el vino con que los regaló para el primer bocado de la mañana, y que se notó que llevaban tiempo sin catar, que allí había mucho que aprovechar y que ya lo habían empezado a hacer. Rebuscando aquí y allá habían logrado componer aperos de labranza y hasta un rudimentario arado.

Fue entonces, al preguntarles si tenían algún animal de tiro, pues solo había visto al perro que le ladró al llegar, y le dijeron que no y que habrían de ser ellos por turnos los que tendrían que unirse para tirar de la reja, cuando salió lo de la mula. Fue entonces cuando al Pedro se le ocurrió aquello que iba a empezarlo todo y cuando se pronunció aquel juramento que desde entonces los había unido para siempre.

—Os hace falta una caballería.

—Ya lo sabemos. Pero no la tenemos, ni posibles para comprarla. Nos arreglaremos como sea.

Pedro de Atienza supo, seguro que lo supo, porque lo dijo, de su tentación la noche pasada.

—Me la podíais haber quitado a la fuerza, y todo lo demás también.

Y tuvo aquel repente, porque fue eso, un repente, sin pensarlo casi. Pero de esos que abren puerta y luz y a ellos, cuántas veces lo habrían recordado, les abrió la vida.

No les dio la mula. Pero fue un regalo. Se la dejó, bajo palabra, en préstamo, junto con los aparejos y algo de cebada también para acompañar al forraje que le tendrían que buscar.

Les dijo algo más, no mucho, sobre quién era. Pedro Pérez de Atienza, hijo de un frontero muerto, como su abuela, y que cuando llegara el verano los arrieros de Atienza, que andaban por todos lados, se la reclamarían en su nombre o él la vendría a buscar. Si tenían ya para entonces con qué pagarla, se la podrían quedar.

Ellos lo juraron por Dios Nuestro Señor y por la Virgen María. Y se dieron la mano después.

Luego le acompañaron un trecho, hasta remontar por el Salto y volver a coger el camino hacia Sigüenza, dando de nuevo vista al Henares, pues el pueblo, aunque cerca, está retirado un trecho del río y no tiene vista a él, excepto desde lo alto de la plataforma de roca donde se asentaba lo que queda del castillo moro.

Allí en el Salto, el Valentín, muy solemne, se despidió con una promesa.

—Por la Virgen María te juramos que lo nuestro es tuyo. De nosotros y de nuestras cosas podrás disponer siempre que quieras y en lo que podamos valerte.

Recordándolo como si fuera ayer, son las cosas que no se olvidan, le dijo ahora el Julián:

—Y lo cumplimos, Valentín. Ya lo creo que sí. Aunque cuando llegó aquel verano la mula no teníamos con qué pagarla.

—Pero seguíamos aquí y aquí aguardamos a que viniera. Que no vino ya solo y supimos de verdad con quién habíamos estado en trance de vete tú a saber el qué.

—Vino con el Juanillo, su primo.

—Que nos estará esperando ahora en la bodega de ahí abajo y que como nos descuidemos se bebe solo todo el vino.

—Todo no se lo va a beber.

—Mejor que nos bajemos, que es bien capaz.

Iban a levantarse cuando algo allá cerca del río llamó la atención de los hermanos. Era un rebaño que había asomado por detrás de la Peña Rodada, un laderón que flanqueaba por la derecha a la Salía, y parecía dirigirse hacia el Henares, aguas abajo.

—Ese es el Maula. Seguro que va por la Aguadina a los altos de la cueva de Nublares.

—Mira que le gusta al moro ese sitio.

2

El Maula

El Maula[2] era el único habitante de Bujalaro cuando el Valentín y el Julián llegaron. Aunque decir habitante era decir mucho porque por el pueblo ni asomaba y tardaron en echarle el ojo pues el moro se ocultaba de ellos, pese a que no podía borrar el rastro de las cagarrutas de su hato de cabras y ovejas. Se notaba que había estado cerrando el ganado en las ruinas del pueblo, pero en cuanto se aposentaron allí los dos cristianos pilló patas y traspuso por las alcarrias.

A los hermanos les costó después lo suyo dar con su refugio en medio del montarral de por allá arriba. Al fin descubrieron su cubil en La Tobilla, al otro lado del chaparral, en la base de un cantil donde la alcarria se desploma ya hacia su otra vertiente. Allí el terreno, tras formar una olla de piedra de toba, se abría hacia un valle abierto por otro río, fruto de las aguas de aquella vertiente, el Badiel, que recorría las tierras y aldeas señoreadas por la villa de Hita.

2. «Maula» era como genéricamente llamaban los cristianos a los musulmanes de origen cristiano que se habían quedado en los territorios reconquistados. También se les denominaba «mezquinos».

El moro los rehuía y eso fue, su temor y el convencimiento de que estaba solo, lo que les animó a encontrarlo. Lo sorprendieron la primera vez dando de beber al ganado en la fuente más baja del sopié del monte más cercano al pueblo, por encima de donde habían descubierto rastro de viejos viñedos y de algunas industrias de tejas casi enterradas, que por ello bautizaron como «los Tejares». Tenía el hato amorrado en la reguera que había formado el manadero y no pudo hurtarse de ellos. Se le acercaron y él, viendo que de huir le quitarían las pocas ovejas que poseía, aguantó a que llegaran.

El moro era más viejo y ellos dos más fuertes, pero, al verse sin escape, les plantó cara y aunque no hizo gesto violento alguno, sí asió su garrota con fuerza. Era un hombre no muy alto, seco de carnes, fibroso y su cara, afilada y barbuda; sus ojos oscuros expresaban prevención, mas también decisión de defenderse.

Entonces hablaron. Él, desde luego, los tenía más vistos que ellos a él. El mismo día que llegaron ya vio el humo, les acechó al siguiente y comprobó que estaban solos, acompañados únicamente por aquel perrucho y sin caballería. De lo que tenían pinta, más que de venir a tomar posesión de la aldea abandonada, era de estar huyendo de alguna. Pero eran sin duda alguna, por sus ropas y voces, cristianos.

No se acercó demasiado para no ser descubierto por el perro y que le echaran la zarpa encima y confió en que al cabo de algunos días se marcharan. Pero se quedaron y el humo subiendo ya fue una constante en cada uno de los amaneceres. Aquellos dos no pensaban irse. Entendió que por las cagarrutas recientes de sus cabras y ovejas sabrían que alguien merodeaba por allí, así que tiró para los llanos en alto[3] y procuró no ser visto. Pero el ganado deja mucha huella a su paso y dieron con él.

El encuentro en la fuente de los Tejares acabó mejor de lo previsto. Hablaron y se entendieron lo que decían el uno y los otros. Aunque había palabras que no comprendían, los tres hablaban lo que las gentes de a pie, y que no era ni la lengua de los mahometanos ni la de los curas. Conversaron y el moro se fue serenando y aflojó la presión de su mano en el mango de la garrota. Los cristianos le preguntaban y él respondía sobre el lugar en el que estaban y los pueblos y lugares cercanos. Les dijo que se llamaba Bujalaro,[4] eso fue más o menos lo que entendieron, y acabó por ordeñar una cabra y darles a beber su leche en un cuenco de madera que sacó de un zurrón que llevaba colgado a la espalda.

Ellos se lo agradecieron no robándole res alguna, que bien hubieran podido hacerlo pues eran dos contra uno. El moro dijo su nombre y ellos el suyo, pero los hermanos fueron incapaces de quedarse con el del musulmán.

Para congraciarse él les había contado que sus ancestros no eran moros venidos de fuera, sino gentes de aquel mismo sitio, y que ya mucho tiempo atrás los abuelos de sus abuelos o antes aún se habían hecho musulmanes.

—¡Ah! —exclamó el Julián—, entonces eres un maula.

Y con el Maula se quedó.

Así le llamaban los monjes del monasterio para el que

3. Ese es el significado del vocablo árabe «alcarria», llano en alto.

4. Su significado puede ser o bien Torre de Al-Harum o bien Torre de la Novia.

ellos habían trabajado, a un siervo que habían comprado a un infanzón que lo trajo cautivo. Gente de baja condición por la que nadie iba a pagar rescate alguno. Así que si un tatarabuelo o lo que fuera de este lo había sido, pues él también lo sería. Un maula. Con aquel nombre se quedó y al cabo de no mucho tiempo por él respondía.

Con el Maula acabaron por ir encontrándose cada vez con mayor frecuencia y menos miedo del pastor. Lo buscaban más ellos a él por la golosina de la leche y porque era quien conocía de verdad todo aquel sitio y cada uno de sus recovecos. Comenzaron los trueques. Él les enseñó los mejores vivares donde cazar conejos y cómo ponerles losas y lazos. Los hermanos, otro día, le subieron una percha de peces en un junco y un capazo de cangrejos que habían pescado. Los cogían a mano, en los agujeros de las orillas o acariciando la barriga de los barbos hasta llegarles a la cabeza y metiendo los dedos cuando abrían los opérculos para respirar y que no se les resbalaran.

El Maula empezó a descender con su rebaño cada vez con mayor frecuencia, bien fuera por el lado de Henarejos o por el camino de Fuente Rey, y ya se estableció en el encuentro el cambio de leche a la que añadió piezas de queso por algo que los otros le pudieran llevar, aunque en realidad lo importante era, y así lo entendía el moro, que le dejaban andar por allí sin meterse con él. Lo seguía haciendo con precaución pues por el camino que venía desde Jadraque algunas veces pasaban arrieros hacia Sigüenza e incluso jinetes armados a caballo y no era cuestión de cruzarse con ellos. Observó que los dos cristianos también se guardaban de tales encuentros, sobre todo con los segundos.

Así se habían ido tratando sin que los hermanos lograran descubrir dónde vivía en el chaparral; eso ya fue después de la llegada de Pedro y del préstamo de la mula. El Maula debió de verlo, ya que estuvo una temporada sin aparecer e incluso llegaron a pensar que se había ido definitivamente pues ni oían a su ganado ni le cortaban el rastro. Estaban casi seguros de que había cogido miedo y se había ido para cualquier sitio lejos de allí, cuando una mañana lo vieron que bajaba hacia la fuente de Fuente Rey por el pico de las Casqueras.

Fueron hacia él e hicieron los pequeños trueques que acostumbraban, siempre mucho más favorables a los cristianos que eran los que menos tenían. Al Valentín y al Julián se les veía muy contentos con su mula y estaban precisamente roturando un poco más abajo, cerca de otro punto de agua, un pequeño manadero donde les pareció que la tierra sería mejor. Un sitio que les había señalado el moro, como había hecho antes con los Tejares y sus restos de las vides arrancadas de cuajo pero alguna no del todo y que había logrado retoñar.

Se restableció el contacto pero el moro seguía sin consentir volver a bajar hasta el pueblo y cobijar allí su ganado. De una forma u otra se escabullía aprovechando el atardecer y desaparecía.

—Este pájaro del moro nos lleva mucho tiempo ocultando dónde vive y para mí que lo hace porque no está solo —se malició el Julián.

—Pues habrá que dar con el sitio, no sea que un día nos

encontremos con que vive una morisma por allí arriba y nos llevemos un disgusto —dijo el Valentín—. La próxima vez que le echemos el ojo hacemos como que nos vamos pero en cuanto traspongamos un poco, yo sigo con la mula pero tú, Julián, te amagas y luego le sigues los pasos.

Parecía fácil el hacerlo, se pensaron, por el rastro que siempre va dejando el ganado. Pero como este no era grande y el Maula muy hábil en ocultarlo a la vista y meterse por trochas y veredas desconocidas, les costó varias intentonas hasta que a la tercera encontraron dónde se ocultaba. El Julián dio con el lugar casi de milagro; gracias a que había muy buena luna vio a su luz blanquear a la olla bajo el cantil.

Había tenido razón el Julián al sospechar. El Maula no estaba solo allí, aunque tuvo que esperar y quedarse hasta el amanecer del día siguiente para comprobar con quién vivía. Luego bajó a toda prisa a contárselo a su hermano mayor, que ya estaba un poco preocupado de su tardanza.

—Pues sí, es verdad, el Maula no está solo. Pero no hay nada que temer. Tiene escondidos en medio del monte a una chiquilla y a un niño aún más pequeño. Los he visto cuando han salido de una choza a despedirse de él.

—Por eso no se ha ido de aquí y por eso era su miedo. Pobre hombre —se compadeció el Valentín.

Cuando se encontraron con él la vez siguiente le dijeron de cara lo que sabían y que no tuviera temor. Más aún, le aconsejaron que debería bajarse con los críos al pueblo; estarían todos mejor y ellos nada malo les iban a hacer. Pero el Maula se asustó y salió a escape intentando alejarse. Esta vez fueron sin duda tras él, lo alcanzaron y le dijeron que, quisiera o no, iban a ir con él hasta La Tobilla, no fuera a haber más moros allí además de sus chicos.

Él protestó, pero no le valió.

El sitio era, desde luego, un buen lugar para ocultarse. Tras subir por el barranco de Fuente Rey, que se iba estrechando, se llegaba a remontar a un espeso chaparral donde las trochas de las reses del pastor se confundían con las veredas de los corzos y de los jabalíes. Después había que cruzar varias cárcavas y tras meterse por un espesar de monte se llegaba, al fin, al viso de la otra vertiente de la alcarria por su lado sur. En un punto de este, el monte en vez de caer de manera suave por la ladera, se desplomaba en un cortado que rezumaba humedad y en años lluviosos llegaba a hacer una mínima cascada. En su base brotaba un manantial de buena agua que se estancaba en una charca hermosa y rodeada de verdor, al borde de la gran olla caliza que iba recogiendo todas las escorrentías de agua hasta romper en el arroyo que se deslizaba valle abajo. Hacia Hita, según les confesó el moro.

Al estar ya para llegar donde vivía, le permitieron que se adelantara y así sus hijos no se asustaran demasiado. El Maula llevó primero el rebaño a un cerrado y volvió donde estaban. Vino con la niña pegada a él y el crío más pequeño cogido de la mano de su hermana. El chiquillo los miraba con miedo y curiosidad al tiempo, pero la niña lo hacía fijamente, muy seria y con sus grandes ojos marrones y almendrados clavados en ellos y en especial en Valentín.

La vivienda tenía paredes de piedra de toba del propio lugar, puerta de troncos finos de carrasca y techo de ramas, paja y barro. Había algunas otras construcciones diseminadas por la olla, pero se notaba que estaban abandonadas desde hacía tiempo. El aprisco del ganado también contaba con otro pequeño edificio techado y con puerta.

—Osos ya no hay por aquí, pero lobos sí —dijo el Maula.

Entraron a la casa, que estaba muy limpia, y a una orden del padre la niña calentó una infusión que olía muy bien y se la ofreció en unos cuencos de madera, endulzada con miel.

—Es té de monte que recoge aquí mismo, en las piedras del cantil. Se lo enseñó a preparar su madre —dijo orgulloso el musulmán—. La miel la saco yo de unas colmenas que tengo al resguardo. En la solana, al otro lado de la olla.

—¿Y tu mujer? —preguntó el Valentín.

—Se murió cuando este acababa de cumplir los dos años. La niña es quien ha cuidado y sacado adelante al chiquillo —contestó señalando al niño.

La niña andaría por los ocho o nueve años. Muy seria y callada, pero atenta a todo y sin dejar de fijarse en cualquier movimiento o gesto de los visitantes. Se comportaba como la mujer de la casa, siempre pendiente, además, de su hermano, que debía de andar por los cuatro años.

No es que fueran bien vestidos, pero tampoco mal ni desharrapados. Y aunque iba quedando atrás el invierno, bien abrigados y calzados sí estaban y bien morenos del aire y del sol.

Algunas prendas parecían recién hechas y el Valentín le preguntó a la niña por ello; esta le respondió que su madre, antes de morirse, le había enseñado a hilar con la rueca. El Maula les mostró también, satisfecho, algunas pieles de animales, que curtidas hacían de alfombras.

El fuego estaba encendido, porque allí en lo alto aún refriaba por las noches; además era mejor mantenerlo vivo para preparar las comidas o poner lo que fuera a calentar. Fuera habían visto una buena pila de leña bien ordenada por tamaños. Dentro olía a buena comida y también a plantas de aroma que colgaban en hacecillos por las paredes. Las camas estaban en alto, sobre unas estructuras de madera y cubiertas asimismo con pieles cosidas unas a otras.

El Maula también les había señalado dónde tenía la quesera. Se emplazaba en un pequeño chozo cónico hecho de piedra no lejos del aprisco. Supusieron que guardaría allí algo más. Pero no se lo enseñó.

El Julián quiso saber si bajaba alguna vez a los pueblos y el Maula le contestó que antes sí, aunque ya cada vez menos. A Jadraque no iba nunca porque a los mezquinos se les miraba mal y se les trataba peor. Temía que le siguieran. Prefería irse, pese a que estuviera mucho más lejos, hasta Hita; allí había mejor mercado y quedaban todavía un puñado de los suyos. A ellos les cambiaba sus quesos, pieles y lana por cosas que necesitaba. Solía dejarles también producto para que se lo vendieran y en ocasiones lo hacía él mismo, pues otro moro le dejaba poner sus cosas junto a las suyas en el mercado.

—Es el hermano de mi primera mujer —se le escapó.

El Maula sabía que estaba hablando demasiado, pero se daba cuenta de que no tenía otra escapatoria que llevarse bien y ganarse a aquellos hombres que habían descubierto su tesoro más preciado y se hallaban muy cerca de él.

Sin embargo, cuando el Julián quiso indagar más, «¿Y qué fue de esa? ¿No tuviste hijos con ella? ¿Qué les pasó?», primero contestó con desgana.

—Todos están muertos.

—¿Y la gente que vivía aquí? —insistió el otro.

El Maula se cerró ya del todo.

—Se marcharon —dijo, y no respondió ya a pregunta alguna más.

Estaba claro que de aquello no quería hablar, y aunque disimulaba, se notaba que le dolía recordarlo y que algo había que prefería callar.

Los dos hermanos se marcharon con el regalo de un tarro de miel y un queso entero, bien contentos con las dos cosas. El Maula los despidió con muchas sonrisas, pero cuando le dijeron que por qué no se bajaba al pueblo, que allí podía acoplarse muy bien en cualquiera de las casas abandonadas, lo rechazó con un gesto, aunque el Valentín le insistió.

—Los niños estarían mejor allá abajo. Solos como están aquí les puede pasar cualquier cosa. Y ahora es el tiempo bueno, pero cuando vuelva el invierno...

El Valentín no había dejado de observar a la niña. El verla allí, tan desvalida y al tiempo tan firme y serena, le causaba una extraña sensación de ternura. Y el pequeñajo casi aún más. Se desataban sus recuerdos y un nombre de mujer.

En la bajada iba tan silencioso y sin prestar atención a lo que Julián le decía que casi ni se enteró de lo que su hermano relataba. Que al fin y al cabo el moro tenía más que ellos, que vivía mejor, que disponía de todo y que debían lograr que les diera o les cambiara por otra cosa algunas pieles y hacerse unas camas igual. Que ahora, ya con la mula y un poco de simiente que habían conseguido y sembrado, algo sacarían para podérselo dar en trueque. O que se lo fiara, si no.

Así iban, el uno hablando y el otro callando, metido en sus recuerdos. Ya estaban a la vista del pueblo y se divisaba la desmochada torre del castillo cuando el Valentín se paró, se quedó muy fijo mirando a su hermano y le espetó:

—¿Sabes, Julián? Tenemos que ir a por ellas. Cuanto antes. Nos las tenemos que traer aquí.

El resto del camino ya lo hicieron en silencio los dos.

3

Pedro y el Juanillo

Cuando Pedro de Atienza, acompañado de su primo Juanillo, volvió a pasar en julio por Bujalaro el Maula tampoco se dejó ver aunque claro que los vio llegar. El moro parecía verlo todo. Los divisó desde el viso de la alcarria, el punto más hacia el naciente hasta donde solía llegar, por encima de la fuente del Puerco. Habrían venido de por donde estaba el castillo de Mandayona, por el sopié de los montes, siguiendo primero el curso del Dulce, dejando a Castejón de Arriba en la altura y al de Abajo al otro lado del río, para luego, cuando vertía aguas en el Henares, bajo el pico de las Matillas, continuar por la ribera y asomar por donde ya los estaba viendo. Venían a caballo, con una mula en reata.

El Valentín y el Julián, que andaban por lo de Henarejos, también los vieron y al reconocer a Pedro salieron a escape hacia ellos, pues mucho le tenían que agradecer. El Valentín llegó a la carrera y sofocado a recibirlos y decirles que el Julián venía detrás tras recoger las cosas y con la mula. Que fueran tirando para el pueblo que vendrían cansados.

Antes de llegar a las casas los alcanzó ya el Julián con la

caballería y el perro que le había ladrado a Pedro la vez anterior; en esta ocasión, a un gesto de los amos, se guardó mucho de hacerlo. La mula no tenía mala traza pero le hacía falta un buen esquilado. Ya en el pueblo Pedro comprobó que tenían acondicionadas dos viviendas con buenos muros de piedra que se habían conservado, a los que ellos habían añadido un tapial en la parte alta y una cubierta de cañizo, barro y teja. Material, con las ruinas del castillo, las barbacanas y las casas hundidas, había de sobra.

De haber llegado solo el de Atienza quizá le hubieran hablado del Maula, pero al verlo acompañado se prefirieron callar. Tiempo habría de hacerlo y tampoco había ahora necesidad. No era cuestión de airearlo; si luego había de decirse pues se decía y ya está, pero nada les iba a los demás el saberlo y cuantos menos lo supieran, mejor.

Tampoco sabían ellos apenas nada del mozo excepto que, sin conocerlo como quien dice, les había dejado en préstamo una mula. Y esta vez tampoco hubieran sabido mucho más de no ser por el Juanillo.

Aunque nada más apearse aquel larguirucho lo primero que les soltó era que le había estado diciendo todo el camino a su primo que no soñara con encontrarlos allí y que lo más seguro era que hubieran desaparecido con la mula nada más trasponer él, resultó luego, y de inmediato, el más dispuesto a hablar y no tardó en hacer las mejores migas con los dos hermanos. Les contó que él había dejado a sus padres en Sigüenza, que eran labradores como sus hermanos, que se habían ido allí desde Hita a repoblar porque el rey les había dado tierras, fueros y vecindad. Como sabía de aquellas cosas, les ponderó lo que les había cundido a ellos en las labores que había ido viendo desde la montura.

Fueron todos, tras desaparejarlos, a dar de beber a los animales a una pequeña fuente que habían abierto muy cerca. Daba buena agua que manaba de la misma roca a los pies del castillo. Les servía de abrevadero y para regar un huertecillo que habían logrado sembrar a base de plantones conseguidos al trueque con un hortelano de Jadraque por conejos y peces.

La comida que les dieron fue bastante mejor y con más sustancia que la que le ofrecieron a Pedro la primera vez. Comieron fuera, a la sombra que hacía el roquedo del castillo. Con la tripa llena y el vino que los visitantes traían se le soltó la lengua al Juanillo, y así es como acabaron por saber quién era su benefactor o su prestamista o las dos cosas a la vez.

Les contó quién era el mozo, cuál la familia de los dos y por qué les llamaban los pardos. Eso venía de que el abuelo de ambos, Pedro el Pardo, había sido uno de aquellos feroces guerreros de Minaya, que hicieron a sus tropas las más temidas por los musulmanes.

—Fíjate cómo serían que hasta yendo ganando los moros, cuando llegaban a topar con sus filas ya daban por bueno el combate y preferían dejarlo ahí —alardeó el Juanillo echándose otro «chispo», lo llamaba así, de vino al gaznate.

El abuelo Pedro era de Atienza, o de por allí, y estaba casado con la abuela Yosune, vascona. Se establecieron en Zorita, que Minaya mandaba, y era en toda aquella zona su fortaleza y enclave principal. Álvar Fáñez había sido señor de mucha tierra y muchas villas desde allí hasta la misma Cuenca. El Pardo había sido un gigante sin miedo que había combatido siempre a su lado, ganado muchas batallas, perdido algunas y casi la vida en Uclés. Había despanzurrado a muchos moros y a algunos cristianos también. Su más leal compañero había sido un musulmán, Muzafa, un *dawair*[5] que había visto morir a su señor, el rey de Badajoz, Al-Mutawakkil, y juró combatir a los almorávides que le habían traicionado y asesinado. Él se cobró con muchos su deuda en sangre y los dos amigos fueron a verter la suya a manos del enemigo común en Recópolis, al lado mismo de la fortaleza de Zorita, en cuyo camposanto Yosune, la vascona, hizo que los enterraran juntos.[6]

El padre del mozo llevó también su nombre, como él ahora, y mantuvo su oficio. Establecido en Hita se convirtió en frontero y había lidiado a las órdenes de los alcaides de la villa o de los adalides de otras ciudades de la extremadura castellana hostigando y debilitando a los almorávides y llevando la guerra y el saqueo al corazón de Al-Ándalus. Lo siguió haciendo contra quienes habían sustituido a estos y eran aún más feroces, los almohades. Sus últimas batallas y su postrer combate lo fueron a librar en las mesnadas

5. *Dawair* o tornadizo, así se conocía a los musulmanes que combatieron del lado cristiano, sobre todo en la frontera del Tajo, contra los almorávides tras haber derrocado estos a los reyes de las taifas.

6. En las excavaciones realizadas en el camposanto medieval de la vieja ciudad visigoda de Recópolis aparecieron dos osamentas con terribles heridas. Una de un verdadero gigante y otra mucho más ligera que llevaba al cuello como amuleto un fragmento de una moneda, con la inscripción «Alá es grande» en árabe, del rey Al-Mutawakkil de Badajoz asesinado por los almorávides junto a la casi totalidad de su familia.

de quien fuera nieto de aquel a quien siguió siempre su padre, Álvar Fáñez, y que llevó muy dignamente su nombre, Álvar Rodríguez el Calvo. En Granada, luchando junto a las fuerzas del Rey Lobo, aliado de los castellanos, tras haber obtenido una gran victoria sucumbieron luego ante un poderoso ejército almohade que acudió desde Sevilla a socorrer la ciudad. El nieto del Minaya y el del Pardo murieron allí. Pedro, muy niño, quedó huérfano, fue recogido por su abuela Yosune y marchó a vivir a Atienza, donde se crio. El padre del Juanillo, Pablo, y otro de los hermanos, Gabriel, estaban ya por entonces establecidos en Sigüenza.

Pero lo que más le gustaba contar al Juanillo era la posterior peripecia de su primo, y la cercanía que esta le había otorgado al joven rey, el octavo de los Alfonsos, que el primo pugnaba por recrear y agrandar y Pedro protestaba y la achicaba con no poca incomodidad.

Lo cierto es que cuando el rey siendo un niño recaló en Atienza perseguido por su tío Fernando, rey de León, y la familia de los Castro que reclamaban su tutela, o sea su control y quitárselo a los Lara, fue cuando sucedió lo de los recueros y la fuga del chico disfrazado de arriero con ellos hasta alcanzar Segovia primero y la seguridad de Ávila después. Pedro, niño también pero tres años mayor que él, había sido elegido para acompañarle y había estado bastantes años a su lado.[7]

—Vamos, que es amigo del rey —exclamó el Juanillo.

7. Origen de la legendaria tradición que dio lugar a la Caballada de Atienza que lo recrea anualmente y que se celebra desde hace ya más de ochocientos cincuenta años.

Y Pedro, prudente, sosegaba.

—Los reyes, Juanillo, no tienen amigos y menos de nuestra condición. Estima me tiene, eso sí, pero más allá no. Y está bien que así sea.

—Pero si hasta te ha nombrado ya caballero —porfió su primo.

—Caballero de sierra o de villa, es verdad, y fue honor que me hizo pero yo no estoy a la par de los hijos de los condes y nobles que andan en su cercanía ni de la de un infanzón siquiera.

Pedro había regresado a Atienza al entierro de su abuela poco antes de toparse con ellos. Tras darle tierra a quien había ejercido como madre para él se llegó hasta Hita, donde vivían sus dos hermanas mayores, Ana y Estrella, casadas allí, y al ir luego hacia Sigüenza al encuentro de sus otros parientes es cuando pasó por Bujalaro y conoció a Valentín y a Julián.

Aquello había sido el invierno pasado pero desde entonces hasta ahora ya julio había otra cosa que contar y que Pedro, empujado por el Juanillo, se vio obligado a relatar.

Estando en la ciudad del obispo fue mandado llamar por el rey, ya a punto de cumplir los catorce años, que estaba cercando Zorita, el último bastión de los Castro que le quedaba por tomar. Allí había asistido a la captura traicionera y prisión por el alcaide de la fortaleza del ayo real, don Nuño Pérez de Lara, y a la decisión del jovencísimo rey de no cejar hasta liberarlo y tomar el castillo. Lo logró y aquello le otorgó ya talla y hechuras de rey. Fue allí cuando quiso recompensar a Pedro sus servicios armándole caballero con su propia mano y enviándole de vuelta con una misiva para el obispo seguntino.

Cumplida ya su misión volvía ahora, dando un buen rodeo para verlos, a Atienza a atender su hacienda, presentarse a su concejo y establecerse en la poderosa villa que dominaba centenares de aldeas y cuya mesnada concejil era de las más poderosas de Castilla. El Juanillo había decidido ir con él. Él también quería ser un día caballero de sierra, aunque no le diera espaldarazo alguno el rey. O sí, vete tú a saber.

Por el Juanillo los hermanos Gómez, tal era su patronímico, supieron en apariencia de los Pérez mucho más que los otros de ellos, Pero aunque se notaba que no querían soltar prenda, algo sí logró sacarles el larguirucho con sus tretas. Que venían de tierras del norte, que no eran castellanos sino del reino de León y, esto no lo dijeron, pero se notó mucho, que algo había que preferían que no se supiera.

Por ese lado ahí se acabó la indagación, pues era bien sabido y concedido que lo que las gentes que venían a la extremadura despoblada dejaban atrás era cosa suya. Lo que valía era lo que hicieran en estas tierras y que sirvieran fielmente al rey de Castilla.

El Valentín y el Julián quisieron desviar la cosa hacia otro lado, los otros dos hicieron como que no se daban cuenta y fueron a lo que de verdad les importaba a los cuatro. Cómo habían ido apañándoselas y qué labor habían conseguido poner en marcha.

El pueblo en ruinas les había dado lo necesario y más para acondicionar sus viviendas, el monte también lo suyo para la olla bien fuera de caza o, cada cual en su tiempo, fueran collejas, fueran cardillos, fueran berros o fueran moras o bellotas, lo que podía recolectarse en el campo.

La parte que más le gustó al Juanillo fue cómo se las habían ingeniado para tener artes de pesca y de caza y cómo con redes, con losas y tapando las bocas, con el perro al acecho sobre ellas y ellos espantando a los conejos, ir estos al refugio y acabar en la boca del can. O coger pajarillos con resina en la que se quedaban pegados o perdices con lazos hechos con pelos de crin de la mula. El Juanillo, al que los hermanos comenzaron a llamarle el Largo, fueron estas cosas las que se guardó en la memoria como lo primero que tendrían que enseñarle y aprender.

Pero eso era por el lado silvestre. El verdadero interés estaba, de verdad, por el labrantío que un día hubo allí. Lo mismo que la población, el término aparentemente estaba asolado. Pero no para quien sabía mirar.

Era una tierra vieja. Desde luego que lo era. Había sido roturada ya antes. Había sido hendida por el arado, descuajados los chaparros, desbrozado el arbusto, tirado el surco, sembrado el trigo y plantada la vid y la higuera. Pero luego, una y otra vez, habían llegado el hacha y el fuego. Había sido talada, arrancada la cepa de raíz y socarrada. Baldía de nuevo y vuelta a ser cultivada después para volver a ser arrasada hasta la entraña. Pero, aun así, algo había quedado en ella, algo que siempre pugnaba por rebrotar. Y los hermanos lo habían sabido hallar y ayudado a renacer.

Encontraron vestigios de viñas en las faldas resguardadas del monte. Habían sufrido tanto que pareciera que nada había quedado de ellas, pero la vid hunde muy profundamente su raíz y aunque se la descuaje con furia alguna raicilla pequeña aguanta allá abajo y, en cuanto puede, emerge y rebrota. Aun socarradas, con las lluvias siguientes asoma una yema, luego un pámpano y después ya hay un sarmiento. Con eso, una de aquí y otra unos pasos más lejos, enterrando ese sarmiento rastrero y luego hecho aflorar unos codos más allá, se consigue una planta nueva y tapar el hueco.

—En dos o todo lo más tres años y a base de trasplantar aunque les cuesta agarrar, hacemos viña y no hará falta que traigáis el vino cuando paséis por aquí —alardeó el Valentín.

Para dejarla señalada habían puesto, además, en las lindes retoños de almendros e higueras. Los dos árboles se daban muy bien y aguantaban aún mejor. Sobre todo, las higueras. Allí donde las había habido siempre acababa por asomar un tallo y solo era cuestión de hacerse con ellos y trasplantarlos. Ya lo habían hecho con unas cuantas en la parte por la que en invierno corría el agua que bajaba del monte por un barranquillo que se convertía en reguera y aliviaba a la tierra de convertirse en humedal.

Con los frutales había pasado algo parecido. El hacha se había cebado con ellos, otros habían sido arrancados de cuajo, pero siempre había un retoño o un viejo y tenaz tronco que rebrotaba desde su pie amputado. Ya tenían algunos lugares seleccionados para ellos, tanto donde había vestigios de plantaciones anteriores como otros nuevos en las vegas o en ciertos recodos cercanos al propio pueblo y al arroyo que desde Fuente Rey llegaba hasta el río tras bordear al pueblo.

Esa era la zona donde más se estaban afanando ahora porque en las márgenes del río, por el lado izquierdo aguas abajo, ya habían detectado un problema. El Henares, tras sobrepasar el pico de las Matillas, se serenaba mucho sobre todo tras bordear el pequeño y último roquedo de las Peñas Rodadas, el laderón que iba desde el otro lado del Vallejo, a la espalda del castillo, hasta asomarse a su corriente. Superado ese punto y por debajo de las empinadas cuestas y escarpados cantiles de Nublares, se retorcía en meandros que cuando llegaban las avenidas invernales desbordaban su cauce y encharcaban toda la vega complicando los cultivos, pues estos se perdían si permanecían demasiado tiempo bajo el agua. Mas era buena tierra y querían aprovecharla. Le pusieron el nombre de Aguadina.

Tendrían huerto, tendrían árboles y tendrían vino. Y estaban acabando de construir un horno donde cocer el pan cuando tuvieran trigo. Pero Pedro había vuelto y tendrían que devolverle la mula.

El Valentín y el Julián habían salido presurosos a recibirle con el alma en vilo, sabedores de que tenían que hacer frente al préstamo como se había convenido y no tenían con qué hacerlo. Tendrían que darle las gracias, devolverle la mula y a ver cómo se las apañaban luego. Le agasajaron a él y a su primo con lo mejor que tenían, hasta con pichones tiernos de torcaz que habían cogido del nido en los robles de Henarejos. Y tenían preparado algún regalo también, un par de pieles de zorro y una de tasugo. Podían añadir algunos conejos y, si lo querían, un cesto de cangrejos. O sea, nada que valiera lo que la caballería. Así que hablaban de lo que harían sabiendo que sin la mula no podrían llevarlo a cabo. Procuraban no mentarlo ni de refilón, a la espera de lo inevitable, resignados y sin respuesta.

Sin embargo, ni Pedro ni el Juanillo habían venido a llevarse la mula. A lo que venía Pedro era a ofrecerles un trato. Un trato ventajoso para él, desde luego, pero también para ellos, aunque les tocaría doblar doblemente el lomo.

Pedro había escuchado con mucha atención a su tío Pablo, el labrador de Sigüenza, a quien el rey, abuelo del actual, le había dado sus tierras en tiempos. A cien vecinos, nada menos, con la sola condición de que solo cuarenta pudieran venir de la lindera comunidad de tierra de Medinaceli y los otros ya de cualquier parte de Castilla, pero también de León, de Navarra o de cualquier otro sitio.

No fue aquel el único repoblamiento que el séptimo de los Alfonsos hizo allí y en muchos lugares. Sabía que el reino le iba en ello y aprendía a su vez de su abuelo, el sexto, el que tomó Toledo y llevó hasta el Tajo la frontera. Él había repoblado también. En su caso, viejas ciudades derruidas y abandonadas. Lo hizo con Salamanca, con Ávila, con Segovia, que fueron ruinas desoladas y hoy estaban pobladas de gentes, tenían campos de panllevar, menestrales, comerciantes, murallas, catedrales y mesnadas que se asomaban, corriendo el campo moro, a las mismas aguas del Guadalquivir. El nieto, el que se hizo llamar el Emperador, había seguido en esa tarea adelantándola a la Transierra en cuanto se vio libre de su padrastro el Batallador que les tuvo, primero a su madre Urraca y luego a él, tomada la mitad de su reino. Hasta la misma Atienza, aunque la recuperó pronto.

Pararle los pies al aragonés tuvo bastante que ver en su empeño con Sigüenza. Aunque esta había quedado reducida a casi nada desde sus tiempos romanos y godos, había sido sede episcopal y eso fue lo primero que restauró el rey castellano. Para frenar al otro que había hecho lo mismo con Tarazona.

Nombró un obispo, que hizo iglesia en la parte baja, a la orilla del río, y él levantó un castillo en la parte alta. Con el tiempo los clérigos alzaron un templo en la mitad y había sido aquel mismo año precisamente cuando la gran catedral recién terminada se había abierto al culto y la villa al completo había quedado al tiempo cercada de muralla. Y de gentes.

Ahora el joven rey seguía las enseñanzas de sus antecesores y en ello estaba. En llenar de cristianos y de judíos, que eran bienvenidos, y hasta de moros, si querían quedarse, toda la extremadura castellana y desbordar incluso el Tajo. Así se estaba haciendo en todas las comunidades de tierra y villa, en la de Guadalajara, en la de Medinaceli, en la de Atienza, en la de Huete, en todas las de la frontera de Castilla, por la línea del gran río hasta más allá de Talavera y bajando hasta el Guadiana incluso.

Las tierras de la obispalía de Sigüenza, los pueblos del río Dulce y algunos aledaños hasta el castillo de la Riba de Santiuste eran pequeños en comparación con las grandes extensiones y aldeas de Medinaceli y Atienza.

La comunidad de tierra de esta última comenzaba justo al acabar el cañón del río Dulce, en Mandayona, y se había anexionado Castejón, que había gozado de concejo propio. El despoblado Bujalaro y Matillas eran linderos y pertenecían por tanto a ese Común de Tierra. Podía, pues, repoblarse según el fuero atencino y de acuerdo con sus normas otorgar a cada repoblador la tierra que pudiera roturar con una yunta y cultivar por añadas, establecidas en un centenar de fanegas. Podían además tener ganados, abejas, aprovechar la caza y los peces si había río, así como derecho a pastos y cortes de leña.

Pedro había hablado mucho sobre ello con su tío Pablo. En Atienza la tierra disponible era ya muy escasa y mala. En Bujalaro sobraba y estaba pidiendo a gritos labor y manos. Así que, aunque el Valentín y el Julián no lo supieran, su suerte, y no era mala, estaba ya echada.

La mula que Pedro y su primo traían en reata venía cargada con reja de hierro para el arado, una collera, tiros, balancines, dos azadones y otras dos hoces y una dalla. Venía también simiente de trigo, cebada, centeno y avena y unos saquetes de almortas, garbanzos y lentejas regalo del tío Pablo. Lo suficiente, de entrada, para dos yugadas, una de los dos hermanos y otra para Pedro y su primo, y que un día habrían de ser cuatro, una para cada uno. El trato consistía en que el Valentín y el Julián tendrían que roturar, sembrar y recoger. Pedro ponía caballerías, aperos y simiente y el Juanillo habría de venir a la sementera y a la cosecha y traerse para ello otra yunta. La nueva mula, que en realidad era un mulo, un macho y muy fuerte, que habían traído con ellos se quedaba en Bujalaro para completar el tiro con la vieja.

Pedro de Atienza era avispado y aprendió mucho, tanto de los arrieros, como de los condes de la corte o de los labradores de Hita y de Sigüenza. La mitad de toda la cosecha de grano sería suya y él se las entendería después con su primo el Juanillo. En el trato se añadía que los hermanos le señalarían y habilitarían una casa de las más amplias, bien situadas y que en mejor estado estuvieran del pueblo; también le marcarían como suyas algunas posibles huertas y le plantarían algún frutal en ellas.

Cuando el nieto del Pardo acabó de hablar, el Valentín y el Julián se miraron el uno al otro. No era un regalo pero sí un alivio y un mañana. Se lo iban a ganar con sudor, y además tenía un plazo de finalización. Porque quedaba también establecido que a los cinco años quedarían liberados de sus deudas, propietarios ellos de la mitad de las tierras puestas en labor y también de los aperos y de su yunta, si es que la mula vieja había aguantado. Era un buen trato. Aunque el Julián al final logró algo más en el remate: un par de lechones y algunas gallinas cuando Juanillo viniera para la sementera.

A Pedro le tocaba ahora, sin embargo, resolver el asunto decisivo en Atienza, sin lo cual todo lo dicho se quedaría en agua de borrajas. O sea, en agua amarga. Porque había un problema y no era pequeño.

El Valentín y el Julián se habían establecido allí por las bravas y sin dar cuenta ni parte a nadie. Ya habían recibido incluso algún aviso de los vecinos de Jadraque. Aquellas tierras estaban bajo la jurisdicción y fuero de Atienza y su concejo, que regía en más de doscientas aldeas, desde la sierra de Ayllón, al norte, con cuya comunidad de tierra lindaba. Por el naciente lo hacía con la de Medinaceli y con la pequeña cuña de la obispalía de Sigüenza y con la paramera y los yermos fríos y baldíos que llegaban hasta el señorío de Molina, territorio por el que tenían la amenaza de las razias moras que podían venirle desde Albarracín y sobre todo de Cuenca. Por el sur abarcaba todas las alcarrias y hasta el mismo Tajo yendo por Cifuentes y cruzándolo. Por algo en Huete había una puerta, un barrio y una iglesia que llevaban el nombre de Atienza. Huete estaba bajo el señorío de los Lara, al igual que Molina.

Pedro sabía, y lo sabían todos, que el concejo y las gentes de Atienza no se andaban con bromas con los intrusos y eran muy suyos con sus derechos. A los de Cogolludo, por haberse metido a poblar sin permiso en su territorio, los echaron a palos y tuvieron que retirarse descalabrados y todavía dando gracias de que no hubiera habido cuchilladas de por medio.

Tenía que arreglarlo de inmediato y solventarlo antes de que los vecinos de Jadraque se le adelantaran con el cuento, que ya se le habrían adelantado. Así que sin demorarse, al amanecer del día siguiente cogió con su primo el camino que bajaba hacia el río, lo cruzaron por el vado del Samoral y antes del atardecer y tras haber recorrido cinco leguas dieron vista a la impresionante mole de la Peña Fort y sobre ella las almenas de Atienza.

Llegó Pedro justo a tiempo. El concejo de Atienza ya había recibido el aviso y las quejas. Pero mejor valedor que él no había. Era bien conocido y apreciado, desde muy chico, desde que siendo zagal lo metieron los recueros en el lío de la huida del rey niño, y ahora aún más siendo como era, por herencia de su abuela, propietario y vecino ilustre de la villa. Se sabía, además, que tras la toma de Zorita, donde la mesnada concejil había acudido a la llamada real, seguía en su confianza y cercanía e incluso le había armado caballero. Pero había que guardar las formas, lo que se hizo muy puntillosamente; los plazos, que los había para cosa tan seria, y luego reunirse y deliberar el concejo. Tardó su tiempo y más siendo tiempo de cosecha, que tenía prioridad sobre cualquier otra cosa. A Pedro, cada vez que se interesaba, le respondían muy cumplidamente que no tuviera cuidado con la protesta de Jadraque, que eso también estaba en suspenso.

Pero al fin, metidos ya en agosto, hubo un hueco, se produjo la reunión convocada al efecto en el pórtico de la iglesia de la Trinidad y la cosa tuvo arreglo. Valentín y Julián Gómez, representados por Pedro Pérez de Atienza, solicitaban acogerse al fuero, declaraban acatar las normas en él expuestas y la obediencia a su concejo y pedían el derecho a roturar y repoblar lo que ya, por otra parte, estaban repoblando. Fue aprobada su demanda y se convirtieron en los primeros dos vecinos de la nueva aldea.

Pedro pidió por su parte y para que figuraran a su nombre, tras explicar la relación pactada, las tierras que roturarían para él, así como la casa y las huertas. Tampoco hubo en ello problema. Es más, no solo se lo concedían con gusto sino que fue elegido, a propuesta de la cofradía de arrieros, para cubrir una vacante en el Concejo de Hombres Buenos sin que nadie levantara voz en contra en el pórtico de la iglesia de la Trinidad donde estaban reunidos.

El lío llegó con el Juanillo. Pues este era de Sigüenza y aunque la primera intención de Pedro fue que lo hicieran vecino de Atienza eso ya chocó con resistencias y no era nada bueno entrar imponiendo cosas mal vistas. Entonces al alcalde,[8] viejo amigo y protector en la niñez del Pardo nieto, conocido como el Manda, se le ocurrió una solución intermedia. Que se avecindara en Bujalaro y por tanto con derecho allí a tierras, que era de lo que se trataba. Eso ya pareció mejor y así quedó acordado.

A partir de ahí entraron las prisas y se le encomendó que cogiera al día siguiente el caballo, saliera por la puerta de Arrebatacapas y enfilara para Bujalaro con parada en Jadraque a comunicar, provisto del escrito donde se recogía lo dicho, lo acordado. Que Bujalaro ya no era despoblado, que ya tenía tres vecinos, que se abstuvieran los linderos de ejercer hostilidad alguna contra ellos y que quedaba nombrado Valentín Gómez como alcalde de la pedanía. Y que sería este, desde ahora en adelante, quien tendría que irles dando cuenta si algunos otros llegaban pidiendo avecindarse y que se les concedieran tierras. Por descontado, el concejo de Atienza sería el que aprobara o rechazara las solicitudes.

Esas eran las buenas nuevas que el Juanillo llevaba cuando, con el caballo al galope, apareció de nuevo por Bujalaro. Y las prisas entonces a quienes les entraron fue a los dos hermanos que ya podían intentar poner remedio a lo que les llevaba años mordiéndoles las entrañas.

8. En las villas fronterizas el alcalde era quien resolvía las disputas y pleitos entre los vecinos. El juez era, en contra de lo que ahora pudiera entenderse, el jefe militar y político, quien comandaba la milicia y la dirigía en las algaras y la llevaba a la guerra. Atienza tenía ambas figuras e incluso una más, pues solía haber dos alcaldes, uno para los plebeyos y otro para los nobles, pues un plebeyo no podía juzgar a un noble. Si los litigantes eran de diferentes «estados» actuaban ambos.

4

La Tobilla

Desde el día que los hermanos habían visto a los hijos que el Maula cuidaba en La Tobilla su relación con el mezquino sufrió un gran cambio. En lo que atañía al Valentín, sobre todo. No dejaba de pensar en aquellas dos criaturas desamparadas y solas en el monte. Y en la suya.

—En el fondo, el Maula y nosotros estamos casi a la par —le dijo un día al Julián.

—Pero él es un moro.

—Y nosotros unos huidos. ¡Qué más da! Me dan pena esos críos. Y el mío, Julián. El mío y quién sabe si uno tuyo. Y nuestras mujeres... —Pareció que iba a decir algo más pero dejó colgada la frase y agachó la cabeza, abatido y para ocultar que se le habían humedecido los ojos.

El Valentín era hombre de mucho nervio y empuje pero al que no se le daba bien esconder lo que sentía y menos aún que con la palabra, con la mirada.

—¡Pues hay que ir a por ellas cuanto antes! —respondió su hermano.

—Cuanto antes, sí. Pero cuando podamos y que estén aquí seguras. Para eso tenemos que ser antes vecinos. A ver cuándo aparece por aquí el Juanillo y nos dice algo.

Pero el Juanillo llevaba casi un mes ya sin asomar y la ansiedad los consumía.

Los encuentros con el Maula menudearon, la relación se fue estrechando; el moro les iba poniendo al tanto del lugar, de los sitios mejores y lo que allí hubo y que podía aprovecharles. Con su ayuda, incluso pudieron recoger algo de paja, de avenas locas y de otras hierbas para las caballerías.

Cada cierto tiempo los hermanos subían hasta La Tobilla y además de peces y cangrejos, que nunca olvidaban para los niños, empezaron a llevarles lo que ya iban sacando en el huerto. En La Tobilla, aunque al resguardo de la pared de roca la niña plantaba algunas cosillas, no se daba bien el verde. Donde daba gusto ver cómo hermoseaban en los caballones las cebollas, las calabazas, los pepinos, los melones, los puerros, los rábanos y todo lo que se quisiera era en la tierra oscura y con sustancia junto a la fuente bajo el castillo.

Esa había sido su cosecha, pues otra, aparte de unas cuantas gavillas de pajunas, muy poca habían tenido; ni les había dado tiempo desde su llegada ni tuvieron con qué sembrarla excepto cuatro puñados de cebada que les dejó el Pedro en su primer paso y que, en vez de dársela toda de comer a la mula, echaron un par en un pedazo cercano y algo habían sacado. Su primera sementera de verdad ya sería la que venía y para la que debían afanarse en preparar la tierra.

No tenían, por ello, ni medio rato libre. Ahora, con las dos caballerías, se pasaban el día en el campo, de sol a sol, y hasta con él sin nacer o ya puesto. Por la sequedad del terreno aún no era tiempo de roturar, pero sí de desbrozar donde hubo en su día cultivos, descuajar tocones, ir haciendo la viña, cavar los huertos, deslindar los comprometidos con Pedro, acondicionar regueras y limpiar cipoteros.

Las horas, aunque eran muchas las de luz, se hacían pocas, los días corrían y el Juanillo no aparecía. Y lo que temían era que quienes lo hicieran fueran los de Jadraque para echarlos. El hortelano, al que habían trocado semillas, pipas y plantones por caza, les había dicho que ya había ido a Atienza a presentar la queja contra ellos.

Un día el Maula se decidió por fin a bajarse hasta el pueblo con el ganado y con los chicos. Al Valentín le pareció que la niña había tenido que ver en ello. Ella y su hermanillo se quedaron con el Valentín y el Julián en los huertos mientras su padre lo hizo en las cercanías, por la Salía, el Vadillo y el Vallejo, con las ovejas. Comieron juntos y le instaron a que se quedaran a pasar la noche, pero no lograron convencerlo. El Maula, al atardecer, señaló una luna enorme, que en cuanto se hiciera de noche iluminaría las veredas, puso rumbo a la alcarria y se volvió con sus hijos para La Tobilla.

Fue la primera vez pero no tardó en volver de segundas y ya sí se quedaron a dormir. Les acoplaron en una de sus dos casas y los hermanos durmieron en la otra.

Al Maula le tranquilizaron diciéndole que daba igual si aparecía el Juanillo, que ellos ya saldrían como sus valedores y que no iba a pasar nada y sería bueno para los niños. Que lo mejor que podía hacer era acondicionarse en el pueblo una vivienda y un cerrado para las cabras y las ovejas, como había hecho antes de que ellos llegaran, y que eso no quería decir que abandonara La Tobilla. Los dos perrillos careas del Maula ya se conocían con el suyo y harían mejor guardia los tres juntos.

—Ahora con el buen tiempo se está bien, como dices, allí arriba y en cualquier lado, pero llegará el malo y estas criaturas tuyas no pueden estar solas allí —le insistía el Valentín.

El Maula no replicaba; sonreía y lo pensaba. Empezó a carear el ganado día sí y día también cerca del pueblo; se bajaba con los chicos y aprovechaba para ir techando una casa y poniéndole una talanquera nueva al aprisco. Los dos hermanos se volvían un poco antes con las mulas y le ayudaban a colocar algún poste más pesado o a mover piedras.

Fue en una de aquellas cuando se presentó el Juanillo con el caballo a las cuatro patas a darles la gran noticia, y fue él quien se topó con la que no se esperaba al ver al moro y a los dos críos. La niña, asustada, cogió de la mano a su hermanillo y salió hacia donde estaba su padre. Pero el susto duró poco. El Valentín se adelantó a explicárselo.

—Bien os lo teníais guardado, pájaros. Pero ¿de dónde ha salido el moro y dónde han vivido estas criaturas?

Se lo fueron contando mientras el Juanillo, amén de la noticia, descargaba también un cochinillo que no dejaba de chillar como un demonio y unas gallinas que le había dado tiempo a coger y que llevaba como adelanto de lo prometido. La niña lo miraba con los ojos muy abiertos pero el morillo le perdió muy pronto el miedo y al cabo no tardó en andar siempre rondándole. Juanillo el Largo siempre tuvo, además de con otras cosas, mucha mano con los chicos.

Pero lo importante es que Valentín y Julián Gómez, y el propio mensajero, Juan Pérez, eran ya vecinos de Bujalaro, aldea del Común de la Tierra de Atienza, sometidos y amparados a su fuero y tenían hasta alcalde, el Valentín. Así lo ponía el escrito que les entregó con mucha solemnidad, aunque ninguno de los tres supiera leerlo. Ni el moro tampoco. Habían dejado de ser fugitivos, eran hombres libres y el consejo de Atienza y a través suyo el rey de Castilla los acogía como tales y sus súbditos.

Aquella noche los dos hermanos no durmieron. La decisión de salir inmediatamente en busca de las mujeres estaba tomada pero le dieron mil vueltas a cómo hacerlo, ahora que ya podían ponerse en marcha. Tantas que casi discutieron, y al día siguiente decidieron no guardar más el secreto y contárselo todo al Juanillo y al moro.

Que habían venido huyendo de León, que eran siervos en un monasterio, como lo habían sido sus padres, que no podían dejar de serlo ni abandonar sus tierras, que el Valentín tenía mujer y un hijo, que se llamaban Filomena y Valentín, como él mismo, y que la hermana de ella, Matilde, era la hembra de su hermano Julián, aún sin casarse, y que un monje abusó de ella y se la metió en su casa para seguir haciéndolo según le placiera. Que el Julián fue a rescatarla y el fraile le pegó una cuchillada en una pierna, que el Julián le sacudió a él con un cántaro en la cabeza y el clérigo cayó desplomado, sin resuello, despatarrado y sangrando como un cochino. El Julián escapó de allí y se refugió en casa del Valentín, donde le vieron entrar algunos vecinos. Tenía una herida fea, aunque no fue tan mala como para matarlo pero sí para dejarlo renco para siempre porque le había segado un tendón de la rodilla.

Apenas si hubo tiempo para limpiarla con vinagre y envolverla en unos trapos limpios porque tuvieron que salir huyendo, ya que venían hombres armados a buscarlo. El Julián se negaba a que su hermano se comprometiera aún más y dejara abandonada a su propia familia, pero el Valentín sabía que, tal como estaba, si no lo ayudaba lo cogerían y lo ahorcarían.

Así que le dijo a la Filomena:

—Vete con el chico a casa de mis padres y les cuentas lo que ha pasado. Ellos te ayudarán. Yo me tengo que ir con mi hermano. Estarán viniendo ya para acá para llevárselo y, por lo que me ha dicho, el fraile no resollaba. Está muerto, seguro, y si lo cogen, lo ahorcan.

Los dos pudieron escabullirse y escapar de la ciudad. Les contaron de las peripecias que pasaron hasta lograr dejar atrás las tierras del rey de León y entrar en las de Castilla, de andar por las noches y esconderse por los días, del fiebrón de Julián que a poco estuvo de entregarla, de cómo ya en tierra castellana tiraron hacia la extremadura porque habían oído que el rey castellano daba fueros y tierras a quienes fueran a poblar la frontera con los moros. Y que si estos no los mataban o aunque sí, las tierras quedaban en herencia para sus hijos y no tenían que servir, aparte de al rey, a señor alguno. Y que ya habían pensado en escaparse, incluso antes de que el Julián le partiera la crisma al fraile, pero aquello hizo que lo tuvieran que hacer de mala forma, sin traerse a sus mujeres y con una deuda de sangre pendiente. Y que ahora mismo se iban a poner en camino a por ellas y a traérselas.

Le preguntaron al Juanillo si a la vuelta tendrían que responder en Castilla por todo aquello.

—Por lo que respecta a Castilla quedáis limpios de todo delito en otra tierra, sea robo o sea de sangre, al venir a repoblar estas fronteras. En cuanto a lo de las mujeres no sé lo que el obispo de Sigüenza pensará de ello, aunque no he visto yo que se meta mucho en esas cosas. El fuero de Atienza lo dice claro, que me lo han confirmado los arrieros, alguno me malicio que hasta lo ha hecho: que puede traerse mujer, aunque sea robada. Pero si os pillan en León eso será otra cosa. Os metéis en la boca del lobo volviendo allí, desde luego.

Se echó un chispo de vino al coleto. Soltó una de sus risas y concluyó el parlamento:

—O sea, que no sé a qué rayos estáis esperando. Y yo me voy con vosotros a ayudaros.

Aquello provocó un alboroto. La cosa se despejaba, pero primero había que «robarlas», aunque vinieran de buen grado, y conseguir traerlas sin que los pillaran y cayera sobre ellos la justicia leonesa por haber matado al clérigo.

Pero el Valentín lo tenía muy rumiado y ya había decidido que a aquello había de ir él solo. No iba a permitir que su hermano ni mucho menos el Juanillo, además, se le unieran.

Yendo solo pasaría mucho más inadvertido. Y había más. Si en el peor de los casos lo cogían, sobre él no pesaba delito de sangre y tendría mejor defensa que su hermano. Era cosa para uno, que era él, y de hacerlo tan pronto y tan rápido como fuera posible y estar de vuelta antes de comenzar la sementera. Y para ello necesitaría llevarse al mulo.

El Julián se negó a gritos, como se había negado la noche anterior, que por eso habían sido las voces. Pero el Valentín no daba ni iba a dar a torcer su brazo. Estaba plantado en ello.

El Juanillo, molesto de entrada porque se le apartaba, se había quedado callado, pero el Maula habló.

—Yo me quedaré aquí en el pueblo mientras tú estés fuera y ayudaré en lo que pueda. Tú, Julián, más que ayuda serías estorbo. Si el Valentín va solo y lo cogen, nada tienen contra él pero si vas tú, lo comprometes. Él puede decir hasta que te has muerto y que él vuelve con su mujer. Y luego, pasado el tiempo, escaparse.

A Julián que el moro se pusiera en su contra le escoció mucho, sobre todo porque tenía razón. Pero no pensaba dársela y porfió. Tanto que al final ya saltó el Juanillo.

—Mira, Julián. Yo me ofrecí para ir con vosotros. Pero ahora me doy cuenta de que el Valentín tiene razón. Que es mejor que no vayas. Por lo que ha dicho el moro y porque además tu cojera hace que la gente se fije y os delataría. Haznos caso, que bien sabemos que te vas a morder los puños por tener que quedarte. Pero es por el bien de todos.

Mucho costó, pero al final entre uno y otro y tras más de tres idas y venidas, denuestos y muchos «mecagüen» acabó por allanarse. Aunque al moro el Julián se la tuvo guardada por aquello durante largo tiempo.

5

El rescate

El Valentín se pasó el día siguiente preparando el viaje. Dispuso albarda y dos serones, hizo acopio de cebada para el mulo y de todas las vituallas que pudo para él mismo. No pensaba parar a conseguirlas en ningún punto del camino, y además no tenía con qué pagarlas. El Maula se subió hasta La Tobilla y le bajó cecina de cabra y un queso entero, el más grande. También algo que el cristiano le había pedido: un par de vellones de oveja. El Juanillo, no sin dolor, le dio el vino que llevaba. Y algo más. Ocultándoselo a todos, le hizo coger un puñal de batalla que nadie sabía cómo había obtenido. Un arma que se escondía bien y podía ser más mortal que ninguna en una pelea cuerpo a cuerpo y sin armaduras de por medio. El Valentín iba a rechazarla pero luego pensó que el fraile tiraba de cuchillo y se la metió entre la ropa donde nadie pudiera verla.

Sus últimas palabras con su hermano, antes de salir, en un aparte, fueron la pregunta que tenía que hacerse.

—Si la Matilde tiene «algo», ¿qué hago? ¿Me lo traigo o lo dejo?

El «algo» bien sabían ellos que podía tratarse de un crío y no ser suyo.

—Tú te traes a la Matilde con lo que tenga, si uno como si dos, y si no quiere venir, pues a rastras.

Al amanecer del día siguiente, antes del alba, el Valentín aparejó el macho, lo cargó, colocó los vellones tapando las bocas de los serones y se puso en marcha. El Julián al despedirse le volvió a dejar claro el mandado.

—Con lo que tenga y aunque no quiera.

Cogió el Henares abajo, luego el Cañamares arriba y antes de que se pusiera a anochecer ya había pasado por debajo de Atienza para llegar a dormir a la sierra de Miedes. Buscó un abrigo en un roquedo, echó una lumbre al resguardo, comió unos bocados de cecina y se arrebujó en su manta y con uno de los vellones, que aun siendo agosto no era poco el refrío de la noche ni el relente de la amanecida. Antes de salir el sol ya estaba de nuevo en marcha.

En la vertiente de aguas del puerto se topó con una pequeña reata de arrieros atencinos. Al cruzarse se saludaron con la mano y un «con Dios» y siguieron cada cual su camino. Si era posible y divisaba a distancia otros caminantes procuraba desviarse un poco, pero solo si podía hacerlo sin parecer que se escondía. No eran muchos; la mayoría, aparte de los recueros, eran labradores que iban y venían de sus campos o de un pueblo a otro. Él era uno de tantos con su caballería y un serón cargado de vellones de lana. A algún sitio iría.

Conocía buena parte del camino y solo tuvo que preguntar un par de veces, pues arriesgaba menos haciéndolo que perdiéndose. Comía por el día sin detenerse y tan solo paraba ya caída la noche o para dar de beber a la mula. Una vez atravesada la sierra cogió derecho hacia Burgos. Fue a la salida de la ciudad castellana cuando estuvo a punto de errar la ruta, pero esta vez le sonrió la fortuna y no tuvo ni que preguntar. Paró en una fuente que había junto al camino para que abrevara su mulo y oyó a unos comerciantes de lanas decir que iban camino de León. Así que los siguió, manteniéndolos a la vista pero sin unirse a ellos. Luego ya volvió a reconocer por dónde andaba y supo que no le quedaba mucho para llegar a su destino. Cuando vio en la lejanía Sahagún de Campos aún faltaba un día para cumplirse la semana desde que había salido de Bujalaro. Había hecho, lo menos, siete leguas largas por jornada y no había entrado ni a villa ni a ciudad que tuviera puertas guardadas.

A la suya, pues en Sahagún había nacido, entró de buena mañana; mejor hacerlo así que de atardecida, cuando los guardias se volvían más suspicaces. No lo pararon siquiera para preguntarle adónde iba, los vellones de lana ya decían a qué venía, y se dirigió a casa de sus padres. No tocó a la puerta sino que se quedó trasconejado en un esconce como si estuviera revisando los aparejos y la carga del mulo, aguardando a que alguien de su familia asomara. Y la primera que vio fue a la Filomena que venía con un brazado de ropa. Al verlo, pues él se destapó de la esquina, la mujer se llevó un susto bueno pero no dio ni un grito ni un suspiro ni hizo aspaviento alguno.

—Ya te dije que vendría. Entra a casa y diles a mis padres que me abran la puerta de atrás. Por lo menos quiero verlos. Tú prepara cuatro cosas y al chico, que salimos a escape.

Nos vamos, Filomena —fue la salutación del Valentín.

Pudo coger en brazos a su hijo, que se le quedó mirando asustado pero se tranquilizó pronto. Su madre lloró de alegría y su padre le dio un abrazo tembloroso. Supieron que no venía a quedarse y que no volverían a verlo nunca, pero al menos le habían vuelto a ver vivo. Se alegraron aún más cuando supieron que Julián también lo estaba y que los dos tenían casa, tierras, rey y sitio donde vivir sin que nadie los persiguiera. Pero se les ensombreció la cara cuando les preguntó por la Matilde.

—La tiene el fraile y ella parió una hija.

—Pero ¿es que el fraile está vivo?

—Y peor bicho que nunca. La herida era más escandalosa que otra cosa y a poco le quitaron las vendas y aún ganó en poder en el monasterio. Le pusieron a cargo de una parroquia aquí en la villa y se trajo al curato a la Matilde como barragana. Es de familia vieja y de muchos posibles. Dicen que hasta puede llegar a obispo. La Matilde, por la niña, no se había atrevido a huir de él.

Sus padres quisieron convencer al Valentín de que no fuera a buscarla y que le dijera al Julián cualquier cosa para que también se olvidara de ella. Pero el Valentín se negó en redondo hasta a oírlos. La voluntad de su hermano había sido bien clara y si no le había dejado venir con él no era para incumplirla.

A quien sí le preguntó su parecer fue a la Filomena.

—¿Tú hablas con tu hermana?

—Cuando puedo. He seguido sirviendo en el monasterio, pero ella por allí no va casi nunca. El monje la tiene presa más que otra cosa.

—¿Y querrá venirse?

—Seguro. Deseando, la pobre.

—Pues vamos a por ella. Tú, Filomena, vente conmigo. Madre, prepare las cosas y usted, padre, tenga listo el macho que en cuanto volvamos con la Matilde nos vamos sin perder tiempo ni en un verbo. Antes de que empiece a anochecer tenemos que estar fuera.

El curato no quedaba lejos. Se adelantó Filomena. Abrió la Matilde y entró. Al poco se asomó e hizo una seña. Y el Valentín se metió dentro.

La mujer ya sabía que el Julián no había venido. Y tenía mucha zozobra y no poco miedo.

—El fraile no tardará en llegar. En poco acostumbra venir a comer.

—Pues cuanto antes nos vayamos mejor.

—Pero ¿y la niña? Eso el Julián no lo sabe.

—¿Es suya?

—Creo que sí pero no estoy segura, también puede ser del fraile. Luego, con unos bebedizos que me dio una curandera, ya no me he quedado más veces preñada. Pero yo creo que es de Julián. ¿Qué va a decir él, Dios mío? A lo mejor por esto ya no me quiere y me repudia.

—¿Sabes lo que me dijo el Julián? «Tú te traes a la Matilde con lo que tenga, si uno como si dos, y si no quiere venir, pues a rastras».

A la Matilde se le iluminó la cara y a toda prisa se fue hacia la cuna donde estaba la niña y se la trajo en brazos para enseñársela.

—Le puse Paula. Aún mama pero ya ha cumplido un año. ¿Tú crees que al Julián le gustará el nombre?

El Valentín no estaba para conversaciones.

—Seguro. Anda, date prisa y no cojas nada más que lo necesario. Hay que salir a escape.

Se pusieron las hermanas a preparar un atado de ropa, sobre todo para la pequeña, y algo de comida, con el hombre acuciándolas de que dejaran de coger trastos, e iban ya a ir saliendo cuando se oyó ruido en la entrada y supieron que el fraile estaba de vuelta. El Valentín no lo dudó. En cuanto escuchó el ruido echó mano a un leño del grosor de un brazo que había junto a la chimenea y se colocó detrás de la puerta de entrada a la cocina. En el momento en que el fraile asomó por ella le arreó con todas sus fuerzas, que no eran escasas, con el madero en la cabeza.

Cayó como un saco de paja. Otra vez sangrando, por la brecha y por la nariz, como un cerdo. Pero el Valentín, lo comprobó bien esta vez, vio que aún resollaba. Lo arrastró al interior de la sala, al lado del fogón. Le metió un trapo en la boca y lo amordazó con otro y buenos nudos. Lo ataron además de pies y manos, unida una atadura con la otra a la espalda. Como si fuera una longaniza. Si intentaba soltarse o moverse, lo único que iba a conseguir era estrangularse él solo.

El curato tenía otras puertas y por una en un costado salieron las hermanas con la niña. Por la que había entrado el fraile, salió el Valentín. Su madre estaba rezando cuando llegaron y el padre ya tenía aparejado el mulo. Hubo tiempo para decirles lo del estacazo al fraile.

—¿No lo habrás matado? —le preguntó su padre.

—Está vivo. Lo hemos dejado bien atado y no podrá chillar ni moverse.

—¿Y si no lo socorren?

—No se preocupe. Cuando lo echen en falta ya irán a buscarlo. Pero a usted ni se le ocurra chistar. Que cuanto más tarden en encontrarlo, más lejos estaremos nosotros.

Fue entonces cuando se vio para lo que había traído el Valentín los serones y los vellones, además de para hacer creer que comerciaba con lana.

En uno de los cabujones del serón metió lo que se llevaban de ropa y algunos enseres y en el otro se acurrucó la Matilde con la niña y le puso los vellones encima como tapadera. Luego montó a la Filomena y a su hijo en la caballería, la cogió del ramal y salieron andando. A su padre, esta vez no pudo aguantarse, se le saltaron las lágrimas. Su madre siguió rezando.

Empezaba a bajar el sol cuando salieron de Sahagún de Campos. En la puerta tampoco los paró nadie. Pero hasta que no cayó la noche, cuando hicieron un alto en un chozo que vieron no lejos del camino, el Valentín no permitió que la Matilde y su niña salieran del serón. Ya podría ir o montada o andando por turnos con la Filomena, pero atenta, mientras estuvieran en León, por si había que volver a meterse en el cabujón.

Esta vez, al ser tres adultos con dos criaturas, y una de pecho, el Valentín se demoró algo más que en el camino de ida. Casi dos semanas tardó en la vuelta, pero no les molestó nadie y cuando ya entraron en tierra de Castilla viajaron con menos cuidado. El Valentín llevaba consigo, tan bien guardado como el puñal que no había tenido que usar, el escrito donde ponía que era un vecino de Bujalaro y de la Comunidad de Villa y Tierra de Atienza.

Hubo tiempo de sobra para que él y Filomena hablaran de todo, y que les contara a las dos adónde se dirigían y lo que les esperaba. También para que el pequeño Valentín conociera y ya no se asustara de su padre. Porque acordarse de él no podía. El hombre se había ido cuando apenas tenía dos años y ahora estaba ya a punto de cumplir los cuatro. El niño, cada vez más aquerenciado a su padre, del que no quería ni despegarse y porfiaba con no subir a la mula para andar a su lado. Daba gusto oírlo reír y jugar con cualquier cosa y el Valentín se le quedaba mirando embobado, aunque hacía esfuerzos para que no se le notara.

Pero según se iban acercando al destino, a la Matilde le entraba a cada paso más zozobra. El Valentín estaba cansado de repetirle las palabras de su hermano y la Filomena de tranquilizarla pero no había manera. Unas veces estaba alegre y deseando llegar y al rato triste y temiendo que llegaran.

Los días eran largos y calurosos. Solo tuvieron que soportar una tormenta y hasta la agradecieron cuando se les pasó el susto de la tronera. Lo peor del viaje era el sofoco, sobre todo para los pequeños. Procuraban llevarlos bien tapados, en particular la cabeza. Cuando podían se mojaban y refrescaban, pero había jornadas que no tenían posibilidad de hacerlo. En lo peor de la canícula del día procuraban parar en alguna sombra o mejor si la hallaban en una arboleda y, desde luego, aprovechar ríos y arroyos. Llegar a la sierra supuso un alivio y cuando alcanzaron el vado del Henares y les dijo que estaban ya a nada del pueblo, el Valentín se encontró con lo que menos se esperaba.

Habían cruzado ya al otro lado, al Samoral, cuando las dos hermanas se plantaron. Le dijeron que allí tenía que parar y esperarse hasta que ellas se lavaran y se adecentaran. Y si la una, la Filomena, lo decía con mucha seriedad, la otra, la Matilde, lo hacía como si la vida le fuera en ello.

Al final se lavó hasta el Valentín, que bien que le supo y buena falta le hacía. La parada no fue corta pero el más contento de haberla hecho resultó serlo el más reacio. Acabó en el río con su hijo, chapoteando los dos como críos y enseñándole ya a pescar cangrejos en las solapas de la ova y debajo de las piedras. Las mujeres sacaron de algún lugar una suerte de escamas que hacían espuma con el agua y, tras untarse con ellas todo el pelo, se lo frotaron la una a la otra, con arena fina y mojada de una minúscula playuela que había en el vado, antes de aclarárselo.

El Valentín se lavó los pies y se mojó los pantalones. Se hubiera tirado en cueros, como solía hacer cuando pescaba con su hermano, de no estar las mujeres y sobre todo la del Julián. Por ese motivo, además, durante las noches pasadas tampoco había requerido a Filomena y habían procurado aguantarse las ansias. Si habían esperado casi dos años no había por qué no aguantar unos días más. Eso lo pensaba el Valentín por el día y lo traía a mal traer por la noche. Solo cuando las mujeres decidieron que ya estaban listas reemprendieron el último trecho del camino que les quedaba por andar y que no llegaba ni a un quinto de legua.

La Matilde con el refresco y el chapuzón se había animado y se sentía más segura pero cuando vieron el castillo desmochado, luego las casas y el pueblo en buena parte hundido, lo que tampoco contribuyó a serenarla, era ya un manojo de nervios. La Filomena siempre había sido más firme y decidida, pero ella desde niña tuvo un algo medroso e inseguro. Cuando su hermana le ponderaba su hermosura, que era bien cierta, con su pelo trigueño, sus ojos verdosos y su esbeltez de talle y cuello, ella se sentía aún más cohibida. Esos miedos, tras haber estado bajo el dominio del fraile, se le habían multiplicado.

En Bujalaro, el Julián, el Juanillo y el Maula se habían ido turnando en la vigilancia del camino del río por donde suponían que aparecerían. Según la cuenta del Juanillo ya tenían que estar al caer, pero según la del Maula aún quedaban bastantes días. El Julián era el que peor lo llevaba pues no le abandonaban los temores de que algo se hubiera torcido, así como el resquemor de que tenía que haber ido él también y que a saber qué le podría haber sucedido a su hermano por ir solo por esos andurriales y hacer lo que debían haber hecho juntos.

La misma noche anterior había estallado furioso gritando que no tenía que haberse dejado convencer. Que si le pasaba algo al Valentín no se lo perdonaría nunca ni se lo perdonaría a ellos. Al amanecer había salido disparado hacia Henarejos y no había vuelto aún cuando el Maula, dejando el ganado atrás, vino corriendo, dando voces. Al Juanillo no le hizo falta oír lo que decía para saber que llegaban aunque al final oyó el grito del moro.

—¡Ya vienen! ¡Ya vienen!

—¡Y este tonto del Julián ahora se ha ido! —rezongó.

Montó en el caballo sin ponerle ni la silla, y salió a las cuatro patas. O sea, a galope tendido.

En suma, que cuando el Valentín llegó con las mujeres y los niños a Bujalaro, el único que allí estaba para recibirlo era el Maula, con sus hijos y los perros. Fue su niña la que, además, se adelantó corriendo a saludarlos e irse a agarrar al pernil del pantalón de Valentín.

La verdad es que tuvieron que esperar poco. A nada ya se oyeron otra vez los cascos del caballo del Juanillo que como un turbión, al igual que se había ido, volvía.

—Menos mal que lo he encontrado a la primera. Ya viene pero su mula es vieja y mejor que no corra, no vaya a caerse de ella y tengamos un disgusto. Estaba en un sinvivir creyendo que os había pasado cualquier cosa.

Las mujeres ya estaban al tanto de quién era el Juanillo, como también el musulmán. El Valentín lo primero que había hecho, para ganar así un tiempo, fue llevar al mulo al agua. Luego comenzó a descargar. No le dio tiempo. El Julián asomó con el ansia en la cara, sudoroso, agitando los brazos como un poseso y casi sin que se le notara la cojera al correr hacia ellos.

La Matilde se había quedado la última de todos, como resguardándose detrás de su hermana. Pero el Julián partió hacia ella y sin contenerse la abrazó, la miró, la besó, volvió a mirarla y a abrazarla y acabó llorando a lágrima viva. Matilde había dejado antes a la niña en una especie de cuna de juncos y aneas entretejidas al cuidado de la hija del Maula, a quien también habían encargado del Valentín chico, aunque de este no hacía falta tener cuidado pues nada más verla se había quedado mirándola y la seguía como un perrillo.

El pequeño tumulto se fue calmando; incluso dejaron de ladrar los perros, que desde que los sintieron venir no habían dejado de hacerlo, de ir hacia el Valentín y luego seguir ladrando y querer oler a todos, hasta que el Juanillo hizo el gesto de agacharse y coger una piedra y salieron todos arreando y uno hasta gimiendo y haciendo como que cojeaba de la pata trasera aunque no hubiera habido cantazo alguno.

Con un gesto el Valentín le señaló la casa a su mujer, un poco como pidiendo perdón por su humildad pero por otro con mucho orgullo. Como diciendo «es tuya», «es nuestra». Otro tanto hizo el Julián, y la Matilde, ahora con la niña en los brazos, antes de acercarse a la puerta le mostró a la criatura. Él la miró. Luego otra vez a su madre.

Le preguntó el nombre.

—Paula —dijo ella.

Él se quedó callado unos instantes y ella, azorada, empezó a hablar de nuevo.

—Creo que es tuya, Julián, pero...

No la dejó él acabar siquiera.

—¡Pero qué guapa es mi hija! —gritó—. Mi hija Paula. Mira que es guapa. Bueno, como su madre casi.

Al cruzar la puerta con su niña en brazos, fue cuando la Matilde sintió en lo más hondo de las entrañas que esa era su casa, que atrás quedaba el miedo; deseó con ansia que llegara la noche para curarle totalmente la herida al hombre. Para la otra, la de la cojera, ella no tenía remedio y poco importaba.

El temblor le volvió con la oscuridad, la niña ya dormida. El hombre había salido después de cenar y parecía demorarse demasiado; ella lo aguardaba mirando el lecho que iba a compartir con él. Deseaba que volviera cuanto antes y al tiempo, sin llegar a ser congoja, le inquietaba, le estremecía la entraña y le aceleraba el pulso el ansia y al tiempo la zozobra de oírlo llegar. Como un ala negra le pasó por los ojos el recuerdo y el asco de los pasos del fraile y lo espantó haciendo un gesto con la mano y sonriendo nerviosa. Sonriendo es como el Julián la vio al entrar y la sonrisa de ella aún se abrió más al darse cuenta de por qué el hombre había tardado. Se había fijado que ella antes de llegar se había bañado y peinado y se había acercado hasta la fuentecilla y había hecho lo posible por adecentarse un poco también él.

No hubo preámbulos ni palabras pero si ella iba a curarle las heridas al hombre, este se las cicatrizó a ella también. Aquellas manos ásperas, encallecidas y duras supieron transmitir su fuerza pero al tiempo, aunque no fueran blandas, no dejaron por ello de saber acariciar y en aquellos brazos nervudos que abrazaban con firmeza y quitaban la respiración Matilde se sentía acunada y segura como una niña, como su Paula en los suyos. Esas manos y esos brazos serían ya el bálsamo que eliminó para siempre toda huella de su piel. Él la cubrió y ella se abrió ansiosa, húmeda y jadeante, anhelando la penetración, y recibió con un ardor casi furioso su embestida. Solo durmieron cuando, extenuados, el sueño les venció. Cuando la niña lloró Matilde se levantó a darle el pecho y no lo quiso despertar a él, pero el Julián sí lo hizo al amanecer con ella antes de irse a los campos. Y ella recibió con risas y protestas falsas que lo hubiera hecho y que no fuera para que le preparara el almuerzo.

De lo de antes, de «aquello», todos los que sabían y tenían que entender entendieron; ya no se hablaría nunca ni entre ellos ni mucho menos con los de fuera. Además acordaron que de los orígenes de ellas y de lo pasado cuanto menos se supiera mejor y hasta se inventó un lugar desde donde supuestamente habían venido, de allá por cerca de Berlanga de Duero. Ni Pedro el Pardo habría de saber de aquello. Y no lo supo. El Juanillo era hablador y más con vino, pero sabía guardar secretos, de los demás y los suyos. Pues no tardó en empezar a tener algunos y muchos más que tendría en su vida.

6

De las algaras de Minaya a los Jinetes Negros

Habían esperado a que llegara pero al final tuvieron que empezar ellos solos con la sementera, sin aguardarle más, y aún tardó en aparecer una semana larga. El Juanillo se marchó justo después de que las mujeres llegaran y ya estaba ya muy entrado octubre cuando se presentó por fin de nuevo. Eso sí, no venía solo ni con las manos vacías. Traía una yunta que entre su primo y su padre habían conseguido aparejarle, su caballo, un mastín enorme que imponía, el lechón y las gallinas que faltaban de lo acordado y, detrás, dos mozos jóvenes y una burra, que hacían muy diligentemente lo que él les mandaba. Más los mozos que la pollina.

Empezó por contarles lo del perrazo. Que estaba vivo de milagro de una pelea con lobos en la sierra, por Hiendelaencina, y que aún se le notaban los costurones de las heridas. El bicho daba miedo pero con la gente no se metía. Con los perros era otro cantar. No toleraba su presencia cerca y les enseñó a duros bocados quién mandaba. Con la jerarquía clara se acabó todo regaño. Él andaba con el rabo en alto y los otros con él entre las patas. Los mozos procedían del mismo pueblo; uno era zagal y se llamaba Marianejo, y el otro, Eduardo, y era aprendiz de herrero. Se apañarían una casa para ellos y la borrica y vendrían bien para todo. El concejo de Atienza ya estaba informado.

Los dos hermanos ya barruntaban del Juanillo que valía mucho y para muchas cosas, pero que lo de arar no era lo suyo. Entre la impedimenta vieron que traía un escudo, una lanza recia y corta y una espada un tanto maltrecha pero espada al cabo. De ello nada dijo pero sí de que, eso parecía gustarle más que la esteba del arado, tenía en mente meter ovejas y también cerdos, que aprovecharan la bellota, en montonera por Henarejos. El mastín sería muy bueno para aquello, pues alguna lobada sí habían visto ya descolgarse de los altos por aquel paraje.

En eso acertaba, pues se comprobó muy pronto que el animal, que odiaba todo lo que oliera a perruno, al fin y al cabo poco se diferenciaba del lobuno enemigo, era una maravilla con el ganado. Se hermanaba con las ovejas y se echaba a dormir en medio de las del Maula como si fuera una más del rebaño.

El Juanillo también se les unió en cuanto tuvo ocasión. Detrás de la yunta nueva anduvo lo justo para dejarles los ramales a los mozos y salir a caballo en busca del moro e irse los dos a recorrer el término.

O sea, que el Valentín y el Julián con las dos yuntas, los dos mozos y la burra se metieron de lleno en la sementera y el Maula y el Juanillo, con el caballo y el mastín, pues a los dos careas los soportaba mientras que no se le arrimaran, se dedicaron a no dejar sin pisar un solo rincón de las tierras del pueblo y sobre todo de sus lindes, que era bueno que se les viera por ellas.

A los hermanos, en el fondo, les pareció bien la cosa; tenían una yunta para cada uno y a los dos mozos, que no es que supieran mucho pero al menos hacían lo que se les decía y no como el otro, que hacía lo que le daba la gana.

El Juanillo y el Maula ya habían hecho antes buenas migas y ahora se convirtieron en sombras el uno del otro. Se pasaban el día hablando y parte de la noche haciendo lo mismo. Y no les faltaba el vino, que el Juanillo se encargaba de ir a por él a Jadraque y que el musulmán para nada despreciaba. En España siempre lo habían bebido hasta que llegaron los africanos de los turbantes negros y les arrancaron las viñas.

El Maula le iba enseñando todo y poco a poco fue contándole lo que había sido el pueblo y por lo que allí había pasado. Que había sido mucho y el moro de bastante se acordaba. De lo que él había vivido y de lo que le alcanzó a relatar su padre.

El cristiano larguirucho pasaba las horas preguntando y escuchando al enjuto moro sobre quiénes habían estado allí y cómo se había llegado a despoblar aquello. El Maula le complacía, y al ver con qué atención y pasión atendía sus explicaciones no tardó en comprender que ni el ganado ni nada sujetarían al Juanillo allí durante mucho tiempo. Él quería saber de combates, de cabalgadas, de algaras y caballeros corriendo las tierras enemigas y volviendo victoriosos y cargados de botín. Su primo ya andaba en ello y aun en mayores, pero él podía aspirar, se había informado ya en Atienza, a ser un caballero villano. De sierra no era difícil teniendo montura y armas. Era lo más bajo y se ajustaban mayormente para guardar ganados y por ello cobrar un tanto, poco, a los pueblos. Luego ya venía el serlo de *rotba*, que aparejaba vigilancia y custodia de pasos y enclaves, así como de plazas y guarniciones encastilladas, y después ya de mesnada y participar en incursiones o acudir a la llamada real y entrar en batallas campales. Dependería de su brazo, de su coraje y de su suerte. Y estaba seguro de tenerlos. De hecho, ya sabía lo que le iban a pedir en el concejo y lo tenía casi todo preparado. El caballo, el escudo, la azcona y la espada mellada y herrumbrosa, esta muy en duda de que se la dieran por buena y por ello se había traído al aprendiz de herrero, el Eduardo, para que se la compusiera.

El muchacho lo había aceptado con gusto, pues era uno de ocho hermanos, el dueño de la fragua, una bestia y ansiaba marcharse de allí cuanto antes. Algo sabía ya del oficio y algún instrumental, que el Juanillo no había preguntado de dónde había salido, se había traído consigo. Ya iría aprendiendo. El Juanillo le había prometido que un día tendría fragua propia y él estaba decidido a tenerla aunque sabía que eso le costaría un largo tiempo.

De entrada en lo que estaba cuando no andaba con las yuntas era viendo ya un sitio en el que, además de vivir con el Marianejo, podría empezar a montar un horno. El otro mozo, el zagal, vino más o menos por lo mismo, aunque no tenía tan altas miras. Sería pastor cuando le trajeran una punta de ganado que pastorear. Mientras tanto, comía.

Las hazañas con las que soñaba el Juanillo también pillaban por el momento un poco lejos. La frontera se había alejado por lo menos por esta parte, aunque hacia el sur, cerca de Zorita, y por las lindes del Tajo, en su zona más alta, las entradas y escaramuzas eran continuas: cuando no saqueaban los unos eran los otros quienes lo hacían. Por de pronto el aspirante a guerrero quería saber por el moro cómo había sido, qué había pasado allí para que todo quedara deshecho y despoblado.

Al Maula le gustaba mucho carear al ganado por la orilla del Henares, aguas abajo, y por las cuestas y barrancas en umbría de Nublares, que guardaban mejor la hierba que las solanas. En el centro del roquedo se abría una gran boca de una cueva, ensanchada por la mano humana, y sobre ella en el alto había hileras de piedras amontonadas cubiertas ya por la tierra y los tomillos como formando un recinto. Siguiendo por el borde del cortado hacia el poniente se daba con un promontorio. Allí, dominando desde el esquinazo tanto el Henares abajo y enfrente, como el barranco por el que el monte se descolgaba y separaba del siguiente, se erguía una vieja torre de vigilancia, muy desportillada pero aún rodeada por una pequeña barbacana con algunas ruinas dentro.[9] Asomados desde allí al río, se divisaba la veredilla que lo seguía y que acaba por dar en un molino, el del Rebolloso, que molía para un pueblo muy cercano, Castilblanco, y para Jadraque, que también pillaba cerca. De hecho, la torre vigía estaba justo en la linde; el barranco marcaba la divisoria entre Bujalaro y Jadraque, y el molino constituía el vértice donde confluían los

9. Sobre la cueva de Nublares quedan restos de un enclave prehistórico y en la punta del cortado, casi en la linde con Jadraque, restos enterrados de una torre islámica.

tres términos, al juntarse allí también el de Castilblanco. En él podrían moler su grano el año siguiente.

Era un buen sitio; el ganado estaba tranquilo, casi parado y bien custodiado por los perros, el solecillo del mediodía aún calentaba e invitaba a aprovecharlo. El Juanillo se bajó del caballo y sacó de las alforjas un paquete. Con un gesto se habían comprendido. Al resguardo de las ruinas se estaría bien y lo dominaban todo.

—Vamos a echar lumbre y hacer las gachas. Tráete un poco de leña, Maula.

—No me eches tropezones del animal inmundo, que te conozco, Largo.

—Descuida. Las haremos huérfanas, si te empeñas. Tú te lo pierdes.

El moro se encargó de preparar el fogón y el fuego aprovechando un hoyo pequeño y cuatro piedras para sujetarlo y poner la sartén encima. El Juanillo se ocuparía de preparar el condumio y anunció su sorpresa.

—Esto sí te va a gustar, moro. He traído aceite en vez de sebo, un poco de sal y una pizca de pimentón. Y no se me ha olvidado el agua, así que no tendrás que bajar hasta el río a por ella. Nos van a saber de miedo. Vas a comer como un conde.

—¿Y ajo? —Al Maula le gustaban mucho fritos.

—También, una cabeza entera.

Con los dientes de ajo, cuando ya estaba bien caliente el aceite, hizo el cristiano el sofrito, quejándose de que el otro no le dejara echar al menos unos tropezones de panceta de cochino, pero más por hacer risa que otra cosa. Luego ya, poco a poco y en dos tandas, volcó la harina de almortas y el agua, removiéndolas de continuo para que se fueran mezclando como debían. Cuando lo consideró les espolvoreó la sal y el pellizco de pimentón que había conseguido. Con ello cogieron un color muy sabroso y un olor que invitaba a comérselas. Y eso hicieron. Las retiraron de la lumbre, cada cual sacó su navaja y pinchando trozos de pan con la punta los fueron untando en ellas y llevándoselos a la boca en cuanto dejó de abrasársela, y un poco antes, incluso. Para refrescarla tenían el vino, que a eso el Maula no lo considera incumplir precepto alguno.

El mastín los había estado vigilando desde una prudente distancia, los careas ni se acercaron siquiera, esperando pacientemente la señal del Juanillo, que se produjo cuando ya parecía que no iba a quedar nada. Al silbido se levantó y acudió al instante, pero a su paso. Quedaba una golosina, un último trozo del cuscurro de pan con un poco de unte y unos lametazos para rebañar lo que los hombres no habían ya rebañado. Se relamió los belfos y volvió a marcharse a su sitio, desde el que vigilaba el hato al completo que se había echado aprovechando un pequeño desnivel donde no pegaba tan fuerte el aire.

—Estaban bien buenas —sentenció el cristiano—, aunque mejor podían haber estado. Como estas no se comen todos los días.

Asintió el moro; aunque el pastor comiera gachas un día sí y al otro también, pues llenaban mucho y para el invierno no había nada que calentara tan bien el cuerpo, había que reconocer que con aceite, sal y pimentón parecían otra cosa.

Después el Maula le empezó a contar al Juanillo cosas de las que este quería saber.

La torre de Nublares y el castillo del pueblo habían tenido guarnición mora, pero él ya no las había visto. Su padre sí y se lo había contado. Su padre había conocido al Minaya. Y no solo eso, sino que Álvar Fáñez lo había tenido cautivo siendo un chico.

Según le relató, Álvar Fáñez había venido en algara con el muy mentado Rodrigo Díaz, el Cid, de quien se decía era medio hermano. Ambos habían asaltado Castejón entrando al amanecer desde el cerro de las Matillas, donde se habían emboscado; así tomaron el pueblo y la pequeña alcazaba del alto de los chorrones, las cárcavas que descendían hasta el mismo río. En Castejón se quedó el Cid mientras el Minaya se fue con la mitad de la tropa por el viso de las alcarrias para caer desde arriba sobre los pueblos de los valles. Bujalaro se salvó al verlo pequeño y algo lejos. No dieron con La Tobilla pero sí con Jadraque que tenía más empaque, riquezas y gentes. Entraron por sorpresa en el pueblo y allí fue donde engancharon tanto al abuelo como al padre del Maula, un chiquillo entonces, que habían bajado aquel día al mercado. También atraparon a muchos que intentaron refugiarse en el castillo; al salir corriendo a ampararse en él lo que consiguieron fue que en el tumulto los cristianos entraran también y lo asaltaran. Cogieron a tantos prisioneros que el Minaya decidió dejarlos a todos atados unos con otros en la plaza, custodiados por un grupo de sus mesnaderos, pues por allí tendrían que volver a pasar de vuelta, mientras que el resto siguió con la algara por Hita hasta la misma Guadalajara. Retornaron trayendo muchas ovejas y bueyes y también un buen puñado de cautivos y sin que ninguna fuerza mora se atreviera a seguirlos.

Uno de los caballeros alardeó incluso de que había dado vista a Alcalá y hecho tremolar la seña de Minaya a los moros que se asomaban a las almenas del castillo. Desde allí volvieron raudamente grupas pues no era cuestión de conquista sino de conseguir el mayor botín posible.

Juntaron todas sus capturas en Jadraque y con la larga reata de prisioneros y reses desanduvieron el camino hasta donde les aguardaba Rodrigo tras dejar recado en los lugares asaltados de que en Castejón negociarían los rescates. Los de Jadraque lo hicieron en conjunto por los suyos, entre quienes había además gentes de importancia, pero no quisieron saber nada de los de los pueblos de alrededor capturados en el mercado; estos tuvieron que valerse como pudieron. El Minaya, decía su padre, era un guerrero muy bravo pero también un hombre muy sagaz y se dio cuenta pronto de a quiénes les podía sacar más porque más tenían y a quiénes apenas nada, como era el caso de aquel viejo y su hijo, que quedaban entre los últimos. Así que aceptó un pequeño pago en monedas y se conformó con el añadido de una partida de queso, que le vendría bien para mantener a su mesnada. Tras haber cobrado los rescates y llenado la bolsa que se repartieron entre todos según su costumbre, la tropa, libre de impedimenta de cautivos, con el Cid al frente y el Minaya al lado, partió hacia las parameras altas de Molina.

No fue la única vez que el padre del Maula vio al Minaya. Álvar Fáñez no tardó mucho en regresar por allí, pero en esta ocasión lo hizo como jefe de los cristianos y para quedarse. Su padre le tenía contado que Fáñez vino recorriendo toda la tierra, acompañado de notables del rey

Al-Qadir de Toledo que les decían a los musulmanes que debían rendir los castillos y entregarles las villas y las fortalezas. Les aseguraban también que podrían conservar sus tierras, sus ganados y su religión y que nadie los molestaría, pero que debían acatar al rey Alfonso, que había hecho suyo todo el territorio que había sido el solar de los Di-l-Nun desde que llegaron a España y que cuando ya no hubo califas se hicieron ellos reyes de Toledo. Eran ellos mismos quienes fueron por toda su tierra a decirles que debían aceptarlo sin oponer resistencia porque el rey Al-Qadir así lo había ordenado. Fáñez venía al frente como jefe de todos y la enseña castellana ya ondeaba en las alcazabas de Guadalajara, de Hita, de Atienza, de Jadraque: solo se detuvo poco antes de llegar a Medinaceli porque el rey Hud de Zaragoza había entrado con sus tropas y lo había anexionado a su taifa antes de que llegara el Minaya.

De Guadalajara al último pueblo, con más o menos resistencia, todos se habían sometido y los cristianos habían ido dejando en sus torres pequeños destacamentos. Eso pasó en Bujalaro. A La Tobilla, apartada y escondida, esta vez tampoco llegaron.

Hubo mucho miedo y no poca confusión porque aunque los notables de Al-Qadir querían convencer a las gentes de que debían quedarse, quienes dirigían los rezos, en los que ya no lo mentaban como su rey, clamaban que los buenos musulmanes no podían vivir en tierras infieles y que debían marcharse. Bastantes, sobre todos los ricos y con sitio al que ir, así lo hicieron y se fueron yendo hacia el sur.

Los que vivían allende del Tajo, hacia Cuenca, como seguía siendo del Di-l-Nun y ondeaba la enseña de Al-Qadir, se mantuvieron en sus casas y en sus tierras y continuaron acudiendo a la oración del viernes a sus mezquitas.

Eso también, y al principio, lo pudieron seguir haciendo los que permanecieron en estas tierras del Henares, pero muchas casas se fueron quedando vacías y en muchos lugares pronto no hubo quien supiera llamar a la oración ni dirigir los rezos.

Lo último que recordaba del relato de su padre antes de morirse fue el anuncio de la llegada de los morabitos, unos fieros guerreros recién llegados de África que iban a retomar de nuevo Toledo y luego todo lo que les había sido arrebatado por los cristianos.

A estos sí que llegó ya a verlos el propio Maula, pero no sucedió la cosa como creía su padre ni muchos esperaban.

Se hablaba mucho de cuando vendrían pero lo que sucedió de primeras es que el Minaya se apoderó, muerto Al-Qadir de infame manera en Valencia a manos de los propios musulmanes, de todo lo que había seguido manteniendo como suyo al otro lado del Tajo. Por si fuera poco, su pariente o su medio hermano, o lo que fuera el terrible Cid, le apretó el puño a Valencia y acabó por rendirla y señorearla él mismo.

—Pero ¿tú viste a los guerreros morabitos llegar hasta estas tierras? ¿Y qué sucedió con los cristianos que habían venido a vivir aquí?

—Los hombres de los turbantes negros derrotaron al fin a los cristianos, allende del Tajo, en una gran batalla. El propio Minaya hubo de salir huyendo y mataron a todos los condes de Castilla y al hijo del rey también lo mataron.[10] Los musulmanes creían que llegarían aquí muy pronto. Pero no lo hicieron ni aquel año ni al siguiente y los cristianos, sabedores de lo que habían hecho en otros lados, abrir las puertas a los almorávides y señalarles sus casas, ya no tuvieron confianza en ellos y los trataron con dureza. Ya casi no quedó nadie de los que tenían riquezas y lugares adonde dirigirse en Al-Ándalus. Volverían, eso dijeron, con las tropas victoriosas del islam y volverían también los hombres sabios a dirigir las oraciones. Toledo, volvían a decir, no tardaría en caer en sus manos y con él se derrumbaría todo el poder cristiano. Pero Toledo resistió. Fue Álvar nuevamente quien lo había defendido.

El Maula ya contaba esto atendiendo a sus propios recuerdos, aunque en ocasiones era confusa y lejana su memoria, pues era un chiquillo tan solo.

Recordaba que en Bujalaro se habían instalado algunos cristianos más y la torre estaba guarnecida. Que fue por entonces cuando se tuvo ya noticias de razias cercanas de los guerreros de oscuros turbantes que entregaban al acero y al fuego a los infieles y se llevaban a sus hijos y sus mujeres. En represalia los cristianos comenzaron a hostigar y atacar poblados de mayoría musulmana, que algunos quedaban, acusándoles de estar en connivencia con los morabitos; los mataban y prendían fuego a sus casas. Vinieron también sus clérigos y ya no dejaban rezar a los fieles y hasta les quitaban las mezquitas y ponían en ellas la cruz en lo alto del minarete y dentro imágenes impías.

Hubo mucha guerra por toda aquella tierra y por los

10. Uclés, 1108.

caminos volvieron los galopes de los guerreros con las sedas verdes del islam en las banderolas de sus lanzas. Pero pasaban y no se quedaban. Tampoco miraban si los frutales que talaban, las ovejas que se llevaban, los campos y las casas que entregaban a las llaman eran de cristianos o de moros. Las tropas almorávides corrían cada verano las tierras y hubo en ocasiones grandes ejércitos que vinieron, aunque esos hasta allí no llegaron, como plaga de langosta; demolieron murallas y saquearon ciudades, pero los cristianos se refugiaban en lo alto de sus alcázares y cuando se marchaban de regreso hacia el sur, ellos volvían a salir. Y entonces eran ellos los que se lanzaban contra las tierras musulmanas y las atacaban todavía con más saña. Así sucedía cada año, a uno y otro lado de lo que eran las lindes entre ambos. Nadie podía vivir tranquilo y ni vivir siquiera y toda la tierra se fue despoblando de todos pues ya no había cristiano que quisiera venir a quedarse y cada vez se marchaban hacia el sur más moros.

—Pero no me respondes, moro, a lo que te pregunto. ¿Qué sucedió para que en Bujalaro no quedara nadie?

—Siempre tienes prisa, Largo, y has de aprender a que las cosas se cuenten como es debido y por sus pasos. Sobre todo cuando los recuerdos son dolorosos y hay mucha lágrima en ellos.

El Maula ya tenía mejor, pero más dura y triste, memoria de aquello. Había sido tiempo de muerte y desgracia aunque comenzó con alegría y vítores. Porque al fin aparecieron las huestes del islam, esta vez numerosas y fuertes. Los guerreros morabitos vinieron por la paramera y bajaron a las hoces del río Dulce. Rindieron el castillo de Pelegrina, mataron a los cristianos que lo defendieron e instalaron en él muchos jinetes y arqueros. Luego prosiguieron aguas abajo por el cañón y el estrecho de los Heros, hasta Aragosa. Destruyeron su torre y entregaron al fuego sus casas. Después, brotando como una aparición por la puerta del desfiladero, asomaron al valle donde el Dulce se une al Henares y dieron vista a las llanuras alomadas que se extienden hasta las sierras del norte.

Vinieron por Mandayona y Castejón de Abajo matando a los pocos cristianos que no habían huido y destruyéndolo todo a su paso. Así llegaron hasta Bujalaro donde la pequeña guarnición había escapado y los pocos cristianos se habían refugiado en su mayoría en la vecina fortaleza de Jadraque.

Hasta ella llegó el empuje de los morabitos, pero no consiguieron asaltarla porque era un castillo muy bien situado sobre un cerro perfecto. Sin sorpresa ni máquinas de guerra, que no traían, lo único que lograron fue perder guerreros y hasta uno de sus jeques en el intento.

La muerte de su adalid los llenó de rabia y como el asedio era imposible, en su retorno hacia Pelegrina, desataron su furia. Subieron por la vereda del río y desportillaron del todo la torre de Nublares, que llevaba ya tiempo abandonada. Llegados a Bujalaro, desmocharon y hundieron todo lo que pudieron el castillo y luego lo incendiaron para que no lo aprovecharan después los cristianos.

Se hicieron señalar, por los moros que allí vivían todavía, las casas habitadas por infieles y las dieron al fuego y al saqueo, buscando además con su ayuda a quienes pudieran estar escondidos. Algunos encontraron y mataron a los viejos y a los niños, llevándose a las mujeres y a los jóvenes.

Esta vez un destacamento sí subió con un guía hasta La Tobilla para enseñarles también el camino por el viso de los montes, la senda del Minaya, que los llevaría más fácilmente hasta Pelegrina y poder además caer desde lo alto sobre Castejón de Arriba, donde los que habían huido del valle se habían refugiado en su torre.

Sabedores de que en La Tobilla no había cristianos, pasaron por allí sin causar daño y entre aclamaciones. El Maula se acordaba muy bien de los gritos y cómo algunas mujeres emitían un largo alarido de bienvenida a los guerreros. Era la primera vez que veía a los almorávides, y los contempló triunfantes. No sabía que iba a ser también la última y que aquel griterío de júbilo se convertiría a poco en alaridos de terror.

Los guerreros morabitos se acantonaron en Pelegrina,[11] dispuestos a soportar allí el invierno con todas las provisiones de que habían hecho acopio, pero el grueso de su fuerza se retiró hacia el sur, de nuevo tras la línea del Tajo.

Los cristianos no se atrevieron a ir contra ellos ni a meterse por el cañón del Dulce, pero se vengaron en las poblaciones de los mezquinos, de aquellos moros que habían señalado sus casas y escondites. Cayeron primero sobre Bujalaro y desataron ahí toda su ira pues con ellos venía uno que había conseguido huir pero cuya familia no había podido hacerlo y había sido muerta o llevada cautiva. Él y

11. Pelegrina fue el punto de penetración máximo de los almorávides en este sector de la frontera con el reino de Castilla hacia el año 1114.

otros como él, en cada aldea, encabezaron la revancha y el ojo por ojo se desató con la peor ferocidad. Se derramó mucha sangre y lo que quedaba por arder del pueblo, las casas de los moros, ardieron por entero.

Un pequeño grupo de jinetes subió después por el camino de Fuente Rey y se lanzó al atardecer sobre La Tobilla. Algunos pudieron escapar y esconderse, entre ellos el Maula y su madre, que habían salido a recoger leña en lo más espeso de los chaparrales que rodeaban el enclave, pero a la mayoría los rodearon en la olla. Su padre estaba allí con sus hijos mayores. Cuando volvieron lo encontraron despanzurrado y sin cabeza. Esta y la de uno de sus hermanos las habían clavado, junto a otras, en una estaca haciendo una hilera. A los demás, la mayoría mujeres y niños, se los llevaron para venderlos. Solo se salvaron un puñado que habían podido escabullirse y que poco a poco, como el Maula y su madre, fueron apareciendo para llorar a sus muertos.

Así fue como Bujalaro, al igual que Aragosa a la entrada del desfiladero del Dulce, quedaron despobladas. Los moros supervivientes huyeron y los cristianos no volvieron porque las tropas almorávides seguían acantonadas en Pelegrina y hacían salidas y razias por el entorno más cercano. Sin embargo, la gran hueste musulmana no regresó al año siguiente y ese mismo verano, en vista de ello, la guarnición de Pelegrina abandonó el castillo y regresó al sur. Desde entonces los jinetes de Alá ya no habían vuelto a aparecer por aquellas tierras.

En La Tobilla los moros que habían quedado vivos aguantaron mejor. Enmontada y alejada de caminos se refugiaron incluso en ella supervivientes de pueblos cercanos, de Bujalaro y de otros, pero fueron cada vez a menos. Unos, los que tenían fuerza y valor para hacerlo, se fueron yendo hacia el sur; con los años, los demás se fueron muriendo hasta que ya solo quedaron el Maula y sus dos hijos.

Los cristianos no volvieron a muchos de los pueblos que antes habían comenzado a repoblar. Hubo, además, guerra entre ellos. Hasta mataron a Fáñez cuando ya era viejo, que después de tantos combates con los musulmanes fue a morir a manos de los suyos. Lo hicieron en Segovia donde eran partidarios del rey aragonés, el marido luego separado de la reina Urraca, a la que el Minaya en el lecho de muerte del rey Alfonso le juró defenderla con su vida. Y la dio por ella.

El aragonés, el Batallador, les arrebató a los castellanos muchas tierras y se hacía llamar rey de ellos. Hasta que no murió hubo mucha confusión en el reino y no acabó de haberla hasta que lo hizo también la reina Urraca y su hijo, el séptimo de los Alfonsos, ciñó la corona y siguió la estela de su abuelo el conquistador de Toledo. Él, como antes había hecho su abuelo en ciudades como Ávila o Segovia, dio ahora fueros y privilegios a muchas villas y procuró repoblar las tierras y aldeas abandonadas y llenar de gentes, campos y ganados toda la Transierra hasta el Tajo e incluso volver a cruzarlo e ir poblando de cristianos las riberas y campos del otro lado.

Los cristianos les llevaron entonces a los temibles almorávides, que cada vez lo eran menos, la guerra a Al-Ándalus. Los africanos se habían dejado engolosinar por los néctares del jardín andalusí y los musulmanes hispanos se rebelaban contra sus rigores y crueldades. El Emperador, así se hizo llamar el séptimo Alfonso, pactó con estos últimos y comenzó a minar el poder del califa morabito, que vivía al otro lado del Estrecho en Marrakech. Dos señores andalusíes que acabaron siendo reyes, el Rey Lobo de Murcia y Valencia y su suegro Amusco, se hicieron con mucho poder. Se aliaron con los cristianos y fueron sus fronteros quienes penetraban en el corazón de Al-Ándalus y cada verano llegaban hasta el mismo mar del sur. El padre de Pedro de Atienza había sido uno de ellos. Eso lo sabía mejor que nadie el Juanillo, su sobrino.

Durante los años del séptimo Alfonso la frontera del Tajo se había recuperado del todo y avanzado incluso. Había recuperado las fortalezas de Alcalá y de Oreja y eso acabó con las razias moras en la zona, y avanzó ocupando parte de la tierra conquense que había sido antes de Álvar Fáñez.

Los moros asomaban muy poco ya por las parameras molinesas y el obispo de Sigüenza había ocupado y repoblado Pelegrina. Atrás quedaba el tiempo en que mataron en su orilla del gran río Tajo, en Ocentejo, a su primer prelado, Bernardo de Agén. Ahora el obispado prosperaba, privilegiado por el rey, e iba ensanchando su territorio. La muralla seguntina ya abrazaba tanto a la parte de abajo, junto al Henares, donde estuvo el primer templo obispal, como la de arriba, hasta el castillo recién levantado y se habían unificado los dos barrios con la nueva y flamante catedral en medio de ambos.

A Sigüenza llegaban cada vez más vecinos, como había llegado el padre del Juanillo, y por su parte la poderosa

Atienza cada vez se extendía más en tierras y gentes adheridas a su fuero y obedientes a su concejo. Su mesnada concejil era más y más fuerte, siempre estaba presta a acudir a la llamada real.

Venían, sobre todo, jóvenes, dispuestos a lo que fuera menester, incluso a lo peor, pero también a lo mejor, que traían a sus mujeres y nacían niños. La extremadura se llenaba de baldíos roturados, al cielo subía el humo ya no de los pueblos ardiendo sino de las chimeneas alimentadas con las talas y limpias de monte, el balido de las ovejas se apoderaba del atardecer cuando regresaban a los apriscos donde les esperaban sus corderos y por los caminos se cruzaban las reatas llevando sal, aperos y simientes. Guardando los puertos y los portillos de los montes, las cuerdas de las sierras, las muletadas, patrullaban los caballeros villanos, los de sierra, que tenían caballo y armas para poderlo ser y ponerse al servicio del concejo. Y del rey, si los llamaba.

En esto último era donde quería estar, y cuanto antes, el Juanillo y en lo primero andaban el Julián y el Valentín. Pero en realidad estaban todos en lo mismo. Con una mano en la estiba del arado y la otra en la empuñadura de una lanza. En no pocos casos, y dependiendo de la estación o la necesidad, era el mismo quien, según tocaba, estaba en las dos cosas. Labrar la tierra y combatir por mantenerla y ensancharla.

Miraban el Juanillo y el Maula al sol poniente del otoño, sentados al pie de la desportillada torre de Nublares. Bajaron la mirada hacia el río a sus pies y luego la volvieron a levantar hacia las tierras alomadas que iban hasta dar con la sierra de Ayllón.[12]

En algunas partes ya asomaba, hecha florecer por las rejas de los arados, la rojiza entraña de aquella tierra. Justo un poco más allá del río, por debajo en unas piedras que llamaban de las Raposeras, porque eran madriguera predilecta de las zorras para criar sus zorrillos, se veían dos yuntas que iban subiendo en paralelo siguiendo la besana que acababa de abrir una de ellas. Cuando llegaron a lo más alto de la loma se detuvieron y dejaron descansar en el suelo el arado para dar un respiro a las mulas y de paso a sí mismos.

El Valentín miró la labor, el río. Las cuestas de Nublares y el ganado del Maula en la costera. Se agachó y cogió un puñado de la tierra recién abierta, húmeda por las últimas lluvias, y le dijo a su hermano:

—Esta es una tierra vieja y buena, Julián. Estaba pidiendo a gritos que se la volviera a labrar.

12. Esa parte del sistema Central se conoce por los nombres de Sierra Negra, por sus edificios y techumbres de pizarra, o sierra de Ayllón.

LIBRO PRIMERO

FRONTERA DEL TAJO ALTO. ZORITA

VILLANOS

7

Los Pacos

El tío Paco había sido el más pequeño de los diez hijos que les vivieron a sus padres y diez fueron también los que él consiguió criar. Pertenecía a una de las contadas familias que quedaban de las llegadas con la primera conquista cristiana a Zorita de los Canes, y ahora era el más viejo de aquella villa y de su vecina Albalate, donde tenía casa, corrales y cañamares.

Dependiendo del sitio y el personal con que se tratara, a él y sus familiares se les conocía como los Pacos o como los Cañamares y, cada vez más, como los Corralo. Pero, con el apodo que fuera, todos en Zorita, en Recópolis, en Albalate, en Almonacid, en Vállaga, en Aldovera, en Anguix o en La Pangía, sabían quién era el tío Paco.

Había nacido antes de que acabara el anterior siglo y del nuevo tenía memoria desde el comienzo y aun un poco antes. De cuando la muerte del Cid y la conquista de Jerusalén por los cruzados. Lo habían bautizado en Santa María del Soterraño, la primera iglesia cristiana que se abrió al culto cuando tomó la plaza Álvar Fáñez, excavada a buen resguardo bajo el mismo corazón de la alcazaba. La vejez no le había borrado los recuerdos ni le había quitado la alegría por la vida que siempre tuvo desde chico y que no le nublaron ni las peores desgracias, que no habían sido pequeñas.

El tío Paco siempre tenía una risa guardada, un sucedido que venía a cuento y, en habiendo un algo de vino de por medio, hasta un cante. Por eso, aunque la verdad es que se juntaba con todos, frecuentaba la compañía de los mozárabes y disfrutar con ellos de dos de las cosas que más le gustaban: el vino y las jarchas. El Dionisio, que era el alcalde de estos, no se olvidaba nunca de invitarlo el primero a cualquier zambra que hubiera, aunque no fuera autoridad alguna. Ni del concejo ni de nada. A las que tuvo, que alguna no le quedó más remedio que aceptar, renunció en cuanto pudo pues no era hombre de andar pendiente de los enredos que aquello conllevaba.

Al contrario que el Dionisio, que siempre estaba en medio de ellos y sabía trajinarlos como nadie. El tío Paco cuando el otro se los contaba se reía. Y no se le ocurría dar consejo alguno excepto el de que no se enfoscara en demasía. Demasiado había visto ya en su vida como para tomárselo a la tremenda.

Por haber visto cosas y a gentes de importancia, el tío Paco, y eso sí que le gustaba contarlo, había contemplado con sus propios ojos nada menos que a cinco reyes y una reina cristianos y a dos moros. Cuatro Alfonsos, tres de ellos castellanos, el sexto, el séptimo y ahora el octavo, y un aragonés, el Batallador, un Sancho, este siendo infante todavía pues de coronado vivió apenas un año, y la reina Urraca. Y los dos moros, el Rey Lobo de Murcia y su suegro el Amusco, de Valencia. A ellos, aunque rey no hubiera sido pero sí fue el que le metió más miedo, añadía siempre al Mazdali, el emir almorávide que de haber podido lo hubiera degollado, a él y a todos los que se habían refugiado en la alcazaba de Zorita cuando asoló por completo aquella tierra.

El tío Paco era por aquel entonces solo un mozo pero no se le había olvidado su pinta ni la escena cuando lo vio aparecer, precedido por el retumbar de los tambores, viniendo Tajo arriba al frente de sus tropas montado en un hermoso caballo, que corcoveaba inquieto, de reluciente capa negra azabache, como los turbantes de sus huestes que les ocultaban la cara. Aún se acordaba de que se le erizó el vello del colodrillo y se le puso carne de gallina.

El padre del Paco, junto con las primeras familias cristianas, había llegado a Zorita a poco de que el rey de Toledo Al-Qadir se la entregara al sexto Alfonso y esta se la diera a su capitán de confianza en la frontera, Álvar Fáñez. Este había hecho de Zorita su plaza fuerte, pertrechándola de gentes de guerra y de armas, entre ellos sus temibles caballeros pardos.

La alcazaba ocupaba toda la gran plataforma rocosa. Había una parte central y más fuertemente amurallada donde estaba la guarnición. Allí se abría el brocal de un profundísimo pozo que llegaba hasta el nivel del río que aseguraba el agua en caso de asedio.

La población se asentaba también allá arriba, en el albacar, rodeado por un muro aunque más humilde que el del alcázar. Allí se levantaban las viviendas y además estaban los cerrados donde meter las bestias y las reses cuando se presentaba alguna amenaza. Al pie del roquedo, donde se abrían grandes cuevas, y justo debajo de la puerta de entrada fuertemente murada y siempre bien guardada, llamada de los Califas,[13] comenzaba la empinada ladera, dando vista al río. Allí había también algunas casas y cercados.

Junto con los hombres de guerra vinieron además algunas mujeres y gentes de oficios necesarios para ellos, como el herrero; también llegaron menestrales y un puñado de labradores. Los Pacos eran un poco de ambas cosas al tener en el cáñamo su principal labor y oficio. Aunque sembraran cebada y trigo, almortas y garbanzos, que eso había que hacerlo a la fuerza para el puchero, los Pacos se dedicaban sobre todo al cáñamo y al esparto. Para el primero tenían tierras en la parte alta de la vega de Albalate, que es donde estaban también sus corrales de agua, y para el segundo estaban los andurriales y las costeras resecas de la Aldovera donde crecían a su antojo las esparteras. Las labores de secado, remojo y ovillado solían hacerlas también allí, pero después trasladaban ya las madejas y las fibras desbastadas a Zorita para amén de ponerlas a buen recaudo, poder venderlas mejor a los tejedores o ellos mismos convertirlas en cuerdas, maromas, serones, esteras, cestos o alpargatas. El ser muchos de familia tenía sus ventajas.

El patriarca de los Pacos había logrado sacar adelante diez hijos que llegaron a la mocedad por lo menos. Después ya fue siendo cosa de ellos. También lo de irse muriendo o que los fueran matando porque vivir donde vivieron, a una galopada de los jinetes moros del otro lado de la

13. Es el resto más sobresaliente que aún hoy en día se mantiene de la original alcazaba musulmana.

sierra de Altomira, no era precisamente un lugar tranquilo. Pero por eso era que a gentes como ellos les daba el rey tierras. Y por eso, porque se las daba, venían ellos a poblarlas a lugar tan peligroso y se agarraban al terruño, que ya sentían como suyo y que podían, además, luego transmitir a sus descendientes.

Eran resistentes y duros como sus espartales y la vida los había hecho recios, austeros y secos. Excepto al pequeño, al tío Paco que renegó siempre de ese tercer rasgo y quizá por eso fue el que alcanzó más edad que ninguno y hasta se murió contento, como solía decir una de sus hijas, la que le tuvo a su cuidado muchos años desde que se quedó viudo. Aún hubiera estado a tiempo de casarse pero no le vino ya en gana. Y según decires, para según qué cosas, tampoco le hizo falta.

La fortaleza, el pueblo y el alfoz circundante de Zorita habían ido ganando desde su llegada, en importancia, aunque ya en tiempos moros la había tenido, pero también en población y en cultivos. Hubo un primer salto, el Paco aún no había nacido entonces, cuando a los pocos años de hacerse con aquel castillo los cristianos habían cercado y rendido Toledo.

Los moros, sin escape ni esperanza, acabaron por entregárselo al rey Alfonso, que en tiempos había estado allí exiliado cuando su hermano Sancho lo derrotó y le quitó el reino de León. Luego, tras la mala muerte de su hermano mayor, se había convertido en el rey de todo, de León, de Galicia, de Castilla y ahora también de la gran capital del

Tajo y de toda su tierra, todas sus ciudades, castillos, villas y aldeas desde más allá de Talavera hasta Medinaceli. El Minaya había sido el encargado de ir rindiendo las almenas de toda la orilla del Henares, con Guadalajara a la cabeza, Horche viniendo de regreso, y las cercanas a Zorita, como Almoguera, una vez aposentado de nuevo en la fortaleza.

Zorita dejó de ser un enclave rodeado de tierras musulmanas y no tuvieron los vigías que mirar hacia el otro lado del río pues todo era ya tierra cristiana, excepto a su espalda y más allá de la sierra de Altomira. Pero aquello seguía estando bajo el dominio de Al-Qadir, y no era una preocupación excesiva, aunque se levantó alguna torre de vigilancia en la que plantar ojos que atisbaran hacia allá, pues la fortaleza, junto al río, estaba ciega por ese lado.

El alcázar del castillo zoriteño había quedado desde que el Minaya lo ocupó para exclusivo uso de las tropas cristianas, pero en el alcabar, extramuros de esta pero en lo alto del roquedo, donde estaban casi todas las viviendas, había mayoría de moros. Solo unos cuantos cristianos se habían aposentado en antiguas casas musulmanas y los más de los recién llegados habían ido construyendo en la falda de la fortaleza, haciendo calles en semicírculo por la cara que daba vista al río. Las mejores eran las que estaban pegadas a la misma entrada de la puerta que daba acceso a lo alto de la alcazaba. Las demás iban bajando escalonadas por toda la ladera hasta la puerta frente al inicio del puente que permitía por allí el cruce del gran río.

Lo estipulado en las capitulaciones de Toledo valía para todos los enclaves del reino conquistado. Los moros podían mantener sus tierras, pagar los mismos tributos que antes pagaban, ser llamados a la oración y rezar en su mezquita. Aun así, ya a la entrada de Álvar había habido algunos que se marcharon y otros más los siguieron cuando cinco años después cayó Toledo. Muchos cruzaron la sierra de Altomira y pasaron a tierras y ciudades que desde allí hasta Cuenca seguían estando bajo dominio del depuesto Al-Qadir. Continuaban señoreadas por sus deudos más afines, pertenecientes todos al viejo linaje bereber que se había establecido en ellas hacía ya casi cuatro siglos, tras haber formado parte de la primera ola de conquistadores musulmanes. El último de la dinastía era el endeble y artero Al-Qadir, a quien Álvar había llevado escoltado por cuatrocientas lanzas hasta Valencia y se había quedado allí para protegerle. Era nieto del gran Al-Mamún, el amigo, protector y luego aliado del sexto de los Alfonsos, pero no tuvo nunca ni la inteligencia de su abuelo ni el coraje de sus antepasados. Su estirpe era la de los Di-l-Nun, la tribu bereber que había convertido aquella tierra en su dominio tras tomar la vieja Recópolis, donde primero había acampado y montado sus jaimas en la explanada entre el palacio y la basílica y más tarde, cuando el paulatino abandono de sus gentes y luego un pavoroso incendio la destruyó en gran parte, había utilizado su piedra para construir a muy poca distancia, sobre el gran afloramiento rocoso que dominaba el Tajo, su medina, la impresionante alcazaba que ahora era Zorita. Recópolis, por su gran extensión y enclave, era de imposible defensa y Zorita, por el contrario, una posición imposible de expugnar si había una fuerza suficiente para defenderla. Las piedras labradas del palacio del rey godo y de la gran basílica habían servido para levantar el alcázar, la torre y puerta de entrada, la de los Califas pues el Abderramán cruzó por ella, y hasta para las bases de la muralla que la perimetraba. Hubo piedra incluso para los pilares del puente sobre el río que sustituyó al antiguo, que cruzaba justo por debajo de Recópolis y donde también hubo embarcadero pues algunas pequeñas naves podían navegar el Tajo y llegar por él hasta Toledo. Ahora todo aquello, la vieja ciudad, sus palacios, sus murallas, sus casas y sus conducciones de agua, era ruina. Y era Zorita la que crecía y prosperaba aprovechando sus restos.

El padre de Paco le había contado de aquellos primeros años y de cómo, tras la toma de Toledo, habían comenzado a llegar gentes y su flujo había aumentado más todavía cuando Álvar Fáñez se apoderó también de las tierras al otro lado de la sierra de Altomira, de Santaver, de Huete, de Uclés y de la misma Cuenca. Aquello había sucedido tras la muerte de Al-Qadir, al que mataron los propios valencianos, aprovechando que Fáñez había marchado para acudir a la llamada del rey contra los almorávides. Entonces Álvar se hizo con todo aquel territorio mientras que su primo y casi hermano Rodrigo, el Cid, conquistó aquella gran ciudad al lado del mar y se convirtió en su señor.

Con el avance cristiano, la frontera se alejaba muchas leguas y así las gentes acudían cada vez en mayor número a la llamada de unas fértiles tierras con abundante agua, en las que poder establecerse como propietarios y hombres libres.

Durante años aquella sensación prevaleció sobre los malos augurios tras el desembarco de los guerreros africanos en inmenso número y de ferocidad implacable. Nada más llegar habían vencido al rey Alfonso y Fáñez, pero luego se habían empleado más en apoderarse de todo el Al-Ándalus y eran los propios reyezuelos moros quienes, tras llamarlos, los habían sufrido, unos apresados y enviados al Sáhara y alguno muerto. Una vez ya dueños de todo el territorio musulmán, excepto de las tierras de los Hud de Zaragoza, la prueba de que su terror se acercaba había llegado a la propia Zorita.

Un arquero moro, a caballo, acampó junto al puente al otro lado del río. No quiso atravesarlo ni entrar en la villa. Dijo que aguardaría a la llegada de Pedro el Pardo. Inmutable, aguantó allí varios días. Cuando al fin el gigante apareció, hizo gestos de amistad hacia él y lo subió hasta su casa. Por el pardo se supo quién era y por qué había venido. Se trataba de uno de los guerreros más destacados del rey de Badajoz a quien los invasores de los turbantes negros habían asesinado junto a su familia. Se quedó en Zorita, y tras él llegaron otros de su raza y su oficio para unirse a las tropas del Minaya.

Eran los *dawair*, los tornadizos, cuyo odio hacia los africanos era aún más enconado que el de los propios pardos. Desde niño el tío Paco los conocía, silenciosos, altivos y temidos. Aún quedaban algunos descendientes suyos pero las gentes se apartaban de ellos y ellos tampoco querían con las gentes trato alguno. Los *dawair*, desarraigados de su señor y de su tierra, no llevaban la vida con ellos sino la muerte al lado. Hasta que les llegaba la suya, que no solía tardar en alcanzarlos. No daban tregua en el combate y no distinguían entre hombres, mujeres y niños. Tampoco se la daban a ellos. Considerados blasfemos e impíos y merecedores de los peores castigos por los que mantenían la fe que ellos habían profesado, si eran capturados se los desollaba vivos.

En Zorita se mantenía una aljama numerosa de moros, aunque el imán predicaba cada vez con mayor vehemencia que los buenos fieles, tras la caída de Toledo y más aún después de la muerte de Al-Qadir, no debían vivir en tierra de infieles. Pero lo cierto es que el tío Paco al recordar su niñez comparaba a los muchos morillos con los que él había jugado con los pocos que ya iban quedando. Además, ya no jugaban con los niños cristianos.

Lo que había comenzado a haber era más judíos. No es que fueran muchos, no. Pero se les notaba y contaban cada vez más a pesar de sus esfuerzos de pasar discretamente inadvertidos. Vivían en lo alto del castillo, pegados a los muros de la fortaleza, donde de principio los había instalado el sobrino o hermano o lo que fuera de Álvar, Fan Fáñez,[14] que estaba casado con una mujer hebrea.

Con los niños judíos también había jugado el tío Paco pero con quien más lo había hecho era con los hijos del Pardo. No había crío en toda la villa que no mirara con adoración y respeto al Pedro, al que hacían como que le tenían miedo y él jugaba también a metérselo, pero bien sabía la chiquillería que no había nadie más amable ni risueño con los pequeños.

Que además con la llegada del arquero moro tuvo un nuevo aliciente al convertirse en la sombra del gigante. Los críos lo observaban con curiosidad insaciable, su barba afi-

14. Protagonista de *La tierra de Álvar Fáñez*.

lada, su armadura reluciente, su turbante, sus sedas de colores y siempre con su arco y su aljaba en la espalda. Lo miraban a distancia, con los ojos muy abiertos y procurando no acercarse. Él les cruzaba la mirada y les correspondía con una medio sonrisa, entre torcida y burlona, que los dejaba estremecidos del susto. Tenía unos ojos tan negros y fieros que como hiciera además un mínimo gesto la chiquillería salía corriendo despavorida y dando chillidos. Era cuando Pedro el Pardo soltaba una de sus risotadas que hacían retemblar hasta las puertas de las casas.

Los chicos se contaban entre ellos las hazañas del gigante pero aún querían más a su mujer, la vascona Yosune. Parecía muy seria y adusta, y lo era bastante con las gentes de su edad, si bien nunca con los pequeños. Siempre que por una causa u otra iban a su casa volvían con algo en la mano o, aún mejor, masticándolo. Ir a hacer un recado a casa de la Yosune era lo que todos los chavales esperaban que su madre les mandara. Y si no los mandaba, buscaban cómo acercarse con alguno de sus hijos hasta su puerta a ver qué les caía.

Los chicos de Zorita, morillos y cristianos, aún jugaban juntos de vez en cuando y los padres de unos y otros se conocían, se saludaban y hasta se ayudaban en tareas. Pero el aire se había ido viciando y el recelo creciendo. Sobre todo desde que se había comenzado a hablar de los guerreros africanos que habían llegado. Cuando pasó lo de Uclés, el Paco ya era un mozo, aquello lo emponzoñó todo y no hubo casa cristiana que no tuviera a quien llorar. También en la de Paco, pues dos hermanos fueron como peones en la mesnada de Álvar Fáñez y menos mal que volvió uno.

Cuando los derrotados regresaron, pues Álvar logró salvar a bastantes de la matanza cruzando la sierra por los pasos que solo él conocía, el resquemor contra los moros creció, al saber que habían hecho una pirámide con las cabezas de los vencidos y subido sobre ella el almuédano había proclamado la gloria de Alá. Pero todavía fue peor enterarse de que los moros que seguían viviendo en Uclés, como vivían aquí los de Zorita, habían recibido alborozados a los almorávides y les mostraron los puntos débiles del alcázar donde la guarnición cristiana resistía. Colmó el vaso del rencor el enterarse de que en la huida los de Belinchón, donde el infante Sancho con los condes había intentado refugiarse, habían matado a los pocos cristianos que no habían ido a la batalla, les habían cerrado las puertas y habían ayudado a sus perseguidores a que acabaran con ellos bajo sus murallas.[15]

A partir de Uclés ya nada fue igual en Zorita. Los cristianos temieron que sus vecinos musulmanes hicieran lo mismo en cuanto el ejército musulmán apareciera y los moros, por su parte, temían que los cristianos tomaran contra ellos represalias por anticipado. En todos hubo miedo y brotó el odio.

Los almorávides no llegaron, sin embargo, a cruzar la

15. «Se acogieron a nosotros los musulmanes que había allí, [...] conjurándonos por la religión y sus preceptos. Nos descubrieron las brechas y sus partes cerradas y huyeron de un campo a otro; hospedamos a sus fugitivos y alojamos a los que allí residían. Cortamos las nucas, destruimos las iglesias y sus cruces, nos hicimos mutuos regalos de prisioneros, arrancamos las campanas y las cambiamos por almuédanos». Carta del visir Ibn Sharaf al emir almorávide dándole cuenta de la batalla.

sierra de Altomira ni se acercaron a Zorita. Tras su gran victoria regresaron por aquel año hacia el sur. Pero con la colaboración activa de la población musulmana durante la campaña, prácticamente el territorio oriental cayó en manos de los almorávides, que ocuparon todas las fortalezas al este del Tajo, excepto Zorita, bien fortificada, y repoblada con población cristiana desde hacía casi treinta años. Con ello se salvó el paso del Tajo, que siguió controlado por Álvar Fáñez. Otra suerte corrió Santaver, sobre el Guadiela, y también Huete que como Uclés volvieron a estar lustros en manos musulmanas y por completo despobladas de cristianos.

Durante aquellos largos años la vida de Zorita y la del tío Paco estuvo desde entonces marcada por el miedo, y la sierra de Altomira comenzó a llamarse la de Enmedio, por ser la divisoria fronteriza entre unos y otros.

La tensión en la fortaleza, sobre todo a la llegada del verano que era cuando se producían las aceifas y los grandes ataques moros, se convirtió en una constante. Como además hacia la sierra y el enemigo que detrás acechaba, el castillo estaba ciego, hubo necesidad de levantar y reforzar todo un entramado de torres vigías y luminarias. Las más importantes sobre el pequeño poblado de La Bujeda[16] y sobre el paso de Saceda, desde cuyas cimas se divisaban los Llanos del otro lado pero también en los cerros sobre Almonacid y Albalate y en el de los Tres Palotes, ya cercano y a la vista de las almenas del castillo.

16. *Buj* significa «torre» en árabe. De ahí proviene el nombre La Bujeda, en esos tiempos una aldea y hoy conocida por el pantano de trasvase del Tajo-Segura en el sopié de la sierra.

La juventud del Paco estuvo presidida por ese temor, el de verlos asomar. Y en ocasiones asomaban. Había que andar siempre con ojo y estar atento para salir a escape hacia el castillo con las caballerías y el ganado. Los pardos y los *dawair* de Fáñez, que de unos y otros había en Zorita, siempre estaban al quite pero también empezó a haber entre los repobladores quienes consiguieron hacerse con un caballo y armas y comenzaron a ayudar en las tareas de guardia. Uno de sus hermanos mayores fue de los primeros y cuando se llevaban los ganados a lugares o salían varias yuntas a arar a sitios alejados los acompañaban. Si venían pocos uno galopaba a pedir ayuda y el resto plantaba pero si la tropa era numerosa la única salvación era conseguir llegar tras los muros de la fortaleza o acogerse como mal menor a alguna torre y salvar al menos el pellejo.

El Minaya no paraba, se movía de continuo, sobre todo cuando comenzaban los ataques masivos al llegar el mes de junio. Entonces venían ejércitos enteros. Pero su objetivo estaba Tajo abajo, en particular Toledo, que intentaron asaltar varias veces y estuvieron a punto de lograrlo en una ocasión. Menos mal que Álvar, que era también alcaide de la capital, logró con un golpe de mano y cuando ya creían tener la ciudad para sí, habían tomado el castillo de San Servando y estaban a punto de asaltar la puerta de Almoguera, hizo una salida y les incendió las máquinas de guerra.

No pudieron tomarla pero entonces se cebaron con toda la vega, haciendo estragos, cogiendo a cuantos cautivos cristianos podían y arrasando todo a su paso. Aquella vez la peor parte se la llevó Talavera.

Cada año volvían y cada vez con más daño. Otra incursión subió por todo el Henares arriba y alcanzó el Jarama, asaltando Talamanca. Guadalajara resistió tras sus murallas, pero sus cultivos, sus ganados y cientos y cientos de cristianos fueron llevados en reata con las reses para ser luego vendidos como esclavos. Fáñez contraatacaba. Hasta les volvió a tomar Cuenca, si bien no tardó en perderla de nuevo. Sus tropas eran terribles aunque mucho menos numerosas que las enemigas y su caballería no podía con la ligereza y número de la de los moros que llegaban por sorpresa a los sitios más insospechados, se colaban por cualquier resquicio, atravesaban cualquier vado y traían la desolación y la muerte para desaparecer después como fantasmas al otro lado de la sierra dejando tras ellos fuego, desolación y lágrimas.

El Mazdali se convirtió en el nombre con que se asustaba a los niños pero que también ensombrecía el corazón de los más curtidos guerreros. Nombrado gobernador de Córdoba y primera autoridad delegada del califa almorávide en Al-Ándalus, desató su furia contra la frontera cristiana los dos años siguientes. En el primero se lanzó contra la vega del Henares, aprovechando su cuña de Alcalá de Henares, que era el castillo más adelantado en territorio cristiano que habían conquistado. Al intentar recuperarlo los cristianos, los desbarató, poniéndolos en fuga y persiguiéndolos hasta Guadalajara, a la que cercaron de nuevo y desde donde sus habitantes hubieron de ver impotentes cómo asolaba la tierra y se llevaba un cuantioso botín de vuelta a Córdoba.

El ataque del año siguiente fue aún peor y acarrearía

duraderas consecuencias. Con tropas de toda su gobernación, a las que se añadieron las de Granada y de Sevilla, y grandes contingentes de combatientes norteafricanos, se dirigió hacia Toledo y, tras hacer encastillarse a su guarnición y cercarla algunos días, dividió a sus tropas en destacamentos, arrasó toda su vega y se lanzó contra el castillo de Oreja al que sitió. Álvar Fáñez acudió en su ayuda pero fue derrotado y obligado a abandonar el campo y encerrarse él a su vez en una fortaleza, la de Montesant, donde fue cercado. El Mazdali tomó al asalto Oreja y después se dirigió Tajo arriba arrasándolo todo hasta llegar a Zorita.

El joven Paco siempre estaba atento a lo que le pudieran contar su hermano, los pardos o los tornadizos. En la fortaleza, aunque temerosos, todos tenían cierta sensación de estar un poco más a salvo. Hasta entonces no había llegado ningún ejército ni intentado su asalto.

Hasta que llegó el Mazdali y con él vinieron el fuego y la muerte. Cuando el Paco lo vio asomar por la última revuelta del Tajo, tras haber asaltado Almoguera de donde habían llegado algunos a refugiarse aterrados y contando la matanza, supo que o resistían en la alcazaba o acabarían todos muertos o esclavos.

Acudió entonces a su hermano mayor y le pidió ya que no una espada, que no sabía blandir siquiera, sí al menos un peto y un escudo. Él era un mozo fuerte, hecho al esfuerzo, al arar y sembrar, a arrancar y trajinar con el cáñamo y el esparto, y en un útil de sus labores encontró su arma: una horca de tres gajos de hierro. Eso sí sabía manejarlo. La agarró con fuerza del astil mientras el Mazdali miraba hacia el castillo y con gestos comenzaba a desplegar sus tropas. De Recópolis subía ya humo hacia el cielo y vio venir de allí al galope algunos pardos perseguidos por los africanos dando alaridos. Entre ellos no llegó el gigantón, Pedro ni su amigo el *dawair*, Muzafa. Y supo, como Yosune y como todos, que si no volvían es que ya estaban muertos. Y que en poco todos podían estar como ellos. Por ello apretó aún más el mango de madera de la horca de hierro, hasta que le blanquearon los nudillos.

El ataque a Zorita fue feroz. Cayeron una a una las barbacanas y la torre que guardaba ya la parte pegada a la piedra y a la puerta de la alcazaba. Pero el alcázar no pudieron tomarlo. Los que aguantaron allí la embestida final fueron los únicos supervivientes. El resto fueron degollados o convertidos en esclavos de quienes, eran todos gentes de a pie, ya no volvió a saberse nunca nada. De los moros, hubo bastantes que se refugiaron también en la alcazaba, pero algunos se quedaron fuera y cuando los almorávides se retiraron entendieron que lo mejor era marcharse con ellos y eso hicieron.

Zorita sufrió un castigo tremendo, y aún peor lo pasó su alfoz y las villas o aldeas que lo componían. Ahí los únicos que se salvaron fueron aquellos que se escondieron en los montes y no los encontraron. Albalate, Almonacid, Recópolis, Vállaga, Aldovera y todos y cada uno de los poblados, sus gentes, cultivos y ganados, fueron sometidos al fuego y la rapiña. Se salvó únicamente La Bujeda, pues allí oculta entre los bosques del sopié de la sierra no dieron con ella.

Con la que más se habían cebado fue con Almoguera porque la pequeña guarnición y sus habitantes intentaron resistir en el castillo. El Mazdali dejó allí guarnición pero al cabo de unos cuantos años lo abandonaron. Prefirieron hacerse fuertes en Oreja y desde allí, cuando les venía en gana, atacar lo que ya habían saqueado.

—Aquellos —solía contar el tío Paco y se le borraba la sonrisa— fueron los años más duros. Estuvimos enterrando muertos muchas semanas, según los íbamos encontrando. A Pedro el Pardo y a su amigo el *dawair* los enterramos juntos en tierra cristiana, y aunque alguno quiso levantar el pito lo calló al instante la Yosune. Muy duro fue aquello, sí. Además, al año siguiente del ataque del Mazdali llegó la mala nueva de que habían matado a Álvar Fáñez. Y encima lo habían matado los cristianos. Fueron los segovianos que eran partidarios del rey aragonés. Si pudieron con el Minaya sería porque ya tenía muchos años. Que de joven no hubieran podido. Fue por entonces cuando muchos se marcharon de Zorita. Fan Fáñez y su mujer la judía y sus hijos, y Yosune con los suyos. De las familias primeras solo quedamos dos. La nuestra y la de los Ballesteros.

8

Los Ballesteros

Había llegado formando parte de las tropas del Minaya y acabó por convertirse en labriego. Una grave herida en un brazo se lo dejó seco e inútil para su oficio, así que tuvo que cambiar la ballesta por el arado. Le dieron tierras, de las mejores, pegadas al Badujo, trajo mujer de Guadalajara, tuvo hijos y le vivieron unos cuantos. Murió, eso sí, haciendo, aunque estuviera ya viejo y mermado, lo que mejor se le había dado siempre. Acertarle con una saeta a un moro y bajarlo del caballo.

Cuando llegó el Mazdali desempolvó su instrumento y valiéndose del brazo sano descabalgó más de un jinete y malhirió más de un caballo. Acabó también muriendo él por flecha cuando, desbordada la última barbacana, intentó ponerse a salvo y resguardarse en la alcazaba. Pero ya andaba bastante torpe y antes de llegar a la puerta de los Califas los arqueros almorávides le metieron tres dardos en la espalda.

De sus hijos ni uno solo se dedicó a lo del padre pero se les quedó el apodo de los Ballesteros para siempre. Al cabo de dos generaciones los había de todos los oficios, hasta de los de letras, y algún clérigo. Y uno de ellos, sin serlo, acabó por ser escribano y muy entendido en los aconteceres pasados de la villa: el Plácido.

Los ataques de los almorávides fueron al cabo menguando y el nuevo rey, el hijo de Urraca, el séptimo Alfonso, poco a poco pudo ir atendiendo aquellas castigadas tierras. El Plácido fue uno de los que se asentaron en Albalate y allí con mucho tino contribuyó lo suyo a que se levantara la iglesia[17] abajo en la vega, se pusiera muro al cementerio y sobre todo que se cuidaran las fuentes y las acequias que constituían la mayor riqueza del pueblo. De sus abundosos manaderos era de donde provenían las aguas que luego iban regando tierras abajo, por los Valladares, por los términos no solo de Albalate sino también de Almonacid y de Zorita hasta alcanzar, ya agrupadas todas en el cauce del Madre Badujo, al padre Tajo.

Tres eran los grandes manantiales de Albalate, o cuatro si se contaba uno más arriba, en un vallejo donde también había alguna ruina de un poblado,[18] el de la Pililla o del Arroyuelo, que daba para regar una vega pequeña que enlazaba con la grande, la que tenía las mejores tierras con buenos llanos y mucha miga en la entraña. En ella salían los más potentes chorros de agua. Uno en el propio caserío, que alimentaba a la gran fuente con pilón para las caballerías, pegada al camino, que eso, el camino, era lo que significaba el nombre del pueblo en árabe. El otro, en

17. De la primigenia iglesia románica del pueblo, ahora ya en las afueras y separado del actual casco urbano, quedan tan solo las ruinas que atestiguan, eso sí, su buen porte e importancia del pueblo.

18. Junto al Arroyuelo se han hallado vestigios de un pequeño pueblo visigodo.

el costado contrario del valle, era el de los Pozos de la Mayor, donde emergían potentes borbotones que daban de sobra para regar toda la vega y llenar los estanques, los corrales de agua, en los que se remojaba el cáñamo y servían también como aljibes para almacenarla por si había sequía.

El último gran surgimiento era el del Noguerón, el más potente de todos. Ese era muy conocido y utilizado desde muy antiguo, pues de él salía la conducción que llevaba en tiempos el agua hasta la vieja Recópolis.[19] Aunque ahora estaba ya todo hecho una pena y más allá de un pequeño acueducto para salvar un desnivel que llamaban la Pared de los Moros ya no pasaba, aunque ya tampoco llegaba hasta allí pues antes iba consumiendo por cien gateras y todavía más rendijas.

Todas las aguas de los Valladares eran la fuente del riego de nada menos que tres pueblos: a Albalate y Zorita había que añadir el poblado reciente, junto al primero, de Cabanillas, y por supuesto, de la villa que era cabecera de todos, Zorita. O sea, que además de agua era fuente de las más enconadas disputas. Quién regaba y en qué orden, quién tenía más derecho y ya no solo de arriba hacia abajo sino si por la izquierda o por la derecha, enredado encima, y por si lo anterior fuera poco, las lindes de los unos y los otros jugaban a entreverarse todo lo que podían; era como para

19. Se trata del acueducto visigodo del que aún quedaba algún vestigio conservado y visible en ciertos tramos hasta pasados los años cincuenta del siglo pasado. Ya a final de siglo una desdichada repoblación forestal acabó con casi todo excepto unos lienzos conocidos como la Pared de los Moros.

que se llevaran bien los pueblos. Así que por esa razón siempre estaban a la greña.

La guerra del agua había sido una constante desde que llegaron los cristianos, pero según contaban los moros que aún quedaban lo había sido también cuando mandaban ellos. Vamos, que de diez pleitos que se llevaban ante el cadí siete al menos eran por esa causa y en agosto nueve.

Ahora la cosa no solo no había mejorado sino que cada día iba a peor, pues si en algún momento se alcanzaba tras mucho debate un armisticio a la mínima saltaba la chispa y ya estaban liándose de nuevo a voces y pasando luego de las voces al cantazo, de la pedrada a la garrota, de ella al azadón como maza y de los descalabros subsiguientes a la gresca tumultuaria entre los vecindarios. Se encendían agravios, pleitos y odios para los restos. Con la llegada del otoño la cosa, aparentemente, se quedaba más o menos apaciguada. Las instancias vecinales, alcaldes, jueces de paz y componedores varios se reunían y en ocasiones hasta no acababa mal la cosa y se llegaba a algún acuerdo. Que al verano siguiente se rompía en más cachos que un botijo estampado contra un peñasco y otra vez la burra al trigo y los de Almonacid y Albalate, los más beligerantes por más vecinos y más enredadas sus propiedades, reiniciaban con ardor las hostilidades.

La cuestión en los últimos años y con la llegada creciente de repobladores no había hecho sino empeorar, y superadas las instancias vecinales, desbordados los jueces de paz, pisoteados todos los intentos de poner arreglo y cordura, la cosa llegó nada menos que hasta el propio rey Alfonso, el séptimo y emperador, que hubo de ocuparse del asunto; era una zona y una fortaleza la de Zorita que le interesaba especialmente, y en más de tres ocasiones había andado por ella. Llegado hasta el pleito se lo tomó muy en serio y dictó, ya escuchadas las partes, una fórmula que resultó a la postre, aunque por la interpretación de cada cual no dejara de haber enganchones, la que se respetó, fuerza real obligaba, por todos[20] y todos se avinieron a ella incluidos los de Zorita, a los que aunque al final de la línea también les afectaba pues el agua llegaba a su término y lo recorría hasta cederla toda al Tajo.

Los turnos para el agua se establecieron por días de la semana, de izquierda a derecha de la acequia y de abajo hacia arriba en los pedazos. Los lunes, martes y miércoles regaban los de Albalate y los jueves, viernes y sábados los de Almonacid. En los calores, aunque era fiesta de guardar, se habilitaba en ocasiones el domingo por la mañana. Para los de Zorita, ya en la parte baja, se reservaba un sobrante del que ellos disponían de manera también reglada a izquierda y derecha del Badujo. Un añadido al asunto fue el de nombrar dos regadores entre Albalate y Almonacid, con jornal y no malo. Uno para cada pueblo y cada uno del suyo. Ellos eran quienes se encargaban de ir soltando y cerrando el agua para cada terreno, lo que no significaba, sino bien al contrario, que no estuviera presente el amo, salvo necesidad mayor, vigilante y azadón en mano.

No era tampoco pequeña la cuestión del mantenimiento de las acequias y de los brazales correspondientes a los

20. Las leyes y normas de riego han estado vigentes hasta casi finales del siglo xx y son todavía recordadas por los habitantes de estos pueblos.

diferentes pedazos y propiedades. Ese era asunto en el que se ponía mucho empeño y no pocos reproches. Del buen estado de ello, de que no hubiera fugas ni se llenara de broza o de cieno, de que corriera bien el agua y de que cada cual tuviera lo suyo en perfecto estado dependían todos. Y no dejaban de surgir las disputas de si yo lo arreglo y tú lo tienes hecho un cristo. Daba igual si era cosa particular o cosa del pueblo entero, como era el caso de las acequias mayores a su paso por el término. Los de Almonacid reprochaban a los de Albalate no cuidarlo lo debido y los de Albalate a los de Almonacid de que a ellos parecía que les sobraba y tenían los brazales llenos de agujeros.

En todas estas normas, escritas las unas y acordadas por el concejo las otras y consideradas ya como mandamientos pero en las que siempre cabía interpretación y aún más con interés de parte, era muy entendido el Plácido. A él se recurría cuando surgía la disputa, que no eran pocas las veces y sobre todo en la época de más calor. El bueno del Ballesteros hacía lo posible para conciliarlos, intentaba mediar y razonar incluso, que no era fácil ninguna de ambas cosas, pero a base de paciencia casi siempre conseguía que no llegara la sangre a la acequia sino el agua y así poder seguir regando.

Se tenía el hombre muy bien estudiados los acuerdos avalados y dictados por el propio rey Alfonso y se respetaba en mucho su criterio, incluso por el alcalde de los mozárabes que habían llegado de tierras aragonesas y exhibían a nada los derechos que el rey les había dado a ellos especialmente, y que pretendían, la verdad que al igual que los otros, poner por encima de todos los demás.

9

El alcalde mozárabe

Dionisio Muñoz había nacido aragonés, en Zaragoza, pero se aplicó mejor que nadie el dicho de que se acaba siendo más de donde se pace y en cuanto se emplazó en Zorita se convirtió en más zoriteño que nadie.

Había venido al mundo en tierra mora pero en familia cristiana y como tal fue bautizado. Se crio en un suburbio extramuros de la gran ciudad, el barrio cristiano que se congregaba alrededor de la iglesia mozárabe de las Santas Masas; la otra era la de Santa María, junto al Ebro, alzada en honor a innumerables mártires de los tiempos romanos y que se mantuvo abierta durante toda la dominación musulmana.

Sus padres eran pobres y los hijos tampoco veían manera de salir de la miseria. Trabajaban en lo que podían, sobre todo en cosas de albañilería, y su condición de religión postergada ante la primacía islámica tampoco les daba muchas sendas de mejora.

Cuando Alfonso el Batallador tomó la ciudad concibieron alguna esperanza y en cierto modo las cosas les fueron mejor, por lo menos en no tener que agachar la cabeza y poder poner una campana de metal y con un sonoro badajo que se impusiera a la voz de los almuédanos. Pero en lo demás, y no fue poco, lo único que se notó de veras fue que se les suprimió el alaxor, el impuesto que, por ser cristianos, pagaban de más y que no afectaba a los musulmanes. Por ello, y porque eran los que mandaban desde hacía cuatro siglos, era por lo que muchos cristianos se habían hecho de Mahoma.

Eso les benefició y se alegraron, pero no mucho después el Batallador volvió de una larga correría por Al-Ándalus trayendo con él miles de mozárabes de aquellas tierras. No fue fácil el irlos acoplando y sí demasiadas apreturas y hasta choques entre los nativos y los recién llegados. Muchos se quedaron en la ciudad y no pocos en el barrio.

El Batallador murió, sin hijos ni con Urraca, que hubiera heredado según lo pactado las dos coronas, ni con ninguna otra, y no se le ocurrió mejor cosa que dejar el reino en herencia a las órdenes militares, pues era monje antes que nada y gusto por las mujeres tuvo escaso, si es que tuvo alguno. Se armó un cisco de miedo, pues nadie aceptó aquello. Ni siquiera los beneficiarios. El disparate culminó en que Navarra, que estaba unida a Aragón en su persona, se fue por su lado y los vecinos castellanos sacaron, después de haber estado sometidos a su bota, buena tajada. Alfonso VII, su hijastro un tiempo, al que tan mal se lo había hecho pasar y que ya en los últimos tiempos había sabido plantarle cara, aprovechó el momento, recuperó todas las tierras de sus ancestros, él se fijaba siempre en su abuelo, el gran Alfonso VI, incluida la Rioja entera y hasta se hizo con otras que no lo habían sido, como el señorío de Molina, el Alto Tajo y hasta se hizo señor de Zaragoza, aunque en este caso no por mucho tiempo pues acabó por cederla al cabo al nuevo rey de Aragón, Ramiro. Pero aquello le hizo pensar mucho al Dionisio. El hacerse castellano e irse para aquellas tierras empezó a rondarles a él y a otros muchos por la cabeza.

Si algo había preocupado al rey Alfonso y no había podido ocuparse de ello, por los problemas internos con su madre y su padrastro, era la frontera del Tajo. Aunque en 1118 ya se había logrado recuperar Alcalá de Henares por las armas del obispo de Toledo, quedaba la dolorosa cuña del poderoso enclave musulmán de Oreja, a la mitad de camino entre la capital toledana y Zorita. Desde aquel bien guarnecido castillo se sucedían los ataques y razias, y a la despoblación cristiana del otro lado de la sierra de Enmedio se unía la devastación continua por toda la ribera alta del Tajo. Las gentes más que venir a poblarla lo que hacían era marcharse en cuanto podían. Almoguera estaba casi desierta y Zorita cada vez más vacía. Para poder volver a llenarlas el rey entendió que antes había que acabar con el avispero de Oreja porque si no se erradicaba aquel enjambre venenoso no había repoblación que valiera.

La ocasión parecía cada vez más propicia pues las cosas les estaban empezando a ir mejor a los castellanos y peor a los almorávides. A estos en su propio solar africano les había salido un enemigo aún más fanático que ellos, los almohades, que amenazaban su poder y hasta la propia capital de su imperio. En la península también les estaban creando graves problemas los musulmanes hispanos, los andalusíes a cuyos reyes habían aplastado y sometido a todos a sus rigores religiosos.

Un descendiente de uno de los que más se les habían resistido, los Hud de Zaragoza, los últimos en ser vencidos, Zafadola, hizo pacto con el rey castellano y se presentó como adalid de los moros hispanos. La rebelión prendió; consiguió, con la ayuda de tropas castellanas, apoderarse de plazas y ciudades, y les causó muchos males hasta que en una extraña turbamulta acabó él mismo muerto en su campamento a manos de caballeros pardos que se consideraron mal pagados y traicionados.

No significó para nada el final de la revuelta, sino el principio de otras casi más graves. Florecieron por doquier en Al-Ándalus las rebeliones locales y una serie de nuevas taifas que se independizaron del poder almorávide. Entre ellos emergió la inteligencia, genio y energía de Ibn Mardanis, un muladí de origen cristiano conocido como el Rey Lobo, que se apoderó de Murcia y de gran parte de las tierras colindantes y en alianza con su suegro, Amusco, señor de Valencia, acabaron por dominar todo el Levante.

El rey Alfonso hizo con él buena y duradera alianza y por ese costado de su reino ya no tuvo que temer ataques ni incursiones de tropas africanas. Entonces fue cuando al fin pudo ocuparse de Oreja. El cerco duró muchos meses. Hubo de resistir contraataques e intentos de hacerle levantar el sitio, pero siguió apretándolo y su empeño acabó por dar su fruto cuando ya iba muy avanzado el octubre del año de 1139.

Había costado lo suyo pero la toma de Oreja supuso un gran alivio y el comienzo de la resurrección de todo el territorio, tan duramente castigado durante las décadas anteriores.

Consciente de esos sufrimientos el rey se mostró tan generoso como pudo dando exenciones de impuestos y privilegios a las poblaciones, como Almoguera, la más castigada y que más quebrantos había sufrido durante todos aquellos años.

A Zorita también le llegó el momento. El rey castellano entendió que la solución a su declive podría venir de tierras aragonesas. Conocedor, por el tiempo en que señoreó Zaragoza, de la gran población de mozárabes sin tierra que en ellas había, bien nativos o de los que había traído el Batallador de aquella larga campaña de un año entero por Al-Ándalus, cuando muchos de quienes se le unieron y dieron su apoyo comprendieron que les traía más cuenta volver con el ejército aragonés rumbo al norte que quedarse y soportar la represalia que iba a caer sin piedad sobre ellos. De ellos algunos habían conseguido acoplarse y mejorar pero otros buscaban la manera de agarrarse a lo que fuera.

Cuando el rey castellano les ofreció tierras, viviendas y buen trato en Zorita fueron muchos los que aceptaron encantados. Y el Dionisio, por más que fuera aragonés viejo, vio también en ello la oportunidad que tanto tiempo llevaba esperando y no lo dudó ni un momento. Cogió la nada que tenía y a su mujer, hijos no había, y se unió al nutrido grupo dispuesto a hacer de aquel nuevo solar su verdadera tierra y en su caso cambiar de oficio pues tuvo bien claro que no iba a trabajar para otros ni construyendo vivienda ajena sino labrar su tierra y hermosear su propia casa.

Las tierras entregadas a los mozárabes fueron muchas y no de las malas sino incluso de las mejores, pues si algo sobraban eran yermos y si algo faltaba eran brazos. Las tuvieron, para sus huertos, a ambos lados del Badujo, a los pies de la fortaleza, y para el cereal, al otro lado del puente, en el Llano de Santa María. Se añadió a ellas la mitad del extenso olivar de Recópolis y otro montón de fanegas en los términos vecinos de Almonacid, Albalate y Aldovera. Las casas también estaban en buenos sitios dándoselas, más o menos maltrechas, pero ya con cimientos, pared y hasta techo todas cobijadas tras la muralla de la villa e incluso algunas en la propia alcazaba.

Se les concedió también el derecho de molienda y usufructo de los molinos y canales de Bolarque y por último se les otorgó el privilegio de nombrar entre su comunidad y para ella un alcalde que sería su autoridad primera y el enlace con las otras para así respetar mejor sus hábitos y costumbres y poder resolver en su seno los problemas y diferencias que surgieran.

El Dionisio descolló pronto. Primero entre los recién llegados por su condición de aragonés viejo y luego entre los ya en Zorita afincados. Tenía empuje y ganas. Amigó enseguida con los Pacos y no tardó tampoco en hacerlo con los Ballesteros. Con el Placidín, que así le llamó siempre él, se empapó de las cosas del agua y de los recovecos de las leyes que las regían. Que bien le vinieron luego para las guerras del agua en las que se vio envuelto o se metió de lleno cuando llegó a alcalde, para conseguir ventajas para los suyos.

En Zorita, pues, hubo dos alcaldes. El de los castellanos, y la población en general para los que regían las leyes de Castilla, pues la villa a pesar de haberlo pedido, no tenía aún fuero, y el de los mozárabes sujetos a las condiciones y privilegios que el rey había estipulado para ellos. Como alcaide, juez y adalid de la mesnada actuaba el jefe de la fortaleza y la guarnición allí establecida.

Con los Pacos, con los que tuvo amistad toda la vida, el Dionisio aprendió de las labores de la tierra, que no estaba nada ducho en ellas, consiguiendo gracias a ellos incluso sus primeros útiles de labranza y fue también conociendo cuáles eran los lugares y los cultivos más propicios. No vio oportuno dedicarse al cáñamo, considerándolo asunto exclusivo de sus aliados, y se decantó por cultivos «más del comer», según su propia expresión. A nada se vio que tenía mano para ellos, casi como si lo hubiera mamado desde chico. Pero más aún la demostraba con el bicherío pues fue pronto conocido por no haber en Zorita quien criara cerdos de más arrobas que el Dionisio. Ni quien asara mejor sus caretas y saber dar buena cuenta de ellas con el Paco sin que hubiera escatimo de vino, del que se surtían en las bodegas del tío Eusebio de Mondéjar, ni corro que tuviera más arrimos, pues en cuanto subía el olor desde la orilla del río acudían a puñados.

Añadió el Dionisio a esas cualidades su particular sello aragonés a la hora de aliñar las olivas y en su gusto por los frutales. El cacho de tierra que le correspondió en la orilla del Badujo, lo llenó, además de plantar su huerto, de membrillos, manzanos y ciruelos que supo disponer para no molestar a la hortaliza. Hasta puso unos granados. Al Dionisio, le agarraban todos.

No todo fue miel sobre hojuelas, y menos aún con su carácter pues no lo tenía suave, por decirlo sin molestarle, pero sí le sobraban arrestos, ganas y fuerza. Seguía sin tener hijos, ni los tuvo nunca, y bien les apenó a él y a su María. A lo mejor por eso, y sin dar cuartos para pregones, o con eso como excusa, y cuando el Paco se quedó viudo y pasó su luto, que fue sentido pero tampoco largo en exceso, las correrías de ambos, se decía, no eran de las de por el día sino más bien de las nocturnas. Ni las limitó la fe cristiana, de la que excepto en eso eran ambos muy devotos. Y en el caso de Dionisio, poco amigo de los judíos con los que juraba siempre no querer trato.

—A mí esos pájaros no me enganchan con un préstamo. Mira lo que le ha hecho al Pascual Ibáñez, el de Almonacid, el judío Caq, el hijo del rico don Alassar. Por seiscientos maravedís que le prestó le han arramblado con media hacienda y hasta un borrico bien bueno que tenía. Menos mal que le han dejado las mulas. Yo, ya puestos, prefiero a los moros, y entre ellos mejor que a los mezquinos a los tornadizos. Esos son duros y si se convierten lo hacen de veras y no como los otros y los maulas, que no puede uno fiarse nunca de ellos.

10

Los siete lanzas

Habían ido llegando, cada uno por su sitio, hasta Valdehuete, ya por encima de Aldovera, que los que venían de Zorita, de Vállaga o de Almoguera habían bordeado para no ser vistos. Allí comenzaba el camino de La Losilla[21] por el que pensaban atravesar la sierra y estar al otro lado, en Vellisca, donde comenzaban los llanos hacia Cuenca, al caer de la noche y, a su amparo, poder avanzar sin ser detectados. El cielo estaba limpio de nubes y tendrían media luna en creciente. Lo suficiente para ver ellos y sus caballos, pues todos iban montados y más de alguno con uno de refresco en reata, pero no tanta como para ser vistos a cierta distancia.

Eran más de una veintena los que habían acudido a la convocatoria de «Los Siete lanzas». Todos ligeros de impedimenta, algunas vituallas para ellos y grano para una semana para las caballerías, porque sabían a lo que iban y que la carga se traería de vuelta. Si se volvía.

21. Así se sigue llamando hoy en día a esa vereda, vestigio enlosado del ramal de la calzada romana que iba de Sagunto a Complutum (Alcalá) pasando por Segóbriga y cruzando el Tajo por la recién descubierta Caraca (Driebes).

El sol se ponía y acariciaba con sus últimos rayos la parte alta de la sierra de Altomira, desde la lejana y más alta serranía de enfrente, a la que se volvió a mirar uno, que señalando hacia ella le dijo al que cabalgaba a su lado:

—Aquel más alto, por donde está trasponiendo el sol, es el Pico Ocejón.

—¿Has estado?

—Soy de cerca.

Y continuaron los dos en silencio.

Ya había caído la noche cuando dejaron Vellisca a su izquierda, pasando a prudente distancia para no levantar el ladrido de los perros, y en vez de coger el camino hacia Huete se adentraron a paso rápido en línea recta por la llanada. Tenían la noche para cruzarla y llegar a las nuevas estribaciones montañosas, al comienzo del puerto de Cabrejas por el que ya se asomaba a Cuenca.

Antes del amanecer, pasados los labrantíos y evitados los pueblos, estaban ya de nuevo metidos en monte y protegidos por los bosques. Allí, sin subir hacia lo alto sino costeando a media ladera, buscaron y encontraron un arroyo, desmontaron, echaron pienso a los caballos y, sin hacer fuego, descansaron ellos y sus bestias.

A medio día los dos batidores que habían salido a reconocer el terreno volvieron con lo que todos esperaban. Tenían localizada la majada y ya había allí, para la paridera, un buen hato de cabras y ovejas. Habían visto a los pastores y no había rastro de jinetes armados.

A media tarde cayeron sobre ellos, sin gritos ni alaridos, tan solo los frenéticos ladridos de los perros y el grito de uno de los hombres que salió corriendo torpemente, era un tanto gordo, y dando berridos. Le alcanzó uno de los jinetes que se adelantó a por él con tan solo avivar un poco al caballo y lo atravesó de lado a lado con la lanza. Los otros cuatro moros que quedaban vivos se apelotonaron uno con otro y se quedaron mirando a quienes los atacaban, mudos y con el terror reflejado en los ojos.

Un par de los atacantes echaron pie a tierra. No vestían a la cristiana como todos los otros y llevaban espadas curvas en las manos. Se dirigieron despacio hacia los rendidos. Tras ellos, a paso lento en sus monturas, los siguieron los cabecillas de la partida.

Cuando los dos *dawair*, pues eso eran, llegaron hasta apenas un paso de donde estaban, los observaron con mucho detenimiento y fijeza. Dos eran apenas unos muchachos, el otro un viejo y fue el cuarto en el que se detuvieron sus miradas.

Hicieron una pregunta, pero el hombre permaneció en silencio.

Entonces uno de los tornadizos blandió con un rapidísimo gesto su alfanje y lo dejó caer con terrible violencia, oblicuo en el aire, en el cuello de su víctima a quien no le dio tiempo ni siquiera a dar un grito sino tan solo a abrir mucho los ojos. El primer tajo le tronchó la cabeza. El segundo la hizo caer rodando.

El *dawair* se dirigió a los cabecillas montados.

—Africano. Bedú. Ellos andalusíes. Haz tú lo que quieras.

Sabían qué hacer con los dos chicos, a todas luces zagales que valdrían buenos dineros, pero no tanto con el viejo.

—Nos retrasará en el camino y aquí no podemos dejarlo vivo. Iría a dar aviso. Habrá que matarlo —opinó el que montaba al lado de quien tenía todo el aire de mandar la tropa.

Y esa parecía que iba a ser la decisión, pues los demás callaban. Pero en ese momento el anciano empezó a hablar en un intento de escapar de su suerte.

—Soy un pastor pobre. —Y eso era bien cierto con tan solo ver sus ropas—. El de allí era el amo —señaló al lanceado— y este de aquí un sobrino suyo. Yo te diré dónde tienen sus dos caballos pastando. Son buenos. Ando bien a pesar de los años y tengo un burro. Os vendré muy bien para guiar el rebaño, los zagales no son capaces de hacerlo solos, son todavía muy chicos. Conmigo y mis perros no se os descarriarán las cabras y vendrán mejor las ovejas. No me matéis. Llevadme con vosotros y os serviré.

El cabecilla lo miró con detenimiento, dudando. Preguntó sin señalar, no hacía falta.

—¿Son tus nietos?

—Sí. De mi hija. No tienen padre. —Iba a seguir hablando, pero optó por callarse. Mejor no mentar la causa.

Sopesó el cristiano lo escuchado.

Y decidió.

—Vendrás con nosotros, pero como se te ocurra la menor perrería, dar alguna alarma o dejar señal para que nos sigan, os mato a los tres juntos, aunque a ellos no pensara antes hacerlo. Ya lo sabes. Ahora de ti y de que nos conduzcas por buen camino y sin que nos vean hasta la sierra de Enmedio[22] depende su vida y la tuya.

22. Así se conoció también en aquella época a la sierra de Altomira, por ser la divisoria entre el territorio musulmán y el cristiano.

Con la ayuda de los zagales, el veterano pastor y los perros, tres careas y dos mastines pronto tuvieron listo el rebaño para emprender la marcha. Antes habían ido a buscar los dos caballos de los muertos, que en efecto no eran malos, ni tampoco sus sillas y aparejos. Los *dawair* se llegaron hasta los cadáveres despatarrados. Los desnudaron y los arrojaron de nuevo al suelo de mala manera, pero se cuidaron de que no quedara su cabeza mirando hacia La Meca. Antes de irse sacaron cada uno un afilado cuchillo y les cortaron el pene y el escroto que se guardaron como trofeo en una bolsa de cuero.

Los cristianos los dejaron hacer. Alguno ya les había visto la faena en otras ocasiones. Pero otros no y se levantó un pequeño murmullo.

El más mayor de la partida, ya con muchas canas y cada vez menos pelo, aprovechó para hablar él y explicarlo.

—Es su venganza.

Y siguió luego para quien quiso oírle.

—Los *dawair* de Zorita vinieron con un guerrero que era amigo del Pedro el Pardo, de quien habéis oído hablar a menudo. Eran de Badajoz, vasallos de mucho rango de su rey. Los moros africanos lo cogieron prisionero y aunque le dijeron que iban a llevarlo a Córdoba, en el camino lo asesinaron a él y a sus dos hijos, quedándose con sus mujeres o vendiéndolas como esclavas. Pero uno de ellos, Al-Mansur, se salvó y con algunas tropas se puso al servicio del rey Alfonso el que conquistó Toledo y se incorporaron a las mesnadas del Minaya. Desde entonces han combatido con nosotros aunque cada vez son menos. Odian a los musulmanes venidos de las Áfricas y los degüellan y mutilan en cuanto pueden hacerlo. A ellos les pagan con la misma moneda y si los cogen los desuellan vivos. Mejor no meterse en sus cosas y tenerlos de nuestro lado.

Alguno asintió con la cabeza, otro se encogió de hombros y los demás hacía tiempo que ni le escuchaban y estaban a sus cosas. O sea, ver si había algo que mereciera la pena en la cabaña, que no lo había, más allá que un poco de comida, algún queso y cecina de cabra. Descabalgaron todos pero no dejaron de la mano el ramal de sus monturas, dispuestos a salir en cuanto se dijera.

El grupo, según estaba pensado de antemano, se dividió en dos partes. La mitad con dos de los siete lanzas, el que mejor conocía la sierra y el de más confianza del cabecilla, amén del veterano de pelo blanco, se volverían de inmediato con el ganado y los pastores cautivos. Buscarían, y ahora el moro viejo los ayudaría, el camino por el que no toparan con pueblos y fuera el más enmontado y a salvo de miradas. Tomarían rumbo a Huete, porque allí volvía a haber de nuevo cristianos que lo habían repoblado y en llegando a su alfoz estarían ya a salvo. Pero mejor que tampoco los cristianos les echaran la vista encima.

El resto, los otros cinco de los siete lanzas, los dos *dawair* y la otra mitad de los que se les habían unido, los más curtidos en batallas, seguirían adelante con la algara. Que tenía ya dos objetivos. Conseguir más botín, si podían, pero sobre todo despistar a los musulmanes para que, sin saber que ya se habían llevado sus ganados, no los persiguieran a ellos por otro lado.

Por tanto remontaron hacia lo alto del puerto y cayeron sobre las alquerías y pequeñas aldeas que había por el otro costado. Asaltaron, mataron, incendiaron y fueron haciendo mucho más daño que provecho obtenían. Ahora sí cargaban con grandes alaridos y al huir dejaban a su espalda enormes humaredas. El botín era escaso, apenas algunas telas, cuatro monedas y algunos enseres. Lo que podían cargar con ellos en el caballo. No podían llevarse ni reses ni cautivos que les retrasaran, así que a los que alcanzaban los mataban pero sin entretenerse en buscar a los que se escondían. Con todo, un par de jinetes ataron de pies y manos a dos muchachas jóvenes y se las subieron como fardos al caballo. El jefe los miró con cierto reproche e iba a dar una orden de que las dejaran cuando vio que uno de ellos era su segundo al mando; asintiendo, esbozó una sonrisa cómplice.

Arrasaron un puñado de alquerías y algún pequeño poblado. Al segundo día de cabalgada, ya por la tarde, los *dawair* que iban en avanzada avisaron de que un destacamento de caballería ligera había salido de Cuenca y les venía a los alcances. Entonces el adalid, sin perder un momento, decidió que ya era hora de volver grupas y salir a escape hacia la sierra, perdiéndose en cuanto pudieran por los montes. Los que iban delante con los ganados habrían tenido esos dos días de ventaja y seguro que ya estaban a salvo más allá de Huete.

El reencuentro de toda la partida había quedado acordado ya pasada la sierra de Enmedio, en el pueblecillo de La Bujeda, justo por debajo de la primera torre de vigilancia cristiana por aquel lado. Pero no tuvieron ni que esperar a ello. Tras despistar al destacamento musulmán entre los bosques, lo dejaron atrás durante la noche y al día siguiente ya se juntaron con quienes llevaban el rebaño. Estaban ya metidos en el monte y a punto de remontar del todo y descolgarse por la otra vertiente. Acamparon una vez traspasada la divisoria de aguas, sintiéndose por fin a salvo, todos juntos y en posición favorable. No había ya miedo de que los atacaran. Pero el jefe ordenó guardias nocturnas y dos subieron a la cresta para hacerlas.

Estaban contentos. Se había dado bien la arrancada. El hato del ganado tendría buen mercado y obtendrían por él sus buenos sueldos. Tampoco habían ido a por más. Pretender conseguir por aquellos pueblos joyas o sedas era tontería. Si intentaban asaltar los lugares donde estaban, tras murallas y barbacanas, lo único que podía acarrear era perder ellos el pellejo. Y eso era lo importante, que no lo había perdido ninguno. Ni hombre ni caballo. Además se traían cuatro cautivos, los dos chicos y las dos moras jóvenes. Ah, y el viejo que había cumplido y se había hecho medio amigo del veterano que hablaba tanto. Él también había salvado el pellejo.

Al amanecer iniciaron la bajada y en nada ya estuvieron en La Bujeda para celebrarlo con vino. Incluso con alguno de los vigías de la torre de vigilancia cristiana que los llevaban viendo desde la tarde anterior y se descolgó para alcanzarlos y para recoger vituallas para la guarnición en el pequeño pueblo, sabiendo que algo le caería.

Gustaba al grupo detenerse allí, la última aldea adelantada antes de remontar al otro lado de la sierra, donde siempre eran bien recibidos por sus todavía escasos pobladores. Sobre todo por dos hermanos que habían llegado no hacía mucho y habían sorprendido a todos. Porque no eran ni cristianos viejos ni mozárabes, ni moros ni judíos, sino dos fornidos eslavones que vete a saber cómo habían acabado recalando allí. Rubios y de ojos claros habían llegado de la noche a la mañana y sin dar mucha explicación pero muy respetuosamente se habían presentado ante el concejo de Zorita y solicitado permiso para instalarse. El mayor, más serio y reservado, se llamaba Nicolai, y el pequeño, más alegre y comunicativo, Estoyan. Fue este quien les había contado que eran descendientes de las tribus del corazón de las estepas muy al este. Sus antepasados habían llegado, una potente tropa, junto con las tropas califales a Al-Ándalus. Al desplomarse el califato, muchos de ellos, entre otros su abuelo, se habían aposentado en Almería, ciudad y puerto que acabó por ser tomada por el rey Alfonso VII el Emperador. Entonces él y su hijo, o sea su padre, se habían puesto a su servicio y al caer de nuevo la ciudad en manos musulmanas se habían retirado con las tropas cristianas. Que ellos, aunque de diferente rito, eran también cristianos y no querían quedarse bajo el dominio islámico.

Habían acabado en La Bujeda porque su progenitor, el abuelo ya había muerto hacía tiempo, había hecho amistad con un jefe de mesnada, un tal Juan Álvarez, que les tenía dicho que en la frontera era donde estaban las oportunidades. Y allí estaban. Se habían traído con ellos a sus mujeres, de su misma raza también. Para los siete lanzas eran un punto de apoyo, tanto por la información como el saber que allí, en caso de necesidad, encontrarían siempre refugio.

Los siete lanzas eran todos jóvenes, aunque alguno ya estaba dejando de serlo. La mayoría eran hijos de los labriegos y sabían de arados y hoces. Otros no tenían tierra ni podían heredarla y alguno, el más viejo, ya hacía bastantes años que a lo que se dedicaba era en exclusiva a la guerra y cuando no la había, a contratarse en vigilancias. Todos, de una u otra manera, habían conseguido un caballo, alguno hasta de los buenos y otros no tanto. Pero a ninguno le faltaban ni espada ni lanza ni escudo; y habían ya recibido el beneplácito del capitán de la milicia concejil y ahora ya eran parte de ella, pasando de peones, donde bastantes entregaban el resuello antes de lograrlo, a la categoría de caballeros villanos. Así lo había establecido Alfonso VII y ellos llevaban ahora a orgullo y gala.

Unos eran nacidos en la zona, otros de no muy lejos, alguno venido del sur y hasta había uno de Zamora. Todos eran cristianos, aunque se juntaban los tornadizos y alguno más allá de que lo fuera antes que él su padre, o ni eso, no estuviera del todo seguro. De tales cosas procuraban no querer saber mucho. Ni preguntar ni que les preguntaran.

Eran el Sastre, el Alguacil, el Nieto, el Panta, el Coto, el Úbeda y el Varillas, supervivientes todos del peonaje y de las primeras y peores batallas que son en las que más se muere. Les habían puesto el mote común de los siete lanzas porque siempre andaban juntos y eran en según qué cosas coto cerrado para los demás aunque fueran de la mesnada. Admitían, eso sí, pero no para todo, a un octavo, al más mayor, al Palomo, a quien de unas le avisaban y estaba al tanto y de otras no y a lo mejor tampoco él quería estarlo, pues en esas la edad le aconsejaba no meterse ni que le metieran. Pero se les arrimaba mucho y solían escucharle las viejas historias, aunque a veces las repitiera en demasía y no pocas dependiendo del momento o el humor hasta las cambiara y entonces alguno le reprochaba con sorna:

—Palomo, que el otro día no era así como pasaba.

Pero les gustaba su compañía y le tenían ya que no mucho respeto, de eso no le tenían demasiado a nadie, sí cierto apego y él buscaba su cercanía y parecer uno de ellos buscando el regusto de mejores tiempos pasados.

El Sastre y el Alguacil habían sido, con una amistad desde niños, el cogollo del grupo. El primero era el cabecilla, alegre y listo, con buena mano para las gentes; con los poderosos y con los humildes, con los hombres y aún mejor con las mujeres, tenía siempre una salida para cualquier cosa fuera esta un embrollo menor o fuera cuestión de salvar el cuello. Su collera, el Alguacil, aunque él no tuviera nada de pregonero y el apodo le viniera por herencia, era por su lado quien mejor sabía encontrar y ponerse en el lugar donde preparar una celada y prever los movimientos de la presa para mejor cazarlas. Parecía que al Alguacil la caza le viniera a las manos, fuera esta humana, la mora más guapa era la que él se había traído, o fuera bicherío, porque en sus correrías los siete lanzas hacían a todo, fueran moros o jabalís, y no les faltaban con ello sueldos en la bolsa ni carne en los pucheros.

El Nieto era serio y cabal y conocía como nadie la sierra; el Varillas, todos los sitios y a todas las gentes; el Panta era el mejor dispuesto y el que ponía paz entre ellos, pues no eran raras las pequeñas pendencias, antes de que se hicieran grandes; el Coto era el más inquieto y siempre tenía un plan de los buenos para ponerlo en marcha, y el Úbeda, pese a ser el más joven, tenía la mejor cabeza y aunque dispuesto y arriesgado sabía ser prudente, si era menester serlo.

Vamos, que eran siete buenas piezas pero aunque algunas de sus descubiertas se salieran de la parva, los jefes de la mesnada concejil, el alcaide del castillo y quienes estaban al mando se las pasaban por alto, hacían la vista gorda o hasta se las jaleaban, pues ellos sabían compartir beneficios con quienes debían hacerlo. Además, quienes mandaban en la fortaleza sabían que sus incursiones al otro lado de Altomira y su osadía en los ataques llegando a meterse muchas leguas en campo enemigo y caerles por sorpresa y retirarse sin bajas, era lo mejor y más conveniente. Lo que mantenía a raya y firme la frontera.

También era cierto que con ellos podía contarse siempre y cuando se les llamara para ir en campaña con las tropas del rey. Atendiendo a lo señalado, dos tercios de la milicia concejil debían acudir a la campaña y un tercio quedarse para custodiar la plaza. Ellos eran siempre los primeros en ofrecerse para incorporarse a la partida y por lo general eran aceptados. Eso había hecho que el grupo hubiera tenido más de una baja y los miembros y número fluctuaran pero siempre había candidatos dispuestos a agregárseles. Que no era cosa fácil conseguirlo porque solo escogían a quienes pasaban sus pruebas y daban la talla exigida en el combate.

Deslindaban también lo que eran sus obligaciones cuando engrosaban el ejército o de custodia y vigilancia del alfoz y sus asuntos particulares, que les había llevado incluso a participar en algaras más importantes con diversos adalides de otros concejos entre los que se habían hecho ya un nombre de gente fiable a la hora de la batalla, del ataque y de la retirada a escape.

También ellos, si entendían que les hacían falta, echaban mano de otros y en la misma Zorita tenían algunos que estaban siempre dispuestos y que no eran precisamente cristianos viejos, sino los descendientes de los temibles *dawair* que habían combatido al lado de Álvar Fáñez y de los cuales un puñado aún resistían en Zorita. No hacían vida en la aljama mora, pues allí eran tan odiados como temidos, y tenían sus casas en una esquina del albacar hacia el naciente del día. Tampoco los cristianos dejaban de recelar de ellos, aunque se guardaban mucho en demostrarlo, pero el alcaide los tenía en gran estima. Con los siete lanzas era con quienes mejor trato tenían.

Moros seguía habiendo bastantes en Zorita aunque cada vez menos por los pueblos colindantes. Todos eran ya de ascendencia hispana, andalusíes, pues los bereberes se habían marchado los primeros y con ellos los almuédanos e imanes más encendidos. No se les habían impuesto tributos añadidos a los que pagaban antes pero al ser cada vez menos pasaban más apreturas pues la aljama debía satisfacer una cantidad globalmente.

Con el séptimo Alfonso bien aposentado en su trono de León y de Castilla y día tras día más poderoso en toda la península, por ello le llamaban y se había hecho proclamar emperador y le habían prestado vasallaje casi la totalidad de los reinos cristianos y con sus buenas relaciones con el Rey Lobo a todos, y también a esta población mora, les iban mejor las cosas y unos y otros habían ido concibiendo esperanzas.

Durante un par de décadas en todo el sector, tras la toma de Oreja y el colchón de las huestes de Ibn Mardanis reforzadas por poderosas mesnadas castellanas, el tapón contra el creciente poder almohade que ya se había apoderado de Sevilla y la Bética se mantenía firme. Pero empezaba a haber síntomas de que la presión era cada vez más fuerte y podía saltar en cualquier momento.

Había sido un tiempo bueno para los fronteros y los adalides de las ciudades. Las cabalgadas habían dado pingües beneficios y el rey también los había premiado con tierras y posesiones, como al caballero Martín Ordóñez, al que le había ordenado construir un castillo en la vecina peña de Anguix y dado un extenso territorio en su entorno.[23] No era don Martín el único beneficiario sino que también había otorgado mercedes a quienes le habían ayudado en sus guerras o en sus finanzas. Al conde Ponce de Cabrera le había dado Almonacid, para que con sus rentas la fortificara y dotara de defensas; a don Galindo, Vállaga y Hueva, y a Pedro Jiménez, La Pangía con la misma encomienda y así asegurar toda la zona.

El miedo se había disipado y parecía estar muy lejano. Entonces se había ido a morir el rey Alfonso, tras haber perdido Almería,[24] que tan lejos había llegado y había vuelto a dividir su reino. Para el mayor Sancho, Castilla y León para el pequeño, Fernando. Encima, el nuevo rey castella-

23. Los límites perimetrales de la actual finca de Anguix responden todavía hoy fielmente a lo determinado por el rey Alfonso VII en su concesión de 1152 al caballero Martín Ordóñez y su esposa doña Sancha.

24. Alfonso VII murió en 1157, su hijo Sancho en 1158 y el heredero, Alfonso VIII, tan solo tenía entonces tres años.

no lo había seguido, pese a su juventud, tan solo un año después a la tumba y su hijo y heredero era un niño tan niño que apenas si se sostenía sobre las piernecillas.

Las cosas se estaban complicando y de qué manera. Tanto para los cristianos como para sus aliados, los musulmanes hispanos. Los Castro y los Lara se disputaban el ser tutores del Rey Pequeño y con ello ostentar la regencia de Castilla. El Rey Lobo, después de brillantes victorias y amenazar incluso la capital almohade, Sevilla, había sufrido serias derrotas, la defección de su suegro, Amusco y había tenido que batirse en retirada. Ahora bastante tenía con defenderse de los almohades triunfantes ya por todo el Al-Ándalus. Ante ellos, mesnadas cristianas y grandes adalides cristianos, entre ellos los alcaides de Toledo y de Hita y hasta el mismo nieto de Fáñez, Álvar Rodríguez el Calvo, este combatiendo en Granada junto a las tropas del Rey Lobo, habían conocido el amargo sabor de la derrota y pagado con su vida.[25]

Las tropas concejiles, los caballeros villanos, los de *rotba* y los de sierra, labradores y guerreros según tocaba el momento y la suerte, habían vuelto a ser de necesidad extrema y eran ellos quienes velaban por la frontera que, tras haberse en cierto modo alejado o hallarse en manos de reyes moros aliados, volvía a estar cada vez más cerca y en poder de los enemigos más terribles.

El Rey Lobo acabaría por morir cercado en Murcia tras aconsejar a sus hijos y a su hermano que siguieran el cami-

25. 1162: muerte de Álvar Rodríguez el Calvo; ocaso del Rey Lobo.

no anteriormente emprendido por su suegro Amusco y que se pusieran al servicio de los almohades para salvar sus vidas y lo que pudieran de sus riquezas y haciendas.[26] Lo hicieron de inmediato y ese mismo año unieron sus tropas a las suyas para atacar Huete, que volvía a ser cristiana y defendida por los Lara.

Ya por entonces era conocido en la comarca el Juanillo de Bujalaro, que había aparecido unos años antes como caballero de sierra empleado en la custodia de ganados y al cuidado de las lindes de la Comunidad de Villa y Tierra de Atienza por la zona de Cifuentes. Había acabado por recalar por Zorita y amigar con los siete lanzas, con quienes había participado en más de una correría. Una de las primeras fue aquella en que se volvió hacia la sierra del Norte y le señaló cómo se ponía el sol tras el Ocejón a quien cabalgaba a su lado.

26. 1172: muerte del Rey Lobo, rendición de Murcia e incorporación de sus hijos y hermano a las tropas almohades; cerco de Huete por los almohades.

11

Los judíos de la alcazaba

Los judíos, desde que llegaron a Zorita, dispusieron para asentarse de un emplazamiento privilegiado y lo mantuvieron para siempre. En lo alto de la plataforma rocosa y, aunque no en el interior del recinto más fortificado, sí pegados a sus muros. Ocuparon el extremo oeste del roquedo, colgado sobre el último tramo del Badujo ya al punto de desembocar en el Tajo. Allí pusieron sus casas, las rodearon de barbacana y levantaron su sinagoga.

Vinieron de la mano del sobrino del Minaya, Fan Fáñez, casado con una judía que, cristianizada o no, de eso siempre hubo alguna duda, aceptó el bautismo de sus hijos. Durante el tiempo que duró allí su estancia —pues a poco de la muerte del adalid castellano la familia volvió al solar primitivo, en la burgalesa Urbaneja del Castillo, a orillas del Ebro— fueron aposentándose en la villa, y a su cobijo, allegados suyos, gentes de sus oficios y de no escasos posibles. Trajeron riqueza pero también a Zorita los siguió el recelo y las envidias.

Siempre tuvieron la protección de los reyes, de los tres Alfonsos, que los estimaban en mucho y los deseaban como súbditos en su reino. Tanto es así que cuando los almorávides comenzaron a perseguirlos en Al-Ándalus con igual inquina que a los cristianos —antes con los califas y los taifas siempre habían tenido arrimo y gozado de su aprecio y logrado tranquilidad y relevancia—, Alfonso el Emperador envió a su hebreo más cercano a él, y de gran prestigio en su comunidad, a Calatrava, a la frontera del Guadiana, para allí recibir a los que huían, darles su bienvenida y ofrecerles aposento y acomodo.

Esa voluntad real caía en cascada sobre sus nobles y señores cercanos y estos también procuraron seguir esa pauta y los acogieron bien. Buscaron su consejo y provecharon sus sabidurías, sobre todo las médicas y las financieras. Pero otra cosa era el pueblo llano y en particular algunos de los clérigos más pedestres y arrebatados. Los unos por verles, desde sus penurias, ricos y florecientes aunque lo disimularan, lo que aún encendía más la sospecha, y los otros por la inflamación religiosa que los excitaba, acababan coincidiendo todos en alimentar la inquina. El saberse también que la aljama, como tal, y en eso se diferenciaba claramente de la mora, había quedado exenta de pagar impuestos, no les daba precisamente mayores simpatías entre el resto de la población.[27]

En Zorita recelo despertaban, claro, pero se les tenía y se les mantuvo respeto, quizá porque ellos aún se guardaron más de todo alarde, no solo de haberes sino también en el culto religioso, y procuraron mantenerse al margen de los conflictos; ni que decir tiene que evitaban provocarlos.

27. Posteriormente y ante su cada vez escaso número el rey Alfonso VIII eximiría también de impuestos a los pocos mezquinos que para entonces quedaban de ellos.

El Paco los miraba con mejores ojos que el Dionisio y el joven Plácido incluso buscaba su compañía y era de los pocos asiduos visitantes de sus casas, donde pasaba el tiempo entre libros y legajos que ellos atesoraban y que el Ballesteros con tan solo poder contemplarlos se complacía en extremo. Sus largas conversaciones, en las que siempre accedía al conocimiento de muchas maravillas para él ignotas hasta entonces, le trasladaban a otros mundos que ansiaba poder alcanzar. Así sucedía cuando le relataban cómo era el famoso reloj de agua que Azarquiel había hecho en Toledo o le explicaban los increíbles conocimientos que el médico judío tenía de tantas cosas y no solo de los malos humores que anidaban en los cuerpos y de las plantas para curarlos.

La comunidad judía fue viviendo y creciendo aunque lentamente y sin molestar y si hubo alguien que se mantuvo en todo lo posible al margen de las peleas de los Lara y los Castro, en que la villa se vio envuelta y por ello a la postre cercada, fueron ellos. Aunque en esto, en lo de quitarse de en medio, todos los colectivos de Zorita, fueran cristianos castellanos, mozárabes aragoneses o moros, estuvieron de acuerdo en no querer tener parte en la pelea. Pero en ocasiones no les quedó más remedio, pues a su pesar y por ser Zorita lo que era, que verse metidos hasta el cuello en el tumulto. Por eso, por su puente, por su fortaleza, por estar donde estaba era por lo que no resultaba raro que sus habitantes hubieran visto a tantos reyes y el Paco a cinco, eso sin contar los moros.

La primera vez que el tío Paco vio al Rey Pequeño, a Alfonso VIII, fue en uno de aquellos sobresaltos. Tras la derrota y muerte de su ayo Manrique Pérez de Lara a manos de los Castro en Huete, su hermano y nuevo tutor, don Nuño Pérez de Lara, se refugió con el niño en Zorita por unos días.

Huete era, junto con Molina y Atienza, plaza fuerte de los Lara, y aquello supuso un duro golpe para ellos. Tanto Huete como Zorita, a nada de salir de ella con el chiquillo, quedaron para los Castro que nombraron alcaide nuevo de su bandería.

No pintó nada bien para los Lara aquel año y sí para los Castro que, apoyados por el rey leonés, se apoderaron de Toledo. Pero aunque el pequeño rey no pudiera aún ni blandir una espada, el peso de la corona y la astucia del nuevo jefe de los Lara logró ir dándole la vuelta a la situación. Tres años después no solo había recuperado Huete sino que la mayoría de las ciudades castellanas estaban cada vez más decididamente a su favor y, como hito decisivo, don Nuño recuperó Toledo. Tras ellas todas las demás plazas de la frontera del Tajo se fueron proclamando fieles al rey Alfonso que crecía en años y en vigor. Transcurridos otros tres años, cuando ya estaba para cumplir los catorce, solo quedaba Zorita en poder de los Castro. Fue cuando el Rey Pequeño volvió a aparecer por ella. Pero esta vez no venía a refugiarse sino, también en este caso con el regente don Nuño, a cercarla y someterla.

Aquello estaba ya en los recuerdos recientes no solo del tío Paco sino en los de todos y todos, claro, opinaban de lo sucedido. No había reunión en la que no saliera el asunto y todos tenían algo que decir al respecto y aseverar como buena su historia. Unanimidad solo había en una cosa: en ponderar al rey Alfonso por su tesón y coraje a pesar de ser tan chico. En todo lo demás cada cual se quedaba con su parecer, aunque se congratularan también todos en que, a pesar del largo cerco y las muchas peripecias, no hubo ni asaltos ni incendios, ni saqueos ni combates, ni casi ni muertos pues a la postre la única sangre derramada fue la del alcaide y la de quien le había dado muerte traidoramente.

Las tropas reales aparecieron ante la villa, allá por mediados de abril, y sin resistencia la ocuparon. Pero el alcaide Lope de Arenas, fiel a los Castro, se encastilló en la poderosa alcazaba y se negó a rendirla. Antes de lanzarse un asalto y al cabo de una semana de asedio, don Lope pidió negociaciones. Por parte de los sitiadores se entendió que buscaba cómo entregar sin deshonor la plaza por lo que subieron al encuentro nada menos que el Lara y el conde Ponce de Minerva. Viendo su importancia, al Arenas se le ocurrió que hacerlos rehenes era la mejor opción que para negociar tenía y que el rey no era más que un chiquillo. Así que nada más que atravesaron la puerta de los Califas hizo bajar el rastrillo y los puso prisioneros en un patio de la fortaleza que desde entonces todos llamaron el corral de los Condes.

Aquello ya era el primer motivo de disputa entre los zoriteños, para unos el Lara había hecho lo debido, para otros pecó de soberbia y avaricia por apuntarse el mérito y para bastantes había hecho el tonto cayendo como un gazapo en el lazo.

El rey se quedó sin su consejero, que había sido para él lo más cercano a un padre, pero se equivocó el Lope en pensar que se arredraría por ello; bien al contrario. Fue cuando don Alfonso ya no tuvo duda alguna de que tomaría Zorita como fuera sin importarle ni el tiempo ni las fuerzas que tuviera que emplear. Mandó llamar a señores y sus tropas y a todas las mesnadas concejiles de la extremadura castellana.

Sin embargo a algunos no les dio siquiera tiempo ni de ponerse en camino pues la situación tuvo desenlace bastante antes de lo que se temía. El joven rey no estaba dispuesto a sufrir tal humillación infligida a su ayo y retirarse pero tampoco era proclive a iniciar un asalto incierto y con abundante matanza en cualquier caso. Zorita se hallaba bien defendida y dentro del alcázar había tropas suficientes, entre ellos algunos de los siete lanzas, junto con parte de la milicia mientras que a otros les había tocado fuera y estaban entre las tropas reales; eso también pesaba en el ánimo de Alfonso antes de lanzarse a la batalla. Prefirió aguardar un poco. Entonces ocurrió lo inesperado. Al cabo de tan solo dos semanas el asunto estaba resuelto, la alcazaba rendida y el alcaide muerto.

¿Qué había sucedido? Pues lo que más les gustaba discutir a los de Zorita. Lo del Dominguejo. Se dijo que este, y había quienes así lo confirmaban con vehemencia y otros lo negaban con idéntica convicción, había sido criado del castillo, que se había presentado al rey a proponerle que, a cambio de una buena recompensa, él conseguiría la entrega del alcázar. Necesitaba y pedía para lograrlo un fingimiento de que pareciera que había matado a alguien de la villa para así hacer ver que huía de ellos y buscar asilo dentro.

Se acordó hacerlo, se escenificó con grandes gritos y el Dominguejo logró colarse dentro. Luego, según una versión, aprovechó la confianza del Lope, que al verlo perseguido por sus enemigos lo consideró muy leal suyo, para en un descuido clavarle una azagaya y matarlo. Otros decían que había sido rapándole la barba, pues ejercía ese oficio en la fortaleza y con la navaja barbera le rebanó el indefenso cuello. Esta era la versión que más le placía al Dionisio, por cierto, y que decía conocer de muy primera mano.

Los siete lanzas que estaban dentro discrepaban; aseguraban que de Dominguejo nada, que había sido uno de sus más cercanos capitanes en conspiración con los otros pues no veían otra salida que rendir la plaza, que es lo que hicieron al instante de atravesarlo con la espada y tras liberar de inmediato a los condes presos. Sin embargo, los otros de los siete lanzas, que habían permanecido en el campamento de abajo, juraban que ellos mismos habían visto al Dominguejo bajar a cobrar la recompensa. Y el Palomo añadía el saber, y de tanto contarlo fue lo que acabó por hacer costra y entenderse como bueno, que el rey Alfonso le había entregado primero, y en efecto, en oro, lo comprometido pero después, con temple y justicia, le había condenado a que le cortaran un pie y una mano por haber traicionado a su señor. Había también una versión, del mismo y propio Palomo, que añadía un pie y una mano más a los tajos. O sea que hizo cortarle ambas.

Lo que resultaba un misterio era lo que había sido del Dominguejo pues desde entonces ya nadie le había echado el ojo encima y aquí la versión más extendida era que lo habían sacado en un carro soldados armados del rey. El tío Paco en esto no estaba de acuerdo. Según él, lo más seguro es que estuviera en uno de los pozos más hondos del río,

Tajo abajo, con unos buenos pedruscos atados y como alimento para los peces.[28]

Fuera una cosa o su contraria, la conclusión fue que con la toma de Zorita la guerra entre los Castro y los Lara finalizó, aunque los primeros no se dieran por vencidos. Se pasaron definitivamente al servicio del rey de León y uno de ellos, el más pertinaz, dio un paso más y se unió a los moros almohades y a su nuevo califa.

A nada de lo ocurrido en Zorita el Rey Pequeño empezó a dejar de serlo pues al cumplir los catorce y entrar en los quince en aquel mes de noviembre alcanzó la mayoría de edad y fue coronado. Al poco ya estaba casado con una princesa inglesa, doña Leonor, una normanda hermana del rey inglés Ricardo Corazón de León, y entre las muchas villas entregadas a su esposa en arras por el rey se hallaba Zorita.

No tardaría tampoco mucho en volver por aquellos lares pero aquella vez no se detuvo pues llevaba mucha prisa. La mesnada concejil salió con todos los hombres disponibles, excepto el tercio que había de quedar custodiando la plaza, y entre ellos los siete lanzas, para unirse al ejército real que se dirigía a toda prisa hacia Huete, cercado ahora por el califa almohade Abu Yaqub. Este había pasado a la península con numerosas tropas africanas y se había puesto como objetivo primero conquistar esa ciudad que se había convertido en nuevo enclave y fortaleza cristiana cada vez más poderosa al otro lado del Tajo. Si lo conse-

28. Leyenda o no, en los anales de la Orden de Calatrava figura como cierta la historia del Dominguejo y la salomónica sentencia del rey Alfonso.

guía, toda la línea del Tajo volvería a correr serio peligro.

La experiencia como buenos conocedores de aquellos territorios del Nieto y el Aguacil fue muy estimada en la ocasión y ambos llegaron a estar ante la propia tienda real para informar y pudieron ver a don Alfonso, que era ya un fornido mozo con diecisiete años cumplidos. Iba muy dispuesto y animado al combate.

Pero cuando llegaron ante las murallas de Huete se encontraron que el califa había levantado el cerco. Tras tener la ciudad en la mano y negarse incluso a una rendición pactada dejando salir a las tropas con sus armas creyendo que estaban perdidos, pues moros de dentro de las murallas habían saboteado los aljibes, dos brutales tormentas los llenaron al completo mientras que destrozaron por completo el campamento musulmán que, además, se había quedado sin avituallamiento ni para hombres ni para bestias; supieron, para más desgracias, que el rey cristiano se les venía encima.

Levantaron el campo y el Rey Pequeño fue tras ellos hasta acampar muy próximos un ejército del otro cerca de la ciudad de Cuenca, pero al cabo ninguno se decidió a iniciar la batalla, volviendo el rey cristiano más contento de la campaña que el musulmán de su algara pues a la postre tan solo había conseguido mojarse. Pero Alfonso fijó en su retina la imagen de la ciudad suspendida de las rocas sobre los dos ríos y se juró que un día la conquistaría.

LIBRO PRIMERO

FRONTERA DEL GUADIANA

CALATRAVOS

12

El hijo de los calatravos

El calatravo José Manuel Porras era un hijo de la orden. Casi había nacido en su seno y se había criado desde niño con los monjes guerreros. Su padre, don Julián, un hidalgo curtido como frontero en las lides con los moros en toda la línea del Guadiana, fue de los primeros en acudir a la llamada del abad Raimundo a defender Calatrava de la amenaza musulmana.

Durante mucho tiempo el manchego había sido amigo y compañero de armas y batallas del burgalés Diego Velázquez, quien tras años de combates había profesado como monje del Císter, en el monasterio navarro de Santa María del Real de Fitero, del que era abad don Raimundo. Ambos formaron parte de la tropa con que el rey Alfonso VII les había arrebatado la fortaleza de Calatrava[29] a los moros. Desde entonces habían mantenido una fraternal camaradería con más de un débito de pellejo entre ambos a lo largo de aquellos años, hasta que el Porras se casó, aunque no dejó la espada, y el Velázquez se metió monje pero tampoco se olvidó del acero.

29. 1147.

Calatrava, por su importancia decisiva, la había entregado el rey a los templarios y estos la mantuvieron hasta la muerte de Alfonso el Emperador, si bien, ante un inminente asalto musulmán, viéndose sin fuerzas para hacerle frente, la devolvieron a su recién coronado hijo, Sancho. Este convocó a la nobleza ofreciendo la plaza a quien garantizara su defensa y ante las reticencias fue el abad de Fitero quien, alentado por el antiguo guerrero Velázquez, dio el paso y se comprometió a ello.

Era un gélido 1 de enero de 1158 y no pocos de los caballeros presentes dieron a Calatrava por perdida. Pero entre el abad Raimundo en el reino de Aragón y Diego Velázquez en la frontera castellana, en nada consiguieron reclutar un potente ejército de veinte mil combatientes cuya sola presencia en la villa a las orillas del Guadiana hizo retirarse hacia el sur a los musulmanes. La Orden de Calatrava acababa de ser fundada.

El caballero manchego, que había quedado viudo con un hijo de cinco años, decidió profesar en ella y el niño se estableció con él en la ciudad cuna, su cabecera y emblema, convirtiéndose él también en un pequeño símbolo de la orden, en el niño calatravo.

Como tal creció, empapado desde la infancia de su significado, sus valores y consciente desde muy chico de que no sería otra cosa que lo que el destino le había deparado: un caballero calatravo. Fue también testigo de sus vicisitudes y desavenencias. La primera entre los frailes que habían profesado como tales y los caballeros que no querían estar bajo el mando militar de clérigos y que un abad los mandara en la batalla. Hubo disputa. Los segundos se trasladaron a Ocaña y los primeros recurrieron a Toledo, pero a la postre hubo avenencia. La orden obtuvo su primera regla, basada en las normas que el Císter tenía para los hermanos laicos, y el Papa dio su aprobación.

Tres eran los preceptos esenciales para todos aquellos que quisieran formar parte de ella: obediencia, castidad y pobreza, y un objetivo: el triunfo de Cristo. Una vida dura y austera entregada a Dios y a las armas. En el cuartel-convento imperaba la obligación del silencio en dormitorio, refectorio y oratorio, el ayuno cuatro días a la semana y el dormir con la armadura puesta. Un sencillo hábito blanco, propio también del Císter, con una cruz negra, griega, con flores de lis en las puntas, sería su emblema.

El niño calatravo lo vistió muy pronto como un infantil guerrero. Los freires lo trataban con inusitado afecto, que fue a más aún cuando a nada quedó huérfano también de padre. Unas malas fiebres lograron lo que no habían conseguido ni las flechas ni los alfanjes moros, y al chiquillo ya solo le quedó la protección de la orden; los calatravos no lo desampararon. Lo cobijaron y le dieron su afecto y las enseñanzas precisas para que fuera un día uno de sus caballeros destacados. El niño se convirtió en el hijo de todos, en el hijo de los calatravos.

Creció fuerte, alto y espigado. El ejercicio continuo lo hizo robusto, de anchas espaldas y resistente como un toro. Pelo y ojos negros, nariz aguileña y grande pero armónica en su cara, mentón decidido, genio vivo, apasionado en todo, leal a sus amigos y peligroso para sus contrarios. Excesivo en sus pasiones, que no aplacaron los ayunos ni las penitencias.

Su fe y devoción eran firmes y su entrega al combate sin

límite, ni siquiera el de la muerte, pero también lo eran sus tentaciones. Las de la carne, en sus más diversas acepciones, y las del vino. Aprendió desde muy chico a hurtarse de las reglas sin incurrir en castigo. Aunque bien es cierto que algunas de ellas fueron entrando en desuso prontamente. No era cuestión de que los guerreros castigaran sus cuerpos si habían de entrar luego en batalla en plenitud de sus fuerzas. El mal dormir no era la mejor preparación para la batalla. Los maestres y los claveros entendieron que para ello había dispensa. Para otras cosas no la había pero el joven Porras la consideraba conseguida si no era pillado en la falta.

Ello no significaba que no sufriera por sus yerros, sobre todo en sus primeros pecados de sexo, que fueron muy tempranos y para los que, con harto dolor y contrición verdadera, hacía firme propósito de enmienda. Empero no tardaba, si la ocasión era propicia, y encima se la ofrecían tentadora, en caer de nuevo en ella.

Fue aquello lo que más disgustos le acarreó, porque amén de que ciertas cosas siempre acaban por saberse y más en espacios de roce continuo, también estaba la envidia, en ocasiones emboscada tras la apariencia de bondad rigurosa que buscaba su salvación y devolverlo al buen camino. Aquellos tropezones le hicieron recibir las serias reprimendas, duros castigos y fuertes penitencias del prior y sus otros superiores. El muchacho acataba muy contritamente y dando seguridades, que él mismo se creía firmemente, de que sería la última ocasión en que sucumbiría a ello. Pero su arrepentimiento era tan intenso y sincero como olvidadizo e inconstante.

Menos mal que todo lo purgaba luego en el combate donde era tan arrojado como sostén y apoyo de quienes flaqueaban; a su valentía unía su entrega al grupo y a estar atento en acudir en apoyo de quienes lo necesitaban. Aquello lo convirtió pronto en referencia de quienes lo acompañaban en la batalla y por ello buscaban en la lid su cercanía.

Muy joven hizo ya sus primeras armas contra los enemigos musulmanes. Con tan solo dieciséis años participó en su primera cabalgada y tan satisfechos quedaron de su comportamiento que ya no hubo duda de que era muy conveniente que participara en todas.[30] Sin embargo aquellas hazañas no le permitieron, por sus tachas de conducta, obtener aún la condición de caballero que ansiaba con toda su alma.

Cuatro años más tarde de aquellas cabalgadas fue cuando el rey Alfonso, preocupado por la frontera del Tajo Norte y la suerte de la fortaleza de Zorita, clave en su mantenimiento, y más aún tras el ataque almohade a Huete, aunque frustrado, y las pertinaces incursiones moras del siguiente verano decidió la entrega de aquella potente, pero un tanto desportillada, alcazaba a la orden.[31]

Entre los primeros seleccionados por el gran maestre Martín Pérez de Siones, que lo conocía muy bien en sus pecados y virtudes, estuvo José Manuel Porras. Quizá, pensó don Martín, lejos de Calatrava lo estuviera también de algunas tentaciones; sus poderosas y jóvenes energías tendrían mejor empleo y destino en aquella nueva encomienda de la

30. Razias calatravas de los años 1169 y 1170 que atacaron desde la frontera del Guadiana el territorio musulmán.

31. 1174.

orden a la que se hacía donación no solo de la fortaleza sino del alfoz entero. El Gran Maestre se lo comunicó como muy severa misión pero él la recibió con alegría y una oculta esperanza. Confiaba en que, al ser parte de la tropa elegida, sería ya llegado el momento de recibir sus espuelas de caballero. Pero en ello se vio frustrado. Hubo de emprender sin ellas el camino y tras alcanzar el Tajo, seguirlo luego en muy disciplinada y lucida cabalgada aguas arriba, en esta ocasión con gesto hosco y muy poco dado a la risa y la conversación alegre con sus compañeros a las que, muy poco calatravamente, era tan aficionado.

No obstante, al divisar Zorita, justo tras pasar al lado y por debajo de las desmoronadas murallas del viejo palacio del rey godo en la antigua ciudad de Recópolis, un estremecimiento le sacudió todo el cuerpo y le afloró al hasta entonces ceñudo rostro una iluminada sonrisa. Sintió en sus entrañas que aquel lugar lo aguardaba y que allí se cumplirían sus anhelos más sentidos.

El primero llegó casi de inmediato. El Gran Maestre tenía decidido antes de partir de Calatrava como primer acto de su toma de posesión de Zorita, además de señal y buen augurio para el futuro, nombrarlo allí caballero. El hijo de los calatravos sería el primero en ser armado en el nuevo convento-fortaleza de la orden.

Los zoriteños recibieron a la cabalgata calatrava con enorme expectación y no quedó un vecino que no se asomara a ver pasar la comitiva subiendo por sus estrechas calles hasta remontar por la puerta de los Califas al patio central y al corral de los Condes. La primera sensación de la población era de alivio. Con ellos su seguridad quedaba a buen resguardo, pero también al que más y al que menos le surgía la duda de cómo sería el trato con aquellos nuevos señores de la alcazaba. Prevalecía, sin embargo y con mucho, la sensación primera, y eso se notaba en las caras de las gentes, en las sonrisas abiertas y en el grito jubiloso y alborotador de la chiquillería.

El maestre se congratulaba en ello al igual que la disciplinada y lucida tropa que le seguía, pero su mirada no dejaba de anotar desde que entró en la villa lo mucho que hacía falta para convertirla en lo que el rey les había encomendado. La más poderosa fortaleza de todo aquel tramo del Tajo, el guardián inexpugnable del único gran puente de todo el sector norte del río que permitía el paso de un gran ejército.

El lugar era sin duda excelente y reunía todas las condiciones para su defensa, pero resultaba evidente que necesitaba de obras para que se convirtiera en un orgullo para la orden y un bastión de su poder, del rey castellano y de Cristo.

A ello habría que ponerse manos a la obra de inmediato pero antes había que comenzar con aquel acto simbólico del ordenamiento del joven Porras, como señal propiciatoria del asentamiento de la orden en la villa. Subiría el ánimo de sus freires y sería también una forma de hacer un gesto hacia las gentes de Zorita y de todo su alfoz dándoles señal de su llegada, de la toma de posesión de la fortaleza y de su voluntad de permanencia en el territorio.

El acto de iniciación en la caballería del muchacho tuvo

lugar a los tres días. Se celebró en Santa María del Soterraño, aunque el maestre ya anotó la necesidad de la capilla de vela, separada de la iglesia, donde debía pasar la preceptiva noche de oración el pretendiente. Mientras, y hasta que no estuviera construida, habría de servir para la ocasión la cripta del pequeño templo subterráneo. Allí haría su vela y luego allí también se celebraría la ceremonia en presencia de todos los caballeros recién llegados, la mayoría de los cuales ya permanecerían como guarnición estable en el lugar.

José Manuel Porras hizo con sinceridad sus juramentos, asegurándose a sí mismo que esta vez sería la definitiva y jamás los incumpliría, y recibió con gran emoción sus insignias, sus espuelas y el espaldarazo de la espada del maestre en ambos hombros. El niño, el hijo de los calatravos, ya era un hombre y uno de sus caballeros y a fe suya que estaba dispuesto a llevar ese deber con toda devoción y el sacrificio que fuera necesario.

Cuando salieron del templo buena parte de los habitantes de Zorita se habían dado cita para contemplar su procesión. Unos negrísimos ojos de mujer, recatada en un velo que le cubría la cabeza y le recogía el pelo sin taparle la cara, se clavaron en el nuevo caballero y este no dejó de apercibirse de aquella mirada penetrante y fija. Hubiera jurado incluso que en la subida por las calles, remontando hacia el alcázar y poco antes de atravesar la puerta de los Califas, aquella mirada ya se había cruzado con la suya.

LIBRO SEGUNDO

COMÚN DE TIERRA DE ATIENZA

LABRADORES

13

Bujalaro

La preocupación más primordial y constante del Valentín y del Julián en los años que siguieron a la llegada al pueblo de sus mujeres fue si llovía. Que esa debería ser la única preocupación de un labrador. Bueno, con el añadido de si lo hacía a tiempo y en forma y no cuando no tocaba y arrasándolo todo. Y que fuera agua y no pedrisco, claro. ¡Ah! Y que no vinieran unos calores repentinos con las mieses tiernas, las arrebataran y no cuajara el grano. O que al asomar la primavera no se torciera el aire, cambiara a norte, helara y lo que eran flores y yemas se convirtiera en tizones.

Mirar al cielo, y no hacia donde estaban las torres vigías con las luminarias, constituía la mejor señal de que las cosas habían venido bien dadas. Con sus disgustos y su ten con ten como era preceptivo pero aparejadas. La frontera por aquel lado parecía cada vez más lejana o en cualquier caso mucho menos amenazante. Por eso mismo el Juanillo paraba cada vez menos por el pueblo.

Su primo Pedro de Atienza tampoco asomaba apenas, pero se ocupaba de mantener el trato y ya que él no podía estar en las faenas sí enviaba gente a las labores de siembra y cosecha y recogía su parte y la del otro. El Juanillo, según vino a decir y confirmaban los recueros y pastores que movían los ganados de las sierras a las tierras bajas, andaba mucho por las lindes del Tajo y por el alfoz de Zorita. En esos años se había convertido en un curtido caballero de sierra y estaba claro que aquella era la vida que le gustaba.

Eso sí, cuando recalaba por Bujalaro, siempre había fiesta, novedades y alegría. Siempre traía un algo y había para todos, para los mayores, para las mujeres y para los pequeños. Se le perdonaban, no quedaba otra, las tardanzas, los olvidos y las desapariciones. Una vez trajo una mastina para cruzarla con el macho aquel, el que casi habían matado los lobos en una pelea, y que dejó con el Maula en una de las veces que se marchó sin avisar, y ahora los ganados, que cada vez eran más numerosos, tenían unos guardianes que infundían respeto y mantenían a raya a las tropas lupinas que en ocasiones se descolgaban desde los robledales del Tallar o, en algún invierno duro, llegaban desde las estribaciones de la Sierra Negra. El viejo mastín aún valía y aunque no tardaría mucho en no hacerlo ya tenía descendencia.

Pedro de Atienza, aunque no tantas como quisiera, sí hacía más regulares y ordenadas visitas, pero partía pronto pues sus ocupaciones tampoco estaban del todo en Atienza y andaba en cometidos más importantes que le llevaban y traían a la corte del rey Alfonso. De lo que trataran, excepto que era persona de su confianza, para ellos se lo guardaban. En ocasiones los dos primos venían juntos y otras por separado pero en lo que estuvieran ni el uno ni el otro mucho contaban. Al de Sigüenza aún se le iba la lengua, sobre todo si se la soltaba el vino, pero al de Atienza, ni con vino ni sin él, nada.

A Pedro los dos hermanos le tenían ley y gratitud. Y ahora aún más agrandada, porque aunque no hubiera significado tanto como aquel primer préstamo de la mula, ya muerta desde hacía un par de años, el hecho de haberlos invitado a su boda en Atienza junto a sus mujeres, Filomena y Matilde, más si cabe por haberlas invitado a ellas, lo recordarían de por vida. Que se acordara de ellos les ensanchó el pecho y quedó aún más sellado su afecto.

Su humildad de condición los retrajo mucho y dudaban si excusarse. Hubo de convencerlos el Juanillo de que de ninguna manera podían faltarle y hacerle un feo, aunque en realidad bien lo sabían ellos y solo buscaban aliento para decidir lo decidido, pues sus mujeres por nada del mundo les hubieran consentido no acudir.

La amistad y consideración en que el Pardo les tenía quedó luego bien clara al catar el nivel de los invitados y no te digo ya cuando se presentó, y trayendo un regalo del propio rey, nada menos que el hijo de su ayo, don Nuño, el joven Álvaro Núñez de la Lara, quien acudió con la más lucida cabalgata de jóvenes caballeros y damas.

La Filomena y la Matilde se harían cruces durante años de todo ello, de los trajes, los brocados, la galanura de los unos y las prendas que ellas vestían. Con particular atención a la novia, doña Elisa, cuya belleza y cercanía no dejaron de ponderar nunca. Decían de ella que había sido juglaresa muy reconocida y que por ello, y como gran detalle del rey Alfonso, el trovador más famoso de la corte, Ramón Vidal de Besalú, acudió a amenizar los esponsales formando parte de la comitiva de don Álvaro.

El Valentín y el Julián, por su parte, apreciaron ante todo las viandas y exquisiteces que el ventero y reconocido mesonero Velasco preparó para la ocasión, donde al comienzo se sintieron cohibidos pero la compañía y dedicación a que no lo estuvieran del primo favorito del novio, o sea el Juanillo, y algunos generosos tragos de buen vino les quitaron peso de encima, aunque siempre se mantuvieron como debían en el sitio que les correspondía sin pretender ser lo que no eran. Conocieron a los familiares de Pedro, a sus hermanas de Hita y a sus tíos de Sigüenza haciendo buenas migas con los hijos del Domingo, los hermanos del Juanillo y labradores como ellos, y tampoco malas con los Gabrieles dedicados a la cantería y con los que ya hablaron de ajustar algo que iba siendo necesidad en Bujalaro: construir una iglesia en condiciones. Volvieron muy satisfechos al pueblo y no menos gratificados de haber estado presentes al no dejar de saberse en Bujalaro, ni en Jadraque ni en el alfoz entero, los linajes y los nombres que habían acudido. Y el que rabiaran algunos, la verdad es que a ellos, que hacían como que no, y aún más a ellas, que lo pregonaban un poco, les supo a gloria.

La boda, ya antes de celebrarse, había tenido consecuencias para las dos parejas y después las tuvo todavía mayores. La primera es que a una boda y de alguien del rango de Pedro de Atienza, equivalente al de un infanzón, no podía irse de cualquier manera y ello fue motivo de preocupación e inquietud. Las ropas y el calzado eran los que llevaban puestos y media muda más, si acaso. Carecían de bienes y dineros con los que poder conseguir ni siquiera una sola de las prendas de las que, sin duda, iban a verse en los esponsales. Pero al menos, en la humildad, irían limpios y decentes y las mujeres entendieron que era el momento de al menos mejorar la ropa que tenían y en la forma que pudieran. Así se lo hicieron saber a los maridos y a estos se les puso el gesto serio y tragaron saliva dos veces. No tenían para vestidos como los de las dueñas, ni para brocados, ni para uno de aquellos finos briales ni para un pellicón tampoco, de aquellos que costaban, como habían alcanzado a oír en el mercado de Jadraque, hasta veinte sueldos y eso eran veinte ovejas o veinte modios de trigo,[32] pues moneda había poca y los labradores calculaban y pagaban sobre todo al trueque. Vamos, que valían más que un pollino y casi lo que una mula. Y eso las normales, que había prendas, pero esas ni siquiera las habían visto nunca de cerca, por las que se pagaban hasta trescientos sueldos. Al Juanillo le habían oído comentar que valía más una camisa de seda que una silla de montar de las buenas y que había motabanes que, dependiendo de las pieles que llevaran y los cosidos y brocados, costaban más que un caballo de guerra. Y, ya metidos en lujos, les contó que había visto con sus ojos pagar por una escudilla de plata más que por una mula joven de las mejores hechuras y andares.

Cuando empezaron a hablar de aquellas cosas el Valentín y el Julián, cohibidos, no sabían ni qué decir. Pero ellas los tranquilizaron. Se trataba de ir decentes, que no era cosa

32. Un modio de trigo era una medida, un cono truncado de 25 centímetros de altura y unos 20 de diámetro que tenía una cabida aproximada de 8,5 litros y que venía a suponer grano para 1/5 de fanega.

de pretender ser lo que no se era y que don Pedro comprendería. Llevarían puesto y calzado lo que calzaban y vestían pero sería el momento de mercárselo nuevo al menos, que hasta ahí podrían llegar, suponían.

La ropa de las gentes de a pie era muy sencilla. Por dentro la braga, sujeta a las calzas y la camisa. Cubriendo el cuerpo la aljuba o la saya, hasta media pierna en los hombres y hasta los pies en las mujeres. Por encima, el manto, generalmente con capucha. Nada de telas finas, por descontado, sino el lienzo más basto y con ello había que tirar mientras durara. Para los pies esparteñas en el verano y abarcas o zapatones de cuero con suelo de madera para las demás estaciones.

De todo ello ya había en el mercado de Jadraque que se había comenzado a celebrar los lunes señalados, con control de las mercancías que se llevaban y por las que había de pagarse peaje. Tenía lugar a la entrada del pueblo según se venía desde Bujalaro, justo en la bajada de las eras.

Era un mercado a la medida de las gentes del entorno, o sea, de y para labradores. Rejas de arado, hachas, hoces, azadas, azuelas, tijeras para esquilar el ganado o más pequeñas para el cabello de las personas, alguna espada y alguna punta de lanza, así como trébedes y sartenes para la lumbre junto a albardas, cinchas, arreos, balancines, cabezales, cuerdas, sogas, ramales, trallas y vergajos para los animales sin que faltaran cuévanos, cestos, espuertas, serones, sacos y costales para el transporte de cosechas y frutos. Utensilios para las casas, cántaros, ollas, pucheros, barreños, cazuelas y jarros, platos, fuentes y cucharas se ofrecían al lado de taburetes, bancos y algunas sillas con culo de anea. Había también pellejos para el vino y el aceite, pieles de oveja y cueros de caballo o de mula.

Alfareros, talabarteros, herreros y recientemente pieleros y curtidores habían comenzado a instalarse en el pueblo o darse allí cita junto a los propios labriegos que traían a vender y trocar sus cosas, fueran sobrantes de cereales o nabos, berzas, ajos y cebollas, que en esto de los huertos los jadraqueños ya empezaban a coger fama y en temporada ponían a la venta higos, melones, manzanas o nueces y todo lo que pudieran sacar de las matas y los árboles.

También había puestos, que se levantaban a base de dos troncos clavados en el suelo, dos varas encastradas en sendos agujeros en la parte alta y un toldo por encima, en los que en unos se vendían ropas y calzado en los otros.

Es a ellos, en esta ocasión, a los que fueron la Filomena y la Matilde, con el Valentín y el Julián tras ellas, asombrados los cuatro del copero que estaba cogiendo aquel sitio y el movimiento que había.

Aunque tenían alguna moneda, no llegaban ni a una por cabeza, así que fueron al trueque y remataron bastante bien pagando en trigo lo que buscaban. El Valentín iba echando cálculos de lo desembolsado en ovejas y se le abrían las carnes y el Julián acabó por decir que con lo que se había gastado para la boda habría tenido para una mula nueva. Que, por cierto, allí mismo se podía comprar también pues desde el año anterior se había creado una feria y venían muleros de Maranchón con muletas y a no mal precio, decían.

—A los de Jadraque les tira más el mercadeo que el arado —dijo el Valentín ya de vuelta por el camino del río, a cuya orilla pararon para comer lo que ellas habían preparado, y de beber del boto que ellos habían llenado esa mañana, que no era cosa de gastar en lo que se tenía de casa—. Labradores como nosotros hay los mismos o menos que en Bujalaro pero en Jadraque lo que hay es a puñados de los que viven del qué te vendo y qué me compras.

—Pues mal no les pinta, que de todas las aldeas de estos contornos, solo hay que verlo, es la más pujante y la que más gente tiene —le respondió el Julián, y el otro no tuvo más remedio que asentir.

El mercado jadraqueño tenía además un sello característico que lo diferenciaba de todos. Era su sonido y este no era otro que el chillar de los cochinillos. Se había convertido en visita obligada al menos una vez al año para las gentes de toda la comarca. Se vendían lechones para su engorde en cada casa y, cuando ya cogían las arrobas necesarias, hacer la matanza allá por noviembre, por San Martín. Por los pueblos había quienes tenían cerdas de cría y nada más destetarlos se quedaban uno o dos para ellos y el resto de la camada lo mercaban. Los cochinetes chillaban como condenados y aún más cuando los enganchaban de una pata para mostrarlos o llevárselos. Entonces, y si encima lo hacían varios al tiempo, el chillido se clavaba en los oídos y el peaje sonaba como debía sonar el infierno.

—Chillan como condenados —dijo el Julián.

—Déjalos, pobrecillos, más chillarán el día que les metan el cuchillo —se apiadó la Matilde.

—Pero hasta entonces mejor vida no habrán podido tener. Mejor que nadie —replicó el Valentín.

—Y ya no te digo si uno se salva y le dejan para verraco.

Ese sí que tiene suerte —concluyó el Julián, y los dos hermanos soltaron la risotada.

Los jadraqueños estaban tan orgullosos que hasta habían iniciado una costumbre que iba calando en otros pueblos. Criaban comunalmente un cochinazo enorme al que en todas las casas daban de comer y cuando ya era un bicharraco inmenso lo rifaban. La rifa del cochino de San Martín, el día 11 de noviembre, que era cuando se hacía el sorteo y se le acababa al tocino la buena vida.

La Matilde y la Filo volvían contentas con la ropa nueva y más satisfechas aún por haberlas conseguido de un color bien bonito, sobre todo la que tiraba a amarillo, pues la saya roja tenía peor teñido. Se habían comprado además algún cacharro y unas tijeras nuevas. Con ellas les cortarían el pelo y les raparían las barbas a los hombres.

Eso fue en la preboda porque después de celebrada aún trajo más consecuencias. Las mujeres se habían fijado en muchas cosas, y aunque algunas las tenían ya vistas de Sahagún, algunas de las que observaron en Atienza les vinieron muy bien para empujar a los hombres a hacer lo que llevaban mucho tiempo, desde que llegaron, intentando que hicieran. La cosa era la casa.

Cuando ellos las techaron de primeras no eran más que una única sala donde estaba la cocina, con el fogón, un poco en alto y en una esquina y un respiradero que no llegaba a chimenea, y unas camas que según fuera invierno o verano se ponían más cerca o lejos de la lumbre. Con eso, unos cuantos taburetes de madera, las trébedes, un caldero, un puchero y unos cuencos, dos cucharas de madera y un cuchillo les había valido. Las mulas tenían un cobertizo pegado al muro trasero, donde estaba su cuadra y al lado la cochiquera para el cerdo. Las gallinas andaban por el arreñal.

Los cimientos y las paredes eran, por lo menos en la parte baja, sólidas y de buena piedra. Se limitaron a resubirlas un poco y echarles un techo con ramas y tierra, en la que hasta crecían musgos y broza. Las puertas las aderezaron con restos que encontraron de algunas medio rotas y que reforzaron con maderas y travesaños nuevos y con un ventanuco, tapado según conviniera o no, con un lienzo encerado, que venía bien para que ayudara al tiro del fuego. Cuantas menos aberturas hubiera mejor, así no entraba por él ni el frío en el invierno ni el calor en el verano.

Ya antes de la llegada de las mujeres las habían acondicionado un poco. Rellenaron el jergón de la lana, se hicieron con unos cobertores para echarlos por encima y duplicaron la cacharrería. Pero en cuanto ellas se instalaron lo pusieron todo patas arriba e hicieron la primera transformación seria de las viviendas. Ellos siempre tuvieron tarea cuando volvían del campo y aunque el Valentín rezongaba y el Julián protestaba con risas, acabaron por convertir las dos viviendas en espacios mucho más acogedores. Y no porque tuvieran mucho, que no tenían, pero sí que poco a poco fueron consiguiendo más utensilios y cacharros de hierro, de latón, de barro o de madera y algunas prendas para la cama y para ellos. Para ellas y los niños habían traído algún repuesto de León cuando vinieron.

En ambas casas se puso chimenea y la techumbre, con tres postes y un travesaño, se saneó mucho. Dentro se dividió el espacio entre la cocina, donde se añadió una mesa, y separada por una cortina, la alcoba donde se pusieron ya dos camas y no mal aderezadas con lana y con pieles. También lograron echar, con tablas, suelo en la alcoba y encima algunas pieles curtidas para los fríos.

En la cocina, en el rincón más oscuro, hicieron un apartado donde conservar las vituallas en ollas o colgadas a secar o para ahumarse de las paredes o del techo. Además pusieron una fresquera.

Fuera de la vivienda, cuadra y cochiquera se mejoraron y les adosaron un amplio pajar. Esa parte quedó ya separada por una cerca y una talanquera del arreñal, donde se excavó en la esquina más alejada una letrina. El arreñal era el territorio de las gallinas que tenían un cerrado cubierto para dormir y enhuerar si se ponían cluecas. La Matilde estuvo empeñada en añadir a ellas unos patos pero no hubo manera ni había agua. Al cabo lo que sí consiguió fue que el Julián le aderezara una pequeña torrecilla redonda encima de la cuadra, con muchos agujeros de entrada y pequeños nichos dentro, y con la ayuda del Maula y no se sabe bien cómo hicieron palomar, tuvieron palomas y comieron, para gran satisfacción del moro al que le gustaban mucho, pichones tiernos.

En suma, que cada pareja se hizo con una buena casa, mejor que la de muchos, aunque sin dejar de ser una vivienda propia de gentes de su condición y donde se miraba todo y no se gastaba lo que no se tenía. Ellos estaban ya más que satisfechos y contentos, pero la boda en Atienza hizo que ellas pensaran en las casas que habían visto allí, las que recordaban de Sahagún y no pararon hasta meterles a ellos en varas y ponerles de nuevo en danza.

No querían, decían, una casa de hidalgos ni como la de Pedro de Atienza ni como la del maldito fraile ni mucho menos de ahí para arriba. Pero había que cambiarla partiendo de lo que tenían por una que sería mucho más amplia y mejor pensada, pues en la misma superficie se añadiría un piso y pico.

Aquello se empezó a discutir entonces y tardó un puñado largo de años en que se completara o casi del todo. Pero al final, aunque aquí y a la postre hubo que echar mano de albañiles, que ya los había en el pueblo, porque no se trataba de acondicionar más o menos sino de construir y levantar una altura, se pusieron a la obra, que en esta ocasión hubieron de empezar por el tejado. Pues lo primero fue añadir un primer piso para poder seguir viviendo en el de abajo, aunque en ocasiones tuvieron que irse por algún tiempo a la de al lado con la otra familia. Costó mucho y mucho tiempo, pero a la postre casi se concluyó, pues siempre acababa por quedar algo, y se olvidaron las regañinas y los disgustos y se convirtieron en algo de lo que los Gómez más orgullosos estaban.

Toda la parte de abajo quedó para las caballerías, sus aperos y el resto de los animales, con un zaguán a la entrada donde poder dejar hasta la carreta, que ya la había, y los instrumentos de labor amén de la cuadra con buenos pesebres de obra, paredes para colgar sus aparejos, el pajar y las cochiqueras de los cerdos. El calor del bicherío abajo se notaría en el lado de arriba, donde estaban la cocina, la despensa, la mesa y las alcobas. Y ya puestos, levantando un poco más, hubo hueco para una buhardilla en la que se hicieron atrojes para el grano y camas de paja para los frutos, amén de colgaderos para los racimos de uvas y que se hicieran pasas.

La subida de un plano a otro se hacía por una escalera adosada a la pared. Pero como las casas estaban en ladera y en terrazas, se encontró aún mejor solución pues una entrada la tenían por el piso de abajo, el de las bestias, y la otra, más pequeña pues hubo que hacer algún desmonte en la de arriba, de las personas.

Cuando las dos obras estuvieron acabadas fueron la envidia de muchos, que empezaron a pensar en hacer algo parecido, menos la del hidalgo que ya para entonces se había establecido en el pueblo y aquello ya era otro costal y otra harina. Lo suyo se construyó con piedra de sillería, la entrada con arco de medio punto y una chimenea como no se había visto. Allí no, desde luego.

En aquellos cinco años más que largos, y antes de haber empezado siquiera a hacer casas con una planta arriba, Bujalaro había crecido mucho y ahora ya parecía un pueblo de veras. Sus propias familias lo habían hecho, el Julián había tenido dos chicos y el Valentín una chica, porque un segundo varón les nació muerto. El Maula vivía ya estable en el pueblo con su niña y el chiquillo. La pequeña estaba dejando de serlo; iba ya para moza y a falta de mejor nombre alguien le puso uno, quizá fue otra vez el Juanillo, quien en una visita había dicho que tenía el cuello y la elegancia de una garza, y con la Garza se había quedado y la verdad es que tenía muy bien puesto el nombre. Era esbelta como el ave, seguía siendo callada y seria, pero no había nadie más atento que ella con todos cuantos la rodeaban y más querida ella por los suyos y por las otras dos familias. Sobre todo por el Valentín hijo, que desde el día que la vio con cuatro años le tenía adoración y estaba siempre intentando agradarla y hacer todo lo que le pidiera.

El Maula pequeño también crecía y era un chico muy despierto, que amigó, la edad los emparejaba, con el del Valentín con quien tenía trato de hermano y se habían convertido en inseparables. No había nido de torcaz ni de tórtola ni pollada de tordos a la que no le echaran el guante en cuanto tuvieran los pichones volanderos. El coger caracoles, collejas, cardillos, espárragos y berros eran otra de sus especialidades. La flor de todo, y hasta algunas flores de veras, porque sabían que le gustaban, era para la Garza, pues era a quien se lo llevaban primero como una ofrenda.

Los dos chiquejos tenían para estos menesteres en el Maula un buen maestro y andaban más con él que con el Valentín, porque para arar o cavar aún no valían. Pero cada vez más se les requería para realizar labores en el huerto, escardar los sembrados o cuidar de los cerdos o de los corderos.

En el pueblo había ya dos puntas de ganado. La una era la del Maula, que había aumentado bastante, y en la otra, con lo que había traído el Juanillo y habían aportado los hermanos, ya se iba haciendo un hato bueno que cuidaba el Marianejo, ya perfectamente asentado. Tan así que un día había llegado por allí una chica de edad similar a la suya, menuda, arisca, mal vestida y con tan solo un hatillo a las espaldas, preguntando por él y con él se había quedado. Pues tanto él como el Eduardo disponían de la vivienda que se había hecho hacer el Juanillo y que apenas usaba. La Marieja se instaló allí y pronto quien se marchó echando pestes de la vivienda, que no del pueblo, fue el herrero y se largó a dormir a la fragua.

—No lo aguanto. Esa mujer es muy guarra, desde que ha llegado hay más mierda allí que el palo de un gallinero.

Como casas vacías y desportilladas seguía habiendo en Bujalaro, el Eduardo se acomodó al poco en una a la que le quedaba una esquina del tejado que acabó por cubrir como pudo e ir sacando los escombros. Luego, con la ayuda de unos y otros, ya tuvo un lugar propio.

—Yo no sé cómo el Marianejo, con lo bueno que es el hombre, aguanta a ese bicho —comentaba en la fragua mientras les ponía herraduras nuevas a las mulas.

—Pues a lo mejor por eso, porque es demasiado bueno —contestaba el interlocutor.

—Será eso, el Marianejo siempre ha sido muy conformado.

—Y además, lo que le gusta es el ganado y por casa para poco.

El Eduardo ya había dejado de ser considerado aprendiz y era con todas las de la ley el herrero de Bujalaro. Y no era malo. Iba teniendo en qué ocuparse y no le faltaba trabajo. Incluso llevaba cosas al mercado de Jadraque. Hacía lo que se le pidiera, fueran hachas, hoces, azuelas o trébedes y cualquier cosa de hierro, que el latón no lo trabajaba apenas, como rejas, herraduras, mazos, horcas y picos. Había conseguido tener suministro y demanda. En el pueblo ya araban cerca de una veintena de yuntas y hasta venían algunos labradores de pueblos de al lado a por aperos y útiles, pues la fragua iba cogiendo fama de seriedad y buena mano. Venían los de Jirueque, cuyas lindes estaban no mucho más allá de Peña Blanca, y la divisoria en el arroyo que llevaba su nombre y que hacía de linde Henares abajo en parte con ellos y en parte con Jadraque, en un esquinazo, por el que también venía a confluir el término de Castilblanco, algunos de cuyos vecinos asomaban también por la fragua. En aquel esquinazo de confluencia de los términos era donde estaba el molino, el Rebolloso, donde iban a moler todos y era lugar de encuentro de los labradores del contorno, de trueques, cambios, cuentos y sucedidos y algunas otras cosas que allí se cocían y que no eran precisamente harina. Es lo que tenían los molinos, aunque en el del Rebolloso la molinera fuera una vieja corrupia y sus hijas unas vinagres. Pero buena charla siempre había.

También tenía lindes Bujalaro por la parte de las alcarrias con otro pueblo que empezaba a ser pujante, el de Algercilla. Por la parte de abajo y por el lado del río, aguas arriba en este caso, daban con dos de las tres Cendejas, con la de la Torre, con la de Enmedio, con estos frente por frente al Samoral y el puente del río. Con las de Padrastro no lindaban y con ellos solo trataban cuando al cabo de los años se comenzó a hacer la romería de la Virgen de Balbuena, que estaba en su término y que acogía todas las cruces de los pueblos. Cuando las tuvieron, porque eso ya fue algo después, pues por entonces en Bujalaro no había ni iglesia ni cura siquiera.

Pero como fruto de la boda en Atienza ya se había apalabrado uno. Aunque eso había que hablarlo y que llegar a un acuerdo, que ya no solo estaban ellos sino que habían llegado un buen puñado de familias y había que ver y conjuntar el parecer de todos. Niños habían nacido unos cuantos y había sido ya la tía Patricia la que les había ayudado a venir al mundo, aunque no pocos de ellos no tardaran en abandonarlo porque los críos se morían mucho y de cualquier cosa.

La Patricia era la partera, que lo había aprendido de su tía Vicenta la comadrona de Atienza, y se había quedado viuda al morírsele, de un cólico miserere, el marido, el tío Julio, un hombre muy pequeñito que era muy buen cestero y trabajaba la anea como nadie y también se le daba muy bien el mimbre. Pero se murió a los pocos años de establecerse y la partera se quedó sola pues hijos no tuvo, pues aunque se los sacaba a las otras ella el vientre lo tenía seco. Quería mucho a todos los de las demás mujeres y era la que más atenta estaba a sus dolencias. Sabía de plantas y de los malos humores y fiebres que se metían en sus cuerpecillos y hacía todo lo posible por sanarlos. Sentía tanto como sus padres su pérdida y se alegraba cuando iban saliendo hacia delante. La chiquillería la quería como nadie y no le faltó el sustento pues no había casa que no proveyera con lo que podía para que a la tía Patricia no le faltara ni pan ni una tajada ni una hortaliza ni una pera. Eso siempre que en las otras casas hubiera una pizca de sobra, claro.

Desde su llegada tuvo en la Garza su mejor aprendiza sobre todo en lo que a las plantas y sus remedios y curaciones se tratara. A veces la Patricia se sorprendía al descubrir que la callada muchacha sabía, de algunas, más que ella. Al mirar en ocasiones a la hija del Maula, la partera se preguntaba por lo que había detrás de aquella silenciosa mirada.

Entre los nuevos vecinos estaban en primer lugar los del tío Domingo, tanto por el número, era la familia más larga del pueblo, como por la mucha relevancia que había logrado casi desde su llegada. El padre, Domingo, su hijo el Dominguín y sus hermanos, ocho en total, algunos ya mozos, habían aparecido muy bien pertrechados y ya con todos los parabienes del concejo de Atienza, y como gentes del común, puesto que eran de Olmedillas, tirando muy para el norte y en el límite del alfoz.

Sabedores del repoblamiento y no disponiendo en su pueblo de origen de tierras para tanta prole, el Domingo dio el salto y, como luego ya fue norma, demostró tino y saber lo que se hacía. Consiguió del quiñonero lo que pedía para él y para sus hijos mayores, vendió lo de Olmedillas, casas y tierras, se trajo su yunta de allí y compró otra, aprovechó la piedra del castillo y se hizo una casa bien hermosa y un corral adosado en el que no tardó en meter ovejas y convertirse en el tercero con rebaño del pueblo. Los Domingos funcionaban todos a una y se les tuvo muy pronto respeto como gentes cabales.

No fueron los únicos. Labradores vinieron otras diez familias, enseguida bien conocidas por todos, los Raposos, que es como se acabó por llamar a la larga prole del tío Serapio, el primero en llegar, los Hernando, los Esteban, los Muñoz y los Moreno. Otra familia más vino de por la parte de Almazán pero no buscaron tierra para cultivar sino para hacer cacharros, pues a eso se dedicaban. Eran alfareros. El porqué dejaron su tierra y buscaron esta era algo que quedó para ellos, pues nadie se lo preguntó y ellos tampoco lo dijeron. Otra estuvo por allí poco tiempo y se marchó a Jadraque metidos en la cosa del calzado y en la venta, sobre todo, de abarcas. Las dos últimas entre aquellas primeras que echarían allí raíces para siempre y que debían estar emparentadas fueron la de los Agustín y la de los Mora, que eran albañiles y venían de más allá de Medinaceli, ya de por la linde aragonesa.

En Bujalaro artesanos se establecían muy pocos. Pieleros, curtidores, guarnicioneros, tejedores, cesteros y todo tipo de oficios se asentaban la mayor parte en Jadraque, que era punto de reunión y tenía más mercado. Los de Bujalaro eran ante todo, y casi todos, labradores. Gente humilde y llana.

Aunque no toda. Porque también llegó el Manquillo, que era hidalgo y lo hizo notar desde el primer día. Trajo de Atienza su titulación como vecino y la concesión de roturar tierras. Vino a caballo y tenía una sirvienta mora. El Valentín y el Julián, aunque el uno fuera alcalde, le parecieron muy poca cosa. Se quedó a vivir en Jadraque mientras los albañiles le construían la casa y buscó de inicio el arrimo de los Domingos, que le debieron parecer algo más que los otros, pero aunque él aparentaba amistades con ellos, los venidos de Olmedillas las confirmaban más bien poco.

La vivienda que hizo ya fue muy otra cosa de las que se habían hecho, pues él traía concedido, a saber cómo, un amplísimo solar ya fuera de donde antes habían llegado las viejas casas y así ya se metió en una obra larga y que le debió de costar lo suyo. Pero estaba claro que tenía dineros. Puso barbacana alrededor de todo. La casa se hizo como las buenas de Atienza, incluso simulando una pequeña torre, con cuatro ventanucos, y en cuanto tuvo levantado y a cubierto lo esencial, la cocina, la lumbre y una alcoba, se metió a vivir en ella con la sirvienta en un cuartuco al lado.

Una vez instalado allí, el resto de la obra fue a escape, pues metió en cintura a todos comenzando por los albañiles, contrató por poco más que la comida para que les ayudaran a varios mezquinos de Hita, azuzándolos a base de gritos y amenazas de que los mandaba para su pueblo si no cumplían. Quedaron listas las cuadras y ya pudieron venirse los cuatro mozos, de criados, que se trajo para llevar las dos yuntas, que luego fueron tres al poco, y que eran hijos de pobres a los que no les llegaba herencia ni pedazo de tierra ninguno en el que poder vivir y se contrataban por eso por comer y criarse.

El rango de la casa y del nuevo y poderoso vecino se comprobó aún más cuando llegaron los enseres, cama, cobertores, sillas y una cosa que no habían visto nunca: una lámpara con dos brazos de cada cual salían tres candelas y de la que se empezaron a hacer lenguas quienes pudieron verla y ya no te digo cuando, además, encendida. En las casas de los labriegos la luz era la de la lumbre y la de un junco untado de sebo, o como mucho la de un candil de igual mecha.

Su nombre se supo por todos, Beltrán Núñez de Barcenilla, pues bien se encargó él de proclamarlo y mientras que las gentes que por allí acababan viniendo de sus pasados hablaban de poco a menos, a él le gustaba pregonar el suyo y lo hacía saber a todos. Que era hidalgo segoviano, viudo, sin hijos vivos, con rango incluso de juez en un tiempo, en las milicias concejiles de Segovia, que había lidiado en muchos combates y obtenido buen botín en ellos, que habían recompensado su valor y proezas el mismísimo rey y un magnate con quien decía tener confianza y arrimo hasta que la pérdida de un brazo, que era manco eso no hacía falta que lo dijera, le dejó impedido para la guerra.

El porqué decidió afincarse allí, en aquella pequeña aldea, fue la pregunta que todos se hicieron pero nadie le hizo y él tampoco dio señal de querer contestarla sin que se la hicieran. A saber qué le habría llevado a salir de la tierra segoviana y pasar a este lado de la Transierra donde, eso también se supo, seguía teniendo tierras, allá por Ayllón, colonos que se las llevaban, maquilas en las que molían el grano y rentas que no eran escasas y que cada año le llegaban.

Todo esto también hizo que fuera en nada de tiempo conocido y tenido en cuenta por todos. Cuando se dirigían a él nadie le apeaba el don Nuño pero fuera de su presencia lo mentaban como el Manquillo; alguien se lo puso el primer día y con el Manquillo se murió cuando le llegó la hora.

De haberlo sabido, que seguro que algo tendría que maliciarse de ello, aún le hubiera subido más el rencor y el odio que a los moros tenía y a todo lo que a ellos oliera, sonara o mentara siquiera. Y ya no solo por su brazo perdido en batalla, pues aún más que por ello era por la muerte de su padre, según contaba aunque ya lo supieran todos cuantos le escuchaban, fenecido en el desastre de Uclés, pero ya después de la batalla y en el castillo de Belinchón bajo cuyos muros habían llegado los siete condes castellanos que escoltaban en su huida al malherido infante Sancho, el heredero del rey Alfonso VI.

Los jinetes morabitos les iban a los alcances cuando llegaron bajo sus murallas y pidieron a grandes voces que les abrieran las puertas, pero los moros de dentro, barruntando su derrota y la victoria de los suyos por su petición de amparo y las muchas heridas que traían, se arremolinaron contra los cristianos que de guarnición había, sacaron armas que tenían escondidas y asesinaron uno a uno al puñado de peones cristianos y uno de a caballo que se habían quedado en el castillo y no habían acudido a la batalla. Aquel caballero era precisamente el padre del Manquillo.

Los degollaron a todos y les tiraron las cabezas, la de su padre el primero, a los desesperados condes que a grandes gritos reclamaban que les abrieran en nombre de don Sancho y el rey Alfonso. Allí contra los muros les alcanzó el destacamento de caballería ligera almorávide que desde Uclés venía tras ellos como lobos por el rastro de sangre y allí murieron los condes todos, con García Ordóñez, el ayo del heredero, intentando protegerlo con su cuerpo y caer abrazado al cuerpecillo del único hijo varón del rey.

El Manquillo tenía aquello más presente que su propia herida de la que apenas hablaba; era el colofón y sostén de todo su pensar y sentir sobre los sarracenos.

—Los moros son traidores por naturaleza y porque su religión se lo dicta. Lo que hicieron en Belinchón lo hicieron en todos los sitios. Parecen sumisos y obedientes e incluso nos sonríen y nos llaman amigos. Pero solo esperan el momento. Son embusteros y aviesos, solo guardan rencor y odio contra nosotros en sus corazones. Toda su zalema es engaño, toda señal de amistad añagaza para que nos confiemos. Solo esperan la oportunidad de degollarnos. No debemos dejarles vivir entre nosotros, es como alimentar a una serpiente y cobijarla en el pecho. Nos acabará clavando sus dientes venenosos. Debemos obligarlos a que se vayan con los suyos y si se niegan, hacer lo que ellos harían con nosotros en cuanto pudieran.

No hacía falta que dijera el Manquillo qué era lo que debía hacerse; su expresión de rabia lo decía todo. Aunque a veces sí hacía el gesto muy expresivo de rebanarles el cuello.

Cuando se topó por vez primera con el Maula se le desbarató el semblante y tras escupir en el suelo siguió adelante sin dirigirle palabra.

Al Valentín el hidalgo se le atravesó desde el primer día y el Juanillo, que le echó el ojo en su última aparición, después de beber con él bastante y con mucho griterío y risas, les dijo al despedirse de los hermanos e irse vete tú saber para dónde:

—De ese pájaro no os fieis ni un pelo. No solo es rencor a los moros lo que tiene.

Unos con otros, juntos o revueltos, ya eran un pueblo y en lo de traer cura estuvieron de acuerdo todos. Aunque al Maula no se le preguntó su parecer, claro.

Se decidió que se le haría casa, el curato y dispondría de huerto; se estipuló manutención, ropa, un pequeño estipendio a pagar entre los vecinos y lo que sacara de misas encargadas, las de domingos y fiestas de guardar entraban en la soldada, bautizos, entierros y otros ritos. Era de Atienza y decían que sobrino de uno de los curas de la Trinidad. Se sabía la misa de memoria y eso era lo que importaba, aunque leer le costaba mucho y escribir ni lo intentaba. Pero era lo que había.

Había claro, y lo primero, que hacerle iglesia y a ello se pusieron. Que iba a costar bastante y ellos no tenían de sobra. Se contó con las manos y el trabajo de todos. El Pedro fue el que más aportó en dineros, el Juanillo un algo, los Domingos otro poco, el Manquillo menos de lo que alardeaba, el Valentín y el Julián lo que pudieron y los demás lo mismo. Aparecieron los Gabrieles, que eran tan reconocidos en lo suyo que habían estado hasta en monasterios, y fueron quienes dijeron dónde y cómo hacerla, señalaron los cimientos y trazaron los dibujos de los muros. No podían quedarse a levantarla porque les había salido faena mejor pagada y para tiempo de nuevo por el alfoz de Zorita, un monasterio para los monjes franceses, el de Monsalud que llamaron, pero sí que valió la mano que echaron y que contribuyó a que la cosa tuviera buena trama y con lo que sabían los Agustín y los Mora que no se fuera al suelo, que era lo importante.

Con ellos marcaron las mejores piedras de sillería que quedaban en el castillo y que utilizaron para los muros maestros, y ya los albañiles del pueblo, a jornal, y el resto de los vecinos como peones y en los ratos que podían, se metieron en faena.

A las paredes y al tejado supieron cómo darle buena forma y solidez los venidos de Aragón, que demostraron que de fabricar ladrillos, pequeños y recios y buena teja, volvió a ponerse en marcha el tejar que un día señaló el Maula a los hermanos por donde las viñas, sabían lo suyo y también de ensamblarla con firmeza y gusto. Tanto que de remate y en lo alto sobre la puerta de entrada pusieron una espadaña bien esbelta y hermosa para colocar allí el campanil. Cuando lo hubiera. La puerta fue, por cierto, lo más caro pues no quedó otro remedio que comprársela a un carpintero, un tal Cebás, de Jadraque. Que no la hizo nada mal, robusta y rematada con unos grandes clavos que fabricó para la ocasión Eduardo el herrero.

En no demasiados meses estuvo lista. Con un hermoso ábside redondeado y una pequeña nave de entrada. La cruz y el copón los donó Pedro de Atienza y a lo mejor por ello se decidió ponerla bajo el patronazgo de san Pedro, aunque no había estatuilla alguna, ni tampoco de la Virgen, pero el Juanillo dijo que él las traería, aunque fueran pequeñas, porque le debía algún favor un tallador de madera de olivo en Albalate de Zorita que las hacía muy bellas, el tío Jacinto. Y no tardó mucho en cumplirlo.

La pequeña iglesia se construyó ya algo separada del castillo en lo que venía a ser la mitad del pueblo, en un pequeño altillo, cerca de donde se había hecho llegar el agua desde el manantial de Fuente Rey a un pilón con dos partes, una donde se podía en un caño coger agua para las casas en cántaros y otra donde pudieran beber las caballerías.

La bendijeron para el culto el arcipreste y el cura de la Trinidad de Atienza; el uno vino por mediación de Pedro y el otro para agradecer el favor de mantenerle al sobrino. El obispo de Sigüenza prometió visitarla cuando hiciera un recorrido por aquellas aldeas. Al clérigo acogido le habían llamado antes Damasín pero no tardó en convertirse en Damasón. Se adaptó muy bien. Muy mostrencamente, pero bien. No le dio por predicar, ni meterse en las cosas y en las casas de los demás, y sirvió para lo que se le necesitaba: decir misa, bautizar, casar y enterrar. Poco más se le pedía y poco más daba de sí. Le probó bien el destino y engordó. Al cabo de un tiempo se trajo una mujer para hacerle la casa y lo demás. A nadie le pareció ni bien ni mal sino que miró a lo suyo y ya está. Bujalaro ya tenía cura y él, curato. ¿Qué más se podía pedir?

A lo que había que estar era a la sementera y en eso es a lo que estaban y a ello ni a nada que supusiera un sudor iba a estar don Damasón. Las labores de azada ni azadón no eran lo suyo, y aún menos de arado, yunta y terrón.

14

De sementera a sementera

Cuando se acababa la una había ya, sin casi, que empezar la siguiente. La vida del labrador era eso, un acabar para empezar. Cuando se salía de eras y se metía en los atrojes la cosecha, había que ponerse a preparar la nueva siembra. Parar lo que se dice parar solo se paraba por obligación o porque el tiempo no dejaba salir al campo. Entonces se aprovechaba para remendar lo que se había ido rompiendo y no se tuvo tiempo de componerlo, hacerse con aquello que se había echado de menos o limpiar un rincón o trasladar algo de sitio. La lluvia, además de ser bien recibida, proporcionaba aquellos ratos más sosegados y hasta había tiempo para quedarse apoyado en un quicio y a cubierto, y ver caer el agua. Fuera en las cuadras, en el zaguán o en la fragua, los días metidos en agua también servían para descansar por mucho que se aprovechara para poner una herradura, enderezar una telera del arado, zurcir un tirante de la yunta, repasar una collera o curarle a la mula un rasponazo. Y ver llover. Que era bonito ver llover bajo techado.

El término se cultivaba por añadas para el cereal, que era casi todo y lo principal. Un año se sembraba una parte y a la otra se la dejaba descansar para que se recuperara la tierra, al tiempo que se le iban haciendo las labores para sembrarla al año siguiente. Una añada venía a ir desde el pueblo hacia las alcarrias y la otra desde el pueblo al río y al otro lado hasta el linde con los términos de los pueblos vecinos por aquel costado, Jirueque y las Cendejas de Enmedio y de la Torre.

La tierra, que se dejaba de barbecho tras haber recogido la cosecha allá por finales de julio, permanecía así hasta el abril siguiente cuando se le daba la primera labor, el alza. Con ello bastaba, si la cosa iba bien, hasta final de mayo; era entonces cuando se le hacía la segunda labor, la bina. Entre alzar y binar la barbechera se iba la primavera entera y aún más, pues si el año venía con mucha broza había que darle otra pasada, tercear se le llamaba, e intentar quitarla. Mientras se estaba en eso, en la otra añada, la que llevaba siembra, la mies ya debía de haber encañado y comenzado a espigar.

Era entonces llegado el tiempo de dedicarle a ella toda la atención, aunque antes también se le había prestado alguna, la escarda, en la que participaban mujeres y chicos provistos de la horquilla, un palo ahorquillado en la punta para separar y sujetar la mala hierba, y el escardillo, otro palo con un trozo de metal incrustado en la punta en horizontal y bien afilado por la parte interior, para cortarla. Con una mano se sujetaba la planta con la horquilla y con la otra se pegaba el corte con el escardillo; así se acababa con la broza sin tener que agacharse. A los chicos era la labor que más les gustaba pero no por escardar sino porque era tiempo de nidos y al ir haciéndolo siempre andaban atentos para encontrar uno de perdiz con huevos y comérselos después. O allí mismo.

En julio se empezaba a segar, con hoz y con zocata, una protección de madera, generalmente en la mano izquierda, para que al coger con ella el manojo de mies y dar el golpe de hoz con la derecha no acabara uno rebanándose los dedos. Unos iban segando surco adelante y dejando los manojos y otros detrás engavillándolos con hatillos de esparto. Los chiquejos de las casas eran los encargados de llevar de continuo comida y bebida a los segadores, pues el desgaste era brutal con el esfuerzo y el calor. Se sudaba a chorros, pues se segaba desde antes de salir el sol y hasta que no hubiera ya ni una gota de luz. Al asomar el alba y en la atardecida era cuando más cundía.

Las gavillas a lomos de caballerías, en este caso aparejadas con albardas y amugas y bien encinchadas para sujetar la carga, se iban llevando a la era y se amontonaban en una hacina hasta tener acabada la siega. Por un lado el trigo y por el otro la cebada. Y otras dos pequeñas para la avena y el centeno. Entonces comenzaba la trilla. Se echaba la parva muy de mañana y en cuanto ya calentaba el sol se empezaba a dar vueltas sobre ella con los trillos. Una gruesa tabla de madera, con la parte delantera levantada para deslizarse mejor sobre la mies, con sus bajos incrustados con cientos de cuchillas de pedernal en hileras. Encima, de pie, el trillador y tirando, las mulas, que también contribuían con sus cascos a la labor. Había que saberlo conducir y no dar siempre la misma pasada; a la parva había que darle la vuelta varias veces con las horcas de madera para que se fuera haciendo toda e irla troceando y machacando para comenzar a ir separando el grano de la espiga y de la paja.

Para completarlo faltaba el albeldar. La trilla de cada día se amontonaba en el centro de la era y cuando ya toda la hacina, solía empezarse por la cebada y dejar para lo último al trigo y al centeno, había pasado por debajo del trillo era cuando se comenzaba a aventarla. Pero para ello se necesitaba viento, aunque fuera un poco. En cuanto se levantaba una brisilla, que solía ser de amanecida o al caer la tarde, los hombres echaban mano a las horcas y lanzaban la mies trillada hacia lo alto. El aire se llevaba un poco más allá la paja y el grano caía más cerca. Para completar la operación, y además quitar las granzas, se utilizaban cedazos y cribas. El grano, luego, se metía ya en costales, que en Bujalaro eran de lana de oveja, con vellones hilados por las propias mujeres del pueblo, y en otros sitios de cáñamo, y se subía a los atrojes, en la zona alta y abuhardillada de las casas o en pequeños silos subterráneos. Puesto a cubierto el grano, se recogía después la paja y esta no era tarea fácil, pues para llevarla en las caballerías hacía falta ponerles a estas las hingueras, unos grandes envases con rejilla hechos de esparto que se colocaban sobre las albardas por ambos lados. El pajar solía estar en un cobertizo cercano a la vivienda si podía ser, para servir después como alimento al ganado y también como cama que luego con el sirle de las ovejas o las boñigas de las mulas se convertiría en buen estiércol. A las mulas la paja se la acompañaba en los pesebres con cebada u otro grano. Porque si a alguien había que cuidar y que no le faltara el pienso era a la mula.

Durante todo el tiempo en que la mies estaba en la era

había que quedarse en ella a dormir y vigilar, no fuera entonces a perderse lo que tanto había costado llevar allí. Era tarea que se hacía con gusto y había de sobra voluntarios. Si además uno se quitaba el tamo, el que más pica es el de la cebada, con un chapuzón en el río, que no estaba lejos, o en el pilón de la fuente, era una delicia pasar la noche al fresco sin otro techo que las estrellas. Eran los días más felices del labrador. Y de los jóvenes más. La noche se llevaba el calor y el cansancio y hasta había ganas de un cante y más aún si había vino. Y alguna cosa más de las que mejor era no contar nada aunque luego todo se supiera. Que la había. Y todos los años dos chismes y alguno también una barriga. En un momento o en otro nadie del pueblo dejaba de pasar por las eras. La vida del pueblo se hacía en ellas.

El cereal no era la única labor de secano. Para una casa era también muy importante la legumbre, el potaje, que era sustancial para el puchero diario. Era una siembra agradecida y que no necesitaba tanta labor ni cuidado como lo otro. Garbanzos, lentejas y almortas eran lo más habitual. Eso para las personas. Pero también se echaban yeros o veza que venían muy bien para los animales. Eran plantas muy sufridas que se daban en cualquier lado. Cuando estaban ya en sazón se arrancaban a mano. Las de consumo humano se desmotaban pero con las otras no hacía falta y se echaban completas al ganado. Esta siembra también se hacía en primavera y se recogía en el verano coincidiendo, un poco antes unas o un poco después otras, con el cereal. Para finales de agosto ya se tenía que haber salido de eras.

Pero era acabar con ello y volver a comenzar con lo

mismo. O sea, a preparar la siembra de la añada siguiente en las tierras que habían estado en descanso. Se volvía a los pedazos que se habían ido preparando durante la primavera y comienzo del verano y se iniciaba la simienza. Pero para ello había que dar un par de vueltas más con el arado. Lo primero que había que hacer con la yunta era poner la tierra a rajalomo, o sea en surcos rectos y en paralelo en lo que se demostraba la destreza del labrador y el control de su yunta.

Labrado el pedazo, se contaban veinte surcos, lo que se llamaba una melgá,[33] y poniendo una señal para no sembrar doblemente los de al lado o dejarse alguno sin simiente, el mismo labrador, si tenía ayuda era mejor porque él podía seguir arando, detenía a sus mulas, cogía la espuerta que ya tenía cargada de lo que fuera a sembrar, se la colgaba al hombro y con una mano la sujetaba del asa y con la otra iba cogiendo puñados de grano y esparciéndolos a voleo hasta considerar que toda la melgá quedara regada con él. Entonces era el momento de taparla; se volvía al principio y con mucho tiento y decisión se pasaba de nuevo el arado pero esta vez por lo alto del lomo haciendo ahí el nuevo surco y dejando la simiente enterrada. Así se conseguía que el cereal naciera en lo alto y con buena miga de tierra encima. Pero además, si otras hierbas o broza salían, que solían salir demasiadas, en el hondo se podía luego, al comienzo de primavera, con una sola mula y un arado pequeño, realizar un «desare», que era pasarlo muy someramente y sin profundizar pero lo suficiente para arrancar

33. Unos diez metros de anchura.

lo no deseado sin hacer sufrir a la raíz del trigo o del centeno.

El trigo era lo primero que se sembraba, allá por el mes de octubre; después iba el centeno, y la cebada y la avena las últimas allá por el mes de enero y hasta incluso febrero. Eso era el tardío. Solía hacerse esa siembra en las tierras que el labrador consideraba más «cansadas» de la añada anterior.

Y a partir de ahí a mirar al cielo. Aunque hacia arriba se estaba mirando el año entero y cada día. Que lloviera para que naciera bien, que no lo socarrara una helada, que tuviera agua para crecer, una poca más para encañar y granar y que entonces no llegara un golpe de calor muy fuerte y arrebatara a la mies o que antes de segar se presentara una tormenta y apedreara. Hasta que los costales no estaban en los atrojes el trabajo de un año podía evaporarse en una calorina o anegarse bajo una tormenta.

El cuándo, cómo y cuánto tenía que llover, hacer calor o frío era cosa tan de encaje y coincidencia que se convertía en algo de complicada y casi imposible conjunción. Que fuera por entero como era debido no se daba nunca. Más fácil resultaba que por un nada o un mucho se torciera todo.

Era bueno un otoño con mucha lluvia, con temporal y nublado, que cayera despacio y sin prisas ni violencia. Era aún mejor un invierno con nieve y no importaba que esta pasara de la rodilla, pues si caía una capa fina y aquella noche segundaba una helada fuerte, entonces la nieve se hacía hielo y abrasaba la mies recién nacida. Pero si el pasmo venía sobre una nevada de un codo, solo alcanzaba a congelar la parte de arriba y por abajo hacía cámara a la mies y esta aguantaba tan a gustito el tiempo que hiciera falta hasta que se disolvía dejando rica y hondamente empapada a la tierra.

Que no faltara agua en abril era imprescindible y que por mayo y junio cayeran algunos buenos chaparrones necesario. Que el calor no llegara luego de golpe y dejara a la espiga sin granar era de lo que más se temía. Casi como a las tormentas de verano, que se presentaban negras como la boca del infierno y podían hacer un destrozo, pero menor que los temidos ramales de nubes lechosas que traían la perdición del pedrisco. Hasta cuando se estaba en eras había que tener cuidado y cuanto antes se pusiera el trigo bajo techo, mejor.

En casi todo aquello que podía pasar, el hombre no podía hacer nada. Excepto mirar al cielo, y por eso de tanto mirarlo estaba tan alto.[34] Pero para lo demás estaban su saber y sus brazos. Unos aliados imprescindibles, el buey y aún mejor y cada vez más la mula, y una herramienta, el arado. Sin los unos y el otro, no había nada que hacer. Sin yunta ni arado no había tierra que roturar, ni labor que poder hacer ni cosecha que recoger. El labrador, aunque dirija la una y sujete al otro, va siempre por el surco detrás de los dos. A la bestia hay que cuidarla como el bien más preciado y del arado hay que conocer, aunque parezca de lo más sencillo, su entraña y su manejo.

34. Sirva como humilde homenaje a mi maestro Miguel Delibes y a esa frase suya compendio de sentimiento y sabiduría que siempre me emociona leer: «Si el cielo de Castilla es alto es porque lo habrán levantado los campesinos de tanto mirarlo».

Un labrador no solo tenía que saber de su tiro de mulas, que eran ya el tiro más común, sino de sus aparejos y sus ramales, para dirigirlas con sus manos y su voz, al tiempo que sujetaba con ellas las estebas de su arado. Del arado y de sus piezas tenía que saber también. Parecía simple, pero era preciso conocer su mecanismo para poder arreglarlo si algo se soltaba o rompía en medio, y en la soledad, de la barbechera.

Casi todo en el arado era madera, de buena, dura y resistente madera, y sus elementos primordiales eran amén de las estebas, el timón unido con una clavija y por un barzón al yugo y a su parte esencial para arar, la cama, incrustada en el dental, ambos de madera, y unidas por una barra de hierro, la telera. Entre las tres piezas dejan la ranura que es por donde pasa y se incrusta la reja de hierro, ajustada al dental por el pezuño, y que había sido gran mejora al sustituir a la punta que antes era de la misma madera que lo demás.

Otra novedad, y muy buena, había sido la vertedera, la que trajeron el Pedro y el Juanillo aquel día en que los hermanos creyeron que venían a llevarse la mula. La vertedera la habían inventado y traído hasta Castilla los monjes bernardos, los franceses del Císter, quienes también habían ideado la collera para las caballerías, algo que permitía a las bestias tirar mucho mejor y arar más rápido. Los predios de los monjes estaban por ello siempre mejor arados, la labor cundía más y las cosechas eran mejores. Así que quien más quien menos en cuanto pudo le echó mano a aquellas herramientas. La vertedera, como bien le habían puesto de nombre, era una reja de hierro ondulada que ahondaba y volteaba la tierra. Era una bendición para roturar, alzar y binar; cogía cerca de un codo de terreno por pasada y se tardaba la mitad en lo que antes con el viejo arado, que sin embargo seguía siendo lo mejor para sembrar. La collera, que se colocaba a las caballerías en la base del cuello y por la pechera, era bastante mejor que el yugo, que para los bueyes valdría pero no para las mulas que con ella tiraban más y se las conducía con mucha mayor facilidad.

Había sin embargo cosas que necesitaban de brazo y azada. Lo huertos, claro, y los árboles. Pero sobre todo las viñas. Cavar, vamos. Cavar un día entero y al siguiente era más duro que labrar en tierra apelmazada durante una semana.

Pero si había una faena, por dura que fuera, y lo era, a la que le echaran alegría el Valentín y el Julián, el Maula incluso y el Juanillo el que más, si andaba por allí, era la de las viñas. Solo una parte y no siempre, las calles entre las hileras de cepas podían hacerse con las caballerías y las vertederas, pero cavar el tazón de las cepas y escavar los hilos eso no había otra posibilidad que llevarlo a cabo a brazo y con el azadón.

Pero ya decía el Valentín y no hacía falta que estuviera el Juanillo para afirmarlo a voces también que no había labor que se hiciera con más gusto.

—Se dobla bien el espinazo pero no hay fruto que más alegría nos dé que el que aquí sacamos.

Y ya lo creo que se sudaba, se castigaba al lomo y dolían los riñones, pero tener vino propio en la bodega era el escalón más alto que habían conseguido desde que habían aparecido por Bujalaro. El Manquillo mismo algo había plantado, pero no le daba aún, lo tenía que comprar.

Los Gómez y los Pérez, conchabados, habían horadado un caño en la falda del castillo, por el lado que miraba al río, y aprovechado también la ladera para hacer sitio en su entraña para dos tinajas y un lagar.

Las tinajas, más que conseguirlas, había un alfarero en Jadraque dedicado a ello y pudieron pagárselas al trueque; lo que costó fue traerlas. Les acabó por hacer el favor, con un pago también en vituallas y pieles, un carretero que se dedicaba a traer vino desde la parte de Mondéjar para Jadraque y sobre todo a Sigüenza. El tío Tranfullas, famoso por su buena tralla y su mala boca. Como le rehusara el tiro en una subida los juramentos se oían de un pueblo al otro. Le sacaban coplas y todo. «Carretero fanfarrón, que con tres mulas zumbonas / y no has valido subir / las cuestas de Mandayona».

Las cuestas de Mandayona se las traían pero sus denuestos, trallazos y voces aún imponían más. Sin embargo, a pesar de su mala boca era de la mejor gente de los contornos y dispuesto a hacer, siempre que pudiera, un favor, Y se lo hizo no tanto por ellos, que también algo, sino por los Pardos de Sigüenza, el padre y los tíos del Juanillo, con los que se llevaba bien ya de antiguo.

—Lo hago a gusto por vosotros y eso que va en contra de mi propio beneficio. Si tienen vino propio a mí ya no me van a comprar —le dijo al tío Pablo, el padre del Juanillo.

—A lo mejor con el tiempo se lo puedes comprar a ellos y te ahorras el viaje hasta Mondéjar.

—No lo creo. No digo que para su gasto les dé, pero aquello está muy alto. Poca viña se puede meter ahí y mucha uva no dará. En algún resguardo en la falda del monte, a lo mejor. Ellos sabrán.

Total que en un par de viajes les llevó las dos tinajas, una cada vez, las más grandes que pudo acoplar en su carro, y que tuvieron que instalar y acomodar en el lagar antes de hacer la pared de entrada y la puerta, pues después no hubieran cabido por ellas. Luego les vendió con sorna un pellejo del vino mondejano.

—Yo que vosotros cogería dos, porque me parece a mí que el vuestro lo vais a tardar en catar.

No le faltaba razón al Tranfullas, pero algo sí dieron las viñas de los Tejares. Algo habían aprendido los hermanos de su tiempo con los monjes de Sahagún y no les salió del todo mal el vinacho, ni siquiera el primer año. Al año siguiente ya no le compraron ningún pellejo al Tranfullas.

Su trabajo les costaba. A comienzos de invierno se abría un hoyo alrededor de la cepa, un tazón en el que se recogiera el agua y se guardara la humedad. Una a una. En febrero se podaban los sarmientos, una tarea delicada y que hay que saber hacer, pues a cada brazo, a cada pulgar hay que dejarle una guía, o sea un sarmiento que se corta pero no a rape sino dejándole dos o tres yemas, que será luego por las que tirará, mientras que a todos los demás se les corta lo pegado al tronco que se pueda para que la planta no brote por ellos y toda su fuerza vaya por el elegido. Elegir el bueno es fundamental, unos tienen buen ojo para ello y otros no, porque es de ahí de donde van a salir los racimos de uva. O sea, que de ese corte vital es del que depende a la postre el vino.

Los sarmientos se recogen después y se hacen gavillas

con ellos. Son muy buenos para la lumbre y la mejor brasa para asar.

Labores con el arado se daban un par de ellas. La primera por febrero y luego otra en primavera para acabar con la broza que siempre vuelve a brotar. Era bueno también, ya por mayo, si se consigue azufre, poderlas curar con él y de paso se aprovecha para echar un ojo y quitarles algunos sarmientos bajeros que le suelen salir a ras de tierra, que uva no van a llevar pero chupan los que más. Por eso se les llama chupones.

Más no se le podía hacer a la viña hasta la vendimia y ya era cosa del cielo que viniera bien o mal. Esta tenía lugar un poco antes de comenzar a sembrar el cereal, en otoño, y tenía bastante de fiesta, aunque fuera trabajo. A la viña iban todos, incluidos los niños de pecho colgados de las madres. Juntos parecía que cundía más. La hija del Maula, la Garza, comandaba la chiquillería y lograba que los chavales hasta compitieran por ver quién cortaba más con tal de agradarle a ella. Los más pequeños se quedaban sentados al lado de algún árbol, había ya un cerezo de bastante porte, o en el chozo de barro que había hecho el maula si no estaba del todo bueno el día. Si llovía era mejor no vendimiar.

Los racimos iban primero al cestillo que cada vendimiador llevaba y de ellos a los cuévanos de mimbre y estos en los lomos de las caballerías hasta el jaraíz. Allí se iba haciendo un montón con las uvas en el rincón más alto y el mosto comenzaba ya a rezumar hasta el tinillo. Pero para sacárselo todo había que pisar las uvas, o sea descalzarse, arremangarse los calzones y bailar encima de ellas. Era algo en lo que siempre se empezaba riendo y se acababa deslomado.

El mosto iba del tinillo a la tinaja. Al montón de uva aplastada se lo dejaba una noche para que siguiera rezumando y luego con la zaranda se separaba el escobajo de los racimos de los pellejos. Lo primero se tiraba y lo segundo, la casca, era lo que había que echar con el mosto para que fermentara y se convirtiera en vino. La cantidad de casca que había que meter en la tinaja era la discusión anual entre todos los que estaban, pues cada cual tenía una opinión diferente. El Maula era de echarle poca y el Juanillo de casi toda, el Julián se acercaba al moro aunque añadiendo un poco más y el Valentín, sin llegar a lo del Juanillo, no se quedaba muy atrás. Se reprochaban los unos a los otros lo del año pasado y por qué no salió del todo bien y al final lo venían a hacer más o menos igual y saliendo la cosa parecida a la anterior. Pero lo cierto es que cada vez iban mejorando un poco, sobre todo si conseguían que el Juanillo no echara todos los racimos de uvas al cesto aunque algunas grapas estuvieran verdes como sogas. No era ninguno de tirar uvas, pero al menos que pintaran, le regañaba el Julián, mientras le tiraba las muy verdes del cesto.

El Juanillo lo que también decía cada año es que iba a conseguir traerse un alambique y con la casca sobrante hacer aguardiente de orujo. Lo dijo también aquel año en el que, tras irse después para la frontera del Tajo, desapareció del todo. Coció la tinaja, se bajó la casca y se sacó el vino. Tuvo buen color. Y del Juanillo nada se sabía. Pero como solía tirarse muchos meses sin que se supiera de él y ya había pasado anteriormente nadie se preocupó. Hasta que un día vino el Pedro de Atienza y trajo la mala nueva. Que no era que se hubiera quedado como tenía por costumbre y por donde le venía en gana, sino que lo habían cogido los moros. Y que no se sabía si estaba vivo y cautivo de ellos, que él había revuelto todo sin conseguir señal suya para poder rescatarlo pagando lo que fuera, o llevaba ya meses muerto.[35]

35. Este capítulo, algún otro también pero este muy en particular, debe a mi padre, Antonio Pérez Moreno, su esencia, razón y saber. Él, uno de los últimos en arar con mula y segar a mano con hoz, me dejó como memoria escrita, en sencillo, preciso y atinado castellano, redactado laboriosamente y cuidando como solía hacerlo la letra, unas páginas compuestas ya al final de su vida, donde con recuerdos suyos y heredados de sus ancestros hablaba de cultivos, labores y faenas que bien poco habían cambiado a lo largo de los siglos pues se seguían cultivando las mismas cosas, de muy parecida manera y utilizando las mismas bestias, aperos y utensilios que en la Edad Media. Esas páginas han sido mi cueva del tesoro por lo que me enseñan y por la emoción que me infunden.

15

La hacendera y el alboroque

El año en que se cumplían los siete de la llegada de los primeros repobladores a Bujalaro sucedieron muchas cosas. A la primera, el tener iglesia y cura, fueron uniéndose otras como si el pueblo hubiera entrado en un frenesí de poner a hacerse o rehacerse a sí mismo. Continuaba creciendo. Aquel año se instalaron otra docena de familias, entre ellas cuatro que pronto adquirieron nombre y peso: los Benito, los Esteban, los Nova y los Manso. Seguía llegando gente de muchos sitios, unos del norte, del otro lado de la sierra, otros del este, de más allá de la linde aragonesa, y hasta algún mozárabe huyendo desde el sur, donde los almohades estaban poniéndoles ya imposible la vida misma como sucedió con los Nova. Cada cual traía sus ilusiones, algunos hijos y oficios diversos. En Bujalaro no se instaló ningún judío, ni tampoco lo hicieron en las pequeñas aldeas de alrededor, pero sí lo hicieron en Atienza; ellos preferían los burgos y las villas, y pegada a la muralla, que estaba ampliando el rey Alfonso, y con su real beneplácito, construyeron su aljama y su muro. Ya tenía nombre, el Castil de los Judíos.[36]

36. Así se sigue llamando a las ruinas que aún se conservan.

El Domingo y sus hijos se habían convertido en los más activos en cuanto a procurar que el pueblo estuviera atendido en oficios y servicios demandados por la cada vez mayor población. Aunque en las formas guardaban el respeto con quienes habían iniciado su nueva peripecia, en particular con el Valentín y su cargo, este arrugaba de vez en cuando la nariz pues el otro no dejaba de andar con cabildeos por Atienza y venir de cada uno con una embajada. Pero como tenía que reconocer que eran beneficiosas y que antes de con nadie las consultaba con él, como alcalde o se hacía el contento o asentía callando. Porque la verdad es que sonaban a ya decididas. Por ejemplo, lo del panadero.

Cada cual hasta entonces se había hecho el pan en su propio horno pero lo que propuso el Domingo, y con ya una persona lista para hacerlo, pareció bien a casi todos. El hombre, el Vitoriano, era panadero. Había salido mal en Soria con el dueño donde trabajaba y como conocía al Domingo de Olmedillas este le animó a venirse. Lo que les proponía a los labradores era muy sencillo y decía que bueno para ellos. Le entregarían tras la molienda en el Rebolloso un tanto de harina y él quedaría al debe en un número de panes, que ellos podrían ir cogiendo a lo largo del año. Lógicamente el Vitoriano tendría un beneficio. La harina daba para bastantes más panes que los que él se comprometía a entregar en el trueque y esos eran los que vendía a los que no eran labradores: los albañiles, los alfareros, el herrero y hasta el cura.

A algunos el trato no les convencía del todo pero a las mujeres, aunque luego ellas siguieran utilizando el de casa para lo que quisieran, tener pan tierno casi el día que quisieran y no tener que amasar y cocer cada semana les pareció que era cosa de probarlo. Así que el Valentín y el Julián, junto, claro, a los propulsores, los Domingos, se animaron y entregaron de entrada y para probar un par de costales de harina. Así veían cómo iba la cosa sin arriesgar demasiado. Como funcionó con decencia y sin faltar a lo acordado, ya echaron cuentas y completaron con otro par más hasta que se recogiera la siguiente cosecha. En su cuenta metieron al Maula para que el pastor no tuviera que comprarlo por su lado o darle al panadero carne o queso al trueque. Ese ya lo hacía con ellos.

El Vitoriano construyó, bueno, los Mora pero a sus órdenes, su tahona, con su horno para cocer en condiciones y el Eduardo el herrero, que tenía el suyo, pero para fundir el hierro y ya tenía hasta ayudante, le fabricó las bandejas, palas, pinchos y los achiperres necesarios para el oficio, pues el Vitoriano pocos por no decir casi ninguno había podido traerse de Soria. Con ello los Mora, el herrero y hasta el ayudante tuvieron pan gratis durante mucho tiempo, tanto que al Vitoriano la deuda se le hacía larga y se dolía sobre todo de los albañiles, sin recordar que sin ellos ni siquiera hubieran podido empezar y después aún le habían remozado varias cosas más.

—El Vitoriano solo mira y cuenta la harina y el salvado que le dan ahora los labradores, pero si no hubiera sido por nuestro ladrillo y nuestro yeso no hubiera hecho un pan siquiera —solía decir el tío Mora.

—Y por mis hierros —remataba el herrero.

Otro asunto a resolver para poner en marcha la tahona fue la leña, pues sin ella no había horno que cociera. El pueblo fue generoso, medió una vez más el Domingo pero fue el apoyo del Valentín lo decisivo. Había mucho monte y el Vitoriano podría aprovechar las talas y rozas que precisamente se estaban haciendo entonces por la zona de Henarejos entre los de Bujalaro y los del pequeño poblado de las Piedras de la Magdalena, que estaban trabajando en conjunto en el robledal para ir adehesándolo. Se acordó que el panadero podía aprovecharse de lo menudo pero que a cambio debería suministrar a ambos pueblos en algunas fiestas o alboroques una cantidad, la verdad es que nada gravosa, de panes o servicios si, por ejemplo, y para algo comunal había que utilizar el horno de la tahona.

El adehesamiento de Henarejos le recordaba al Maula mucho al desaparecido Juanillo, pues era él quien siempre decía que allí, además de poder pastar muchas ovejas, se criarían los mejores cochinos con sus bellotas. Pero del Juanillo seguía sin haber noticias. Los que no le conocían le daban ya por más que muerto. Los que habían tenido trato con él aún tenían esperanza y su amigo moro estaba seguro de que un día cualquiera se presentaría tan campante.

El Vitoriano, pues, podría disponer de leña de sobra, pero el compromiso adquirido de que el pan para las celebraciones comunales, como los alboroques después de una hacendera para los que habían trabajado en ella, correría por su cuenta aunque con un tope de panes, unido a las otras muchas deudas contraídas con particulares se vio bastante apretado y empezó él a apretar, a su favor y en demasía, algo siempre se descontaba, en los pesos. Aquello fue primero rumor, luego protesta y al final apercibimiento serio por parte del Valentín de hacer comprobación y obrar en consecuencia. Bastó el aviso y volvió a la buena senda, y cuando con una borriquilla empezó a vender por Castilblanco, las Cendejas y Jirueque la cosa le fue cuadrando. Al final varios labradores de esos pueblos entraron también en el trato y la cosa se aclaró para el panadero y llenó más los panes de miga. Hasta pudo y tuvo que contratar a un aprendiz, un chico de una de las últimas familias que habían llegado y que andaba bastante apurada. Por lo menos, además de comer él, algo de pan llevaría a casa.

Las cosas del pueblo solía trajinárselas el Domingo pero en las del campo y el término el Valentín no se dejaba pisar el terreno y, en este caso, fue él quien se acercó al Domingo para poner en marcha lo que llevaba años rumiando. Se trataba de sanear toda la reguera que venía desde Fuente Rey a la Fuente de la Plaza de tal forma que el agua llegara en mejores condiciones. Más aún, encauzar luego el sobrante hacia los huertos y después hasta la Salía y el río.

Los labradores estuvieron con los Gómez y al Domingo no le costó convencer a quienes no lo eran. Aquello iba a ser lo más grande después de la iglesia, claro, y la obra más importante que se había acometido en Bujalaro y en la que todos pondrían y tendrían parte. Bueno, todos no. El Manquillo dijo que aquello con él no iba, que era hidalgo y que además era manco. Más bien, aunque eso se lo callaba, pero no hacía falta, porque era cosa del Valentín y de los Gómez.

Vamos que se echó por fuera y malmetió lo que pudo. Tenía más tierras que nadie, tres yuntas y quienes se las labraban, sembraban, segaban y trillaban como criados; hacía poco que había conseguido algunas más por compra que tenía dadas a un colono que sacaba bastante menos de lo que le tenía que dar al amo por llevarlas. Por los campos él solo aparecía montado a caballo a ver cómo iban las labores y poner faltas.

Con ello cualquiera diría que en el pueblo no tenía arrimo con nadie, pero no era así ni mucho menos la cosa. Más de tres lo buscaban, pues entendían que era árbol grande y les podía dar cobijo y mejor sombra.

Con los dos hermanos Gómez no se llevó desde un principio ni poco ni mucho. Buena parte de ello provenía del odio que le tenía al Maula. Había intentado que se le echara del pueblo y hasta había recurrido al concejo de Atienza, pero este había contestado que a los mezquinos no se los podía ni tocar ni hacer daño alguno[37] y que tal cosa podía acarrearle a él mismo penas muy duras.

Furioso inició una campaña contra el moro, principiando por el cura urgiéndole a que les hiciera cristianarse tanto a él como a sus hijos. Al Damasón no se ocurrió contradecirle sino que lo alabó y le dijo que lo haría pero del dicho al hecho había un trecho largo y aunque algo le dijo al Valentín y al Julián, al Maula ni se le pasó por la cabeza, el asunto se fue para más lejos y ya como para el año que viene y después ya se vería.

El Manquillo, o sea don Beltrán, acudió después al Domingo, uno de los pocos que si no estaba presente le men-

37. Diferentes fueros, entre ellos el de Guadalajara, protegían a los musulmanes que residían en territorio ahora cristiano estableciendo penas para quienes los dañaran en sus vidas o haciendas.

taba por ese nombre y no por el mote, a quien por su parte halagaba dándole trato de igual, como hidalgos, pues sabía que andaba por Atienza en trámites para conseguir tal condición. El de Olmedillas lo escuchó muy atentamente, le precisó algunas cosas, no se comprometió a nada y acabó por aconsejarle que mejor dejara correr aquello y no se metiera en líos. Otros, por lo que se les escuchaba, parecieron hacerle bastante más caso. No llegaban a hacer como él, que en las raras ocasiones que se cruzaba con el Maula escupía al suelo y se persignaba con la mano que le quedaba, pero sí que miraban para otro lado y no le hablaban.

Con la acequia de Fuente Rey eligió mal el terreno; venía bien a todos, y pinchó en hueso. Los Domingos, y en particular, el Dominguín, el hijo mayor, estuvieron no solo conformes con la obra sino que se convirtieron en los primeros en participar y aportar mucho en ello. El Dominguín tenía luces y recursos, decían que era aún más listo que su padre pero además, se vio nada más entrar en faena, una capacidad innata en saber dirigir a las gentes, sin que pareciera que lo hacía pero logrando que al final todos le hicieran caso.

Al Valentín aquello le vino hasta bien porque para eso a él le faltaba muy mucho la maña que poseía el otro. El Valentín encabezaba el trabajo y el partirse el pecho y con la azada no había a quien más le cundiera, pero cuando surgía un problema en esto o aquello, ahí se azoraba y era entonces cuando allí estaba el Dominguín para buscar el apaño y cuando alguien se enfoscaba por cualquier cosa con buen gesto y mejores palabras acababa por hacer que le saliera una risa. Lo cierto es que todos, unos más y otros menos, trabajaban con alegría y al unísono. Más todavía cuando se enteraron de que los de Jirueque, sabedores de lo que estaban haciendo, se burlaron de ello.

Habían hecho correr que los de Bujalaro, que tenían una ermitucha y se creían que tenían una catedral, ahora haciendo una zanja pretenderían tener baños como los de Sigüenza o hasta como los que decían que tenían los moros en Córdoba. O sea que se reían de ellos, que ya se sabe lo que pasa siempre con los linderos. Pero con aquello lo único que lograron fue enrabietar a la gente y que aún le echara más empeño.

Se estableció que un día por semana se haría hacendera. Como antes eran las sernas para los magnates o los monasterios, que no pocos recordaban, pero que ahora sería por el bien de todos. Se dejarían ese día las labores propias y de cada casa acudirían al trabajo al menos la mitad de los hombres en edad moza o adulta.

Lo primero era sanear en todo lo posible la reguera por la que bajaba el agua y ello se lo ventilaron con cierta facilidad. Cavar sabían hacerlo todos. Bien pronto quedó acabada una acequia por la que el agua corría rápida y limpia. Para ello se le puso todo el recorrido en calzarizo, que era esencial para que el agua se fuera filtrando y no se ensuciara. Se hacía cubriendo todo el lecho con cantos rodados que trajeron serón a serón y con alguna carreta de los vados del Henares, sobre todo de uno que había después de los meandros de la Aguadina. Allí, justo debajo de la cueva de Nublares, se formaban unos pequeños rápidos con aguas muy someras que daban muchas piedras, de poco tamaño y redondeadas. No quedaba lejos de los Yesares, así llamados porque los jadraqueños tenían allí hornos para hacer yeso y ahora, en el término de Bujalaro, pidieron tenerlos los Mora y los Agustín, pues haría falta yeso para la obra. De paso ya tendrían luego ellos para sus trabajos. Eso salieron ganando.

Pero quien ganaba era el pueblo, pues con muchos viajes de cantos del vado de la Aguadina y del Samoral, que sobre todo aportó grava, y algunos revoques y refuerzos de albañilería en ciertos tramos, se completó el recorrido y se notó a escape el bien que aquello le hacía al agua, pues hasta cuando venía sucia por un fuerte algarazo de lluvia al poco se aclaraba.

Lo que llevó más discusión fue lo de tapar toda la acequia; eso suponía ya mucho más tiempo y coste. Había quien decía que con algunos tramos, el arranque, ciertos pasos amenazados por ramblas y la entrada al pueblo, sobraba. Que con eso valía y que si no, no acabarían en la vida. Pero al final se optó por tirar ya con todo y con el esfuerzo que hiciera falta. Ahí el Valentín fue el más decidido y quien les convenció.

—¿Vamos a dejarla a medias? ¿Qué labor a medias ha dado nunca buen trigo? —les preguntó arremangado y sudando a chorros cuando vinieron a intentar convencerle de lo contrario.

Pero eran muchos los problemas y el mayor es que los albañiles ya dijeron que con ellos más no se podía contar, que tenían que estar en lo suyo y que además aquello sobrepasaba su saber. Que para aquello hacía falta una dirección y una cuadrilla fija además de lo que luego se aportara comunalmente. Entonces salió el nombre del Tres, un cantero conocido de los Gabrieles, que había andado con ellos por Monsalud y que ahora estaba ajustado en un molino aguas arriba del Henares.

Y el Tres fue la solución. Eso y que los que se retiraban se comprometieran a que no faltara el yeso y para ello se hubo de hacer un par de hornadas que si bien para sacar los terrones con un poco de enseñanza varios acabaron por valer, ellos tuvieron que estar en lo que era preparar dentro de la caldera, que esa estaba ya acondicionada y bien usada ya, lo que era cada hornada en sí levantando el cono, con un espacio interior donde meter la leña para proceder a poner al rojo toda la construcción y saber cuándo había ya que proceder primero a su demolición y luego a pasarle por encima el rulo de piedra para desmigarlo bien y luego cribarlo todo con el cedazo para que ya se pudiera usar.

El Tres sabía también algo de aquello y al final se decidió contratarlo a él y algunos como fijos durante toda la semana en la que iban avanzando y preparando el tajo para cuando luego el día de hacendera se pegara entre todos el apretón. Decidieron pues tirar para delante y aquello sí que se prolongó mucho más de lo esperado y con muchos más gastos. Hubo momentos en que temieron que habían mordido más de lo que podían mascar porque no les daba ni para pagar los materiales, aunque el trabajo lo pusieran ellos todo. Se tuvo que hacer una derrama, pero muy pocos pudieron aportar algo y alguno no quiso aportar nada. Al final, a través de Pedro, se arregló con un pequeño préstamo con los judíos de Atienza, avalado por el mismo. Consiguieron devolverlo en fecha con una nueva derrama en el año siguiente. Lo que nadie de por fuera supo es que el monto no dio para cubrirlo y le costó al Valentín desprenderse, sin decir ni pío, de una pequeña punta de ovejas.

Pero quedó hecho y el agua llegó bajo cubierta desde Fuente Rey a la Fuente de la Plaza. Que fue esta última a la que hubo de meterse mano a continuación. Porque cada obra suele hacer necesaria a otra. Aunque la idea era seguir más o menos con lo mismo que se tenía, unos caños en la cara de arriba para las personas y otros, en la de abajo, para el pilón de las caballerías, había que hacerlo nuevo, que durara para siempre y con un pilón el triple de grande.

Así que se seleccionaron las pocas piedras de sillería que aún quedaban en el castillo, se construyó un pequeño aljibe, se levantó la nueva fuente y desde el piloncillo, al que caía el agua por dos caños en la parte alta, se hizo un aliviadero a dos en la baja, a los que se unía otro par que vertían allí directamente desde el aljibe. El sistema lo había ideado el jefe de la cuadrilla contratada y aquel día que concluyó aquella parte de la obra se convirtió en el héroe más grande que se había conocido por esos parajes. El y los suyos lo celebraron desde luego como si hubieran tomado un castillo.

Después de años de cantero y componedor de daños en varios monasterios a sueldo de frailes, el Tres se había acomodado a porciento de maquila en el molino que regentaba un tal Atanasio en el último recodo del hocino al lado del batán. El Tres, que en realidad se llamaba Trinidad, era persona de muchas habilidades y recursos, orgulloso de su ingenio. Ufano también de su original apodo hasta que conoció a un freire calatravo en Monsalud que tenía un perro. Y el can atendía por el nombre de Tres.

Desde entonces se había afanado sin éxito a atender él por Trino. Nunca le gustó lo de Trinidad y menos aún el diminutivo. El Tres había sido un grato alivio hasta el encuentro con el malhadado can. Pero hasta este percance quedaba aquel día olvidado pues para celebrar el fin de obra se había convocado a la cuadrilla y algunos arrimados que acudieron al olor. Todos cuchara en mano en torno al fuego donde el Tolové removía un gran caldero de gachas con pacientes giros a compás gregoriano... dábirum... dábirum... replicado a coro por el concilio de la cuchara... dábirum... dábirum... «¡Tres..! ¡Tres!, ya están las gachas. Vamos al gamellón», le gritaron.

El Tres subido en un montón de piedras con la mano en visera contemplaba el ramal de tierra herida que pregonaba el rumbo del soterrado calzadizo que ha dado vida a la fuente, al pilón de bestias y al lavadero anejo. Un obrón... un obrón... y todo ha salido de aquí, rumió satisfecho señalándose la sien.

«Aunque tiene mucho afrecho, está tierno», comentó el Tres, incorporado ya al grupo, mientras acariciaba uno de los canteros del pan con el que la cuadrilla daba cuenta de las gachas, así como de las mazas y costillas en cecina de una oveja muerta y convenientemente aviada en un descuido. En el rescoldo de la lumbre asaron castañas y bellotas que untaban en miel silvestre. Todo acompañado de hasta tres arrobas de algo que quería ser vino, hecho de un fermento de moras, escaramujos y agraces maduros. El vino en cuestión del que el Tolové preparaba varias cántaras al año tenía un grado de consideración y celebridad en el entorno. El específico de tal brebaje fue la única herencia de

Tomás «el Bizco», su padre, amén del apellido Remírez y del mal reparto de la vista que ambos padecían. Con la llegada de la noche la reunión iba deshaciéndose. Cada mochuelo fue volando, como pudo a su olivo.[38]

Con ello se concluyó la parte más importante y costosa de los trabajos y que atañía a todos por igual. De lo siguiente ya se ocuparon casi en exclusiva los labradores pero también acabaron por emplearse en ello quienes no lo eran, pues se consiguió, el Domingo padre tuvo que ver en ello o por lo menos fue quien se apuntó el tanto, que el concejo de Atienza accediera a un pequeño reparto de algunas tierras que estaban muchas veces anegadas y que con aquellos trabajos se podían convertir en huertos para los que no los tenían.

El agua sobrante del pilón desde siempre había buscado salida cuesta abajo del pueblo, así que lo primero fue meterla bien por una reguera honda y llevarla hasta la salida, lo que produjo la creación de una nueva acequia de riego por un paraje que se llamó desde entonces la Callejilla, y propiciando la creación de nuevos huertos. Pillaba, en su inicio, muy cerca de donde salía la otra reguera, la que partía de la Fuente de Abajo, la primera que habían utilizado el Valentín y el Julián a su llegada al pueblo, que torcía a la derecha por debajo de la cuesta de las bodegas e iba por el Vadillo hasta confluir de nuevo con la otra, y con

38. El recetario de la pitanza y los ingredientes del brebaje, amén del personaje, el Tres con que ha querido contribuir al elenco, se deben al afamado cocinero atencino, de ilustre familia de venteros, los Velasco, Jesús, el Susi de «Amparito Roca», amigo del autor desde hace más años que la orilla del río.

más aguas pues allí se recogían las que venían desde la Hoya del Monte y desde el rincón y el pico de Jadraque que venían a confluir ya todas en la Salía, un extenso y encharcado carrizal al que nunca hasta entonces se le había sacado provecho.

A aquello también se le metió mano, drenando con una gran zanja que lo atravesó por el medio y mantuvo en lo que pudo a las aguas en vereda, aunque se seguía desbordando y encharcándose cada invierno, y ya poniéndolas al hilo y por la reguera del Bacho de San Pedro, llevándolas a verter al Henares, un poco por encima del Samoral, que también se aprovechaba de ellas. La Salía en sus costados, el centro seguía siendo impracticable buena parte del año, y prendiéndole fue anualmente al carrizo para mantenerlo a raya, se convirtió en una de las mejores tierras del término.

La última obra de todas fue la del lavadero, que pidieron las mujeres y no hubo más remedio que hacerlo. Se realizó aprovechando el ramal de agua que venía por debajo de las bodegas, además de los Gómez ya habían hecho caño allí los Raposos, los Esteban y unos cuantos más, y fue casi lo más fácil por su sencillez y simpleza. Un estanque, con sus bordes acondicionados para su misión, dividido en dos partes por una pared comunicada por desagües y por donde el agua entraba por un lado y salía por el otro. No se le puso techo pues no iban a ir a lavar las mujeres lloviendo y ya se andaba demasiado endeudados. Además de lavadero, servía para embalsar agua de riego.

Fue entonces cuando ya se dio por acabada toda la faena y aunque en cada uno de los tramos completados se había celebrado alboroque, este se hizo famoso en toda la comarca y darles aún más en los hocicos a todos los pueblos que se habían reído de ellos. Los de Bujalaro tiraron la casa por la ventana y se gastaron lo que no tenían. Pero lo celebraron bien. Tanto que hasta vino el ventero de Atienza, el Velasco, y trajo cosas que casi nadie, por no decir ninguno, habían comido antes. Los anteriores se habían hecho con comida y bebida aportadas por los propios vecinos y el pan del Vitoriano pero el dar final a todo lo que les había tenido más de un año encerinados había que celebrarlo como si se tratara del día de San Pedro, que aunque caía la fiesta metidos en eras se festejaba aunque hubiera que irse a segar sin haber dormido.

Del alboroque que preparó el Velasco se hablaría ya para los restos en el pueblo y en los de al lado, que eso también contaba y mucho. Comieron cosas que antes no habían ni catado y que incluso ni volvieron a probarlas. Comer habían comido peces, pero de los del río. Comer de los del mar, un lugar que casi ninguno había visto siquiera y la mayoría morirían sin verlo, fue la gran novedad y lo más mentado después. Se aprendieron el nombre, bacalao, que traían en salazón los recueros atencinos mercado por ellos a los que venían de lo más al norte de las Castillas, de Santander nada menos.

Se mataron para la celebración algunas ovejas, de las machorras, que ya no hacían sino comer. La exquisitez del ventero de Atienza, amén de que el guiso de la carne supiera mucho mejor de lo que solía saber, fue el preparar asadura, bofe y toda la casquería como él solo sabía hacer.

El Tres, a quien aunque se había vuelto a la maquila se

le había hecho llamar, y que tenía amistad a saber de cuándo y porqué con el ventero, clamoreó su satisfacción con mucho tino y concisión.

—Esto es comer y esto es beber.

Lo decía porque aquel día en vez del brebaje del Tolové hubo vino de verdad y para todos, que no eran muchos los que con frecuencia o casi nunca lo podían beber, de la bodega de los Gómez, la del Juanillo y el de Atienza y algunas más se escotó a una arroba por lagar aunque bien es verdad que hubo que aguarlo mucho para que cundiera más. Pero llegó para todos y por lo menos ese día lo pudieron catar.

Pero cuando se acabó y para los que no se querían ir que suelen ser siempre los mismos y los de la otra vez, el Tolové terminó por sacar su mejunje que fue recibido por los que quedaban con mucha alegría y que ya no arrancaron hasta que no quedó gota de él.

—Si esto ya lo sabía yo que iba a pasar —iba diciendo el Tolové cuando con la cántara vacía y apoyado en el Tres se fueron a un pajar a dormir.

En el alboroque, a eso sí acudió de los primeros y como recibiendo, no faltó el Manquillo, que aprovechó para dar ya a conocer a todos a un pariente suyo que había llegado recientemente a instalarse también en Bujalaro, un mozo joven de rasgos finos y mirada afilada, no mal plantado, de andares algo tiesos y risa seca, al que presentó como Arnoldo. Había conseguido todavía alguna tierra del concejo de Atienza aunque de la que se hubiera labrado con anterioridad aunque llevara muchos años baldío iba quedando muy poco. Se podía también ganar terreno de cultivo, aunque malo, roturando laderas o monte pero se estaba cerrando la espita. Al sobrino del Manquillo, desde luego la familia tenía agarraderas y cada vez se notaba más, aunque se siguiera sin saber muy bien la causa, no le tocó mal lote y cuando se aposentó en el pueblo se notó que posibles tampoco le faltaban pues vino acompañado de dos mozos de labor y dos yuntas, una de mulas y otra de bueyes, los únicos que había en Bujalaro, pues una que había traído al principio Pedro de Atienza la habían quitado y cambiado muy pronto por mulas. Trajo también sirvientes para la casa, un matrimonio mayor con hijos ya crecidos. La casa se la habían estado acondicionando los Agustín pegada y comunicada con la del tío, con un zaguán compartido y otra añadida con las cuadras para las caballerías y cuartos y cocina para los criados. Vamos, que si ya era la del tío la mejor casa del pueblo, con aquel añadido del sobrino les pareció a todos un palacio. Y como si salieran de él salían el Manquillo y el sobrino caminando desde ella hasta la plaza.

A trabajar a la hacendera no había ido y tampoco el sobrino, pero sí enviaron a los mozos y contribuyeron a la derrama, así que desde luego derecho tenían y lo hicieron notar a manera. Aunque algo no debió de encajarle al Velasco, que como buen ventero tenía ojo para esas cosas, pues deferencia con ellos no tuvo ninguna, por más que lo requerían ellos buscándolas, y sí que gustaba del trato cercano con todos y con un deje mayor de cercanía y complacencia con el Valentín y el Julián. Y lo que les hizo avinagrar la cara a los Barcenillas, al Maula. Que tratara al moro igual, y hasta mejor que a ellos, hizo que el uno se pusiera rojo de furia y el joven le echara una mirada biliosa. De hecho, el Manquillo hasta había protestado por su presencia pero tanto los Gómez, uno el alcalde y autoridad por tanto, como el Domingo y sus hijos, desde el Dominguín y el Víctor que eran los mayores al Pedrete y el Ignacio que eran los pequeños, unos más en serio y los otros con chanzas se lo quitaron de encima.

—Pero mire, don Beltrán, que es día de fiesta y más moreno de piel soy casi yo que el moro —llegó a decirle el Pedrete—. ¿O no va a dejarme beber a mí tampoco?

El otro se amoscó y salió dando un bufido para irse a otros grupos donde se le rindiera más pleitesía. Que la tuvo.

Por cierto, el Maula, que al vino no le hacía asco ninguno, aquel día hasta se achispó bastante.

El alboroque fue solo para los hombres. Las mujeres ayudaron en los fogones y en servirlo al Velasco. Luego comieron aparte. Entre las que lo prepararon todo y llevaban las viandas y el vino estaba la Garza, ya buena mocita, y el Manquillo y el sobrino no le quitaban el ojo de encima. Pero la chica llevaba escolta pegada a la saya, su hermano y el hijo del Valentín, pues ella se acercaba a los hombres con la comida y los chicos con el vino. Los dos notaron muy bien la clase de miradas que el Manquillo le echaba cada vez que se acercaba y cómo la seguían cuando se iba. Como las que les echaba el macho cabrío a las cabras del hato.

Lo hablaron luego entre los dos chicos.

El joven Valentín, que ya había cumplido los diez años, le dijo muy serio a su amigo el morillo:

—Como ese cabrón de manco la toque es lo último que hace en su vida.

El morillo no respondió. No hacía falta. Se escupió en la mano y se la ofreció a su amigo que la estrechó.

Al cabo sí habló el hijo del Maula:

—Si el tío Juanillo estuviera aquí sabría qué hacer con el Manquillo. Él tiene caballo y espada.

El pequeño Valentín se arrancó entonces.

—Con el cuchillo de matar los cochinos vale.

16

La matanza del cochino

Había meses malos y peores, pero también regulares y medio buenos. Por sudores o por hielos, por aguas o por sequías y por trabajo hasta el deslome, decirles buenos del todo, y eso si no había una de las tantas desgracias que a la menor acaecían a las siembras, al ganado o los hijos, era mucho decir y hasta tentar la suerte parecía atreverse a decirlo. Pero algunos días sí. Algunos eran de verdad de disfrute y, sin pamplinas, buenos. De gozar de la vida, aunque fuera a costa de la muerte de los cochinos.

Era por lo más duro de noviembre, cuando los hielos más recios, por los alrededores del día de San Martín, el viajero peregrino y bueno que partió su capa con un mendigo camino del sepulcro de Santiago, cuando el día, el de morir, les llegaba a los cerdos que se habían estado cebando. El pueblo se entregaba a la matanza y hasta en las casas de los campesinos más pobres un cerdo al menos había. Los de otros oficios tendrían que comprar el tocino pero en esas fechas a la fiesta se arrimaban todos. Porque fiesta era y de las mejores. De comer, desde luego.

El cochinillo negrete que se había traído de Jadraque o conseguido en el pueblo de quien tenía alguna hembra de cría era ya un guarro hecho y renegrido que había estado engordando durante meses comiendo de todo y al que nada le había faltado traído del campo, también se les sacaba en la temporada de la bellota, de las sobras o de la propia cosecha. Había llegado la hora de recuperar todo lo que se había metido.

El día de antes se le ponía en ayuno para que tuviera en los intestinos lo menos posible, que aun así tenía un cerro de mierda, mientras el matachín, había algunos más duchos que otros en el pueblo y eran los que en las diferentes familias se encargaban de la faena. Se habían estado afilando los cuchillos, sobre todo el de la muerte, preparando el gancho con el que clavarle por debajo de la quijada y llevarlo chillando a la gamella, limpiando las cucharenas para pelarlo y acopiando paja de centeno que era la mejor para socarrarle los pelos. Las mujeres por su parte se habían pasado el día cociendo cebolla que iban luego poniendo a escurrir y hasta metían en sacos que aplastaban con losas de piedra para que soltaran el jugo.

El día señalado los hombres y los chicos de la casa, con el matachín al frente, se iban para la cochiquera. El guarro parece que se lo barruntaba y no se dejaba coger tan fácilmente, pero al final se le clavaba el garfio donde se debía, por detrás del hueso de la quijada para que no pudiera zafarse, y se le arrastraba hasta la gamella donde se le tumbaba sujetado por todos. La cuchillada tenía que ser precisa y honda. Con toda la fuerza y justo por debajo del garganchón hasta el corazón mismo. El Julián sabía encontrar el punto y era el que mejor lo hacía. Le solía bastar con un golpe y era sacar el cuchillo y comenzar a brotar la sangre a chorros mientras el cerdo chillaba como lo que era. La sangre comenzaba a caer en un pozal que una mujer revolvía de continuo con la mano y que seguía manando y manando hasta que poco a poco se atemperaba el flujo al tiempo que se iban espaciando y haciendo más débiles los chillidos hasta que cesaban y pasaban a ronquidos, luego a estertor y al final un resoplido. El cochino estaba muerto y empezaban las tareas de limpieza. La mujer, en este caso la Paula, la hija mayor de Julián y Matilde, una chiquilla muy dispuesta, la que recogió en un balde la sangre, que hay que ver toda la que tiene un cochino, y tras dejar que se cuajara, trazaba en la superficie con un cuchillo, una cruz sobre ella.

En unas casas, las de los Gómez, esta operación de limpieza se hacía con agua que se había puesto a hervir en calderos desde antes que amaneciera. Se volvía el gamellón, se metía dentro al cerdo y se le vertía para que se escaldara y entraban entonces en acción las cucharenas con las que todos se afanaban en quitarle la primera capa y los pelos.

En otras casas, e incluso en las que antes se les echaba agua hirviendo, se les socarraba con paja de centeno ardiendo. En ambos casos se les daba como remate, y tras lavarlos con agua fría, un repaso con cuchillos para afeitarles los pelos que les pudieran quedar. Al matachín aún le quedaba otra tarea antes de colgarlo. Quitarle los cascabillos, o sea las pezuñas. El Julián lo hacía con destreza, clavando el garfio, dando un giro de muñeca y tirando con fuerza.

Ya limpios se procedía a una tarea delicada. Se cortaba

alrededor de la encajadura del culo un redondo, el culero, y por ahí se sacaba el meano y la vejiga. Era por donde de inmediato se metía la soga cogiendo el hueso y se le izaba colgándolo boca abajo. Se le suspendía de un saliente en una pared, una viga o hasta un árbol. Y ya se hacía un primer aprovechamiento, pues se le quitaba una capa de piel y algo de grasa de la pechera y la barriga, donde las hembras tenían las mamas, el alma le decían, y era lo primero que se comía, los torreznillos tiernos y crujientes. Los chiquillos, los grandes, las mujeres, los arrimados y alguno que pasaba, todos hincaban el diente.

Llegaba luego un momento cumbre, sacarle el menudo. Primero las tripas, todo el paquete, que pasaba de inmediato a manos de las mujeres que deprisa se iban a lavarlo. Se hacía lejos, por debajo del lavadero y de cualquier agua del pueblo, incluso hasta se iban hasta el río porque desprendía mucha porquería. Mientras, se seguía eviscerando al animal. Llegaba el turno de sacarle la asadura, o sea, los hígados, el pulmón, el corazón y luego por el garganchón, se le quitaba la lengua.

Vaciada ya la canal era el momento de lavarlo por dentro a base de echarle agua hasta que ya saliera limpia y sin sangre. Entonces se separaban los dos costillares metiendo de una pared a otra uno o dos palos para que mantuvieran la canal abierta y le entrara mejor el aire. Se le dejaba a orear la noche entera. Para eso eran buenos el frío y los hielos.

Con ello concluía el primer día de matanza para los hombres, aunque no para las mujeres, que esa misma noche, utilizando las partes más gruesas de los intestinos y rellenándolas con la sangre, cebolla, calabaza o lo que fuera, sal y pimentón, se hacían las morcillas, que se echaban a cocer en los calderos. Con el morcón se hacía la más grande de todas. Esa misma noche se iban colgando de las varas del techo.

Al día siguiente con el alba se procedía a descuartar al cochino. El Julián cogía una hachuela bien afilada y comenzaba a dividirlo en dos partes siguiendo el espinazo hasta llegar a la cabeza, que se cortaba y se dejaba aparte para luego sacarle los sesos y las caretas, pero para eso había que emplear un hacha más grande pues la cabeza de un cerdo es lo más duro que uno puede imaginarse.

Antes se iba con lo que más importaba, sacarle los jamones y los grandes témpanos de tocino, que se cortaban en cuadros, se salaban y se guardaban en una artesa dispuesta especialmente para eso, pues de ellos y con ellos habría que comer y cocinar todo el año. Había que sacar también las mantecas, los lomos y los solomillos, y aquí aparecía de nuevo la maestría en estos quehaceres del Julián, pues había que extraerlos con especial tiento y cuidado. Él lo hacía con tan buena maña que no tenía apenas ni que emplear el cuchillo, pues si se habían oreado bien y les había penetrado el frío los separaba con las manos, arrancándolos de cuajo.

Los lomos se colgaban para que se fueran secando; pasado un tiempo se cortaban en lorzas y se metían en ollas con manteca y podían aguantar todo el tiempo que fuera, aunque antes ya se los habían comido todos.

Los solomillos eran en aquellos días el bocado más sabroso; asados estaban exquisitos. No había mejor manjar.

La manteca se derretía y se guardaba también en ollas para cocinar y usar en muchas otras cosas. Era algo muy preciado. Mucho mejor que el sebo.

El proceso seguía con los costillares, que había que quebrar e ir cortando, entrando de nuevo en función el hacha, así como la parte baja de las patas, hasta los cascabeles. Todo valía. Hasta los andares del cerdo se aprovechaban. Las costillas se utilizaban para los cocidos y aportar algo de carne y de grasa a los caldos, a las verduras o las legumbres.

Se concluía la tarea partiéndole al cochino la cabeza, que era ya lo único que quedaba sin descuartizar, para sacarle los sesos. La careta de las papadas y el morro eran muy apreciadas y a la brasa era otra de las partes más apreciadas. Al Dionisio de Zorita no había cosa que más le gustara.

El Julián que era muy chiquero se guardaba la vejiga del cochino y la limpiaba. Con ella hacía luego una especie de recipiente traslúcido que se podía hinchar soplando o llenar de agua. Lo utilizaban las botargas en las carnestolendas para dar con ella en las cabezas de las gentes. Pero él se la regalaba al chiquejo que más le hubiera ayudado en la matanza o al que le daba la gana. Sus hijos y sus sobrinos esperaban cada año y en cada cochino que mataban a ver a quién le tocaba.

Para hacer los chorizos, que solía ser ya a partir del tercer día, había que picar una parte de magro y otra de tocino. Se procuraba no hacerlo con las mejores partes sino con aquellas que no tenían mejor destino.

Se embutía en las tripas más delgadas del menudo y se

colgaban del techo, cerca del humo de la lumbre, o se subían a la parte alta de las casas, donde estaban los atrojes con el grano.

Sí, aquellos días de la matanza eran los más felices. Desde luego era cuando más llenos estaban los estómagos de todo el año en la mayoría de las casas labriegas y en los pueblos de la extremadura castellana.

Cada cual tenía luego sus modos y recetas para hacer las morcillas, los chorizos o curar los jamones. El Juanillo tenía el suyo que era después de salarlos ponerles unas losas de piedra encima. Decía que así se apretaban más y cogían mejor sustancia.

El Maula no le contradecía en ello. Porque hacía ya algún tiempo que había sucumbido a la tentación de los tropezones en las gachas con que tanto tiempo le había tentado el cristiano, aunque su religión lo prohibiera.

Gustaba más de la carne de res pero llevaba ya tanto tiempo sin ver a nadie que le recordara las leyes de Mahoma ni llamar al rezo que aunque las recordaba ya parecían parte de un pasado lejano.

Del vino no había renegado nunca pero con el cerdo se había resistido hasta el primer tropezón en las gachas y ya después un somarrillo de magro asado que asó el Juanillo en el campo en una lasca de piedra y le resultó muy sabroso.

Luego ya lo comió sin reservas y acabó por gustarle más el jamón curado que el tasajo de cabra. Pero, aun con todo, procuraba que no le vieran.

Por la matanza intentaba no aparecer demasiado pero no les prohibía hacerlo a sus hijos. Aquel año además como no había venido el Juanillo no asomó por allí. El invierno estaba siendo muy duro y su hato necesitaba toda la atención y de paso, como los Gómez estaban ocupados, procuraba también atender, junto al Marianejo, el de ellos.

17

La muerte del Maula

El Juanillo, y ya había pasado el año, seguía sin aparecer ni vivo ni muerto. Los que sí aparecieron fueron los de la mesnada concejil de Atienza con Pedro delante. Esta vez no venía a traer aperos ni simiente, sino a llevarse hombres. Bujalaro ya era una aldea del concejo con todas las de la ley y por tanto había de contribuir con su gente a la mesnada cuando el rey llamaba. Y el rey Alfonso había llamado a fonsado a todas las del territorio para que fueran con él al cerco de Cuenca. Había que hacer un esfuerzo porque una de las más importantes, la de Ávila, tras años de ser la pesadilla de los moros, con su adalid Sancho Jiménez el Giboso a la cabeza, había sufrido una terrorífica derrota, en la cual el de la Albarda, como también se le llamaba, perdió la cabeza al igual que muchos de sus hombres. El botín obtenido a orillas del Guadalquivir, hasta Écija habían penetrado, miles de ovejas, cientos de bueyes y ciento cincuenta cautivos, les retrasó en la vuelta y un poderoso ejército almohade, que salió a escape tras ellos, los alcanzó antes de que, por tan solo dos jornadas, pudieran ponerse a salvo en Calatrava.

Así que ahora otras mesnadas, sobre todo las que por

cercanía estaban más concernidas, tenían que suplir las pérdidas y tanto a Guadalajara como a Atienza y con mayor razón a Zorita, calatravos aparte, se les pidió aumentar el número de caballeros y peones a aportar al empeño. Iban a ser ellos, además, los más beneficiados si se lograba alcanzar el éxito pues se alejaría de manera definitiva el peligro a incursiones sarracenas por aquel sector.

Las huestes comenzaron a acantonarse. En Huete, las llegadas de Medinaceli y Molina; en Uclés, los santiaguistas y las mesnadas toledanas, y en Zorita, los calatravos y las de Ayllón, Guadalajara y Atienza.

Bujalaro aportó dos de a caballo: Pedro, que ya venía con ellos y de alguna forma estaba asentado en el pueblo, y, desaparecido el Juanillo, el recién llegado Arnoldo y cuatro peones: uno de los mozos del Barcenilla y tres de los repobladores. El Víctor, uno de los mayores del Domingo, que se ofreció a ir antes de que por suerte le tocara a alguno de sus hermanos pequeños, uno de los Raposos, el mayor del Serapio y con su mismo nombre, y otro de los Esteban a quien le tocó la paja. El invierno los pilló ya acampados junto al Tajo, al otro lado del puente de Zorita, en el Llano de Santa María.

Llevaban allí algo más de una semana y estaban a punto de emprender la marcha hacia Cuenca cuando, como brotado de la tierra, quien se apareció, pues una aparición fue para todos, fue el Juanillo. En el mismo caballo con el que había desaparecido, bien armado y saludando con una sonrisa en la cara a todos con quienes se cruzaba como si los hubiera visto el día de antes. Tan campante, vamos. Como había pronosticado el Maula. Pero lo que ni siquiera pudo alcanzar a imaginarse su amigo es que además reaparecería trayendo con él una mora y una mula de propina.

Luego ya se lo fue contando a su primo Pedro y a los otros. Lo habían cogido cautivo, malherido lo llevaron a Cuenca, lo cuidó aquella musulmana de sangre cristiana, la enamoró, y ella le ayudó a escaparse cuando las tropas cristianas de las recuperadas villas de Uclés y de Huete estaban llegando ya para comenzar a establecer el cerco.

Pedro de Atienza mandó a dar aviso, con los primeros, como casi siempre unos arrieros, que salían hacia el concejo para que llevaran hasta allí la buena nueva tanto a la villa como a Bujalaro y por supuesto a sus padres en Sigüenza. A su tío y su primo, los Gabrieles, se la dio él mismo pues los canteros estaban trabajando en el cercano monasterio de Monsalud para los monjes del Císter.

El Juanillo se unió a su mesnada para desandar el camino que acababa de hacer y al final hizo lo propio también la mora, pues se entendió que como buena conocedora de la ciudad podría ayudar a descubrir sus puntos flacos. Y lo cierto es que ayudó bastante, por lo menos para cortarles la salida por ocultos portillos que ella conocía. Por uno de aquellos era por donde había conseguido escapar con su Juanillo. Asaltarla era otra cosa. Si algo era Cuenca era una fortaleza natural inexpugnable y la única manera de rendirla era por hambre.

Casi un año costó el cerco y era ya otoño del siguiente cuando se rindieron. Batalla nada más hubo una y los de Bujalaro solo alcanzaron a oír el ruido. Fue una salida desesperada de los musulmanes que atacaron en tromba intentando llegar a la tienda real y matar al rey Alfonso. No lo consiguieron pero estuvo en poco. Al real llegaron y alcanzaron a terminar, con gran dolor para el joven monarca, con la vida de su ayo, el conde Nuño Pérez de Lara.

La ciudad, tras la fracasada intentona, se rindió al fin en septiembre y las mesnadas concejiles volvieron a casa. No hubo saqueo, no hubo botín, pero regresaron todos con vida y a tiempo de poder comenzar las siembras en Bujalaro. No se les unió el Juanillo, quien se quedó en Zorita con su primo Pedro y con los calatravos con los que había amigado.

—No sé qué enjuagues se trae el Juanillo con su primo Pedro de Atienza y un calatravo que andan de secretos entre ellos, pero me ha dicho que ya vendrá a vernos, que demos recuerdos y que él se queda por aquí con la mora —comunicó el Víctor de los Domingos al resto.[39]

La mora para entonces ya se había cristianado, tomado el nombre de Marta, casado y dado un hijo al Juanillo. Él mandó sentidos recuerdos para su amigo el Maula asegurando que en cuanto pudiera se pasaría por allí. No sabía ni él ni ninguno de quienes regresaban que ya no volverían a ver al moro. El Maula ya no estaba para entonces entre los vivos, aunque había tenido al menos la alegría el año anterior de saber que su amigo había aparecido vivo, y como él se había barruntado, coleando. Y encima con una mujer de los de su raza.

Al Maula lo habían encontrado muerto más de medio año antes, por el mes de febrero, al retirarse la nieve de la

39. Forma parte de la trama de *El Rey Pequeño*, novela en la que se relatan tales asuntos.

nevada más grande que había caído en muchos años por toda la zona aquella de la sierra y el alto Henares. Una nevada de casi un metro y que aguantó dos semanas porque fue dejar de caer los copos, ponerse raso el cielo, llegar viento del norte y descender los hielos más crueles sobre las tierras.

Lo hallaron tieso y congelado como un témpano de hielo bajo el espolón de roca donde se asentaba el castillo, tras haber intentado dar con él primero en el cerrado del ganado y sus aledaños.

Había dicho que iba a las ovejas, cuando comenzó a nevar y, viendo venir fuerte a la cellisca, irse a ver cómo estaban sus animales y dejarlos atendidos. Pero bajo el techado del aprisco no lo encontraron y tampoco fuera aunque lo buscaron con la nieve por encima de las rodillas y hurgaron con palos para dar con el cuerpo.

Se habían temido lo peor desde la primera noche cuando no volvió a casa y ya casi lo dieron por seguro cuando tampoco apareció al día siguiente y ya del todo al otro. Aunque alguno se resistía a perder la esperanza.

—A lo mejor le dio por subirse a La Tobilla y le ha pillado allí la tormenta. Él sabe bien cómo guardarse —decía para animarse el Valentín.

El Julián no quería contradecirle pero miraba para el suelo y la Garza se quedaba callada; aunque no lloraba se le empañaban sus grandes ojos y se iba a un rincón para que su hermanillo no la viera tan triste.

Cuando ya se cumplía una semana y la nieve había rebajado un poco, con buenas varas y con bastante gente ayudando decidieron hacer una descubierta por todo el pueblo y los alrededores y en particular dando toda la vuelta al promontorio del castillo. Fue el Pedro, el pequeño de los del Domingo, el que dio con el cuerpo, todavía cubierto por completo por la nieve pero con una mano asomando de ella.

Cuando lo destaparon, y aunque estaba totalmente tieso, parecía que acabara de morirse. Estaba boca arriba y tenía toda la cara y el cuello llenos de sangre congelada. El golpe lo tenía en un lado de la cabeza y en la cara. A su lado sobresalía una roca grande con duras y afiladas crestas en la que también se veía sangre y con la que parecía haberse golpeado al caer desde arriba. Quitaron a su alrededor toda la nieve y descubrieron ya por completo el cuerpo, que no parecía tener más lesiones, excepto un brazo, que por la postura se notaba que estaba roto. Las únicas heridas con sangre eran las de la cabeza. Que eran tremendas. Demasiado, aunque había una buena altura para hacérselas en la caída, le pareció a alguno. Al Valentín y al Julián desde luego pero también al Dominguín cuando se acercó a verlo y algo se notó en la cara que puso. Pero el Dominguín se lo guardó para él y los hermanos Gómez solo lo comentaron después entre ellos. Allí ante el cuerpo nadie quiso decir nada. Lo envolvieron y el Valentín dijo que lo llevaran a su casa. No quería que sus hijos lo vieran así antes de que le quitaran tanta sangre. La Filomena y la Matilde lo asearon y lo amortajaron. Entonces ya dejaron a la Garza y al chico que entraran y también tuvieron que dejarle al Valentín pequeño.

Era moro y no podía ni hacérsele misa ni enterrarle en cristiano; además, como la nieve seguía cubriéndolo todo tampoco se sabía muy bien dónde hacerlo. Dejarlo dentro de casa podía hacer que con el calor del fuego se descongelara, así que decidieron que lo mejor era, ya amortajado, sacarlo a un cubierto que había en un patio trasero y dejarlo allí al raso hasta que se pudiera andar con las caballerías por los caminos.

Porque la Garza dijo que a su padre había que enterrarlo en La Tobilla y que ella sabía cómo había de hacerse. Lo dijo mirando a todos a los ojos y a nadie se le pasó ni por lo más remoto llevarle la contraria. Así que, en cuanto se despejaron un poco las sendas, cogieron las mulas, el camino de Fuente Rey y luego el del Chaparral y llegaron a La Tobilla. Donde les dijo la Garza que estaba el cementerio moro, cavaron la tumba con no poco esfuerzo y, siguiendo sus instrucciones, lo depositaron boca abajo y con la cabeza en la dirección en que les indicó su hija. Tras cubrirlo con la tierra revuelta con nieve helada la Garza pronunció unas palabras que se sabía en la lengua de los moros; luego se quedaron un rato en silencio alrededor de la tumba y después emprendieron el camino de vuelta.

Bajando ya a la altura del nacimiento de la fuente, el Valentín le volvió a decir al Julián lo que le dijo la misma noche en que lo habían encontrado tras examinar, después de lavado, las heridas en la cabeza.

—Tú sabes también como yo que el Maula no se ha caído. Al Maula lo han matado y después lo han tirado del castillo contra las piedras de abajo. ¿A qué rayos iba a ir él en medio de la ventisca hasta aquel lado y asomarse al borde?

—Y aunque hubiera perdido pie y se hubiera caído se

podría haber roto algo pero no para matarse y aunque tenía un brazo tronzado el Maula hubiera logrado alcanzar a pedir ayuda, por mucha cellisca que hiciera —contestó su hermano.

Tampoco tenían que decirse los dos en quién estaban pensando. Y aunque ellos no lo sabían, tampoco el hijo del muerto y el Valentín chico tenían duda alguna. Habían estado los días anteriores poniendo la oreja a lo que cuchicheaban los hermanos y luego lo que se les escapaba a la Matilde y la Filomena.

Fue el hijo del Valentín quien a los pocos días, comiendo, se lo soltó a su padre.

—Padre, ¿no vas a hacer nada? Porque al Maula lo ha matado el Manquillo y tú lo sabes.

18

Los ahijados

Valentín Gómez era el alcalde de la aldea pero para según qué cosas y con solo un barrunto poco podía hacer. Tampoco resultaba posible recurrir a nadie pues dos tercios de la mesnada y medio concejo estaban en Cuenca y con ellos Pedro, al que hubiera podido acudir y al menos contarle sus sospechas. Porque eso era lo único que tenían, él y su hermano Julián, sospechas.

El Maula había aparecido muerto, despeñado desde el castillo, y la nieve lo había tapado durante una semana. No tenía heridas de espada ni de puñal. ¿Que era raro que se hubiera caído y que fuera a dar de cabeza contra la roca de abajo? Pues sí, lo era. ¿Que el Manquillo le tenía un odio mortal por ser moro y lo había dicho muchas veces y querido echarlo del pueblo? Pues sí. Pero no era solo él quien detestaba a los mezquinos y aunque él y muchos los miraban mal y hasta maltrataban, matarlos era ya muy diferente. No había con qué acusarle. Nadie había visto nada. Y nadie al Manquillo merodeando por el castillo. O al menos nadie había dicho palabra.

El Valentín lo rumió muchos días. Al concejo de Atienza no podía irse con aquello sin más prueba que un barrunto. Intentó indagar algo por el pueblo, pero fue en vano. Cuando se puso a nevar tan fuerte y ya cayendo la noche la gente se metió en sus casas y cuando asomó al día siguiente se encontró con la nieve tapando media puerta, y bastante tuvieron con abrir cada uno como pudo una trocha para poder echar al ganado o poder cruzar al arreñal a las gallinas o a la fuente a por agua, que la nieve para beber no vale, ni para el cocido tampoco aunque se ponga a calentar en un cacharro. Un día sí y dos también, pero al poco acaba por dar cagalera.

Cuando se dio el aviso y se pudo, lo buscaron todos. También el Manquillo, aunque él se juntó con los que fueron por el camino de Fuente Rey para ver si había subido hacia La Tobilla.

Se le encontró estampado contra una roca, debajo del castillo, enterrado por la nevada donde había caído y se notaba que había sido cuando esta empezó porque estaba abajo pegado al suelo. Eso era todo. Y era un moro. Un pastor moro y con quienes casi exclusivamente trataba era con los hermanos Gómez y el Pérez, el Juanillo. La mayoría de los que habían venido luego apenas si lo conocían más que de tropezárselo alguna vez por los campos. Tampoco él hacía mucho por juntarse con nadie.

Como último recurso el Valentín, aunque más bien a disgusto, se acercó a casa de los Domingos. Se le había ocurrido desde el principio pero se resistía porque se daba cuenta de que podía meterse en un mal paso, pues ellos tenían trato y no parecía que malo con el Manquillo; podían irle con la cantiga. Se decidió al final, pero sabiendo que tenía que andarse con tiento y con cuidado de no señalar a nadie y menos por el nombre. El Domingo padre, ya con muchos años, no había participado en la búsqueda y con quien fue a hablar fue con el hijo mayor, el Dominguín, y de quien no se le había escapado el gesto cuando lo encontraron.

Le entró en la conversación muy cautamente aunque el otro se dio cuenta muy pronto de por dónde iba y a lo que había venido. Fue todavía más prudente que él. Aún menos que el Valentín iba a decir el Dominguín nada que lo comprometiera. Sus sospechas, de tenerlas, se las guardaba bien dentro. Sin embargo, al final, ya para despedirse el Valentín comprobó que las tenía. Antes de decirle «Con Dios, Valentín», en voz más baja y como hablando para sí y en un susurro deslizó como sin querer decirlo, como si se lo dijera a él mismo y no al otro:

—No había altura. Y no sé, pero si te esbaras no suele ser así como te caes. Se cae de otra manera. —Pero eso fue todo lo que dijo mientras cerraba la puerta.

Optaron los Gómez, después de aquello, por callar y aguardar. Era lo único que se podía hacer y a lo mejor era lo que podía dar algún fruto. El Manquillo, por su parte, hacía vida normal. Iba con los mozos que le quedaban a las labores y hasta parecía, al no estar su sobrino, intentar ayudar algo en ellas, aunque estuviera mermado. Que esa era otra y que hacía más difícil aún sustentar la acusación. El Manquillo era un lisiado. Aunque el cuerpo y el otro brazo, el izquierdo, lo tenía bien fuerte y se daba buena maña con él.

Pero el Valentín tenía la certeza, más que nadie y bien seguro, aunque tuviera que explicarle a su hijo que no podían hacer nada porque no se había encontrado indicio alguno que lo señalara, que al Maula lo habían matado machacándole la cabeza con un pedrusco y todas las veces que hizo falta hasta reventársela. Luego lo habían tirado por el peñasco y puede que hasta colocado al lado de la piedra grande de abajo para hacer creer que se había golpeado contra ella.

Tenía incluso un atisbo de prueba. La única que había encontrado y que aunque tampoco valía para acusarlo a él le daba la certeza que necesitaba. Había buscado y comprobado que ni donde había aparecido abajo ni arriba, desde donde se suponía que se había despeñado, estaba la garrota que el Maula siempre llevaba en la mano. No daba un paso y menos aún se habría ido sin ella en medio de la tormenta por el farallón rocoso adelante y asomándose al vacío.

No fue hasta que desapareció del todo la nieve cuando logró encontrar la cayada. Y bien cerca del aprisco que estaba. Caída entre unas brozas, al lado izquierdo de la puerta, a menos de tres pasos, estaba tirada la garrota.

Ahí era donde habían atacado al Maula. Uno o varios, pero uno, estaba seguro, había sido el Manquillo. Lo que le debió de costar fue arrastrarlo hasta el sitio por el que lo había precipitado al vacío, aunque el moro era poca cosa y no pesaba mucho. Tirando del brazo, y a pesar de que fuera manco, hasta uno solo hubiera podido. Pero le debió de costar mucho esfuerzo, desde luego.

Todo aquello se lo contó al Julián, pero no para que se lo callara. No se podía hacer nada pero a lo mejor algún criado del manco se decidía a decir algo. El runrún se fue extendiendo por la fragua, la tahona, el abrevadero de las bestias y por el lavadero de las mujeres. A medias palabras, una suelta aquí y la otra por el otro lado. Mucho rumor pero nada en limpio. Al cabo no se presentó acusación en el concejo de Atienza. No había con qué presentarla. Pero el pueblo por abajo hablaba y hacía su cuenta.

El Valentín, sin embargo, tenía de urgencia un quehacer más importante. Atender a los vivos. Prohijar a los chicos del Maula. Eso lo tenía decidido desde que se encontró el cadáver. Ni lo consultó siquiera. Ni la Garza ni el niño iban a quedar desvalidos. De entrada y desde la primera noche tras la desaparición de su padre, ya se los había traído a los dos a su casa. A saber lo que podría pasarles a las criaturas si se las dejaba solas. Se les preparó un cuarto para que durmieran allí y aunque la Garza iba a la suya todos los días, no quería cerrarla, al cabo de un poco ya hablaron, esa vez también la Filo, de nuevo con ella y lograron convencerla. O, al menos, que cediera un poco. Vivirían con ellos. Se mantendría el rebaño como su herencia y no se cerraría la casa, pero nada más que para cosas de los quesos y labores. La vida en familia la harían con ellos y como sus hijos. Como tal se les inscribiría en el concejo. El chico se encargaría del ganado pero el Valentín ajustó un pastor, un mozo huérfano de padre, por poco más que la comida y ayuda en grano, queso y legumbres para su numerosa familia, para que le echara una mano y en realidad se hiciera cargo del hato hasta que el chico valiera para hacerlo él solo.

Acordado eso, se pasó luego a lo otro que había que solucionar también cuanto antes.

—Mira, hija —dijo el Valentín a la Garza—. Debéis cristianaros tú y tu hermano. Sería lo mejor para vosotros y para todos. Los moros por aquí ya no van a volver en la vida.

—Por mí, tío, que no vuelvan nunca. Y no se preocupe. Yo convenceré a mi hermano. —La Garza lo llamó siempre tío aunque él a ella la llamaba hija. Pero lo quiso y lo respetó de por vida como a un padre.

El Valentín hijo también ayudó con su amigo, que hizo falta bien poco, y hasta le eligió nombre cristiano al joven Maula. Lo llamaron Enrique. Pero dio igual, ahora él fue el Maula. Y lo llevaba a gala. A la chica le pusieron Lucía y también pasó lo mismo. Ella fue siempre la Garza.

19

La Garza

La niña seria se estaba convirtiendo en una mujer hermosa. Siempre limpia y aseada y casi siempre callada. Su belleza, su andar y el mirar profundo y sereno de unos ojos almendrados atraía las miradas aun cuanto más discretamente se mostraba. Pero no había timidez ni temor en ella, aunque hubiera quien por eso lo tomara. Era firme y decidida, había ejercido de madre en su casa desde niña y si desplegaba sus alas era para proteger a quienes quería, en particular a su hermanillo.

Y ahora más que nunca temía por él y no quería perderlo. Era, aunque quisiera y agradecía en mucho, al tío Valentín y a su familia, lo único que le quedaba tras la muerte de su padre. No había perdido detalle alguno de lo sucedido y antes que nadie había sacado sus conclusiones. Había visto en los ojos del Manquillo, tanto al mirar a su padre como al mirarla a ella, todo lo sucedido. No tenía duda en ello. Él había estado tras su muerte y ahora amenazaba también sus vidas.

Pero no temía por ella. Temía por su hermano. Y también por el joven Valentín. No se le escapaba nada de lo que ellos hacían y lo que pretendían. Eran niños e iban a intentar vengarse de un hombre, que aun manco, era un guerrero, tenía poder y criados. Además, su sobrino podría regresar en cualquier momento. Si intentaban algo contra el Manquillo quienes acabarían muertos serían los chicos y ella no iba a permitirlo. Tenía que adelantarse a todos.

Lo llevó a cabo el día de San Pedro. Con las armas que tenía, con las que su madre y sobre todo su padre le habían dado.

Ella misma, la Garza, era la debilidad de aquel hombre. Eso lo perdería. Pero también sabía que el otro no se dejaría engañar fácilmente; era avieso y de pensamiento torcido y por ello suspicaz en extremo. Desconfiaría de cualquier acercamiento. Le resultaría extraño y se pondría en guardia. Él esperaría de ella miedo e intento de rehuirlo. Habría de hacerle percibir que si estaba en su cercanía es porque se veía obligada.

Para la comida comunal del día del patrón, ahora ya era cristiana y participaría en ella, aunque antes ya ayudaba, preparó como solía los pastelillos de calabaza rellenos de miel, que de niña chica le enseñó a hacer su madre y que eran siempre muy esperados. Estuvo todo el día anterior haciéndolos con Matilde y Filomena, a quienes había enseñado los ingredientes y la fórmula aunque era su mano la que les daba el toque. De las muchas docenas que hornearon, la Garza se guardó tres sin que la vieran. Luego a solas en su casa, a la que tan solo iba ella, los rellenó de un zumo que había extraído con todo cuidado de dos plantas que buscó durante dos meses hasta conseguir de ellas las hojas y flores cuando más en sazón estuvieran. Las había recolectado al rayar el alba y tras varios días con mucho sol y sin lluvia alguna para que tuvieran la mayor concentración posible de su poder. No conocía el nombre cristiano de ellas pero sí muy bien cómo extraerles el jugo de sus hojas y sus semillas.[40]

Luego había preparado también una mínima redoma con el zumo extraído de la otra con muchísimo tiento y cuidado.[41] Las dos primeras las había encontrado con cierta facilidad, sabía bien dónde crecían y eran relativamente frecuentes pero con la otra, la que más ansiaba, tardó en dar con ella. Tras no hallarla en La Tobilla donde recordaba haberla visto fue a encontrarla, ya a mediados de junio, bien cerca de su propia casa, al pie de la pared del arreñal del Julián; luego dio con otra mata pegada a la cerca del aprisco de su padre, en lo que vio una señal del destino.

Su padre le había enseñado los lugares donde crecían, cuándo estaban en sazón, en qué momento había que recogerlas y el peligro que algunas de ellas tenían para los ganados y para las gentes. Era el Maula quien conocía el poder de muchas hierbas. Más que nadie. A él acudían cuando había pueblo en La Tobilla en busca de remedios que solo él sabía. Plantas para curar, casi todas, pero también algunas que podían matar. Él las conocía todas y transmitió a su hija cómo prepararlas y en qué cantidad eran buenas para algunas cosas y a partir de cuál malas e incluso mortales. Ella

40. Belladona y estramonio.
41. Cicuta.

había aprendido tan bien que a nada había superado en ello al padre. En su pequeña casa tenía toda una pared llena de gavillitas de plantas colgadas, de espliego, de tomillo, de cantueso, de romero, de salvia, de menta, de hierbabuena y de tantas otras que solo ella recolectaba y recogía. En los vasares había cuencos con semillas y raíces. La casa de la Garza siempre había olido diferente a cualquier otra del pueblo y todavía más desde que el Maula había muerto y los dos hermanos se habían trasladado a vivir a casa del Valentín.

Cuando llegó el día y al fin la hora, después de la misa mayor y en la plaza, se acercó sumisa al Manquillo. Antes había servido sus pastelillos a todos los demás del corro, encabezado por el cura, de los más principales donde se encontraba y solo quedaba él por servirse, lo que le había molestado, pues ella antes había hecho como si tuviera miedo de acercarse a su lado. Se le habían acabado todas las golosinas que llevaba y con un gesto marchó presurosa a por repuesto; volvió con tres pastelillos en la escudilla sobre unas hojas verdes y se los ofreció. Sonrió el Manquillo, con gesto altanero, al verla acercarse y engulló los dos primeros con avidez. Para el tercero se demoró algo, como si los otros le hubieran provocado cierto reseco en la boca,[42] pero se lo comió también golosamente y cuando entonces la muchacha le ofreció con la cabeza agachada, y como sin atreverse a mirarle, llenarle el vaso con el vino que también llevaba lo apuró de un trago y por entero y también un segundo que le sirvió al instante, con lo que agotó el jarrillo.

42. Es el primer efecto de la belladona.

Ella se retiró presurosa, como asustada. Él la miró alejarse con ojos ansiosos. La Garza lavó con esmero el jarrillo del vino y después fue a por más que fue sirviendo ya con mucha más alegría tanto a aquel mismo corro como a todos los demás, sin que en las rondas el Manquillo dejara de picar y sobre todo de beber, con mucha sed. Aquel día incluso, cosa rara en ella, la Garza sonreía, y sobre todo fue generosa con el cura don Dámaso que fue el que más comió de todos y al que ella sirvió con mayor esmero.

Don Beltrán se marchó de los primeros de la plaza. Se sintió un poco mareado, algo que achacó al mucho vino que había seguido bebiendo y que no acababa de quitarle la sed. Pasó por la fuente y se echó un buen trago del caño, aunque no gustaba de hacerlo pues decía que era mala para las entrañas.[43] Los vómitos le empezaron a poco de llegar a su casa. Consideraron sus sirvientes que con ellos se aliviaría pero fue a peor; se le enturbiaron los ojos, entró en delirio y antes de que llegara la noche, en medio de convulsiones y con una diarrea pestilente añadida, ya estaba muerto. En Bujalaro no había médico y no dio tiempo ni de avisar a uno que decía saber algo, más bien de sacar muelas, en Jadraque. Estaba claro por los vómitos y las diarreas sanguinolentas que algo que había comido o bebido le había producido aquel daño. Pero todos los del pueblo habían comido y bebido y a ninguno les había pasado nada.

—El Damasón tragó como ninguno y se puso tibio de

43. El agua, sobre todo la estancada en los aljibes, provocaba no pocas enfermedades. Por ello se consideraba enfermiza y muy saludable el vino.

todo, sobre todo de pastelillos, y tan contento. Como todos. A lo mejor es que le ha picado algún bicho. Un escorpión o una araña, que las hay muy malas, y le ha hecho reacción con lo comido y bebido. Que beber, bebió mucho —adelantó uno de los Manso.

Lo enterraron. No faltó quien pensó, el Valentín y la Filomena los primeros, que aquello había sido justicia divina. O del propio san Pedro.

Cuando por septiembre volvieron los del cerco de Cuenca fue cuando se enteraron por un lado de lo del Maula y por otro de lo del Manquillo. Arnoldo, el sobrino del hidalgo, heredó al completo toda la hacienda de su tío, encargó decirle diez misas para alegría del cura y se convirtió ya con mucha distancia en el más rico del pueblo.

A poco se empezó a ver que en el trato con los criados y con todos los que de una manera u otra estaban en inferioridad respecto a su persona, aventajaba en malas maneras y hechos a su difunto tío. Con el añadido de que era joven y que a las mujeres, sin parar en qué situación estuvieran, o mejor aprovechándose de ella, no se limitaba a mirarlas.

Sobre la muerte de don Beltrán no hizo comentario alguno excepto el de su pesar por ella, pero puso los oídos en guardia y comenzó también a oír lo que en el pueblo se había murmurado sobre la muerte del moro. Y a quién algunos sin señalar, señalaban.

Los hijos del Maula, la chica guapa aquella, habían sido acogidos por el Valentín y eso ató otro cabo. Preguntó a los criados de la casa cómo había sido y sin saber ni tener nada más a qué agarrarse que a su propio barrunto supo que aquellas familias, las de los Gómez, que habían llegado los primeros al pueblo, a saber de dónde y huyendo de qué, tenían que ver algo con lo que le había pasado a su tío. No sabía cómo ni quién pero algo había allí que él acabaría por descubrir y vengaría.

Fue por aquel entonces cuando los Barcenilla y los Gómez comenzaron a odiarse sin disimulo alguno. Aunque ya de antes no se habían aguantado.

LIBRO SEGUNDO

FRONTERA DEL TAJO ALTO

20

El regreso de la victoria

Los que vuelven de la victoria y la conquista siempre regresan alegres, incluso los que llegan dolientes y heridos pues al ver su tierra y su casa piensan que allí sanarán de ello. Pero hasta en las victorias más claras y menos costosas en vidas siempre hay algunos que no vuelven.

Y a estos, a los muertos de las victorias, se les llora menos y un tanto a escondidas como para que sus lágrimas no enturbien la alegría de todos los demás. Entre los pocos muertos cristianos en la conquista de Cuenca hubo algún freire calatravo, caído en la defensa de la tienda del rey cuando el ataque desesperado de los moros acabó con la vida del conde Lara; también sucumbieron algunos peones de la mesnada zoriteña.

Uno de los peones que no volvieron fue el joven marido de aquella mujer de ojos negros con la que había cruzado la mirada el recién nombrado caballero calatravo a su llegada a la villa, el manchego José Manuel Porras. Él no había sufrido ni un rasguño y retornaba exultante de su primera gran conquista. Al subir en desfile triunfal por las calles hacia la alcazaba buscó de nuevo aquellos ojos, pero no dio con ellos.

En dos carros al final de toda la comitiva venían las pocas pertenencias de los fenecidos en el combate, pues sus cuerpos habían quedado bajo la tierra de Cuenca. La joven viuda estaba allí, junto a un pequeño puñado de mujeres, madres, esposas e hijas, que cerraban aquel cortejo sin cadáveres que se separó del otro, nada más atravesar la puerta de la barbacana, para dirigirse a una rinconada de la plazoleta donde pudieran recoger sus cosas, armas y algún utensilio de sus hombres.

La cabalgata del ejército vencedor, mientras, ascendió orgullosa hasta la puerta que seguían de los Califas, con los caballeros calatravos por delante, escoltando a su comendador, y por detrás los caballeros y peones de la mesnada concejil. Los siete lanzas volvían todos; el único combate les pilló en el otro extremo del campamento y cuando acudieron todo había acabado. Con ellos venían el Juanillo y la mora Marta, ya cristiana, y por lo que se veía que a no tardar pariría. No iban a regresar por el momento a Bujalaro ni a Atienza y según contó el hombre pensaba establecerse en La Bujeda, donde tenía buenos amigos y esperaba conseguir o bien tierras o bien empleo como caballero de *rotba*.

Tenía buen trato, además de con su primo, el atencino que había seguido con su comitiva hacia el norte, con un caballero calatravo, uno de la Corona de Aragón que sentaba plaza en Zorita, Domingo de Urgel,[44] un hombre muy

44. Personaje que aparece ya en *El Rey Pequeño*.

recto y respetado que era frecuente ver en compañía de los dos primos y que la mayoría atribuía a la cercanía de Pedro de Atienza con el rey Alfonso. Cosas suyas en cualquier caso.

Calatravos y concejiles regresaban contentos, primero, por volver vivos y luego, por el triunfo en su empeño. Retornaban después del largo asedio aunque sin botín, pues no se permitió saqueo alguno y solo hubo cobro de soldada. Pero todo eran buenas expectativas. La toma de Cuenca significaba para Zorita y todo su alfoz, así como para los de Huete y Uclés al otro lado de la sierra de Enmedio, el recuperar una tranquilidad que algunos jamás habían conocido. La amenaza musulmana por aquel lado quedaba ya muy lejana, con mucha tierra, ríos y castillos de por medio. Y además con la voluntad del rey Alfonso de seguir avanzando más allá de Cuenca, ir haciendo suya toda aquella bravía serranía y asentar allí su poder para siempre.

Para los habitantes de Zorita eso suponía la seguridad que ya se había visto aumentada con la llegada de los calatravos, a los que por su parte el instalarse en ella había dotado de cuantiosas rentas y propiedades. De Cuenca, aunque no hubiera habido botín que repartir, tampoco regresaba la orden con las manos vacías. La reina Leonor, que había llegado al poco tiempo a la ciudad recién conquistada, admirada de ella y su belleza, concibió rápidamente el sueño de convertirla en un referente de la cristiandad, por lo que entregó tanto al obispo como a santiaguistas y calatravos propiedades y edificios para que los acondicionaran y levantaran allí tanto una catedral como conventos de sus órdenes.

En ello Calatrava y Santiago estuvieron a la par en concesiones, pero los calatravos sufrieron el disgusto de que el rey Alfonso fallara en su contra en el pleito con la orden rival por la posesión del pueblo y término de Estremera que reivindicaba Almoguera y, al ser esta ya calatrava, quedaría para ellos. Alfonso sin embargo decidió entregárselo a Santiago para que lo uniera a su castillo de Alarila,45 que vigilaba y custodiaba aquel otro importante paso y puente de esa zona del Tajo.

Había también contentado al obispado de Toledo, que quería meter cuchara en el territorio, con un pequeño paso de barcas. Aguas arriba lindaba con Illana y Almoguera, calatravas, y aguas abajo ahora ya por Estremera con los santiaguistas.

Ello había disgustado al maestre y aún más al comendador calatravo de Zorita, pero no habían ni rechistado ante la decisión. Mucho más tenían que agradecerle.

Era tan solo una pieza en el cuidadoso y estudiado reparto de poderes y lugares estratégicos con que el joven rey compensaba los servicios de las órdenes procurando que nunca una tuviera excesiva preponderancia sobre la otra. Estimular la competencia entre ambas suponía además y a la postre que los más beneficiados fueran él y su reino. Don Nuño Pérez de Lara había muerto, pero en tales ardides y fintas había adiestrado muy bien a su pupilo. Una vez era un poco más complacida Santiago pero a la si-

45. Actual Fuentidueña. Del castillo solo quedan restos en muy mal estado y abandono, y maltratados por construcciones e instalaciones actuales. Sigue siendo paso de referencia, pues por ahí cruza el Tajo y la A-III, Madrid-Valencia.

guiente quien obtenía mejor recompensa era Calatrava. No podían quejarse pues ambas, menos o más, conseguían aumentar su poder e influencia. El monarca, sin embargo, no tenía en cuenta, tal vez por su edad, al esencial de la condición humana y era que la envidia no es, aunque así se crea, el desear lo que el otro tiene. El verdadero sentir del envidioso es sufrir y odiar que el otro tenga lo que tiene y desear ardientemente que lo pierda.

21

Arrabales, mercado, espartales, cáñamo, acequias y brazales

A poco de la toma de Cuenca se había muerto el tío Paco, bastante de repente y sin que mediaran demasiados dolores de por medio, y no mucho después le siguió a la tumba su amigo Dionisio, el alcalde mozárabe. Los dos murieron de lo que no solían morir demasiados, o sea de viejos. Se les lloró bastante a los dos pero más al tío Paco que dejaba una ristra de hijos y de nietos y menos al Dionisio, aunque la mozarabía sintiera mucho el perder a su alcalde, que no los tuvo y tan solo tenía sobrinos. En el caso del primero a nada ya hubo otro tío Paco, pues así se llamaba su primogénito, quien además de su parte en la herencia había sacado de su progenitor mucho de su buen carácter y amable trato. Los Pacos siguieron prosperando. El nuevo cabeza de familia había aprendido bien el oficio, sus artes y sus modos. Sobre todo de lo que más les concernía, el cáñamo y el esparto.

No sucedió lo mismo por la parte del Dionisio. Los mozárabes escogieron como alcalde a uno de sus sobrinos pero a poco tuvieron constancia de que no habían andado acertados en ello. En el sobrino, lo que en el tío había sido algún exceso de carácter y un gusto por el vino que lo tornaba alegre y se lo mitigaba, en el otro se demostró pronto tenerlo agrio y el vino se lo avinagraba más todavía. Como además lo suyo con el zumo de uva fermentado no era afición sino abuso diario, se ponía hecho una furia, tendiente al vocerío. No se lo consintieron demasiado tiempo pero cuando lo cambiaron ya había hecho mucho daño y el respeto que la mozarabía había tenido y del que había gozado fue diluyéndose y cada vez se contaba menos con ellos.

Los calatravos, por su lado y de manera creciente, iban asumiendo y controlando todos los poderes y resortes en la toma de decisiones tanto en la villa como en el alfoz entero.

Que esa empezó a ser la otra y por donde alcaldes y jueces de los pueblos, los mesnaderos del concejo, los labradores con tierra y los pecheros de todo el alfoz empezaron a sentir que los calatravos les habían traído algunas cosas buenas pero les quitaban otras y pretendían imponerles bastantes. Pero la cosa se mantenía en términos más o menos aceptables para todos y en lo que más problemas daba, que era la vieja cuestión del agua, cada cual seguía por el momento regando lo suyo y había para todos. Aunque se empezaba a notar que los caballeros la querían primero para ellos.

Zorita no solo había vuelto a esplendores pasados sino que, de hacer caso al difunto patriarca de los Pacos, los había superado. Y no solo en habitantes sino en riquezas, comercio e importancia. Rodeada de un alfoz con pueblos también con creciente población y actividad como los vecinos Almonacid, Albalate e Illana y los que iban cogiéndola hacia el oeste como Pastrana y Hueva, con los moros ya lejos y al resguardo calatravo, la villa había desbordado sus propias barbacanas y ya contaba con dos nuevos arrabales en los que no dejaba de aposentarse gente.

Ambos se habían ido asentando desbordando las fronteras de los ríos. El más grande y que no dejaba de crecer, el de Santa María del Campo, se situaba en la llanada al otro lado del gran puente sobre el Tajo, lugar de paso obligado de entrada y salida de mercancías, mientras que el otro se había establecido más allá del puentecillo que cruzaba el Badujo poco antes de su desembocadura. En el primero se habían instalado, además de labradores, gente de muchos oficios y bastantes comerciantes mientras que en el segundo eran los hortelanos, no había mejor tierra que aquella para tales cultivos, sus principales moradores.

En el de Santa María del Campo había siempre gentes de paso, mientras que en el del Madre Badujo los huertanos eran más estables y en buena parte descendientes de mozárabes tanto de los primeros recién llegados como de los que, de un cierto tiempo a esta parte, venían escapando de los almohades y que si les dejaban aposentarse aprovechaban cualquier rincón y suertecilla de tierra, aunque cada vez estuviera más alejada del agua, para sacar buen provecho de ella.

El mercado había empezado a funcionar hacía ya algunos años pero fue ya después de la toma de Cuenca cuando alcanzó más importancia y hubo de regularse, otorgarle permisos y fechas y aplicarle las normas y caloñas que era menester. De ello se ocuparon los calatravos que nombraron un sayón encargado de vigilar, cobrar por los productos que se traían e imponer las multas a quienes no cumplieran las reglas o hicieran trampas en el peso o los productos. Se celebraba una vez al mes, en martes, y allí se daba cita la comarca entera y hasta venían vendedores de lugares mucho más lejanos.

El espacio dedicado a él se extendía, a lo ancho, desde la barbacana perimetral hasta la ribera del río y, a lo largo, desde la entrada de los dos puentes, el grande y el pequeño, hasta otra reciente barbacana, que bajaba desde el espolón del castillo señalando hacia Recópolis hasta la orilla del Tajo. Al fondo del todo y a la izquierda, un poco separado y trasponiendo por una cuestecilla hacia el otro costado del castillo, en un vallejo fresco a la orilla del Badujo, que venía por allí a darle la vuelta al cerro, se instalaba el lugar reservado para ganado, fueran ovejas, cabras, cerdos, pollinos, bueyes, mulas o caballos.

Los puestos y toldos de las diferentes mercaderías cubrían todo aquel largo trecho que se llenaba de gentes, bullicio, voces y algarabía. Y mucho colorido, pues las sayas y los jubones, de hombres y mujeres, con predomino de las variantes del rojo y el amarillo, el verde y el azul eran más difíciles por caros, dominaban el paisaje humano.

Las gentes de Zorita gozaban de algunas ventajas a la hora de mercadear con sus productos pero todos pagaban algo por comerciar allí. El sayón del mercado se encargaba de la recaudación y no había quien se le escapara. Quedaban exentos, o apenas tenían que dar nada, los que vendían las cosas más baratas y de pobres. Abarcas, zapatones, tórdigas de cuero o pequeños utensilios de madera no pechaban apenas. En el caso de las abarcas, por ejemplo, al fabricante y vendedor le bastaba con entregar un par al mes como impuesto. Pero para quienes tenían que cruzar los puentes con sus cargas ya era otra cosa. Se establecían pagos en dinero o en especies en función de lo que se trajera, fuera una carreta, la carga de un pollino o las alforjas a cuestas.

Por todo lo que se traía a vender se pagaba algo, fueran nabos, lo que más venía, ajos, cebollas, coles, berzas, higos, muchos higos cuando era temporada y para conservarlos secos, peras, nueces, uvas, manzanas, trigo, cebada, centeno, avena, almortas, lentejas, garbanzos, yeros, carne de res, cecina, manteca, sebo, gallinas, patos o pichones al igual que vino, aceite, queso, cera, miel y pimentón.

De una carreta de ajos entera el sayón requisaba veinte ristras de ocho cabezas, diez por la carga completa en un asno y cinco por los que cargaba un hombre. Por un carretón de nabos había que pagar tres sueldos y uno por la carga de un pollino, lo que a todos les parecía excesivo y crecían las protestas pues un sueldo era lo que valía una oveja o un modio de trigo. Pero las pagaban y luego, a su vez, subían ellos el precio.

Con los que traían el vino de Mondéjar raro era el día que no había disputa, pues por un carro cargado de pellejos se les cobraba un sueldo y una olla llena y quince cuartillos por la carga de un asno. Esa misma proporción valía también para las cargas de aceite. Pero sin comparación con el pimentón, que era lujo para unos pocos, y con la sal, que era para más pero por la que siempre se montaba gran revuelo cuando llegaban los arrieros de Atienza con ella en sus costales y sacas. El sayón, ahí, sabía que tenía que andarse con cuidado. El rey Alfonso había otorgado a su cofradía de recueros ciertas prebendas en pontazgos y mercados que no podía pasar por alto, así que con ellos era más prudente que con ninguno. Algo pagaban pero menos de lo que al sayón le hubiera gustado.

Al cabo, del sayón no se libraba nadie y menos los alfareros y herreros y todos los artesanos que venían de la comarca. A ellos parecía tenerles especial inquina y en cuanto asomaban por el puente ya estaba encima con sus ayudantes para quedarse con la parte estipulada, una reja por cada carga de ellas en ese caso pero en otros, como calderos, hachas, hoces, cuchillos o tenazas, solía coger a discreción lo que le convenía y no se libraban de su requisa ni las más pobres vasijas de barro o de madera.

A los comerciantes de mantas, telas, tejidos, pellicas, sayas, briales, camisas y tapetes les apretaba más que a los que lo hacían con cordeles, calzado, lienzos, sogas, cuévanos, espuertas, cestos o taburetes pero menos que a aquellos que traían o sacaban las cosas de más valor y precio, particularmente a los judíos y sus vasijas, escudillas o adornos de plata o sus sedas y brocados. Con ellos estaba siempre al acecho pero también había de obrar con tiento. Los judíos tenían buenos padrinos y quienes mandaban al sayón les debían muchas veces más que favores. Tampoco se dejaban amedrentar fácilmente y eran muy astutos para librarse de sus acechanzas. De hecho por el mercado los de la propia Zorita poco asomaban; vendían arriba, en sus propias casas, y solo en ocasiones aparecía por el zoco alguno que venía de Toledo.

Con los que también solía tenérselas tiesas, pero de otra manera, era con los de los ganados y caballerías. Aquella era otra lidia porque aunque le temblaban no por ello dejaban de intentar hacerle todas las trampas que podían y no eran pocas las veces que realizaban el trato a escondidas y él se quedaba a dos velas.

Así que mayormente se dedicaba a los labriegos, sus carretas, los artesanos y los que venían de fuera. Era temido y poco querido pero parecía disfrutar con ello. Sabían que le llamaban el Morueco, por no llamarle el Cabrón, pero aquello, lejos de enfadarle, le satisfacía pues le hacía sentirse poderoso. Aunque eso sí, teniendo cuidado de ante quién hacía alarde de sus poderes. Porque como hiciera acto de presencia el joven calatravo, el Porras, al que parecía que los freires le habían encargado controlar el mercado, el sayón se acorderaba y de qué manera. El calatravo le había cogido a los pocos días las mañas y acertado en descubrirle lo que tenía que ocultar él mismo. Ya con ello lo tuvo agarrado, y con el poder delegado por el comendador, supo imponerse y el Morueco era casi al único que temía.

Pero el Porras sabía cómo llevarlo del ramal sin que el otro se resintiera en demasía. Le dejaba hacer y no le quitaba, sino al contrario, autoridad alguna y cuando cogía a alguno haciendo trampa con los pesos era el primero en instarle a aplicar la multa más fuerte. Y el castigo más duro si pillaban a uno robando. Entonces no se libraba de los azotes, que era el mejor escarmiento y se daban a la vista de todos y allí mismo.

Sin embargo, en ocasiones y ante las quejas y protestas

de vendedores, particularmente los que eran más cercanos y conocidos, hacía de valedor suyo y obligaba a moderarse al sayón, con lo que con muy poquito acababa por ser el que los habituales entendían como su protector. El freire José Manuel, en sus años de niño huérfano por las tierras de Calatrava, había aprendido muchas más mañas que el hosco Morueco y sabía cómo imponer autoridad, sacar provecho y no parecer el malo.

El verdadero hombre de confianza de los Calatravos y del freire, y así debía ser, pues en él descansaba la fiabilidad de mercado y su prestigio, era el cambista, el judío Levi Guenisson, al que se había elegido entre el puñado de los de su raza que habían encontrado en la orden empleo pues se habían convertido en los recaudadores de los impuestos que les correspondían a la encomienda.[46]

El hebreo Guenisson era hombre muy viajado y no tanto, como muchos de su estirpe, por deseo propio sino por necesidad ante voluntades ajenas, y había venido dando tumbos no solo por Al-Ándalus sino que allí ya había llegado de la otra ribera del Mediterráneo de donde, al igual que después hubo de hacerlo de Sevilla, había tenido que salir huyendo. Era persona muy considerada entre los suyos, precedido de fama y recomendaciones de los influyentes sin que faltaran las de rabinos muy notables. Buscó aposento en Zorita nada más establecerse allí los caballeros, con los que ya tenía trato en Calatrava donde se había

46. La figura del judio Guenisson está documentada en Zorita y se señalan incluso sus propiedades inmobiliarias, una casa y un corral. Igualmente que varios judíos zoriteños fueron los recaudadores calatravos en su encomienda e incluso en el conjunto del alfoz.

instalado un par de años antes y antes de cumplirse los dos meses de su llegada ya disponía de casa propia en la aljama y un corral arrendado cerca de la primera barbacana.

El comendador lo conocía y tenía la mejor de las opiniones sobre su capacidad, diligencia y la obligada y escrupulosa honradez en su cometido. Sus otros negocios quedaban al margen y el freire Porras entendió que sería mucho más fácil llevarse bien con él que con el Morueco, aunque no por ello dejaba de tenerlo bajo vigilancia.

Porque de él dependía que el mercado fuera ganando fuerza y peso en la zona y eso es lo que más les interesaba a los calatravos. Por las manos de Levi Guenisson pasaban todos los que no se limitaban al trueque, y todas las monedas, de todos los tamaños, o trozos de ellas, de las más diferentes procedencias, ya fueran sueldos, mencales, dinares, dineros, maravedís, y hasta algún soberano lupino de oro del que fuera el poderoso y amigo Rey Lobo de Murcia y de Valencia, eran vistas, tocadas, mordidas, pesadas y valoradas por sus agudos sentidos y su sobrada experiencia, pues con todas, hasta las extranjeras, había trabajado.

Los días de mercado, Levi era de los primeros en llegar al sitio que se le tenía dispuesto, pasado el puente y justo debajo de la arcada de la puerta de entrada a la villa. Allí llegaba con sus pesas y medidas y allí ponía su banco[47] al que irían llegando todos cuantos disponían de monedas y

47. El banco del cambista era un elemento imprescindible ya desde mediados del siglo XI en todo mercado que tuviera pretensión de ser algo más que un lugar de trueque entre vecinos. El banco en el que se llevaban las monedas y donde se hacían los pesajes está en el origen de la denominación actual de los establecimientos financieros. Los Bancos de hoy empezaron siéndolo de veras y de madera.

era Levi Guenisson quien dictaminaba el cambio de cada una al pasarlo a sueldos que eran con lo que mercaderes y compradores se entendían.

De su bien hacer y de que se fiaran las gentes de sus conversiones dependía en gran medida la marcha del zoco y para la Encomienda el beneficio que de él obtenían. Así que esa solía ser la primera y obligada parada del freire Porras cuando bajaba y la última cuando subía.

El Sastre y algunos de los siete lanzas habían bajado aquella mañana al mercado y se toparon con el freire justo cuando este acababa de dejar al sayón al lado de la puerta de la muralla, en la esquina entre ella y el Badujo, que era el mejor lugar y en que se colocaban los puestos más lúcidos. El calatravo volvía hacia el castillo, después de transmitirle las órdenes que fuera, no sin ir saludando a algunos que le conocían con buen gesto y modos amables. También los saludó a ellos.

—Ese calatravo no es como los otros, tiene mejores mañas —dijo el Varillas.

—Mañas desde luego, pero ojo con él. Menudo pájaro, bien sabe jugarlas —respondió el Aguacil.

—¿Pájaro dices? Pues entre pájaros habrá que llevarse bien, ¿no? —se rio el Sastre e hizo reír a todos.

Iban caminando despacio, echando un ojo a todo pero en realidad sin interés en nada porque tenían un objetivo; no obstante, era mejor hacer tiempo y llegar a él cuando el vendedor ya estuviera más maduro. Es decir, que sintiera que se pasaba la mañana y se acababa el mercado sin vender lo que quería.

Así que lo recorrieron con parsimonia, deteniéndose si

algo les gustaba aunque no fueran a pujar en nada, pasando por donde se instalaban los que traían prendas de ropa, de cama, tapetes, pieles o algunos adornos e incluso podía aparecer hasta algún brocado o algún mobatán o incluso algún calzado fino, como un par de borceguíes.

Había cosas muy bonitas, desde luego. Pero ellos lo que se dice comprarlas, no tenían intención alguna. Otra es que algún día pudieran echarle la uña a alguna en algún saqueo.

El Varillas, que sabía muchas cosas de los ricos de la comarca, comentó la última.

—Me han contado que el hijo de don Martín, el que fue señor de Anguix, que anda en tratos con los calatravos si es que ya no ha vendido, por el pueblo de Auñón, gastó trescientos sueldos en un mercader judío por una túnica bordada en oro y salpicada de pedrería y un bálteo para la cintura adornado con gemas, para él, y una saya carmesí, una toca, un manto de pieles de cordero, comadreja, marta y garduña y una silla fina de tijera para su mujer.

—¿Trescientos sueldos? Con eso da para tres caballos de los mejores y aparejados al completo, del pretal al ataharre. Con eso, Úbeda, tenías para comprarte diez sillas como la que quieres —se sorprendió el Nieto.

Porque venían a eso. A ver si el Úbeda se podía mercar una buena silla, que la que tenía además de que no le gustaba y estuvo a punto de costarle un percance serio en un encontronazo reciente, estaba ya muy vieja y en mal estado.

—No solo es que ya se caiga a cachos, es que nunca ha sido buena. La quiero de borrenes más altos y que te sujeten bien cuando se choca. La mía los tiene demasiado bajos y estuvo el moro ese a punto de desarzonarme, el cabrito.

—Tranquilo, que muy de mañana he visto allá por el fondo, ya cerca de donde se ponen las reses y las caballerías, una que habían traído que te gustará. Mejor que lleguemos tarde porque el que la merca seguro que pide mucho por ella y me da que aquí no hay quien se la compre. A lo mejor, esperando al final, rebaja el precio —le aconsejó de nuevo el Sastre.

Por el mercado de Zorita se dejaba caer algún señor, y hasta en ocasiones un conde o caballeros de posibles que un puñado había en la zona, pero eran las menos veces y todo lo más que asomaban por allí era algunos infanzones, clérigos de diversas categorías o algún señor como el de Anguix en un día muy señalado. Y de ahí para abajo, hidalgos, caballeros villanos, menestrales y labradores más o menos pobres o como mucho riquillos hasta irse ya a los que no tenían ni un sueldo en moneda y vivían al día y al trueque.

El mercado de Zorita, con ser más que muchos sitios, desde luego más que un Jadraque y parejo a un Sigüenza, que tenía obispo, o a una Guadalajara, no llegaba ni a un Burgos, ni a un León ni a un Toledo ni a aquellos zocos de Al-Ándalus que algunos habían dicho que habían visto, o que les habían contado, donde se exhibían maravillas.

El grupo anduvo remoloneando y hasta echándose un trago de vino al garganchón e incluso comprando alguna bagatela. El Coto se encaprichó de una borla roja colgada de un cordelillo de cuero muy bien trenzado para adornar el petral de su montura y se lo compró por casi nada.

Se entretuvieron también con un juglar que aquel día estaba atrayendo a mucha gente pues se acompañaba, y con bastante gusto, de la vihuela y traía en el repertorio el cantar que más en boga estaba por toda Castilla, el de *Mio Cid*, aquel que ponía en liza al valor castellano, combatiendo en la frontera, solos y menospreciados por los leoneses y aquel rey, que castigaba al de Vivar, y aquellos condes cobardes que le preparaban venganzas y traiciones bien al resguardo y en la retaguardia. Vamos, como le llevaba pasando tiempo al buen rey Alfonso desde que era niño con su tío el rey Fernando, que hasta se aliaba con los moros almohades.

El juglar era avispado, como tenían a la fuerza que serlo los de su oficio, y en el camino hacia Zorita no solo había elegido las partes que más le pudieran gustar a la concurrencia sino que sabía muy bien cómo tocarles la fibra. Esto era tierra de Álvar Fáñez, y el recuerdo de su primer señor y héroe estaba todavía en la memoria de todos. Así que el verso «Minaya Álvar Fáñez, el que Zorita mandó» lo entonaba no solo de inicio sino que espolvoreaba todo el relato y lo reiteraba en cuanto le daba oportunidad el texto, que muchas le daba pero que en otras él mismo lo había añadido y aderezado, como solía hacer en todas las villas, para buscarse la complacencia del auditorio.

En Zorita acertó de pleno, y la petición habitual, al concluir su cantiga y ser premiado, amén de además de algún óbolo a voluntad de los concurrentes, con un «vaso de bon vino», fue atendida con creces. Tanto que se hubiera podido beber un pellejo.

Ya comenzaba a retirarse del mercado prácticamente todo el gentío cuando los siete lanzas llegaron al lugar casi en la otra punta, donde el Sastre había visto la silla.

Llegaron, la vieron, la miraron, uno movió la cabeza y otros hicieron como que pasaban de largo hasta que al cabo el Sastre y el Úbeda se volvieron como con desgana y le preguntaron al que la tenía, uno de Almoguera, como si en realidad poco les importara el precio, y solo por curiosidad.

En algo habían acertado. El de Almoguera, un hombre ya algo mayor aunque aún no viejo, que estaba rodeado de algunos paisanos suyos, no se había ni acercado a hacer un trato desde que comenzó a ofrecerla por treinta y cinco sueldos al principio de la mañana.

Ahora ya pidió solo treinta.

El Sastre dio un respingo y echó una risa.

—Pues vale más que un caballo y no de los malos.

—Y más que uno bueno vale —le replicó el otro, amoscado—. Solo hay que verla, si el que la ve entiende algo de sillas. La gané en buena lid y bien me ha servido. Pocas como esta habéis visto. Y viene con todo.

El Sastre y el Úbeda se miraron. Era buena y cuidada con esmero. Recia y bien ahormada sin ser por ello pesada. De un cuero excelente y de altos y resistentes borrenes. En verdad, una hermosa silla digna de un buen caballero. Tampoco parecía que el vendedor, cuya cara les sonaba y seguro que la suya a él lo mismo, tuviera mucho apuro por venderla. Quería hacerlo pues seguramente había dejado ya el peligroso oficio pero tampoco se le notaba necesidad de ello.

Entendieron que el regateo no iba a ser corto, pero sería mejor ir dejándose de más añagazas pues ambas partes se conocían las del otro. Así que tras simular como que se iban y volver ya todo el grupo juntos, y con cara más alegre, tiraron por otra senda, la de compadrear y ablandarlo con buena charla y mejor vino.

A partir de ahí la silla fue bajando sueldo a sueldo hasta quedar al final en veintiséis y el regalo, además del petral, los estribos y el ataharre que se incluían en el trato de un pequeño adorno de metal con una campanilla que el dueño le había quitado porque quería guardárselo de recuerdo.

El último tramo del trato y el último trago de la bota se lidió en torno a ello. Que a veinticinco sueldos él uno no bajaba y que el otro no daba veintiséis sin el campanillo. Cedió al fin el de Almoguera, se estrecharon las manos, los amigos hubieron de prestarle lo que le faltaba al Úbeda, que no tenía pensado pasar de los veinte, que era además en lo que había estimado el cambista el valor total de las diversas monedas que había llevado a primera hora al banco y tras ir y volver de nuevo a ver a Levi ya se fueron todos, los de Almoguera y los de Zorita, estos ya con la silla a cuestas, adonde estaban los mondejanos a echar la robla o sea a celebrar el trato con cecina, queso, un pan y una nueva bota de vino.

Unos iban pensando que podían haberla sacado por menos y el otro que podía haber conseguido algo más por ella, pero al cabo la cosa había estado en un buen ten con ten y ninguno estaba disgustado del trato. O sea, que amigos.

Cuando acabaron la celebración ya se estaban retirando del mercado hasta los del cáñamo que eran, esa era la verdad, los que tenían más negocio y más público de cualquier otra mercancía. El cáñamo era la estrella y el cultivo más pujante y cada vez más provechoso de todos los Valladares.

Junto con el esparto era protagonista de muchos de los puestos de tejedores, hilanderos, cesteros y de todo tipo de productos ya procesados, pero que en buena parte provenía de inicio de la materia prima que tenía fama en toda Castilla. Entre los cada vez más que se dedicaban a su cultivo descollaba la larga familia de los Pacos, a los que por entonces se comenzó a mentar como los Corralos precisamente por los corrales de agua que para tratarlo tenían por los Pozos de la Mayor, en Albalate,[48] que era donde vivían la mayor parte de los hijos del recientemente fallecido patriarca, incluido el que le había sustituido como cabeza de todos ellos. Otros, sobre todo algunas de las chicas, se habían establecido en la propia Zorita, donde se habían casado y habían dado un paso adelante al ponerse a tejer y comerciar ya directamente con los productos obtenidos de sus cañamares y espartales.

El tío Paco había dejado buena escuela en su cultivo y sus vástagos seguían con esmero sus enseñanzas. Porque el cáñamo era cosa de mucho más trabajo y tiempo que cualquier otro cultivo.

La siembra se hacía en abril, tras haber preparado las tierras a base de azada y rasclo. Los cañamones se sembraban a voleo, bien espeso pues había dejado enseñado el

48. Albalate de Zorita se convirtió en referencia del cáñamo en toda la Alcarria, llegando a ser considerada ya entonces y aún más en siglos posteriores capital de este cultivo y la que mayor y mejor producción obtenía. Su cultivo se prolongó hasta bien entrada la segunda mitad del siglo XX y aún quedan aperos y pozas de su tratamiento que lo atestiguan.

abuelo, y los hijos se lo recordaban a los nietos, que cuanto más espeso más fina, y por eso mejor, sería la fibra que daría. Pero no había que pasarse, pues demasiada espesura hacía que las plantas crecieran débiles. Cuanto más fuerte era la tierra mayor espesor aguantaba y si era más floja había que dispersarlo más.

El cáñamo lo que necesitaba era mucha agua y por fortuna en toda aquella zona manaba en abundancia, porque con la que caía del cielo para ese cultivo no era suficiente. Lo normal era darle un riego por semana. Con ello crecía robusto y en cuanto encañaba y le salían en la punta los penachos, las golas, había que andar el día entero espantando a los pájaros, pues no hay cosa que más les guste que los cañamones. Pero de dejárselos nada, porque además de ser muy apreciada golosina para fiestas y alboroques, eran la simiente del siguiente año. Así que a los críos se les encomendaba la tarea de no permitirles que se los comieran, que era toda una guerra que no cesaba nunca y cuando lograban echarlos por un lado de las siembras, ya estaban revoloteando por el otro.

Por septiembre llegaba el tiempo de cosecharlos. Se les daba un último riego para arrancarlos más fácilmente y, tras desenterronarlos, se extendían en las eras o se hacían gavillas que se dejaban pinas y apoyadas las unas en las otras. También ahora y más que antes, pues las golas ya estaban bien granadas, había que protegerlo de los pájaros y para ello a los gavillares se les cubría con una capellera de ramas que se les echaba por encima.

Se tiraban luego secándose durante dos semanas o más, dependiendo de lo que lloviera, que era bueno que lo hiciera y luego le diera el sol de nuevo. Una vez seco el cáñamo tenía lugar la primera parte del aprovechamiento de la planta: recolectar los cañamones. Para eso se golpeaban las plantas en unas tablas, los banquillos, y una vez separados y aventados ya estaba esa primera parte de la cosecha, que era la fácil, en el talego. Lo otro, lo de la fibra, era lo que daba trabajo durante más de un año.

Lo primero que había que hacer era engavillarlo de nuevo, esta vez en haces más grandes, de treinta y dos manojos o mañas, y luego llevarlo a las pozas y aljibes donde se le sumergía en el agua con grandes piedras encima para que no flotara y se mantuviese siempre hundido. Allí había que tenerlo otro medio mes o hasta tres semanas, según la dureza de la caña.

Era ya para finales de septiembre cuando se comenzaba a extraerlo de las pozas y el ojo experto había de saber qué gavillas ya estaban cocidas y cuáles había que dejarlas unos días más en remojo. Tras ello llegaba el momento de volver a tenderlo al sol y esperar que se secara; una vez seco se procedía a guardarlo y almacenarlo en cabañas preparadas al efecto en la era.

Pero con ello no había en absoluto concluido la tarea. Quedaba el agramarlos, o sea, machacar las cañas con las gramas, que era un tronco de madera, con una ancha hendidura donde con la maneta acoplada había que golpearlo repetidamente. Una vez acabado esto, y ya con el invierno encima, aprovechando que se podía hacer a cubierto, aunque nevara, en los cobertizos o cuadras de las casas, se procedía a espadarlo ayudados por el gramujón, otro útil, sobre el que se apoyan las cañas machacadas para irlo limpiando con la espadilla y así obtener ya las largas madejas de fibra.

Con eso algunos labradores daban por concluida la faena y tras engavillarlo por última vez, lo vendían. Pero otros, los Pacos siempre, no se quedaban en ello sino que proseguían sus tareas para ponerlo a la venta ya mucho más elaborado y, por lo mismo, más caro. Ellos tenían el cáñamo todo el invierno en el secadero y era al comienzo de primavera, cuando ya casi estaban sembrando la siguiente añada, cuando lo gramaban y ahí en vez de engavillarlo lo que hacían era irlo separando en rastrillas y distinguiendo ya entre la mejor y más fina fibra y la más basta.

A esta última sí que solían darle, más pronto que tarde, salida pues era lo que se utilizaba para los tejidos más ásperos, como sacos, cuerdas, toldos o velas. Pero la fibra fina gustaban de acabar de procesarla en otra laboriosa tarea donde la salivaban con zumo de endrinas y tras suavizarla y afinarla todo lo posible procedían a su hilado con la rueca y el huso, en lo que se afanaban todas las mujeres de la casa, aleccionadas y vigiladas por las más mayores. Obtenían así las más hermosas madejas y esas son las que se rifaban los compradores en cuanto las ponían en el mercado. Que ya ni siquiera lo hacían, o al menos con lo mejor de la cosecha, pues los tejedores venían a su casa a comprársela para poder llevarse la flor de ellas. A ello se había añadido que ahora algunos miembros de la familia ya tejían ellos mismos las telas y mezclando en ocasiones el cáñamo con lino obtenían piezas de muy buen mercado, mucha demanda y alto precio. Vamos, que a los Pacos o los Corralos, según quién les mentara, con el cáñamo les iba de maravilla y en ello pasaban la vida. La hija mayor del Paco, la Rosana, que había matrimoniado con un mozo hijo de comerciantes de Illana, era la encargada de colocar lo que era común de todos y repartir las ganancias entre los hermanos. Luego cada cual con su parte hacía lo que le parecía mejor y más conveniente. El día del reparto solían celebrar una fiesta con todos los cónyuges, hijos y sobrinos que parecía una romería.

La familia también se dedicaba al esparto, en cuya recolecta y preparación un par de ellos, eran diez en total los que habían llegado a edad adulta, se habían especializado. Espartales había en abundancia por Entrecabezos y por las cuestas resecas que flanquean la vega de San Isidro. El esparto no daba tanto provecho como el cáñamo pero tampoco tanta fatiga. Se recogía por agosto, cuando la luna entraba en menguante, y se tenía secándose de uno a tres meses, según se viera. Luego se guardaba en lugar seco todo el invierno hasta mayo.

El esparto crudo se emplea para hacer albardas, serones, capazos y esteras. El picado, o sea macerado en agua durante cuarenta días, en estanques de agua corriente a ser posible, y una semana de secado y ya curado, es el que se utilizaba para hacer cordeles, cuerdas, maromas y calzado. Era, como en el caso del cáñamo, el de mejor precio y si además fabricaban el producto final, la ganancia que hubiera quedaba toda en casa. A ello se dedicaba la menor de las hijas del tío Paco que se había casado con uno de los hijos de los mozárabes aragoneses, algo pariente del Dionisio: se llamaba Jacinta y se decía que era la más guapa de todo el pueblo y, si se apuraba, de la comarca.

El mercado, las labores, del cereal o del cáñamo, el cultivo de los huertos, los ganados eran el vivir cotidiano de los zoriteños ahora que los moros ya no estaban justo al otro lado de la sierra de Enmedio y se la volvía a llamar de Altomira. Las cosas, tomadas así por la mediana, pintaban bastante bien, aunque siempre había los que medraban con zancada larga, los que iban a paso corto, los que perdían alguno o hasta los que tropezaban y se caían de culo. O hasta los que iban para atrás como los cangrejos. Pero en general y unos con otros disfrutaban de un tiempo de bonanza. Los guerreros africanos, después de la fallida intentona de Huete y perder después Cuenca, por la zona no asomaban. El califa se había vuelto a África y el rey Alfonso, que había bautizado a su hija mayor Berenguela, no solo los mantenía a raya sino, que en la plenitud de su juventud, los hostigaba con cabalgadas aunque al cabo se firmaron treguas y estas cesaron por un tiempo.

Cada cual se dedicó más a lo propio y a defender lo suyo, lo personal, lo familiar, lo del pueblo o lo de la orden. A falta de pendencias con los moros siempre habría una guerra a mano por el agua, que se recrudeció precisamente aquellos años de bonanza y con muchos brazos que liberados de las obligaciones de las milicias concejiles podían emplearse en las tierras.

Los alcaldes de los diferentes pueblos, el del concejo de Zorita, el mismo arcipreste don Gregorio y hasta algún enviado real estuvieron metidos en el lío pues aunque querían hacer todos de jueces resultaba que eran además parte y cada uno tiraba para la suya. Porque una cosa eran las normas generales de los días de riego para unos y para otros y otras las salvedades, excepciones y hábitos establecidos por costumbre que se convertían, o se pretendía, que fueran ya de cumplimiento obligatorio.

Los turnos eran de por sí cuestión muy ardua pero aún se encrespó más la cosa con las acusaciones de unos a otros, siempre con Almonacid y Albalate, como vecinos linderos, a la greña, sobre el estado en que se hallaban ciertas acequias y brazales. Que si las tenían cegadas, que si no las limpiaban, que si perdía agua a mansalva y que era un crimen desperdiciarla. La cosa se puso como la otra vez de muy mal cariz y se volvió a recurrir al mismo, al Placidín de los Ballesteros, que así se le seguía mentando aunque ya no cumpliera los cincuenta. El hombre, con mucha paciencia y también es verdad que buenas agarraderas en los que más poder de decisión tenían y querían darle solución al conflicto, logró un nuevo acuerdo que no dejó satisfecho a nadie pero tampoco del todo descontenta a ninguna de las partes.

O sea, que resultó un buen acuerdo. Y se escribió algo en él que resultó muy determinante y tan eficaz amenaza que en adelante más de uno se guardó muy mucho de tener abandonado el cauce del agua en la parte que le correspondía. Se estableció como norma y pena a aplicar que aquel que descuidara su estado y que fuera comprobada la dejadez de la acequia o brazal correspondiente podía ser expropiado de la tierra que se le había otorgado. Aquello fue mano de santo. Las discusiones siguieron, como siempre y toda la vida, por los turnos y porque me la has quitado antes de tiempo, pero como le dijo el joven calatravo, que había llegado con los primeros y era ya conocido por todos, José Manuel Porras, al señor arcipreste cuando fue a revisar junto con otros representantes el estado de todas las conducciones desde el Arroyuelo y los Pozos de la Mayor hasta el Madre Badujo:

—Señor arcipreste don Gregorio, vuestros feligreses seguirán discutiendo y hasta enarbolando la azada, pero os doy fe que tienen los brazales que dan a cada una de sus tierras limpios como su patena.

Hubo una carcajada y una mirada de riña, pero no muy dura, de don Gregorio. Aquel calatravo tenía buena mano en llevarse bien con la gente y comenzaba a ser una referencia en los tiempos de paz como decían que lo era el mozo en las batallas. Aunque también se rumoreaba, y no poco, que ciertos votos, mayormente el de castidad obligado por su orden, no los cumplía demasiado. Habladurías. Pero como se dice del río. Si suena es que agua lleva.

22

El fuero

Zorita había suspirado por él casi un siglo y a dos reyes, y no lo hizo a cinco porque uno se murió al año, el otro lo era de Aragón y la reina Urraca no estaba para fueros sino para aguantar como podía la corona y la tierra que le quedaba.

El fuero de Zorita se lo concedió el tercero al que se lo pidieron, al que habían conocido como un rey niño y ahora era ya el conquistador de Cuenca. El octavo de los Alfonsos, en la plenitud de sus vigorosos veinticinco años, fue quien se lo otorgó, y quizá cuando ya sus gentes desesperaban de lograr lo que tanto habían anhelado y sentían en lo más hondo que era de justicia el otorgarles. Lo tenía Guadalajara, lo tenía Medinaceli, lo tenía Atienza y era de ley que se concediera también a Zorita. Se lo habían ganado y las gentes del común, todos y de todas las razas, cristianos castellanos, cristianos mozárabes, moros y judíos, ansiaban tenerlo. Era el fuero, su fuero. La carta real estableciendo lindes, términos, concejo, derechos, normas y deberes. Acogiendo a todos los vecinos bajo él, amparándolos y otorgando similares privilegios de quienes ya lo tenían, aunque también les impusiera pechos y obligaciones. El fuero daba a Zorita y al alfoz que la circundaba un rango y una autoridad. Tenía ya por lo que medirse y a lo que acogerse. No habían entendido el por qué, sobre todo cuando el rey Alfonso VII hizo tanto por favorecerla y volver a darle vida y pujanza, no se les había otorgado. En más de una ocasión pareció al alcance y hasta cercano pero acabó siempre por desbaratarse. El monarca no acabó por decidirse pues le pareció que la villa había aún de aumentar en población y pujanza y demostrar ser capaz de merecerlo y prosperar con él. Había tenido malas experiencias anteriores de haber otorgado fuero y concejo a poblaciones que luego habían sido incapaces de consolidarse y repoblar la zona. Por ello no se decidió a hacerlo y la muerte le alcanzó antes de promulgarlo.

Con su nieto, Alfonso VIII, al que habían conocido desde chico, los zoriteños concibieron muchas esperanzas pero el tío Paco murió sin verlas cumplidas. Su hija la Rosana fue de eso de lo primero que se acordó al enterarse cuando pregonaron la nueva.

—Lo que hubiera dado mi padre por vivir este día —le dijo a su vecina.

Ni el Paco ni su amigo el Dionisio lo vieron pero sí pudieron disfrutarlo sus hijos, en un caso, y en el otro, sus sobrinos. Ambos habían visto llegar a los calatravos y cómo se les entregaban grandes posesiones y enclaves. La encomienda calatrava a poco había alcanzado una enorme extensión tras haber seguido las donaciones y ahora también las compras. La última había sido nada menos que todo el término de Auñón a Pedro Martínez. Era este hijo del caballero Martín Ordóñez, a quien Alfonso VII había entregado la peña de Anguix, sobre el Tajo y en sus juntas con el

Guadiela, para que hiciera allí un castillo, junto con muchas tierras a sus pies para que las repoblara. Lo había hecho don Martín e incluso añadido propiedades como Auñón y Berninches pero ahora su hijo había empezado a venderlas principiando por Auñón, que ya señoreaba la negra cruz calatrava. Nada menos que mil libras de oro fue el precio pagado. Así que bien se podía haber gastado aquellos trescientos sueldos en caprichos de los que tanto se hablaba en el mercado de Zorita.

El Paco y otros muchos se habían maliciado y pronosticado que con los calatravos allí y la mucha cercanía al trono de su gran maestre don Martín Pérez de Siones el fuero se les alejaba de nuevo. Su control, cada vez mayor sobre toda la zona, fue además haciendo crecer las suspicacias. Alejada la frontera cada vez eran más los vecinos, caballeros villanos y repobladores a quienes se habían entregado tierras que temían que los caballeros de la cruz negra más que a defenderlos venían a imponer su prevalencia y arramblar con los derechos que tenían y por los que habían pagado con su sangre para mantenerlos sobre aquellas tierras.

Pero en realidad en lo del fuero los calatravos habían sido decisivos. El hecho de que lo firmaran el rey don Alfonso y el maestre Martín Pérez de Siones lo indicaba muy a las claras. Llegados a Zorita, cuyo alfoz al completo, veinticuatro aldeas, les había entregado el rey y al poco también el de Almoguera, veintidós aldeas, que con alguna suelta más sumaban más de cincuenta, se encontraron con demasiadas dobleces legales de épocas anteriores, entre ellas el fuero de los mozárabes y creyeron que lo suyo y lo mejor, sobre todo para ellos, era unificarlos todos.

La orden tomaba así el control y tenencia de todo el territorio, tanto de las tierras propias o de las que pudieran hacer roturar, que tendrían en propiedad y solían darse a labradores colonos en régimen de aparcería, como las que eran de labradores libres y propietarios para ellos y descendencia de las mismas y que con repartimientos reales se seguían adquiriendo y aumentando al crecer las familias y los hijos. Y lo trascendental del ahora señorío calatravo que con ello cambiaba en el caso de esas tierras pertenecientes a hombres libres era que los impuestos que antes iban a las arcas del rey ahora irían a las de la Orden de Calatrava. El fuero no tocaba, sino que incluso aumentaba, los derechos de los villanos previamente establecidos con lo cual estos quedaban contentos. Sí afectaría, sin embargo, a quienes quisieran de allí en adelante establecerse, lo que satisfacía a los calatravos. Lo cierto es que tuvo efectos beneficiosos para todo el alfoz, y a su amparo y al de los calatravos del castillo no dejaron de llegar desde entonces muchas gentes.[49]

No está mal para el común de las gentes pero para quien era un verdadero privilegio que no había hecho más que aumentar su poder y riquezas era para la orden. Y eso estaba muy a la vista. Sus propiedades no habían parado de crecer desde su establecimiento y llegada a Zorita, bien por las concesiones reales como la de Almoguera, que fue casi inmediata, al año siguiente, o hasta la muy alejada de la

49. El fuero de Zorita fue otorgado por el rey Alfonso VIII en 1180. No se ha conservado el original, pero sí se conoce buena parte de su contenido y mantiene semejanzas con los anteriores de la zona como el de Atienza y el de Guadalajara.

zona, del castillo y villa de Cogolludo, así como por las donaciones de nobles o por la compra a estos de grandes propiedades y pueblos enteros. Ese había sido el caso, amén del más reciente de Auñón, de los pueblos de Almonacid, que había dado su abuelo Alfonso VII al conde Ponce de Cabrera, de Vállaga y de Hueva y otras propiedades de don Galindo, un potentado que le prestó gran ayuda y que había acabado por quedarse con todo lo del conde. A su muerte, su viuda doña Sancha se casó con otro rico de la zona, Pedro Martínez de Magán, y el matrimonio, muy devoto, decidió entregar toda su hacienda a los calatravos a través de un convenio por el que ellos las mantenían en su poder mientras vivieran pero se convertían en miembros de la orden, en «familiares» calatravos. Ingresaban en cierta manera en el convento aun estando casados y a su muerte sus posesiones pasarían, y pasaron, a los caballeros de la cruz negra.

Entre estas propiedades se encontraba el molino del puente, en la propia Zorita, sobre el Badujo, situado casi en las juntas con el Tajo y que daba muy buenas rentas pero que se iba quedando pequeño para las necesidades de la zona. Lo de Auñón había sido por ahora el postrer avance. Comentado primero como rumor y luego ya como verdad comprobada en el mercado, su confirmación había hecho exclamar con sorna al cabecilla de los siete lanzas, el Sastre: «Estos se van a intentar apoderar de toda la tierra, porque el cielo ya se lo creen tener ganado».[50]

50. La encomienda Calatrava de Zorita se convirtió en la más potente y rica de toda la orden, tan solo superada en rango por la casa madre de la propia Calatrava.

Eran los de los siete lanzas, y en general los de las milicias concejiles, muchos de ellos jóvenes y no tan jóvenes, curtidos en batallas y cabalgadas fronterizas, quienes con más recelo miraban todo aquello, el poder ya inmenso de la orden y se conjuraban a defenderse y no permitir que les pusieran sus espuelas encima.

Por ello y para muchos la concesión del fuero fue una sorpresa. La interpretación del mismo dio lugar a discusiones. Para unos ahora solo les iba a beneficiar aún más todavía a los calatravos, para otros, sin embargo, no era así y salvaguardaba a las gentes.

El Sastre lo consideró así en una reunión de su escuadrón y algunos allegados más, tras ensalzar al rey Alfonso. El fuero habría de ser su mejor asidero para no tener que doblegarse ante los señores calatravos.

—Nuestro único señor es el rey, solo a él debemos servidumbre. Él les dio a nuestros padres tierras y a nosotros condición de caballeros por servirle en la guerra.

—Pero el fuero viene firmado y concedido tanto por el rey como por el Gran Maestre. ¿No va a significar eso que nos somete a él? —inquirió el Úbeda, el más joven de todos ellos y tal vez el más avisado. Era un hijo de Al-Ándalus, por donde le venía el apodo, que había llegado huyendo de la persecución almohade cuando apenas se tenía de pie.

—Lo firma el maestre, pero supeditado al rey. Que además sabe hacer el ten con ten con ellos. Tú fíjate que si a los calatravos les dio Zorita un febrero, a los de Santiago les había dado Uclés en enero. Y si después Almoguera a estos, a los otros Alarilla. Pues el mismo ten con ten con ellos y nosotros y él siempre por encima, claro, y como así debe ser. Desde luego que los calatravos tienen y van a tener cada vez mayor poder pero no con merma del nuestro. El rey les ha otorgado muchas rentas, territorios y términos enteros pero quienes como hombres libres también tienen sus tierras y derechos los conservan y amplían y con el fuero ahora nos podremos defender de estos señores o de los que fuera luego mejor que antes. Yo así lo veo y así lo ve el Placidín que lo ha leído de cabo a rabo y con quien he consultado —explicó el Sastre.

El Juanillo, que se había afincado en La Bujeda, aunque lo suyo fuera el ir y venir, y había acudido con los hermanos eslavones a la reunión, preguntó:

—¿Y La Bujeda está incluida en el fuero?

—No. No lo está. No es parte del alfoz de Zorita, pues se pobló después. Es de los pocos pueblos a los que no alcanza. Lo ha mirado también el Placidín y no aparece.

—Pues hay que pedir de inmediato al maestre que haga lo que sea preciso para que se nos otorgue a nosotros también —intervino el mayor de los eslavos.

—Solo para La Bujeda no van a hacer fuero aposta. Mira lo que han tardado con Zorita. Lo que tal vez sea más fácil es que nos añadan a este. Eso sí que se podrá hacer —volvió a intervenir el Sastre.

—Pues habrá que decírselo a don Juan, el hidalgo, que es amigo —opinó el eslavón más joven.

—Bien estará que lo sepa y que haga lo que pueda hacer —replicó otra vez el Sastre, esta vez con sonrisa y guiño en sus ojos pícaros—, pero tú, Juanillo, eres quien se lo tiene que decir a tu primo, el Pedro de Atienza ese que para mí tiene con el rey Alfonso lo que tienen pocos aunque alardeen mucho. No sé por qué me da que el de Atienza ha tenido algo que ver en este fuero de Zorita. Él sabe por su propia villa, que tiene fuero desde hace mucho, que no ha tenido servidumbre de señores, aunque sí tengan los Lara su castillo y no pocas rentas. Él sabe lo que pensamos muchos porque es parejo a nosotros y seguro que por él es por donde le ha llegado al rey Alfonso lo que se cuece por aquí y por muchos otros lados. ¿O no es así, Juanillo? Que tú, pájaro, también sabes aunque engañes a los lerdos riéndote y hasta haciéndote el ignorante —concluyó el cabecilla, e hizo reír a todos.

Pero el Juanillo no se iba a dejar coger así como así por muy hábil que fuera el Sastre.

—¡Huy, hombre! Yo qué voy a saber de estas cosas, *na de na*, esos son asuntos de importantes y yo soy el Juanillo nada más —se escabulló, haciéndole al tiempo un guiño y, en efecto, soltando una de sus carcajadas.

El Sastre también se echó a reír. Pero a él no se la daba. Sabía muy bien que tras la apariencia aparentemente atolondrada había mucho más. Siempre se había preguntado qué se traían entre manos él, su primo el Pardo y aquel calatravo aragonés. Una vez hasta pensó si habían sido los lobos de verdad quienes habían matado y medio comido al Gordo de Coreses, un freire calatravo que apareció muerto y devorado por las fueras al borde del camino de La Losilla.[51] De eso no estaba para nada seguro, tan solo le había

51. Parte de la trama de *El Rey Pequeño* y de la venganza de Pedro de Atienza por la terrible ofensa contra su mujer.

dado un barrunto, pero de lo que sí lo estaba era de que el Juanillo, en cuanto tuviera ocasión, le contaría aquella conversación a su primo Pedro y por él sabría el rey lo que opinaban la milicia concejil y los caballeros villanos de Zorita y su alfoz. Y desde luego también sabría lo de La Bujeda.

No se equivocó en ello el astuto cabecilla de los siete lanzas, aunque habría de esperar diez años para comprobarlo. En 1190 el nuevo gran maestre calatravo, tras haber sustituido al anterior, don Nuño Pérez de Quiñones, firmó la carta puebla de La Bujeda, haciendo a sus pobladores «donación de las tierras» de ese término cuyos límites geográficos marca con precisión «para que las poseáis vosotros y vuestros hijos y hagáis con ellas cuanto quisieseis, ya dándolas, ya vendiéndolas, ya permutándolas, ya arrendándolas. Y sobre las contribuciones que hagáis el pecho y la hacendera que hacen los hombres de Zorita. Y en otras todas las cosas que tengáis los fueros que tienen en Zorita».

Cuando ello sucedió el Juanillo iba ya camino de un cuarto hijo con Marta la Mora tras haber bautizado al Juanito, al Pablo y al Félix.

23

La liza del maestre y el comendador con el juez y los alcaldes de Zorita

El Sastre, en sus apreciaciones, solía acertar bastante, y en estas lo hizo también pero solo en parte. No iba desencaminado el Úbeda en que los calatravos no lo entenderían como lo entendían ellos y que pretendieran actuar como todopoderosos señores y someterlos a ellos a una condición anterior a la que habían conquistado.

Fue por ello por lo que, apenas dos años después, el nuevo maestre, don Nuño Pérez de Quiñones, tuvo que ir nada más iniciar su mandato a la cada vez más pujante y rica encomienda de Zorita, que competía con la misma Calatrava, a poner paz y sosiego y calmar las aguas, que tanto por el Badujo como por el Tajo bajaban más que revueltas.

Venía con la sonrisa de la conciliación puesta y con un pacto bajo el brazo, porque traía expresa orden de quien se la podía dar y quien prácticamente había dictado el acuerdo de que se acabara de una vez por todas con aquella disputa que había estallado tan solo semanas después de ser promulgado el fuero.

Don Nuño venía a transmitir a todos, también a sus propios subordinados, el arreglo alcanzado, más bien obligado tras la intervención real y acatado por ambas partes, con el concejo de Zorita. Las posiciones habían estado tan encrespadas que la situación en el alfoz llegó a ser insostenible y al borde de la rebelión por parte de las gentes encabezadas por su concejo y sostenidas por las milicias concejiles.

Los calatravos, como perceptores de las rentas, impuestos y caloñas de los territorios bajo su control, pretendieron incluir entre los pecheros, obligados a pagar tributos, a los miembros de las milicias concejiles, tanto caballeros villanos como peones, que hasta entonces y por su condición estaban exentos de ellos.

Estos se revolvieron con furia, y apoyados con firmeza por el concejo recién nombrado, su juez, Juan Díaz, y los alcaldes, Martín de Pioz y Álvaro de don Jhoannes, se negaron en redondo. Ya no era cuestión de hidalguía, que los considerados caballeros entendían que les correspondía, sino de compensación al estar todos obligados y cumplir con la condición de acudir a las batallas y llamamientos a la guerra que el rey hiciera en cualquier momento y partir hacia donde él los convocara en proporción de dos tercios de todos sus efectivos, quedado el tercero para la custodia y protección de la villa.[52]

Durante decenios así se había hecho y cumplido; bien reciente estaba el largo asedio de Cuenca al que acudieron y cómo faltaron aquel año brazos para recoger las cosechas

52. Sí se ha conservado el original de la carta puebla de La Bujeda, dada por el maestre calatravo en nombre del rey. En ella figuran sus firmantes, entre ellos el del comendador calatravo de Zorita, Pedro García, el juez, Juan Díaz, y sus dos alcaldes, Martín de Pioz y Álvaro de don Jhoannes, posiblemente el uno de los plebeyos y el otro de nobles e hidalgos.

hasta tal punto que la producción de cáñamo y de cereales bajó casi a la mitad y no fue por culpa del cielo.

La Orden de Calatrava no lo consideraba de tal modo, sino bien al contrario. Eran ahora sus freires quienes se encargaban de la defensa del castillo de Zorita y de proteger todo el alfoz y la frontera, pero además el rey les había entregado la posesión de aquellos términos y sus vecinos habrían de colaborar en el mantenimiento de la orden. Por tanto, los concejiles debían pechar como todos.

Aquello fue lo que el comendador calatravo, don Pedro García, había trasladado al concejo zoriteño tan solo una semana después de haber sido hecho público el fuero.

Y se había armado la de Dios es Cristo.

No es que se dieran grandes voces, que eran gente de hablar comedido y más ante la autoridad que aceptaban del señor comendador, pero no se guardaron nada en el buche.

Que ellos no habían sido nunca siervos o, en cualquier caso, habían venido aquí para no seguir siéndolo. Que habían servido y servían con lealtad a los reyes y bien demostrado lo tenían y ahora, justo en el estreno de su ansiado fuero, no iban a consentir que en vez de favorecerles se les cercenaran derechos. Que contribuirían en lo que era de justicia y estaba estipulado al sustento de la orden, y agradecían su amparo, pero no iban a volver a ser pecheros los que ahora no lo eran. Que de hecho ya estaban aportando más de lo debido, sin escatimar ni esfuerzos ni hacenderas, a las obras que desde su llegada había emprendido la orden y cuyo fin no se veía. Que toda la alcazaba había sido reforzada, levantadas sus murallas y ensanchado su foso, en particular el que lo separaba de la aljama judía que habían tenido que excavar en roca viva. Que habían ahondado el pozo de lo alto del alcázar hasta llegar al mismo venero de las aguas del río y que este estuviera siempre abastecido ante cualquier asedio. Que ahora mismo habían comenzado a construir para proteger la entrada y la puerta del camino hacia Almonacid y Albalate que da hacia Almonacid una gran torre albarrana. Que todo eso había hecho de la fortaleza una impresionante y enhiesta mole inexpugnable y no había sido baladí en ello ni su sudor ni su trabajo.

—Nada hemos escatimado, el señor comendador no puede quejarse de ello. Pero hacer pechar a nuestros caballeros, que lo son, señores freires, aunque no de vuestro convento, y a los peones que con ellos acuden a las batallas, eso no lo consentirá Zorita —concluyó muy serio el juez de los zoriteños para apostillar lo que ya tenía hablado con los dos alcaldes—. Recurriremos a nuestro rey don Alfonso en busca de su protección y amparo que él mismo nos otorgó en el fuero.

—Fuero que lleva también la firma, señor juez, que parecéis querer olvidarlo, del maestre de Calatrava. Él es aquí ahora la voz del rey y el garante de ese fuero.

—Y nosotros somos el concejo y los alcaldes de un común de villa y tierra, nombrados como tales, acogidos a él. No somos de nadie siervos, no lo hemos sido nunca ni lo seremos ahora de los calatravos. Vuestra autoridad no la ponemos en duda y nuestro respeto lo tiene el maestre, pero su pretensión lo desborda y para hacer petición de amparo a nuestro señor el rey don Alfonso no nos son precisos intermediarios —replicó Martín de Pioz que era de genio vivo y de lengua suelta.

Duró aún una hora larga el conciliábulo pero a pesar de los esfuerzos del arcipreste don Gregorio y del capellán de los calatravos, frey Domingo, no hubo acercamiento posible. Porque no podía haberlo.

Incluso se enconó algo más el asunto porque las untuosas maneras, aunque con diferente tono y con mayor o menor zalema, del frey Domingo y, en menor medida, del arcipreste, metiendo en su plática a Dios de por medio como si el pechar fuera un mandato divino y conminándoles por ello a que cedieran, acabaron por encender al de Pioz, mozárabe aragonés de origen y muy cercano en su día al Dionisio.

Fueron duras sus palabras pero aún más expresivos sus gestos pero, con todo, se contuvo pues si hubiera llegado a decir en presencia de los prebostes calatravos y las autoridades eclesiásticas lo que dijo luego a la salida y echando un trago los tres en su bodega, que la tenía propia y una muy buena viña en el vecino Mondéjar, algo malo podía haber pasado y hasta haberle amenazado de excomunión.

No llegó a tanto la pena eclesiástica pero cada cual tiró por su lado y movió sus hilos. El maestre los suyos con los nobles más cercanos al monarca y ante él mismo y los villanos los que pudieron conseguir para hacer llegar a la corte la protesta por el desafuero que a todas luces se cometía contra ellos. Por escrito y muy humilde pero reciamente se dirigieron a don Alfonso, firmando todos los alcaldes del alfoz y el juez de la villa y la mesnada.

La tensión fue creciendo y la hostilidad hacia los del convento llegó a límites de enfrentamiento directo. El freire Porras, que era el que más se trataba con las gentes de a pie, fue quien avisó de que los ánimos estaban cada vez más calientes y que él mismo se las había visto tiesas ya un par de veces. Con los caballeros calatravos no se atrevían, por el momento, pero los sirvientes y otras gentes que trabajaban para los freires sintieron la presión en sus carnes y hubo quienes se negaban a acudir al mercado o a ir a hacer según qué cosas. El Morueco, viendo que en cualquier momento podía desatarse el tumulto, se hizo acompañar por dos escuderos armados. El Porras lo instruyó en que aflojara sus demandas y sus formas y que procurara evitar conflictos. Sobre todo cuando un día al bajar se encontró paseando por el zoco a varios grupos de concejiles, entre los que no faltaban los siete lanzas, con las espadas al cinto. Nadie desenfundó la suya, eso tenía muy fuerte pena hacerlo en el mercado, pero a pasear las sacaron.

Al cabo todos tascaron el freno cuando se hizo saber, y sin pregonar llegó a todas las casas, que se había apelado al rey y que don Alfonso estaba ya en ello y al alcalde le tomaban el pelo con lo de su excomunión. Y el de Pioz, que era zumbón, les contestaba que había sido por aquel temor por lo que se contuvo un poco en decirle alguna cosa más al comendador.

—Por mucho menos de lo que yo iba a decirle quisieron excomulgar a mi rey Alfonso, al Batallador os digo, que era bueno aunque no fuera el vuestro. A ver ahora por dónde nos sale el vuestro. Estos cabrones siempre ponen a Dios de parte de quienes les untan la manteca.

—El rey tuyo, Martín. También es el tuyo y no nos fallará, ya lo verás, aunque no podrá quitarles a los calatravos razón en todo aunque no la tengan en nada —le decía su par en la alcaldía, don Jhoannes.

Al final la decisión llegó y la trajo, para darle solemnidad y concluir la pendencia, el propio maestre don Nuño. Había sido el primero en conocer la decisión real tras el pacto, o mejor dicho, el acatamiento de lo expresado por el rey Alfonso como su voluntad. Consiguió, no le era muy favorable, para vestirla un poco, algún fleco en compensación y consideró que mejor era el comparecer él mismo, con toda solemnidad, bien acompañado de lucida hueste y con el mejor de los semblantes e intentar reparar los desconchones, sin apearse de la peana ni de su rango, para ganarse en lo posible la voluntad de aquellas gentes haciéndoles ver que la suya era buena. Don Nuño Pérez de Quiñones manejaba bien lanza y espada con la diestra mano, pero con la siniestra sabía también templar embroques.

Porque a la postre los zoriteños tenían más razones, se decía, de estar contentos que él mismo. El asunto central había caído de su lado. Caballeros villanos y peones de guerra no pecharían. Eso quedaba para siempre sentenciado. Pero, los peros era lo que se barruntaba el juez zoriteño, compensaban a los calatravos. «El maestre y la Orden de Calatrava deben ser atendidos en sus necesidades», dictaba el rey Alfonso. Y ello se sustanciaba en que ellos debían contribuir a las labores de cosecha de los freires, pero no solo en el alfoz de Zorita y las propiedades que la orden aquí tenía sino que debían acudir a sus campos de Calatrava, a orillas del Guadiana, nada menos que con treinta mulas cargadas además de provisiones y enseres, amén de un acompañamiento de peones que participaría en la siega.

Aquello agrió un tanto la alegría de los zoriteños y daba aire al maestre. Pero era la parte cuyas concreciones quedaban un tanto al albur en el acuerdo en la que ellos, tras acatarlo en su conjunto, centraron las conversaciones de cómo sustanciarlo. Y ahí es donde don Nuño se ganó, teniendo esa baza ganada, el bien querer de unos cuantos aunque ya no tanto de la mayoría. Como porfiaban en que la carga era excesiva y muy difícil de soportar pues en eras estarían todos y en sus propias casas harían falta los brazos que se iban a segar mieses ajenas, el maestre atendió en parte a sus razones. A cambio de ello, pronunció muy solemne y como gran acto de generosidad, se eximiría también de pechar a los yugueros. Eso pareció muy bien al concejo y con ello consideraron más aceptable lo otro. Sobre todo, claro está, gustó a los de las yuntas.

Don Nuño transmitió luego y por último el último fleco de lo dictado por el rey y de lo que no se tenía hasta entonces conocimiento alguno. También todos los clérigos y de cualquier condición del alfoz quedaban exentos de pechos.

Aquello dejó perplejos a todos y tampoco es que le gustara del todo al propio maestre. Que lo estuvieran, que ya lo estaban, los monjes de Monsalud, tan gratos al rey, bien valía, pero que lo estuvieran todos, hasta los de las más pequeñas aldeas, le parecía un exceso. Pero así lo había querido el rey y listo. El más contento a la postre fue el señor arcipreste, don Gregorio, que tras conocer la noticia no veía el momento de acabar la reunión e irse de inmediato a hacérselo llegar a todos.[53]

Más allá del pacto y su agridulce sabor don Nuño se traía, además, preparado un postre de su propia cosecha. Amén de los nuevos trabajos y refuerzos del castillo, lienzos de muralla, una barbacana añadida que llegara por su izquierda hasta el río y una segunda torre albarrana en el embroque de esta con los muros, su anuncio fue lo que iba a dar que hablar para bien, para mal y para regular no solo durante años que se tardó en culminarlo, sino para siempre. El molino de la Fuente de la Cueva y las nuevas acequias que a partir de él beneficiarían a tierras de tres pueblos, Albalate, Almonacid y Zorita. Y claro, a muchas tierras de la encomienda calatrava.

53. El asunto de las mulas, con viandas y utensilios, y de los segadores a Calatrava siguió coleando largo tiempo. Interrumpido el viaje tras la pérdida de Calatrava la Vieja y todo el territorio del Guadiana en manos de la orden, se reactivó tras la victoria de las Navas. El nieto de Alfonso VIII, Fernando III el Santo, hubo de mediar de nuevo en el conflicto rebajando la prestación de personas, aunque no de mulas, y que estas ya no fueran cargadas de vituallas ni enseres.

24

La torre albarrana
y el molino de la Fuente de la Cueva

El maestre le expuso al comendador la necesidad de emprender la construcción, que contentaría además a los pueblos, de un gran molino que aprovechara todas las aguas que venían de la sierra de Enmedio y los manaderos de los Valladares. El comendador hizo prioridad del asunto pues no tenía más deseo que agradarle y le pareció gran idea que convirtió en propia. Su entusiasmo se trasladó rápidamente al clavero y ambos decidieron que quien habría de ponerse al frente, acordar con los pueblos y llevarla a cabo sería el freire José Manuel Porras, que parecía tener mano en eso de conseguir que los labriegos y gentes del terreno trabajaran con entendimiento al lado de canteros y hasta de mezquinos, que no por serlo sino bien al contrario eran los mejores albañiles.

Lo había demostrado al poco del regreso del cerco de Cuenca cuando las obras que se estaban haciendo en la zona enfrentada a naciente del castillo, donde se estaba levantando la gran torre albarrana que protegería aquel costado y una segunda puerta y entrada, quedaron empantanadas por muy diferentes causas y otras tantas excusas de los responsables, que hicieron que avanzaran a ritmo de caracol cuando no con rumbo de cangrejo.

Nadie había pensado que el joven freire Porras pudiera tener habilidades en aquellos menesteres arquitectónicos, ni desde luego las tenía, pero no era aquella la cuestión ni la razón de los retrasos y un día fue una observación suya lo que hizo pensar al clavero, Bernardo de Malagón, medio paisano suyo y que había llegado a conocer a su padre, conocedor de sus mañas en el mercado, que a lo mejor no iba desencaminado.

—No es que no sepa cada cual lo que hace —le dijo el Porras sobre las continuas discusiones e incluso altercados que se producían entre las diferentes cuadrillas implicadas y que más que colaborar se estorbaban—, sino que no los ponemos en orden para hacerlo. Más bien se fomenta la pelea entre ellos y así andan a la greña los mezquinos con los de las aldeas, estos con los mozárabes y los mozárabes con los acemileros castellanos que a su vez entran en disputa con los canteros y estos con los carreteros que a su vez andan a la greña con los albañiles moros que preparan los rellenos. Discuten hasta dónde preparar las comidas por no oler los unos al gorrino que comen los otros.

—¿Y tú qué harías, Porras? ¿Acaso es que sabes algo de este oficio?

—Ni por lo más remoto, frey Bernardo. De eso saben ellos. Es en eso en lo que no hay que meterse precisamente y dejárselo a ellos. La cuestión es ponerlos en orden y concierto.

—Pero ya hay un freire encargado de hacerlo y dice

que es imposible conseguirlo ni a las buenas ni a las malas.

—Quizá es que haya que aplicar ambas al tiempo, como con el asno.

—¿A qué te refieres?

—Pues a lo de siempre, a la vara y la cebada.

Ahí acabó la conversación pero el freire Bernardo no la echó en el olvido y al poco, pensando que por probar no se perdía nada, mantuvo con el desesperado freire encargado de la obra una charla y le colocó al Porras de segundo y con rienda larga para que intentara enderezar aquello.

Fue mano de santo, aunque hubo de esperarse a que empezara a notarse la semana en la que el Porras se pasó de cabildeos y conciliábulos con todos los cabecillas de las diferentes cuadrillas y gremios. Primero hubo que localizarlos pues esos liderazgos no venían ordenados y por escrito incluso, como entre ellos, primero el maestre, luego el comendador, después el clavero y así hasta llegar al novicio. Lo importante y lo que le había enseñado la vida al manchego era a fijarse y distinguir a aquellos a quienes los otros hacían caso y tenían respeto.

Tras una labor de uno en uno y tras prometerles que algo de mejora habría para ellos, los juntó a todos y en vez de dejarles enzarzarse en sus disputas, las dio ya por zanjadas. Él llevaría las riendas de todas las reatas y ellos, cada cual, la de su recua. Y los hombres entendieron que gracias a él sus demandas podrían tomarse en consideración y buscar a su través la solución a sus cuitas.

Algunas cosas resultaron fáciles, como la de los canteros y los acemileros, que era solo cuestión de hacer cierta reserva previa de material de estos para que no se tuvieran de golpe que quedar parados. Un aporte de vino en ambos casos suavizó las resistencias. Con los mezquinos su solución no fue intentar juntarlos con los demás sino separarlos de los otros, dándoles sitio aparte, que ya lo hacían ellos por su cuenta, y haciendo que a la hora del rancho ellos tuvieran uno diferente para no tener que tropezarse con el tocino del animal inmundo. Lo del vino ya sabía bien él que no causaba problema. Los moros andalusíes no le habían hecho ascos nunca. Los africanos sí, pero los hispanos en eso parecían tener dispensa. En cualquier caso era cosa suya.

Fue en lo de la comida de los mezquinos donde encontró para él mismo algo que llevaba ya tiempo buscando. Una posibilidad de arrimo con aquella mozárabe de ojos azabache, que había quedado viuda a resultas del cerco de Cuenca y a la que había visto y con la que se había cruzado más de tres miradas, pero no había encontrado ocasión de acercamiento. Se había enterado de que había pedido a través del alcalde plebeyo algún tipo de ayuda y ocupación al quedar desamparada tras la muerte del marido y vio por allí el cauce de poder prestársela él mismo y mitigar su desvalimiento.

Habló con don Álvaro, y entendieron ambos que para la joven viuda el preparar el condumio para los moros que habían venido a trabajar de otros pueblos, si ella no lo consideraba indigno, sería una forma de sustento propio. Ella aceptó y quizá fue el ver quién era el que había hecho la propuesta a su alcalde lo que hizo que chispearan sus negrísimos ojos.

Comenzó su tarea y como quiera que ella solo tenía que preparar los condumios, pero en absoluto llevarlos al tajo y aún menos servirlos a los mezquinos, era en muchas ocasiones el freire Porras el que se acercaba a su casa acompañado de un par de aquellos, para que se llevaran el caldero. Y luego, por esto o por lo otro, algunas veces iba incluso solo.

De ahí procedía la habladuría que ya había pasado a comidilla. El que a ella ya no se la veía lo triste y compungida que las costumbres de su viudedad recomendaban sino muy rozagante y alegre y hasta con el pelo adornado con flores fue motivo de parla en la junta de las aguas del Tajo y el Badujo donde solían bajar a lavar las mozárabes a un lugar que el alcalde Dionisio había acondicionado a tal efecto.

A Constanza, así se llamaba, no le había faltado algún pretendiente de los de su estirpe ni tampoco de entre los cristianos castellanos de Zorita y de varios pueblos del contorno, pero ella no les había dado entrada.

Si el rumor del agua les llegó al clavero o al comendador no pareció que le hicieran caso porque en lo que tenían puestos los ojos era en que el Porras había logrado que los lienzos de la muralla se recrecieran, la torre albarrana fuera cogiendo altura y que, aunque nunca en la obra dejaba de haber sus pendencias, no impedían que llevara buen paso y estuviera muy avanzada. Aunque todavía quedaban cosas para completar la faena cuando apareció don Nuño con los acuerdos y además hubo de iniciarse otra para reforzar con un espolón la esquina donde confluían los dos lienzos de la muralla enfrente de la vereda de carros y el cerrete que se dirigía hacia Recópolis y echar por allí desde su puntal una nueva barbacana que abrazara un arrabal reciente que se había pegado por allí a los muros.

Pero sobre todo, y presuponiendo que aquello ya seguiría yendo rodado, la tarea que ahora se le encomendó al freire José Manuel Porras fue la construcción y puesta en marcha del molino de la Fuente de la Cueva.

Y si bien para conseguir los beneplácitos de los diferentes pueblos le hizo falta mucha paciencia y no poca temperancia, para tener una cocinera mayor, que ya tuviera a su cargo algunas otras, pues al estar el lugar alejado se les llevaba al menos una comida para mejor aprovechar el día a todas las cuadrillas, no hubo dificultad alguna, con gran contento de Constanza cuyo nombre ya se decía con cierto cuidado, aunque sin que faltara algo de retintín al tiempo.

Para iniciar las nuevas obras hubieron de ajustarse muchos brazos, se duplicaron casi los que aún había obrando en el castillo y ello supuso que hubiera un aluvión de gentes que acudían cada vez en mayor número a Zorita, pues los freires calatravos no es que fueran en exceso generosos pero tampoco eran cicateros y se decía que con la comida por lo menos no escatimaban.

Así que por ese lado no hubo escasez de manos; vinieron muchos mezquinos de los alrededores al arrimo de la señal que corría ya entre los de su raza de que allí se les daba mejor trato. Por su parte, ellos habían demostrado tanto en los rellenos de los muros como en el alzado de lienzos de barbacanas a su estilo de soga y tizón[54] que como albañiles eran bastante mejores que los que decían serlo de los buenos.

Más difícil fue el trato a cuatro bandas, siendo el propio caballero calatravo de una de ellas, con los villanos propietarios de tierras de Zorita, Almonacid y Albalate para poder comenzar ya no la obra sino, antes que nada, establecer de qué cauces y con qué aguas se alimentaría la rueda, pues ya de inicio se comprobó que con las de las aguas de la Fuente de la Cueva no había suficiente.

Fue entonces cuando el freire Porras y el escribano Placidín unieron fuerzas y a pesar de la diferencia de talantes, presencias, apetencias y pasiones, se hicieron amigos de por vida.

Enterado el calatravo de que el Ballesteros era el que sabía más y mejor que nadie de manaderos, acequias y linderos, se fue directo a él para no solo pedirle consejo sino claramente ayuda. Con ello y el trato que de inmediato le dio de reconocimiento a sus saberes y los esfuerzos de concordia en los que había sido piedra de toque se ganó la voluntad del albalateño, que se convirtió en su mejor instrumento de convencimiento y razones para conseguir al cabo que se pudieran allegar las suficientes aguas para que el molino fuera de verdad digno de la Orden de Calatrava.

Recorrieron ambos, el uno en caballo y el otro en burro, pero los dos montados, los nacimientos y recorridos

54. Soga y tizón: manera característica de construir del islam hispano consistente en entreverar sillares o ladrillos uno por el lado largo y otro por el corto. El estilo es aún posible de observar en lienzos amurallados de construcción islámica.

de las aguas que a la postre y final componían todo el aporte a las grandes acequias y regaban conjuntamente lo que se conocía como los Valladares. Los más importantes, el Arroyuelo, las fuentes Grande y Pequeña en el mismo pueblo de Albalate, los Pozos de la Mayor y de final, lo que el Plácido estaba más interesado en mostrarle, el Noguerón. De allí salía una conducción que dejó perplejo al calatravo y más cuando el Ballesteros le explicó adónde llegaba, o al menos en tiempos así lo hacía. Su destino no había sido otro que la ciudad, ahora totalmente en ruinas y despojada incluso de sus columnas, sillares y piedras labradas. Tan solo estaban habitadas algunas casas retechadas de nuevo rodeando a una pequeña iglesia adosada al muro de las ruinas de un gran templo que se había levantado en algún remoto pasado.

El calatravo había visitado con frecuencia el lugar y siempre se había quedado sorprendido de cuán grandiosa debió de ser aquella urbe, que decían fue de los godos y de la que únicamente quedaba, amén de las ruinas del templo y en el otro extremo del cerro y dando vista por donde se iba hacia Toledo el Tajo, una impresionante aunque desportillada puerta amurallada de enormes bloques pétreos en su base.

El Plácido le hablaba de aquello.

—Como se puede comprobar el venero de agua es el más potente de todos los que hemos visto, incluso que el de los Pozos de la Mayor. Por eso lo eligieron y por estar más cercano para llevar el agua a lo que fue gran ciudad; lo que queda de sus muros y los restos de los palacios e iglesias que hubo allí lo demuestran. Desde luego cuando los moros llegaron ya estaba allí y era cristiana.[55] A saber quién la construyó, si los reyes godos o incluso algún emperador de los romanos. Pero esta agua iba destinada a ella y creo que al señor caballero le gustará ver por dónde iba, siguiendo la cota de los montes y pasando desniveles con obras y muros. Y quizá aún más pueda interesaros el hecho de que la conducción no pasa lejos, y sí justo por encima, de donde queréis hacer vuestro molino.

Al freire calatravo, desde luego, y más que la leyenda de lo que pudo o no pudo ser que no dejaba de estremecerle, y dada su manera de atender primero a lo que podía tocarse con las manos y serle útil, le interesó sobremanera y ambos comenzaron a seguir el trazado de aquella reguera, calzada en su base con mortero y donde incluso aún quedaban restos de pintura. Hubieron de caminar más de una legua pero al cabo del largo y difícil trayecto donde en más de una ocasión hubieron de bajar de sus monturas, cogerlas del ramal y andar a pie pues lo mismo iba por entre olivares que se metía por empinadas laderas de los montes, llegaron al lugar que el Plácido estaba ansioso por mostrarle. Allí para atravesar una vaguada se había construido una gran y fuerte pared, que en su repisa superior disponía de una an-

55. Se refiere, claro está, a Recópolis, la ciudad visigoda, única en el mundo, construida por Leovigildo para su hijo Recaredo, que tras sucederle en el trono la convirtió en su capital de verano y gran centro palaciego y comercial. La conducción de aguas no era sino un acueducto visigodo que llevaba a nivel el agua hasta allí. Tristemente hoy quedan muy pocos vestigios de él. Alguna parte de la acequia al comienzo y esa Pared de los Moros, única obra de la que permanece al menos un residuo. Todo lo demás fue arrasado y la parte cercana a esa pared y que la continuaba se destruyó para hacer a finales del siglo pasado una repoblación de pinos.

cha canaleta por la que se notaba que aún en ocasiones corría el agua, que ahora en su mayoría se perdía en el trayecto por innumerables fugas.

—El agua del Noguerón llegaba y llega, si se repara la conducción, hasta aquí. ¿Ve el señor caballero lo que se divisa allí abajo, por delante y hacia Zorita?

El freire calatravo entendió ahora. Allá abajo estaba el valle, el lugar donde él pensaba construir el gran molino. Y vio la luz. Si conseguían llevar el agua del Noguerón hasta aquella pared, que el Plácido dijo que los labriegos llamaban de los Moros, les sería muy fácil hacerla descender y confluir con la que venía de la Fuente de la Cueva y las escorrentías sobrantes de todos los Valladares tras haberse ido desangrando casi todos en los regadíos por encima de aquel lugar.

Era la solución y el freire se lo reconoció con un alborozado abrazo al inteligente escribano. Su primera intención fue la de hacer saber de inmediato a todos los implicados de los diferentes pueblos lo que habían descubierto y comenzar a trabajar cuanto antes para poder disponer de aquel agua.

Pero de inmediato recapacitó. Pregonarlo podía dar al traste con todo. El agua sería reclamada en su totalidad por Albalate. Almonacid pondría el grito en el cielo y Zorita, que estaba más abajo, aún más todavía.

Había que ser prudentes y callarse y eso es lo que le pidió al Placidín, explicándole sin tapujos la situación que temía que iba a producirse. El Ballesteros, que lo sabía mucho mejor que él y había tenido que mediar en aquellas pendencias, que si no eran dos era porque eran tres al año, sonrió con maliciosa complicidad y le dijo:

—¿Y por qué se cree el caballero calatravo que hasta ahora me lo he tenido tan callado? Solo os lo he contado cuando he sabido cuál era vuestra intención. Yo lo que quiero es que se haga el gran molino que será un gran bien para todos estos pueblos pero os pido por mi silencio y ayuda un algo.

—Pues tú dirás qué quieres, Placidín —respondió el otro, un tanto seco y precavido, pero la respuesta lo dejó corrido.

—Que cuando el agua cumpla su función moviendo la rueda del molino no se la queden luego los calatravos o se desperdicie, sino que al salir se lleve por las dos laderas de ese valle en acequias que rieguen tanto las tierras de Albalate por su izquierda y más abajo por la derecha las de Almonacid y al final las de Zorita. Y sea el agua para todos los propietarios que tienen sus tierras allí, sean de la condición y pueblo que sean y por supuesto de la encomienda calatrava también —se expresó el Plácido con humildad pero no dejó el otro de notar que con firmeza pues tenía asido el mango y de su discreción y apoyo resultaría o todo bien o todo muy tarde y peor.

—Así debe ser y hacerse, Plácido. Yo haré todo lo que esté en mi mano. Solo al comendador comunicaré la nueva y pediré, por las razones sabemos, discreción aunque supongo que habrá de decírselo, en todo caso, al clavero. Creo que comprenderá la necesidad de ser prudente en la cuestión. Si tú me ayudas y todo sale adelante, los pueblos tendrán lo que pides para ellos.

—Sobre todo porque hay una razón que hay que hacerle comprender al comendador, que es uno de esos pueblos quien ha de cederla, pues nace en sus tierras y pasa por muchos pedazos que no son propiedad de la orden.

—Esa será la gran baza a jugar. Habrá que negociarla con generosidad y dureza al tiempo o todo se irá al traste —reflexionó el calatravo.

—El hecho de que dispongan de nuevas tierras de riego será algo a poner sobre la mesa. Pero el comendador habrá de comprometer la palabra de la orden por escrito. Y con vos de testigo. Yo custodiaré el documento y no habrá por qué hacerlo público hasta que no sea preciso. Con ello valdrá para comenzar la tarea. Que será difícil, muy difícil.

Y con ello valió. Aunque hubo por delante meses e incontables reuniones, ante todo con Albalate, que al final acabó por permitir que los calatravos comenzaran los trabajos con la condición expresa de que no era entrega sino cesión y a cambio de ella hubo que llevar a cabo nuevas negociaciones de los beneficios y privilegios que tendrían en la maquila calatrava, la prioridad de molienda incluso y un estipendio inferior a los demás vecinos de otros pueblos.

Una vez comenzadas las obras de restauración del viejo acueducto y al llegar a la Pared de los Moros es cuando comenzó lo más correoso y enredado del asunto. Porque desde allí y una vez salvado aquel cerro era cuando había que desviarlo ya todo y dirigirlo ladera abajo hasta hacerlo caer al lugar llamado el Campillo y desde allí ya más fácilmente unirlo a las aguas que venían de la Fuente de la Cueva.

Lo malo es que aquellas tierras por las que se había de atravesar tenían dueño, muchos dueños. Algunas, todos los baldíos y no pocas cultivadas, pertenecían a la encomienda calatrava. Pero muchas otras eran de uno, de otro y de una larga ristra de labradores. Conseguir el paso por ellas no fue en absoluto fácil; cada cual consideró que lo suyo valía más que ninguno y todos que eso había de suponerles buena tajada a cambio.

Eso fue cosa del freire Porras. Y conjugar las buenas palabras con las malas artes cuando fue necesario, la táctica empleada. A veces con dureza.

Al unte se unió cuando fue menester la amenaza de que el poder calatravo, además de imponerse al fin, se tomaría cumplida revancha contra quienes entorpecieran la labor. Cuando ni por esas alguno no consentía se dio paso a un escarmiento, bastante doloroso y crudo tanto en piel como en hacienda. Entonces ya hasta los más enconados cedieron pues además, esa fue labor más del Plácido con alcaldes y vecinos afectados, la mayoría del paisanaje comenzó a malmirarlos como enemigos pues su empecinamiento egoísta, tras haberles ofrecido un precio razonable, suponía un perjuicio para todos. Por fin hubo acuerdo. Lo más fácil a la postre fue hacer la reguera y un día el agua al fin, abundante y con fuerza, llegó a la conjunción con la otra reguera.

Para el agua de ambas se había excavado en roca viva a base de pico y cuñas un canal por el que esta se dirigía, a muchos codos por encima del fondo del valle, y con gran velocidad e ímpetu a muchas varas sobre el fondo del valle a la parte trasera y superior de donde se estaba comenzando a alzar el molino. Desde allí la caída era impresionante y con ello aumentaba aún más la fuerza y eficacia del agua para mover las ruedas.

En poco más de un año, el molino de la Fuente de la Cueva ya estaba moliendo, tras haberse extraído sus ruedas de un cercano afloramiento rocoso de buena piedra.[56]

Al tiempo que los calatravos se concentraban en ello, los pueblos lo hicieron en la apertura de las acequias por las dos costeras del valle con hacenderas en las que colaboraron todos sin escatimar esfuerzo aquellos que luego iban a beneficiarse de los riegos y que bien sabían que convertiría sus tierras en un vergel y que allí se darían los mejores huertos. Cuando ya llegó el verano del siguiente año no quedaba un solo brazal a una sola finca que no estuviera listo para recibir el agua.[57]

El molino cambió muchas vidas pero en particular la del caballero José Manuel Porrras. Y no fue solo por el prestigio que llevarla a cabo, al igual que los trabajos de la albarrana y la barbacana, le proporcionó y que acabaron por conseguirle ser nombrado por el maestre clavero del convento al renunciar por edad el anterior en su función y

56. Las ruinas del molino, impactantes porque se halla asomado a todo el valle, existen aún, rodeadas de higueras y precedidas de un soto de tupida vegetación y arbolado. Todavía son visibles las extracciones de las ruedas de moler en las rocas cercanas y una que quedó a medio extraer. El molino siguió funcionando hasta fecha bastante reciente, hasta primera parte del siglo anterior. Su última propietaria fue la condesa de la Vega del Pozo, la mayor terrateniente de Guadalajara por aquellas fechas.

57. Tanto es así que en el conocido como vuelo americano del 52, las fotografías muestran desde por encima de Albalate hasta el mismo castillo de Zorita una maravillosa zona de verdor de huertos, frutales y cultivos de regadío de la más variada condición. Hoy todo ha quedado abandonado y tan solo se cultiva cereal.

volver a Calatrava,[58] sino por aquel atardecer de septiembre en que él y la mozárabe yacieron, aunque el pueblo se lo llevaba descontando meses, por primera vez sobre la arena que la cascada de la fuente formaba en aquella cueva con la que componía el nombre.

Ella venía en ocasiones montada en una pollina junto a sus ayudantes, que traían la comida en mitad de la jornada para las cuadrillas.

Uno de aquellos días de septiembre ella se fue a pie aguas arriba hasta llegar a un lugar donde crecían higueras que daban pequeños pero muy dulces higos y luego un poco más arriba donde en unos tupidos zarzales se podían encontrar muy buenas moras en su madurez justa y negra.

Hasta allí fue tras ella, aquella tarde azul, el freire, montado en el ágil alazán que utilizaba para aquellos menesteres en vez de su pesado caballo de batalla. Ella lo vio venir y siguió subiendo arroyo arriba hasta llegar a la cueva de la fuente. Él la siguió despacio refrenando a su montura y manteniendo la distancia, seguro de que lo había sentido tras ella.

Cuando la mujer, volviéndose y mirando hacia donde él estaba, se adentró en la fresca oscuridad de la gruta, el hombre descabalgó, ató en un pequeño bosquete de álamos a su caballo y entró tras ella. La mozárabe, con una sonrisa perlada en su rostro y un brillo salvaje en los ojos, lo esperaba al fondo donde aún llegaba algo de claridad ex-

58. El clavero, custodio y guardián del castillo, era la tercera autoridad en los conventos calatravos tan solo por debajo del maestre, que residía en la sede central, entonces en Calatrava la Vieja, y el comendador de las diversas encomiendas.

terior y donde el agua al caer por una pequeña cascada había creado una playita a un lado de la poza y, ansiosa y ardiente, se le entregó.

Él la penetró sobre la húmeda arena con furor y el sonido del agua de la cascada no alcanzó a apagar los gemidos y gritos de la hembra alanceada ni los bufidos del macho que la cabalgaba con frenesí. Él se derramó a no mucho tardar con un estertor mientras ella le exigía con el movimiento de sus caderas que la ahondara aún más. Él tuvo que esforzarse entonces en no retirarse hasta que sintió que ella también se estremecía y primero envaraba todo su cuerpo para agitarse luego en una convulsión hasta que al fin cesó con un prolongado maullido de gata.

Descansaron después uno al lado del otro y entonces ya se buscaron la boca, refrescados por la húmeda oquedad y el agua que les salpicaba, con un placer más cariñoso y una mayor suavidad. Él le acarició su piel entera, su espalda, sus redondas y firmes nalgas, y besó sus pechos hasta endurecer sus pezones. Ella, riendo y jugando, recogió con su boca el miembro del hombre y comenzó a lamerlo y chuparlo ora con dulzura ora absorbiéndolo hasta el garganchón.

Quizá deseaba que el hombre se derramara allí pero él, con un empellón poderoso, la hizo volverse y ponerse a gatas. Entonces la poseyó de nuevo, con su miembro otra vez endurecido y bravío, montándola esta vez por detrás. Ella aguantó las primeras embestidas hasta que hubo de dar con brazos y frente en la arena y él la penetró entonces hasta lo más hondo de su entraña, donde nadie le había llegado nunca y sacándole un grito a cada empellón de su boca jadeante. Él ahora la alanceaba en silencio despaciando cada entrada y cada salida de su verga, empujando al final de cada embestida y tirando al tiempo de sus trenzas; llevaba el cabello recogido sobre la cabeza, y él lo había soltado como si fueran las riendas de su yegua. Después el ritmo se hizo más violento y frenético hasta que el hombre se quedó clavado dentro y ella sintió el palpitar desbocado de su miembro en su interior y su leche de vida penetrándole dentro.

Esta vez ambos rodaron exhaustos. Un rato más tarde ella se arrastró hasta el cilanco y disfrutó bañando en sus aguas su desnudo cuerpo. Él se incorporó luego y utilizó la cascada para lavarse.

No hablaron apenas. Ella regresó caminando hasta el molino, allí cogió a su asno y bajó por la vega del Badujo hasta Zorita. Él remontó a caballo hasta la Pared de los Moros, por la senda junto al cauce recién abierto, y desde allí se dirigió siguiendo la conducción anterior hacia la ciudad hundida donde se detuvo contemplando el lugar; ahora vivían de nuevo ahí algunas familias que observaron con curiosidad, pero sin sorpresa, el paso del freire calatravo. Cuando ya el crepúsculo caía hacia la noche llegó a Zorita, ascendió a su celda de monje y acudió al siguiente rezo del convento. Por sus labores tenía dispensa de acudir a aquellos que estas impedían.

Tan solo comentó con sus hermanos de la orden y de pasada que había ido a ver todo el recorrido de la conducción para comprobar su estado y que se le antojó volver por aquella ciudad que decían era tan antigua y de los godos.

A partir de aquel día, el pacto con la mozárabe quedó sellado. La cueva de la fuente y otras oquedades que no lejos de allí aparecían excavadas en un cantil rocoso muy cercano[59] fueron el cobijo para su pasión. Aunque en alguna ocasión él también pretextaba visita para cualquier encargo a la casa de la viuda, siempre de día para no despertar suspicacia, y desataban sus pasiones. Ella debía morder alguna tela o algún cuero para que no se oyeran desde fuera sus gemidos.

59. Viviendas y oratorios de eremitas de siglos anteriores.

25

Camino de Alarcos

Cuando a la primavera siguiente, en la del año 1182, el rey Alfonso llamó a los caballeros calatravos para que le acompañaran a una profunda cabalgada por Al-Ándalus el embarazo de Constanza era tan evidente como crecida la murmuración. Cuando el freire regresó, que a punto estuvo de no hacerlo y sucumbir, el niño ya había sido bautizado con el nombre de Manuel y como «hijo de la Iglesia», al no tener padre que lo reconociera. El calatravo no lo hizo, no podía hacerlo, pero al niño no le faltó de nada. Ni a los que vinieron después.

Fueron aquellos años buenos para Castilla y el rey Alfonso, si bien nunca exentos de algún sinsabor. Pero lo cierto es que la suerte sonreía a sus armas contra los almohades, a quienes hacía sufrir con incursiones y les arrebataba posiciones fronterizas para ir ensanchando cada vez más sus dominios.

El Miramamolín, el califa Abu Yaqub Yusuf, había tenido que abandonar la península tras dejar pactadas treguas y regresar a África, donde tuvo que afrontar una rebelión, la de los almorávides, que aún mantenían influencia en ciertos territorios, en Ifriqiya.[60] El monarca castellano también tenía problemas con otros reyes cristianos, sobre todo con su tío Fernando de León. Con el navarro Sancho, aunque se había aminorado la tensión tras reconocerle definitivamente a Alfonso su soberanía sobre la Rioja, seguía molesto por ello. Y hasta había alguna disputa con el rey de Aragón aunque por fortuna la reina, su tía Sancha, mediaba en los problemas entre ellos. Había buen entendimiento con Portugal, pues ambas fronteras, la lusa y la castellana, eran los puntos más calientes ahora con el imperio africano.

Al final de la década anterior, el hijo del califa, que residía en Sevilla, se había quejado amargamente ante su padre de que los cristianos rompían las treguas y no dejaban pasar añada sin hacerle una incursión. Los portugueses habían llegado un verano, tras correrle el Aljarafe, a entrar en Triana, enfrente y solo separada por el Guadalquivir de su capital. Finalmente el califa, tras conseguir aplastar a los rebeldes de Ifriqiya, comunicó llegado ya el año 1181 que había empezado a preparar la respuesta y aceptó dar ya licencia a los príncipes africanos para ir a hacer la guerra santa a los cristianos de España. Él estaba por su parte comenzando a preparar un gran ejército para volver a cruzar el Estrecho. Pero mientras, las cabalgadas castellanas y portuguesas sobre el valle del Guadalquivir no cesaban y la de Alfonso en 1182 fue particularmente devastadora para los moros.

Con un gran ejército y tropas muy curtidas se adentró el rey de Castilla en Al-Ándalus llegando a Córdoba y cer-

60. Actual Túnez.

cándola. No tenía intención ni hueste para tomarla pero, bloqueadas las tropas moras tras las murallas, se permitió saquear toda la campiña a su antojo. El gobernador de Sevilla consiguió al menos alejarlo de su ciudad pero todo el resto de aquella tierra quedó a su merced. Estuvieron a punto de tomar Écija, muchos de cuyos barrios saquearon. En un castillo, cerca de Ronda, que asaltó gracias a la ayuda judía que le señaló el punto débil por el cual penetrar, tomó mil cuatrocientos cautivos. Quemó cosechas por doquier, el precio del pan se disparó en todas las ciudades andalusíes e hizo acopio de miles de cabezas de ganado. Como colofón se apoderó del castillo de Setefilla, cerca de Lora, tomando otros setecientos prisioneros allí refugiados por los que los sevillanos hubieron de pagar dos mil setecientos setenta y cinco dinares de oro recaudados en las mezquitas.

El castillo era lugar tan estratégico que el rey Alfonso decidió mantenerlo en su poder cuando el 17 de julio regresó a Castilla con el enorme botín obtenido después de mes y medio de asolar el territorio musulmán. Dejó en Setefilla a quinientos caballeros y mil peones, bien abastecidos y pertrechados, con la promesa de auxiliarlos si se veían en apuros. Los calatravos, que al igual que los santiaguistas habían participado en la operación, dejaron allí a algunos de sus freires más aguerridos, entre ellos el Porras. Que allí lo hiciera quedarse el comendador de Zorita tal vez tuviera algo que ver con la penitencia por sus cada vez más evidentes pecados de lujuria.

Los musulmanes no estaban dispuestos a soportar aquella espina clavada en el mismo corazón de Al-Ándalus y en cuanto estuvieron seguros de la marcha de Alfonso se lanzaron, el 4 de agosto, para arrancársela. El combativo gobernador de Sevilla iba al frente y la baraka le acompañó. El primer día de marcha sorprendió, en Carmona, a un nutrido destacamento que había salido de la fortaleza en algara y que se topó con el gran contingente musulmán. Setenta caballeros quedaron muertos en el campo y varias docenas más fueron hechos cautivos y metidos en hierros comenzaron a andar hacia Sevilla. Pero antes de llegar se encontraron con el hijo del califa, Abuishac, y, llevados a su presencia, este los mandó decapitar en el mismo camino. El freire Porras, que había sido de la partida, había logrado salvarse con un pequeño grupo y a uña de caballo ponerse a salvo, por el momento, en el castillo.

Porque a nada el vástago del califa tenía cercada a Setefilla y a las pocas semanas a la escasez de víveres se unió una terrible peste que comenzó a hacer morir a los sitiados como chinches. El fin parecía inminente, pero el rey Alfonso, avisado de su apuro, cumplió su palabra y regresó. El 7 de septiembre vieron desde las almenas que los musulmanes comenzaban a levantar el asedio. El ejército cristiano se aproximaba desde Toledo a toda velocidad. Abuishac prefirió no esperarle y regresó a toda prisa a Sevilla.

Cuatro días después las tropas castellanas, con Alfonso al frente, estaban ante sus muros y los cercados pudieron salir. Tan solo quedaban vivos apenas sesenta caballeros y unos seiscientos peones, que por una vez habían salido algo mejor parados. El freire Porras estaba herido y en los huesos pero salvó el pellejo y cuando a primeros de octubre retornó a Zorita pudo conocer a su hijo. Sus superiores debieron de entender que sus sufrimientos habían sido penitencia sobrada y por aquello no volvieron a amonestarle, aunque a poco la mozárabe volvió a mostrar una nueva redondez de barriga que indicaba que habían vuelto al pecado. Con discreción sí, pero cada vez con menos disimulo, también.

Los reyes leonés y castellano, tío y sobrino, llegaron al fin a un acuerdo en la primavera de 1184. Sabedores de que el califa preparaba ya sus tropas al otro lado del mar, se adelantaron, y el primero atacó por Cáceres y el otro, por el lugar más alejado de allí, la serranía conquense. Con calatravos, santiaguistas, nobles y mesnadas concejiles de la zona se dirigió contra el imponente castillo de Alarcón, que flanqueado por tres lados por los escarpados cantiles del Júcar parecía imposible de expugnar. Pero lo logró y tras ello avanzó sus líneas por toda la comarca. A mediados de junio regresaron todos, sin apenas bajas y con una nueva conquista en su haber.

El Miramamolín había desembarcado tardíamente y hasta el 5 de junio no llegó con el grueso de sus tropas a Sevilla, donde fue informado de que castellanos y leoneses se habían retirado. Entonces él se lanzó contra Santarém y allí con lo que se topó fue con su destino y su muerte. Cercados los portugueses y en mucha inferioridad desesperaban cuando de golpe se presentó con su ejército el rey leonés que se había retirado de Cáceres hacia su enclave de Ciudad Rodrigo.

Su llegada sorprendió y hasta llenó de temor a los portugueses pues aunque el rey Fernando era suegro del rey luso, el ya viejo Alfonso Enríquez, durante los años pasados había estado siempre en muy buena relación con los almohades y su gran aliado, el conde Fernando Rodríguez de Castro, tras la pérdida de prevalencia de su familia a manos de los Lara en Castilla, llevaba ya largo tiempo al servicio de los moros.

Pero no tenían nada que temer. Fernando anunció al Enríquez que venía en su ayuda y el alborozo de los sitiados fue general al tiempo que el desconcierto almohade se convirtió en letal para ellos pues de suponer que venían a unírseles se encontraron con que cargaban contra ellos al tiempo que los sitiados en la alcazaba salían en tromba. El califa dio orden de retirada y se produjo una desbandada general. El propio cuerpo de ejército que lo protegía a él fue alcanzado y asaltado. Herido en el vientre, sucumbió antes de llegar a Sevilla. Así acabaron los días de Abu Yaqub, al que los cercos como aquel de Huete siempre se le torcían y este lo mató.

Su hijo mayor y heredero Abu Yusuf Al-Mansur tuvo, encima, que partir de nuevo hacia Marrakech pues otra vez los almorávides de Baleares, al mando de combativo y audaz Ibn Ganiya, habían desembarcado en Ifriqiya y tomado la ciudad de Bujía.

Al-Ándalus quedó otra vez expuesta a las incursiones de castellanos y leoneses. Al año siguiente, los calatravos, con su maestre don Nuño al frente, corrieron la tierra de Andújar y al salir contra ellos fuerzas de Córdoba las afrontaron y en lo más recio de la pelea el freire Porras, que iba al frente de los zoriteños en aquella expedición, consiguió derribar a su capitán. Por su libertad hubieron de canjear los moros nada menos que a cincuenta cautivos cristianos.

La siguiente campaña la hizo el cada vez más prestigioso caballero calatravo con el rey Alfonso, que continuó avanzando por la serranía de Cuenca y concluyó por tomar Iniesta, avanzada de crucial importancia entre las cuencas del Júcar y el Cabriel.

Todo parecía marchar en la mejor dirección para los intereses castellanos. Había fallecido el contumaz conde Fernando Rodríguez de Castro y su hijo Pedro, poseedor de extensos territorios en la extremadura oriental, expresaba voluntad de amigar con el rey Alfonso. Por otro lado su tío Fernando, con quien al final había hecho las paces y hasta amistad, murió también dejándole en buena relación con su primo Alfonso IX.

Así que durante todos los veranos de aquella década los ejércitos del rey Alfonso no dejaron de atacar Al-Ándalus trayéndose cautivos y botín. Las mesnadas concejiles marchaban con ellos y retornaban con las alforjas llenas, que decía el Aguacil. Y si no era el rey, era un obispo quien dirigía las tropas y la cabalgada y si no un adalid comarcal.

Pero en el norte de África Abu Yusuf Al-Mansur comenzaba a dar muestra de su genio militar y su inteligencia política. Consiguió apaciguar Ifriqiya y que el almorávide Ibn Ganiya perdiera lo conquistado y tuviera que regresar a las Baleares, el único lugar de la España musulmana que quedaba en poder de quienes habían dominado todo Al-Ándalus. Comenzó entonces a preparar su revancha. Convocó la guerra santa contra los cristianos españoles y a las tropas de todo su imperio africano, de todos los lugares y formas de combatir, arqueros, jinetes, negros, cabilas y voluntarios de todas las procedencias, para unirlos a las fuerzas que los musulmanes tenían en la península, las tropas andalusíes y los propios almohades que residían allí. Logró ensamblar un ejército tan poderoso que en la década de 1190 el rey leonés solicitó y consiguió tregua y ante ello y, viéndose amenazado, hizo lo mismo el castellano.

Tanto el Alfonso castellano como Al-Mansur buscaban un choque frontal, decisivo y que aniquilara al enemigo. Durante los siguientes años ambos se prepararon para ello. Alfonso no dejó de visitar repetidamente la frontera del Guadiana, comenzó a construir el castillo de Alarcos para vigilar desde ahí el desfiladero del Congosto por el que se accedía a sus dominios y se juró a sí mismo que no permitiría a los musulmanes adentrarse en su reino. Revisó de continuo la marcha de las obras defensivas, primero sus murallas, luego una barbacana, y al final hizo levantar un pueblo en la falda de la fortaleza donde llegaron repobladores llamados por el propio monarca.

En 1194 la tensión era cada vez mayor y era ya conocida por los cristianos la gigantesca concentración de tropas que el califa había logrado acumular. No se contaban por decenas de millares sino por centenares de miles.

Pero Alfonso se sentía poderoso y seguro de su victoria. Él también estaba preparado y además iba a poder contar con la ayuda de su primo el rey leonés. Roma había andado de por medio. Tras la toma de Jerusalén por Saladino, en el año 1187, la Iglesia había advertido a los reyes cristianos que atacar a otro que estuviera en lucha contra el islam sería considerado motivo de excomunión. Podía tolerarse que se mantuvieran al margen pero ayudar al islam sería reprobado con rotundidad. Algún efecto tuvo en la península aunque también y sin tardanza se conculcó. Pero por el momento Alfonso IX, el de León, estaba dispuesto a ayudar a su primo, Alfonso VIII, el de Castilla, y se dieron cita al año siguiente para combatir juntos al califa que ya se sabía que no iba a dejar de venir.

En junio comenzó por todo el reino castellano el movimiento de tropas. El lugar de reunión fue Toledo y allí fueron las mesnadas concejiles de la Transierra y de las ciudades al norte. Allí acudieron con sus tropas y caballeros la nobleza de todo el reino y los obispos con sus mesnadas. Llegaron los concejiles de la Transierra y de las ciudades al norte de ella. No faltaron los santiaguistas ni, aún menos, los calatravos, pues la contienda se iba a librar muy próxima a su sede conventual. El maestre don Nuño hizo venir a todos sus freires, aun dejando sin apenas guarnición los enclaves bajo su custodia.

Iban al combate con la certeza de vencer pues ante la embestida de la caballería castellana los haces de los moros, por numerosos que fueran, se quebraban y acababan pronto por huir y desbandarse aterrados. Durante todos aquellos años anteriores siempre, o casi, salvo algún pequeño percance, había resultado así. Aquel a quien un día ya muy lejano habían llamado el Rey Pequeño siempre había salido vencedor y en esa batalla definitiva, aunque el enemigo fuera incontable, también habría de suceder así.

Se encontraron los castellanos en Toledo y desde allí, sin querer el rey Alfonso esperar al rey leonés, que venía ya de camino con sus tropas, partieron hacia Alarcos. Sabían que el ejército de Al-Mansur había atravesado ya por el Muradal y se dirigía hacia el Congosto para adentrarse en zona cristiana. El rey castellano no estaba dispuesto a dejarles dar ni un paso por tierra castellana. El que con los moros viniera el ahora cabeza de los Castro, Pedro Fernández, apodado como su padre «el Castellano» y que tras una finta de cercanía al monarca había retornado a su alianza con los musulmanes, llenó aún de mayor furia al rey Alfonso.

Acamparon en el sopié del castillo de Alarcos y a pesar de que la inmensidad del campamento enemigo que delataban las miles de fogatas encendidas impresionaba a la vista y sobrecogía los ánimos, todos tenían fe. El freire calatravo, que había dejado tres hijos en Zorita y había vuelto a confesar contrito sus pecados y hecho propósito de enmienda, los siete lanzas zoriteños y la más de media docena de labriegos de Bujalaro, que venían con el hidalgo Barcenilla como conductor, tenían la certeza de que los suyos vencerían mañana, aunque quizá algunos de ellos perecieran. Por su vida sí temían, ¿cómo no iban a temer?, pero por la victoria no. Era tan segura que incluso los judíos toledanos habían llegado hasta Alarcos y establecido en el castillo con abundante provisión pecuniaria para, acabada la batalla, proceder a comprar el botín.

LIBRO SEGUNDO

FRONTERA DEL GUADIANA

CALATRAVOS

26

La soberbia de un rey, la hecatombe de Castilla

El rey Alfonso no había perdido batalla alguna desde que sin dejar casi de ser niño ejerció ya de rey. Pero aquel 19 de julio de 1195 en Alarcos perdió la más importante y decisiva de todas cuantas había librado. Perdió la batalla, murieron a mansalva sus gentes y estuvo a punto de perder la vida él también. Se perdió la frontera, muchos castillos y tierras y pudo perderse Castilla entera. Mucho pereció aquel día pero aún pudo morir mucho más. Y el rey vencido sabía, además, y se torturaba con ello, que su soberbia había sido la causa del desastre.

No le faltó el valor, ni la determinación, ni le fallaron sus caballeros y sus peones, que combatieron hasta la muerte o la extenuación. Falló él. Le sobró confianza y lo cegó la soberbia. Por no esperar el apoyo leonés, por tener a sus tropas formadas bajo el ardiente sol toda la jornada anterior mientras que Al-Mansur hizo a los suyos descansar, para mandarlos al ataque con la luz del amanecer del siguiente día y por no prever la trampa del califa de permanecer oculto con sus mejores reservas y atacar en el momento crucial.

Y aun así pudo vencer. A pesar de la enorme superioridad numérica del enemigo, la carga de la caballería castellana, tras un mínimo desconcierto inicial por el madrugador ataque moro, la terrible cuña de hierro de ocho mil jinetes, estuvo a punto de romper y desbaratar el ensamblaje musulmán. Tanto penetró entre sus huestes, que en su tercera carga rompieron los haces musulmanes alcanzando y matando al visir que los mandaba llegando a pensar incluso que habían dado muerte al Miramamolín.

Pero no era el califa y las furiosas cargas castellanas fueron perdiendo efectivos y vigor. Al final fueron detenidos, bloqueados y envueltos por las alas de la caballería ligera enemiga y sus arqueros. El fiel de la balanza se comenzó a inclinar del lado sarraceno y aunque Alfonso se lanzó al frente de lo que le quedaba en reserva y de nuevo la equilibró, fue entonces cuando Al-Mansur apareció, emergiendo con sus destacamentos más temibles por detrás del cerro que los había ocultado, y la suerte estuvo, ahora sí, echada y Castilla vencida.

El rey Alfonso asumió que su honor y destino estaba en morir allí y siguió, como todos los suyos, luchando con furia desesperada y letal. Pero no le dejaron morir. A la fuerza lo sacaron de allí y con tan solo poco más de una veintena de caballeros lo retiraron del combate, ascendiendo hacia la puerta delantera del castillo de Alarcos y saliendo sin detenerse por la de atrás.

Cuando el sol comenzaba a declinar, las fuerzas cristianas lo hicieron aún más y la matanza fue cada vez mayor, don Diego López de Haro, que por ello sería hasta tachado de cobarde traidor, entendió que había que dar la lid por perdida e intentar salvar lo que pudiera. Junto a unos cuatro mil castellanos, otros más lo intentaron por su cuenta y por campo abierto, se fueron retirando con cierto orden hasta refugiarse en el pequeño y todavía no concluido castillo. Los musulmanes no persistieron mucho en el alcance, prefiriendo saquear el campamento enemigo y cesando la persecución antes del crepúsculo. La derrota de los infieles había sido total, su rey había huido, aunque llegaron a creer que pudiera estar acogido también en la fortaleza, y los supervivientes estaban acorralados y cercados tras sus muros.

La hecatombe cristiana había sido terrible. Combatieron con bravura hasta el final y de no pocas mesnadas de cada cuatro habían perecido dos y hasta tres.

De los siete lanzas zoriteños más el octavo, el Palomo, y el noveno, el Juanillo, que había cabalgado a su lado en el aciago día, solo se reencontraron cuatro dentro del recinto amurallado, el Sastre, el cabecilla, el Aguacil, el Panta y el Úbeda, y todos ellos con heridas de bastante consideración, aunque mortales no pareciera ninguna. Al Palomo lo habían visto caer, casi de los primeros, con una flecha de aquellos veloces jinetes clavada en el cuello; al Varillas, también los arqueros le mataron el caballo y al caer fue rematado en el suelo a lanzazos sin poderlo socorrer; al Coto casi lograron rescatarlo, cuando también sin caballo y a pie se defendía, pero cuando ya estaban a punto de llegar a él, una masa de refuerzos musulmanes a caballo irrumpió por el flanco y lo envolvió. Al último que habían visto fue al Nieto, que intentaba zafarse del cerco de jinetes del destacamento del califa y unirse a la fuga hacia el castillo. Le vieron derribar a un enemigo, pero luego dos cargaron sobre él, luego otros más y lo dejaron de ver.

De la muerte de ellos estaban seguros, aunque había alguna remota posibilidad de que alguno malherido hubiera sido capturado, pero a quien no habían visto caer aunque no lo encontraban por ningún lado fue al Juanillo.

—Yo lo vi al final, estaba en un grupo que se retiraba pero no hacia el castillo, sino que pugnaban por llegar al río Guadiana y el camino hacía Malagón. Intentaban desprenderse de jinetes moros que los acosaban pero tal vez se haya salvado —relató el Panta.

—El Juanillo, si ha tenido un resquicio, se ha escabullido por él. Seguro —quiso alimentar la esperanza el Aguacil.

—Todo el campo hasta donde alcanza la vista está lleno de muertos, no hay un cacho de tierra en que no haya alguno y en muchos casos amontonados. Hacia el Guadiana también hay muchos pero ya más dispersos —apuntó el Panta, que había subido nada más entrar en el castillo a las almenas—. Buscando el cobijo de los sotos del río es por donde los vi, sobre todo a los infantes o a los que se habían quedado sin caballo, que intentaban ponerse a salvo de la sarracina.

—Salvados no estamos ninguno de los que vivimos aún. Estamos cercados y a su merced —reflexionó el Sastre.

—Es cierto —dijo el Úbeda—, pero si vienen a por nosotros, que no somos pocos, la caballería no vale contra los muros, la sarracina se la vamos a devolver —añadió espaciando las palabras como en ocasiones tenía por costumbre el Úbeda.

No acabaron ni muertos ni cautivos. En cierto modo un traidor, este de veras, Pedro Fernández de Castro el Castellano, y otro que en absoluto, o al menos por aquel día, lo fue sino por contra buen líder en la adversidad, Diego López de Haro, iban a salvarles la vida y libertad a casi todos y a Castilla lo que quedó aquel día del ejército de hasta entonces casi imbatibles caballeros.

El Castro, que tras su primer arrimón a Alfonso había vuelto a la querencia paterna de buscar el cobijo almohade, había participado activamente en la batalla, siendo uno de los consejeros esenciales del califa por su conocimiento de las tácticas cristianas y dirigido un flanco entero de sus tropas. Su contribución a su derrota haría que el resentimiento de Alfonso y de toda Castilla le persiguiera hasta su muerte, pero a él le debieron muchos cristianos sobrevivir a Alarcos.

Fue el que aconsejó al califa no lanzarse a un ataque contra el castillo. Causaría terribles bajas y no estaba, sin máquinas de asedio, en absoluto garantizado el éxito. Cuatro mil guerreros curtidos y desesperados podían defender con mucho éxito aquel recinto. La victoria ya estaba conseguida. Además, los cristianos tenían en su poder multitud de cautivos musulmanes y era el momento más propicio para canjearlos y liberarlos. Esta razón, mucho más que la otra, es la que convenció primero a los jeques andalusíes, muchos de los cuales tenían deudos y allegados prisioneros, y luego acabó por ganar la voluntad del califa.

Al-Mansur le puso al frente de las negociaciones y López de Haro consiguió además que esta fuera rápida y llevar al ánimo musulmán la posibilidad de que el rey castellano podía estar en Toledo preparando con su primo el rey leonés, que había traído desde el norte un ejército con él, alguna suerte de ofensiva para tratar de rescatarlos.

Se acordó el amán[61] y tras entregar los cristianos rehenes, entre ellos a notables del reino o a hijos de estos, que fueron conducidos a Sevilla y a Rabat después, y liberar una importante cantidad de cautivos musulmanes, entre ellos muchos relevantes, y todos los que como tal estaban presos en el propio castillo, el califa consintió en la salida de los sitiados, con sus armas y pertrechos, así como de los habitantes de la aldea que allí se habían refugiado y que quedó por entero desierta.

Una larga y triste fila cogió el camino hacia Toledo. Unos cuantos a caballo iban delante y justo tras ellos iban tanto peones como labriegos, mujeres y niños incluidos. Cerraban los carros con los heridos. Detrás otro pequeño pelotón de jinetes y algo más rezagado el grueso de la caballería que quedaba con don Diego y que había aguardado en la puerta trasera del castillo a que salieran los últimos. Junto a él algunos caballeros de la nobleza y obispos, entre ellos el de Sigüenza al que se creyó muerto, pero eran los de Ávila y Segovia los fallecidos, y lo que había quedado de las órdenes militares. Los santiaguistas habían perdido además de a su maestre Sancho Fernández de Lemos a diecinueve de sus más reconocidos caballeros e innumerables escuderos y peones. Los portugueses de la Orden de Évora también habían perdido al suyo, Gonçalo Viegas, pero eran los calatravos, aunque su maestre fuera el único superviviente de los tres que habían entrado en liza, quienes

61. Fórmula habitual de pacto de rendición que solía permitir salir a los cercados e incluso mantener sus armas, entregando la fortaleza y rehenes que fue común aceptar en la península por unos y otros y que sorprendía a los cruzados llegados de otras tierras.

estaban en verdad deshechos. Ellos habían combatido en el solar que consideraban propio, lo habían defendido con ferocidad y pagado con su vida pero habían sucumbido y se sentían aún más vencidos que ninguno y nadie había más abatido que su maestre, don Nuño Pérez de Quiñones, por haber quedado vivo. Al cruzar por la puerta los cuatro concejiles zoriteños lo vieron con la cabeza gacha y el cuerpo abatido. Entre el puñado de los freires que lo flanqueaban estaba aquel caballero alto y de nariz de águila que había dirigido las obras de las torres y el molino.

Los calatravos ya sabían que todo lo habían perdido y que su propia sede y convento que les daba el nombre ya no les pertenecía. Antes de ponerse ellos en marcha poderosos destacamentos de tropas almohades habían ido rindiendo y estableciendo guarniciones en las fortalezas de todo el entorno, Caracuel, Malagón, Guadalerzas, Benavente y Calatrava, de donde habían huido sus habitantes, encontrándola desierta y sustituyendo su iglesia por una mezquita. Toda la frontera del Guadiana había caído, todo el territorio volvía a manos agarenas.

La larga reata de hombres, bestias y algunos carros, los moros solo permitieron los justos para echar allí a los heridos, se perdía a lo lejos. La flanqueaban dos líneas de caballería ligera del califa con los arcos a punto. Lo hicieron durante una jornada completa. Al concluir el día volvieron grupas y retornaron a seguir celebrando la victoria con los suyos.

Fue a partir de entonces cuando a la caravana comenzaron a unirse fugitivos, en pequeños grupos o jinetes solitarios. Uno de ellos apareció de pronto, brotando de un pequeño bosquete y se dirigió hacia los carros de los heridos que custodiaba la mesnada concejil de Atienza ahora al mando de Pedro el Pardo, pues su adalid y juez Trifón era uno de los muchos que habían entregado el alma en aquellos calurosos llanos. Era el Juanillo.

Era de los pocos de Bujalaro que quedaban. Pues del resto habían perecido todos menos dos, el Víctor de los Domingos y el Barcenilla, que venía muy débil de la sangre perdida por muchas heridas. Habían muerto sus dos peones, amén de un Hernando, un Raposo, un Esteban; uno de los Moreno, que había logrado llegar al castillo pero muy malherido, había expirado al poco. De toda la mesnada concejil de Atienza, no llegaban a sesenta los que volvían.

Don Diego López de Haro llegó a Toledo el día 27. El rey lo mantuvo como su alférez y le puso al tanto de la lluvia sobre mojado y sobre ella pedrisco que además había acaecido. El rey de León, tras hacerle reproche por no aguardarle, le había exigido la entrega de los castillos que consideraba que los castellanos le habían tomado ilegítimamente. Habían reñido por ello y se habían separado agraviados y resentidos.

—Os digo, don Diego, que tras nuestra desgracia Castilla habrá de afrontar también a León y a Navarra, que ni siquiera ha hecho gesto de venir en nuestra ayuda. Aprovecharán como cuervos nuestra debilidad y de todos habremos de defendernos. De los moros y de ellos. Urdirán pactos y juntos o por separado todos cabalgarán contra nosotros. Estamos solos, don Diego, solos. Pero ya que no me habéis dejado morir en la lid, este rey sabrá defender a sus vasallos y no permitirá que nos aplasten ni despedacen. Repararé el daño que yo mismo he causado —concluyó, diciendo la última frase casi en un susurro y, le pareció a don Diego, que ahogando un sollozo.

Se volvió cara a la pared el rey Alfonso y tras unos momentos, cabizbajo y meditando, se giró con ella levantada.

—Aragón nos ayudará. Mi tía Sancha y mi primo el infante don Pedro. Con ellos cuento —dijo.

Luego hizo que entraran todos los que de su corte y allegados habían sobrevivido y levantando la voz y con firme acento les dijo:

—Volveremos a cruzar ese Guadiana. Llevaremos de nuevo la cruz a Calatrava y la haremos avanzar allende del Muradal. Derrotaremos al Miramamolín y vengaremos a los muertos en Alarcos. Los vengarán sus hijos. Ellos no han de quedar ahora desvalidos sino que tendrán en el reino la protección de la Corona y se pondrá en su mano la espada para que cuando llegue el día descabecen a los que han matado a sus padres.

El parlamento sobrecogió a todos y los hizo enmudecer unos instantes. Pero al cabo levantaron la cabeza y adelantaron la barba. De una de las filas traseras brotó una voz ronca.

—¡Por el rey Alfonso y por Castilla!

Y uniendo todas sus voces en una, se conjuraron todos en ello.

LIBRO TERCERO

COMÚN DE TIERRA DE ATIENZA

LABRADORES

27

El regreso de la derrota

Tras la derrota, al saber que el Miramamolín, antes de que se iniciara agosto, había emprendido el regreso hacia Sevilla con el grueso de sus fuerzas, aunque dejando fuertemente guarnecidos y abastecidos de hombres y pertrechos todos los castillos y enclaves que había conquistado, las tropas vencidas de los cristianos se dispersaron retornando a sus lugares de origen.

Al peso de la derrota, la muerte de sus cercanos y el dolor de las heridas de las que casi ninguno se libraba, se unía la certeza de que el tiempo por venir estaría preñado de angustia y de miedo. Los moros volverían el siguiente año. Se lanzarían, como antaño y con avidez de aves de rapiña y ansias de venganza, contra las tierras castellanas. Serían ahora ellos quienes les correrían los campos y matarían y robarían todo lo que se pusiera a su alcance. Y a su alcance estaría casi todo. Las primeras las tierras de la frontera toledana y de la Transierra castellana.

Los calatravos, perdida su casa madre, se acogieron al único enclave de importancia que les quedaba, la encomienda de Zorita y su castillo, donde se instalaría el maestre con los caballeros supervivientes del convento de Calatrava. Hicieron el camino junto a los concejiles zoriteños pero esta vez no se les unió el Juanillo que prosiguió camino junto a los de su tierra natal.

La mesnada de Atienza y los de la obispalía de Sigüenza hicieron el camino juntos yendo a buscar por Alcalá el río Henares y tirando por él aguas arriba, para separarse pasado Jadraque, en las juntas del Henares con el Cañamares.

Pedro de Atienza se despidió de su primo Juanillo, que tiraba hacia Bujalaro con gesto serio.

—Te avisaré de todo lo que vaya sabiendo. Habrá que estar alerta en cuanto empiece el buen tiempo. Las razias moras pueden llegar hasta aquí. Pero también tendremos que tener cuidado con los leoneses y los navarros. El rey leonés ya está en tratos con el califa. Le ha solicitado treguas y se las ha concedido. A Castilla se las ha negado sin embargo. Seguro que a través del Castro, que ahora hace de puente, entre Sevilla y León, nos darán muchos disgustos. Mantén a los concejiles alerta, Juan —le dijo con un abrazo y el Juanillo se sorprendió mucho. Era la primera vez que le llamaba de esa forma.

Ya se iban alejando el uno del otro cuando Pedro aún se volvió y gritó para que le oyeran todos, su primo y los otros dos del pueblo que se habían librado de morir en Alarcos.

—¡Y haz que se cumpla la voluntad del rey! Los hijos de los muertos en Alarcos han de ser amparados y si ya son mozos o están a punto de serlo debéis adiestrarlos para el combate.

Quien hablaba entonces no era el amigo sino el juez del muy poderoso concejo de Atienza y adalid de su mesnada concejil, una de las más numerosas y aguerridas de la Transierra. Que volvía deshecha pero que era urgente volver a rehacer.

El hidalgo Barcenilla se había repuesto bastante. Pudo parecer que no lograría salvarse de aquella y menos superar el viaje, pero aunque aún no podía montar ya iba sentado en el carro. Las heridas le habían cicatrizado bien.

—Tiene encarnadura de perro —comentó el Víctor.

Subieron los tres que habían salido vivos, el Barcenilla, el Juanillo y el Víctor, por la ribera derecha del Henares y, sin asomarse siquiera al molino del Rebolloso, cogieron el camino por debajo de la cueva de Nublares, remontaron luego cuando los farallones de roca daban paso a los cerros pelados y blanquecinos de los Yesares y desde un altillo ya dieron vista a Bujalaro.

No habían cruzado palabra desde que se separaron de los otros. Cada cual iba pensando en sus cosas, en lo que les diría a los suyos y a las familias de los muertos, pero los ojos de todos ellos cataban cada revuelta, cada cerro, cada vallejo, cada pedazo labrado y cada barbecho. Al entrar ya por la Callejilla, por donde bajaba la reguera y se ponían algunos huertos, el Barcenilla dijo:

—Creí que no volvería a verlo y ahora en cada paso me viene un recuerdo.

—En cada terrón, Barcenilla. Pero tú labras poco —contestó el Víctor.

Pero lo hizo con voz amiga, sin malicia casi, y los tres se rieron. La primera vez que reían desde que se lanzaron al ataque en Alarcos. Regresar vivos de una matanza como la que habían sufrido unía mucho. Tiempo habría ahora de discutir por las lindes.

La noticia de la derrota y la masacre había llegado mucho antes que ellos pero no sabían, más allá de la terrible hecatombe, quiénes eran los muertos y los vivos. Lloraron las mujeres de los hijos del tío Serapio, los Raposos, por el hermano mayor muerto, de los Hernando, de los Esteban y de los mozos de la casa del hidalgo. Se alegró mucho la larga familia de los Domingos al ver llegar al mayor de los hermanos y aún más la Marta, la mujer mora del Juanillo y su ya extensa prole.

En los largos años de sosiego anteriores que habían transcurrido desde que se acabó la traída del agua y se produjo la muerte del Manquillo habían pasado en Bujalaro muchas cosas. Cosas importantes que sucedían cada día y que tenían que ver con cómo encañaba el trigo aquel año, la nube de granizo que se llevó media cosecha el otro, la lobada que hizo trizas un hato, la helada que no dejó ni una pera o que muchas ovejas parieron dos corderos una temporada. Cosas que se sufrían o alegraban pero que iban amontonándose unas sobre otras y al cabo solo salían al recuerdo cuando algo se les semejaba. Eran cosas de la tierra. Las de los hombres tenían otro tempero en la memoria y esas como que estaban siempre revolando por ella, porque seguían ahí delante.

La Garza se había casado con el hijo del Valentín, Valentín el Mozo, que lo era y de la envergadura de su padre y que había adorado a la hija del Maula desde que la vio el primer día cuando llegó con su madre, la Filomena, de aquel lugar del norte del que ni se acordaba. Él la había querido siempre pero no se hubiera atrevido a decírselo. Bueno, casi ni fue él quien se lo dijo, aunque la Garza bien lo sabía, sino que fue su hermano y como si lo fuera del novio, el Maula joven, quien tuvo que ir aderezando la cosa hasta que el pretendiente se atrevió a proponérselo al Valentín, su padre, primero y luego a ella, que menudo fue el sofoco.

Pero no tenía por qué tenerlo. La Garza parecía haber esperado a que el chico tuviera los años apropiados para casarse con él. Le gustaba más que ningún otro pero en cualquier caso lo sentía como algo señalado por donde debía fluir su vida. Y muy seriamente, como solía hacer sus cosas, le dijo que claro, que se casarían y fue feliz a la boda que celebró el Damasón y se la vio reír como pocas veces se la había visto. Lo fue aún más cuando al tiempo, o sea antes del año, dio a luz a un niño con la ayuda de la Vicenta y el crío nació vivo y pareció que fuerte y sano. Le pusieron Valentín, claro, pero al mes escaso algo se torció en el cuerpecillo y no hubo manera, ni por los remedios de la tía Patricia ni los de su madre, que se compusiera, y al cabo una noche se murió el pobrecillo.

Nunca se vio más triste a la Garza, aunque solo lloró el primer día. Valentín el Mozo perdió casi hasta el habla y no recuperó las ganas de hacerlo hasta recibir por fortuna en muy poco tiempo la nueva de que la Garza había vuelto a quedarse preñada.

A ella aquel segundo embarazo se le hizo mucho más largo que el primero. La Garza, que jamás había temido nada ni a nadie, tuvo miedo. Pero lo parió a su tiempo, vino bien y se echó a llorar al primer azote. Salió con los ojos claros, azules, como su abuelo y el pelo rubiato. Y como ya no le pudieron poner Valentín, le pusieron Antonio. Su padre recuperó su fuerza de toro, la desfogaba trabajando más que su mulo y echaba los surcos cantando. Cantaba bien y a la Garza le gustaba que lo hiciera. Era cuando su boca sonreía y toda su cara parecía despedir una cálida ternura. Era otra Garza y otra era también la que en lengua que mejor no oyera nadie le cantaba bajito a su niño para que se durmiera.

En la casa de Julián también había habido novedades. Y una muy reciente y muy mala. De un parto tardío ya para sus años y tras haber traído media docena de criaturas al mundo, la hermosa Matilde había muerto. Una hemorragia ante la que no pudieron hacer nada ni la partera ni la Garza. Murió joven y el Julián desde aquel momento cojeó más cada día. No acabó de echar ya nunca la luz ni recuperó la alegría que siempre había tenido. La casa quedó en las manos de la hija mayor, de la Paula. Era una joven hermosa, como su madre, pero más fuerte y decidida. Lloró a su madre y al día siguiente tomó las riendas y sus hermanos comenzaron a obedecerla y su hermana más pequeña, la Paquita, a pegarse a ella aún más de lo que estaba e ir siempre las dos a una.

Al Barcenilla lo recibieron muy bien en su casa. Más que su mujer, que era algo tiesa, se la había traído de Guadalajara y no dejaba de quejarse por vivir en un pueblucho, aunque fuera la más rica y la mejor servida, quien lo recibió con alborozo fue su hijo Miguel que ya andaba por los seis años y era un muchacho avisado y despierto, la alegría de su padre. La chica, mucho más tímida, y con tan solo un añejo cuando él marchó a la guerra, se llamaba Agustina y como su madre la puso al cuidado de un ama de cría, porque perdió la leche, era a ella, la tía Iluminada, a la que le echaba los bracillos para que la cogiera en los suyos. Al cabo de poco también al que buscaba siempre era a su hermano, por el que siempre tuvo devoción.

La mujer del hidalgo, de todas formas, a partir de aquel parto se fue amustiando. Perdió la leche y se le quedó el vientre seco para siempre. Se fue arrinconando en sí misma y si siempre había sido distante ahora se mostraba desabrida y también se la veía decaída y triste. En gesto y en cuerpo porque la tristeza parecía ser algo más que consecuencia de su disgusto por el pueblo o porque el marido ni siquiera buscara gusto alguno en ella sino en cualquier otra saya que le pasara a mano, sino por algún mal que le corroía por dentro. Nunca se había recuperado del todo del segundo parto pero cuando la niña andaba ya para cumplir los dos años el decaimiento le fue a más cada día. Acabó en cama y ya no se levantó de ella. Allí ya se estableció de por vida. Hizo de la alcoba su vivienda y alrededor de ella mantuvo al retortero a las criadas, a las que tenía en jaque noche y día.

El Barcenilla se hizo preparar otra habitación y ya poco pisó por aquella. Hizo incluso venir un médico de Sigüenza, que atendía a los canónigos y al mismo obispo, pero la mujer por fuera no parecía tener mal alguno ni tampoco otros síntomas que irse quedando cada vez más flaca, sin ganas de comer ni fuerzas para levantarse. Le dio una pócima por darle algo y se marchó moviendo la cabeza. La enferma lo siguió estando y parecía que así seguiría sabe Dios cuánto tiempo cuando un día, al cabo de un año y medio de haberse acostado, amaneció fría y tiesa. Cuando la amortajaron se dieron cuenta de que estaba en el esqueleto. Pero parecía tener un gesto diferente, como de descanso en la cara. La enterraron en un lugar de privilegio en el camposanto y el hidalgo hizo poner un lápida de piedra, con su nombre inscrito debajo del de la familia y una cruz de alabastro. Los niños quedaron, como de hecho ya estaban, al cuidado de la tía Iluminada y de todos los criados de la casa. No sufrieron apenas, pues su desapego con ellos hizo que el chico no la echara apenas en falta y la pequeña ni siquiera alcanzaba a recordarla. Siguieron creciendo sanos, muy unidos entre ellos y muy mimados por todos.

Arnoldo Barcenilla con la mujer, o quizá ella con él, no había tenido mucha suerte pero sí la había tenido con los hijos. Con los de la legítima pero también con los que había tenido con otras, los del hidalgo y las mujeres de su casa o de las de otros. No llevaban su apellido pero algunos bien se sabía de quién eran.

Sobre todo uno, un robusto mozallón que el Barcenilla quiso tener siempre al lado. Algún nombre tendría pero como no padre reconocido, aunque sí sabido, fue otro de los que sacaron de pila como «hijo de la Iglesia» y le comenzaron a apodar, quizá por ello, como el Cristiano y con el Cristiano se quedó para siempre.

Desde niño fue fuerte como un toro, noble como un caballo y bueno como un buey, pero metido en pelea ya no podía parar ni había quien lo parara. El Barcenilla no le trató como a un hijo, hasta eso no llegó, pero entre sus sirvientes y criados le dio trato de favor. Tenía otro lugar donde vivir que los otros y otra consideración del amo. Claro que el Barcenilla se lo cobraba muy bien. El Cristiano era su sombra, su escudo y su advertencia. Cuando alcanzó los dieciocho años era de temer con su fuerza descomunal y su lealtad de mastín a quien estaba siempre dispuesto a obedecer y a embestir por él contra cualquiera que el hidalgo ordenara. Aunque le mandara hacer cosas como cargarse a la espalda una mula solo porque vieran de qué era capaz y lo temieran a él. Bueno, eso, lo de cargarse una mula, al Cristiano le gustaba hacerlo pero no tanto cuando le hacía castigar a alguien. Le disgustaba pero si se lo mandaba don Arnoldo sus razones tendría y él no era quién para discutirlas y menos para negarse. Pero eran cosas que le dejaban pesaroso y con la cara oscurecida.

Era el guardián más fiel y esa lealtad se extendía por igual a los dos hijos del amo, que eran sus medio hermanos, por los que tenía una devoción total. Con el Miguel y la pequeña se sentía feliz y ellos con él. Hacía por ellos lo que le pidieran y no se cansaba jamás de sus caprichos, pues si anchas eran sus espaldas era aún más ancho y más ingenuo su corazón. Podía matar de un golpe a cualquiera pero no tenía maldad.

En Bujalaro y en todos los sitios, que en eso no había demasiado distingo aunque alguno sí entre nobles y plebeyos, los que más morían eran los niños, los que nacían ya muertos o se morían al poco de nacer o los que no pasaban el destete. A ello, aunque doliera mucho, hasta casi estaban acostumbrados. De viejos allí casi ni se había muerto aún nadie, los más señalados habían sido el tío Julio y la mujer del Barcenilla, que aún no lo era. La muerte de media docena de jóvenes en la batalla perdida de Alarcos causó mucho dolor y aparejado a él volvió el miedo. Las terribles razias moras podían volver y esa era la peor y más temible novedad. Lo que parecía haber quedado atrás y casi olvidado volvía a amenazarlos.

El Juanillo se encontró, al fin, después de cuatro chicos que le habían vivido, con una niña en casa, que no había otro nombre que ponerle que el de Marta. Se puso muy contento y no dejaba de jugar con ella durante el tiempo que estuvo y que, como tantas veces, no fue demasiado. Cumplió lo que su primo y él mismo habían oído de los propios labios del rey: atender a los huérfanos de Alarcos. Así se lo hizo saber al ayuntamiento y al alcalde. A uno que ya tenía edad, el nieto del tío Serapio y Serapio como él, el hijo del mayor de los Raposos, que andaba por encima de los trece, para comenzarse a adiestrar en las armas se le proveyó de caballo, espada y escudo, que serían de buen metal. Iría al castillo de Jadraque y allí comenzaría a hacerse un buen guerrero. Con los otros tres en cuanto tuvieran el tiempo suficiente se haría igual. A sus familias se les pasaría mientras tanto algo para su manutención.

Pero el Juanillo no paró mucho tiempo por Bujalaro tampoco esta vez. Aguantó la sementera y se enganchó a labrar incluso. Pero si había ocasión o se la buscaba se iba con el ganado, que le gustaba mucho más que arar y se le daba mejor. En cuanto podía y lo mismo que había hecho con el Maula se iba con el Marianejo y no veía la hora de volver a la besana y ponerse tras la yunta.

Pero casi ni había terminado el invierno cuando le llegó, con un jinete, un recado y esa misma tarde aparejó caballo, armas y viandas y con un jaco de repuesto en reata se puso en marcha. La llamada era de Pedro de Atienza y bien sabía por qué. Los almohades y los leoneses se preparaban para atacarles. Volverían a tener que contarse muertos.

Pero además de morirse gente sí que habían pasado cosas en Bujalaro y seguían cambiando el pueblo y hasta el paisaje. Los del vecino poblado de Henarejos habían hecho también iglesia y a las piedras donde estaba asentado sobre la reguera del Chorrillo, el manantial que les surtía de agua, aunque el Henares lo tenían también al lado, ahora les llamaban de la Magdalena por haber consagrado la iglesia a aquella santa. Unos y otros llevaban cada vez más adelantada la tarea de adehesar los vallucos que iban desde el río hasta irse resubiendo por las faldas de los montes, el Talar se acabó por llamarles, hasta la alcarria. La labor ya se veía y las hileras de los robles, aún muy disparejos, pero ya alineados como soldados entre las tierras roturadas y labradas, ya se comenzaban a distinguir. Un día serían gigantes.

Los de Bujalaro habían construido, tenían allí tierras y derechos de pastos, algunas tinadas en la zona que se unían a las del otro lado del río, los corrales de Valcorredor, camino del vecino Jirueque. El primer corral en Henarejos era de los Gómez, del Valentín y el Julián, y estaba muy cerca de las piedras de la Magdalena y aún más de los pilones del Chorrillo. Algo más arriba el Juanillo había hecho construir el suyo, al lado de una fuente que se había venido en llamar de Valdelasocho, sin que ya nadie se acordara de por qué y finalmente los del tío Domingo lo habían hecho ya casi al borde del bosque que no se había adehesado, pasado el alto de Rabotacapas y al lado de la fuente de la Parra que esa sí se sabía el porqué del nombre. Una vid silvestre se había enroscado al tronco de un roble que crecía muy hermoso por encima del manantial.

Fue por allí, por el alto de Rabotacapas, cuando empezó la historia del Mastín, el perro más famoso del contorno, que aunque por ese nombre hubiera varios en el hato que llevaba la punta del Valentín, se le conoció a él en singular. Fue por Rabotacapas, que tenía bien puesto el nombre porque allí se preparaban siempre revoleras de aire que hacía rabotarse a las capas donde empezó a forjarse su leyenda.

Mastines, desde que el Juanillo trajo al primero y una hembra después, había habido siempre y buenos en Bujalaro. Era como una seña del pueblo tenerlos de los mejores. El Marianejo, que había aprendido el oficio en la Sierra Negra por los andurriales del Hiendelaencina junto al río Bornoba y hasta las juntas con el Sorbe, sabía bien cómo enseñarle al ganado.

Cuando la mastina paría, se los cogía, que había que tener cuidado con sus dientes al hacerlo, y los rebozaba en la sirle de las ovejas para que desde cachorros se hicieran a ese olor, para que olieran a oveja.

—El mastín, para ser bueno, tiene que creer que es oveja y los animales son una cosa o la otra por el fato que tienen y que dan —decía el pastor con mucha seguridad. De hecho, era una de las pocas cosas que se atrevía a aseverar así y hasta porfiar en ella. El Marianejo, si le llevaban la contraria, por lo regular o se callaba o le daba la razón al otro y se marchaba para cualquier lado.

En cuanto se destetaban, a los cachorros había que empezar a acostumbrarlos al ganado. El Marianejo iba presentando al rebaño, uno a uno, a los nuevos. Las ovejas se acercaban a olerlos. Iban a ser sus guardianes y sus defensores y se tenían que apreciar y querer. Al cabo de nada era digno de ver cómo los mastines antes de echarse a dormir en sus sitios y algunos incluso en medio de las reses, iban antes de acostarse como a saludar y despedirse de ellas antes de cerrar un ojo. Porque los dos no los podían cerrar.

Porque con la noche el que podía venir, y más de una vez venía, era el lobo. Cuando el Mastín ya tenía unos años y era un perro curtido y bragado, por allí bajando del Talar es cuando, entre dos luces, la manada lobuna preparó la emboscada en el barranco de al lado del de la fuente de la Parra. Al ataque desde arriba y desde bosque cerrado, la mayor parte del hato salió despavorido hacia abajo, con el Marianejo y su zagal dando voces, los careas ladrando y todos los mastines guardándoles el culo y protegiendo la huida. Pero un grupo de ovejas se metieron por un barranquillo hacia un costado y se encontraron sin salida y cercadas. Los lobos se fueron a ellas y ya les habían clavado los dientes en el cuello a dos y desjarretado otras tantas cuando llegó el Mastín. Se lanzó a por las fieras sin importarle que fueran tres, que tres eran, los enemigos.

Debió de ser una pelea terrible porque cuando el Marianejo, alertado por el ruido del combate, los gruñidos terribles y un aullido que sonó a muerte de un lobo, acudió a lo que le daban las piernas y los pulmones lo que encontró fue al perro medio muerto. Pero con un lobo degollado ante él y otro que se alejaba arrastrando los cuartos de atrás.

El último, que ya tenía al perro dominado y lo hubiera acabado por matar, es el que salió huyendo cuando llegó el pastor gritando y con la cayada en alto. El Marianejo también sabía utilizar la honda y fue una pedrada lo que hizo huir a la fiera.

El Mastín estaba tan malherido que pensó que de seguro moriría. La carlanca de púas de hierro le había salvado la yugular pero tenía heridas muy feas en el lomo, en un costado y sobre todo en los ijares. Pero después de lo que había hecho por el ganado no lo iba a dejar morir allí. Fue a por la borrica, montó al zagal en ella y al perro atravesado en la albarda y los mandó para el pueblo a dar aviso.

El Marianejo se llevó al ganado al resguardo del corral del Chorrillo y pasó allí la noche con todos sus perros en alerta. Los lobos no volvieron a atacar. A la mañana siguiente llegaron el Valentín padre y el Julián. Contaron las bajas. Tres ovejas muertas, otras cuatro que hubo que sacrificar y a decir del Marianejo otras dos a faltar, después de haber encontrado algunas esturriadas. Se las habrían llevado los lobos, se habrían despeñado por cualquier lugar o a saber adónde habrían ido a parar.

Recogieron los despojos aprovechables de todas las reses y al lobo muerto se lo llevaron también para enseñarlo por el pueblo.

El Marianejo les contó cómo había sido el lance y cómo el Mastín solo se había enfrentado con tres.

—¿Se ha muerto? —preguntó casi con resignación de saberse la respuesta.

—La noche la ha pasado, pero no sé yo si pasará otra más. Está muy mal —contestó el Valentín.

—Merecería vivir —dijo Marianejo.

—No sé, no sé, se ha quedado resollando mucho, tirado en un montón de paja en la cuadra de las mulas. Si está de Dios...

De Dios quizá estuvo, pero seguro que también de la carlanca, el que viviera. Y puede que más que nadie de la Garza. Cuando volvieron, y aun sin saber la mujer de su valentía y coraje, ya se había compadecido de él y había comenzado a curarlo. Le lavó las heridas y el fiero animal, a pesar de que debía de sufrir mucho dolor, se dejó hacer mansamente. Quizá por debilidad total o porque entendía que la mujer lo quería ayudar. Le puso emplastos donde tenía los peores desgarrones y dentelladas y le vendó la del ijar, la más fea, con un trozo de costal roto que hizo tiras.

El niño chico, el Antoñejo, que apenas daba sus primeros pasos, no se perdió detalle y se acabó por acercar cuando su madre ya había acabado su tarea y el animal reposaba con gran subir y bajar de su respiración. Con su manita hizo gesto de acariciar la enorme cabezota del perrazo y antes de que la Garza pudiera evitarlo ya lo había hecho. El Mastín, entonces, abrió los ojos, después un poco la boca y sacando la lengua lamió la mano del niño.

Aquel día se selló la amistad del pequeño y del Mastín. Porque aunque el perro se quedó en los huesos y pareció que la fiebre, pues ardía de ella, lo acabaría por consumir y matar, consiguió vencerla y aunque renqueaba un poco y ya lo haría por siempre, volvió a ser el tremendo animal que había sido.

Pero desde entonces, aunque fuera con el ganado, cuando el Marianejo cerraba en el corral del pueblo él se bajaba a dormir a la cuadra de la casa, convertido en guardián del Antoñejo, el hijo de la Garza y Valentín el Mozo.

Fue cuando el chico andaba por los tres años que ocurrió lo del gran susto. Una mañana el niño desapareció. No se sabía dónde se podía haber metido. No lo encontraban por ningún lado ni rincón de la casa, ni en el zaguán ni por los alrededores ni por todo el pueblo pues salieron a buscarlo hasta la fuente de arriba y hasta la pequeña de abajo y nada de nada. Nadie había visto al crío. Hasta la serena Garza comenzó a estar cada vez más angustiada. Llegó el abuelo Valentín y al transmitirle su preocupación se echó a reír.

—Anda, venid para aquí que ya sé yo dónde está el chico.

Los hizo bajar con ellos a la planta baja y los llevó a la cuadra de las mulas. A la vista no estaba, pero al fondo del todo en lo más oscuro era donde el Mastín tenía hecha su cama en un montón de paja bastante grande y en el que también solía dormitar el día que no salía con el rebaño, porque como aquel estaba lloviendo mucho.

—Mirad dónde está el chico —señaló el bulto con el dedo.

Solo se distinguía en la penumbra el corpachón del perrazo, pero al acercarse vieron que en medio de la rosca había algo más. El niño estaba allí durmiendo como un bendito y el Mastín ni se canteaba para no despertarlo.

—Mira, mujer —dijo el Valentín—. Nunca estará en su vida tu hijo más seguro que lo que ahora está.

28

Bajo Nublares

Antes del inicio de la primavera de 1196 el rey había hecho llamada a su ejército, sobre todo a las más curtidas gentes de la Transierra que como el Juanillo estuvieron ya sobre el campo en tareas de vigilancia por toda la frontera. El de Bujalaro junto a su primo acabó por la divisoria de aguas entre Ávila y Toledo, que era por donde se esperaba la embestida. El monarca castellano había pedido una y otra vez al califa treguas, pero este se las había negado y no solo eso, había pactado y firmado alianzas con los reyes de León y de Navarra. El viejo rey de Aragón dudaba pero tenía cuentas pendientes con Castilla y estaba dispuesto a aprovechar la situación. Castilla iba a ser atacada por todos los lados.

La primera embestida la protagonizó el conde Pedro Fernández de Castro. Amén de hacer de enlace entre Al-Mansur y Alfonso IX de León, pasó al servicio de este último provisto por el califa de un importante contingente de tropas almohades. Fueron ellos quienes comenzaron los ataques mientras que el vencedor de Alarcos, que aún permanecía en Sevilla, empezó a mover sus tropas que habían invernado en el Aljarafe.

El rey leonés inició el hostigamiento contra Castilla por la zona de Tierra de Campos al tiempo que el califa se puso ya en marcha con su enorme ejército y, aconsejado por el Castro, se dirigió al oeste de la frontera que no era en principio por donde Alfonso esperaba el ataque que, suponía, vendría directo hacia Toledo. Primó el interés del conde pues eran la tierra y las ciudades que habían estado bajo su señorío hacia las que fue. La primera plaza y fortaleza en caer fue Montánchez, que tras comprender lo inútil de su resistencia pidió amán y se rindió tras concederles salir junto a mujeres y niños. Aunque llevaban una pequeña escolta de protección andalusí en su camino hacia el siguiente enclave cristiano, una banda de tropas árabes cayó sobre ellos pasando a cuchillo a todos los hombres y esclavizando a las mujeres y niños. Al enterarse el califa, avergonzado, mandó que fueran puestos en libertad e hizo conducir a los supervivientes a territorio cristiano.

El gran ejército almohade se dirigió luego a Trujillo, que encontró abandonada y tomó sin esfuerzo. Igualmente sucedió en Santa Cruz. Sí encontró fuerte resistencia en Plasencia, la ciudad fundada por el propio rey Alfonso que, protegida con esmero y repoblada por él, tan solo capituló cuando tras asaltar las murallas también abrieron brecha y tomaron la alcazaba. El botín de cautivos de alto rango fue cuantioso.

Tras Plasencia Al-Mansur, entonces ya sí, puso rumbo a Toledo pero intentando antes asaltar Talavera. Pero ahí, aunque el destrozo fue brutal y saqueó todo su alfoz y parte de la propia ciudad, no pudo conquistar su alcázar y sin poder conquistarla la dejó atrás y se dirigió a Toledo.

Cercó la emblemática ciudad pero no puso empeño excesivo en el intento al comprobar lo inexpugnable del enclave y comprobar que los avisados toledanos tenían muy dispuesta la defensa. Se aposentó entonces al norte de la vieja capital visigoda y dividió sus tropas en partidas de saqueo que arrasaron todas las vegas, talando olivos, arrancando vides, quemando campos y llevándose ganado, gentes y todo aquello que pudieron acarrear. Arrasaron los alfoces de Santa Olalla, Escalona y Maqueda arramblando con todo pero sin lograr forzar sus defensas.

Los cristianos no tenían suficiente fuerza para poder oponerle un ejército y librar batalla en campo abierto pero los musulmanes tampoco parecían tener la capacidad de tomar las fortalezas claves del territorio y menos el objetivo soñado de Toledo.

Se empezó entonces a comprender tanto por un lado como por el contrario que Al-Mansur había perdido la gran oportunidad el año anterior tras su gran victoria. Entonces hubiera sido el momento de proseguir el ataque y de conseguir hacerse con la capital del territorio y sus más señeras fortalezas. Se había conformado con tomar los castillos del Guadiana y empujar la frontera hasta el Tajo pero no alcanzaba a ponerlo bajo su poder mientras las grandes fortalezas resistieran y las gentes se pudieran cobijar en ellas.

El rey leonés sí aprovechó la ocasión para pedirle, como tributario suyo, y al igual que había hecho el Castro, tropas almohades que le apoyaran. Al-Mansur se las otorgó y con ellas atacó algunas comarcas fronterizas. Las incursiones desde el noroeste llegaron cerca incluso de Atienza y el propio obispo de Sigüenza convocó tropas para hacerles frente. La alarma, sin embargo, no se concretó en mayores avances y finalmente se pudieron recoger las cosechas por el bajo y el alto Henares y las alcarrias sin otro contratiempo que alguna tormenta que vino del cielo.

El grueso del ejército musulmán no permaneció demasiado tiempo en territorio castellano. A principios de julio ya estaba de regreso en Sevilla. Al-Mansur, al margen del cuantioso botín obtenido, al volver desde Toledo había logrado una última y valiosa pieza en esa línea fronteriza, el castillo de Piedrabuena que lograron expugnar.

¿Dónde habían estado mientras tanto las tropas del rey Alfonso y las mesnadas de la Transierra que había hecho llamar? Pues apostadas en la sierra abulense, con los caballeros de Ávila como mejores conocedores del terreno esperando su oportunidad. Los abulenses aún libraron alguna escaramuza con las tropas almohades, pero Alfonso no permitió que el enfrentamiento fuera a más. Había aprendido a esperar y pensaba que solo así podría quizá recuperar algo y cobrarse algún agravio.

El Juanillo lo contó a la vuelta, ya por septiembre.

—Cuando los moros de Al-Mansur traspusieron, llegó la nuestra y le dimos su merecido a los leoneses. Nos lanzamos contra ellos y los hicimos retroceder con el rabo entre las piernas. Conseguimos recuperar Plasencia, que era lo que más le dolía al rey haber perdido. Se intentó también retomar Trujillo pero eso no pudo ser. Pero os digo que los leoneses se lo van a volver a pensar antes de atacarnos de nuevo.

Por aquellos días, más que nunca, en las villas y en los pueblos los juglares no dejaban de entonar, y las gentes de pedírselo una y otra vez, el *Cantar de Mio Cid*. Eran muy celebrados los pasajes cuando Rodrigo se las tenía tiesas con el rey Alfonso VI, que antes de Castilla lo era de León, y con los cobardes infantes de Carrión, nobles de retaguardia, acomodados y traidores mientras que los castellanos penaban y sufrían los ataques moros. El abatimiento castellano, el primero el del propio rey Alfonso, había quedado atrás, y algunas cosas jugaban a su favor. La primera, la muerte del anciano rey aragonés y la subida al trono del joven Pedro, que desde el inicio estableció la mejor y más leal amistad con el castellano, propiciada por la buena influencia de su madre la reina Sancha, tía carnal de Alfonso. Castilla ya no estaba sola contra todos sino que ahora contaba con la ayuda de Aragón y el leonés y el navarro empezaron a saber que provocarles tenía consecuencias y que estas eran dolorosas e inmediatas.

Las fortalezas, las murallas, los castillos roqueros en los pasos y todo lugar estratégico se fueron guareciendo y fortificándose con frenesí. Se resubieron almenas, se reforzaron muros, se ensancharon fosos y los castellanos se dispusieron a aguantar al año próximo la segunda embestida del Miramamolín.

Esta vino en el verano de 1197 arrasando los campos por Talavera y Maqueda, como la vez anterior, y se aposentó frente a Toledo pretendiéndola asaltar con verdadera furia esta vez. Pero no hizo excesiva mella el embate. El foso natural del Tajo y la muy poblada defensa hicieron ver al califa que sus posibilidades eran muy escasas. Le llegó además la nueva de que los reyes Alfonso y Pedro estaban cerca, en Madrid, y entendió que era una gran oportunidad de ir contra ellos y cercó aquella villa, sin saber que los dos monarcas la habían abandonado y se habían retranqueado con sus tropas a la sierra. Quedó para defenderla Diego López de Haro con un buen número de caballeros y milicias, entre ellas la de Atienza con Pedro al mando y Juanillo al lado.

Tuvo la ciudad cercada largos días pero no la pudo tomar. Un destacamento sí logró asaltar, ascendiendo Jarama arriba, Talamanca, degollando a todos sus defensores y llevándose a mujeres y niños como esclavos.

Por los pueblos ribereños del alto Henares, como Bujalaro e incluso por los de su parte baja, muchos habían pensado que las cabalgadas moras no llegarían hasta allí. Sin embargo aquel año el ejército almohade, tras el infructuoso cerco de Madrid, siguió los cursos de los ríos y lo que le sucedió a Talamanca estuvo a punto de sucederle también a Guadalajara.

La capital alcarreña, por fortuna, estaba preparada para la defensa y aguantó el embate, pero su vega fue asolada, talada, quemada, desarraigada y maltratada de una manera feroz. Al-Mansur decidió quedarse acampado frente a ella y descansar del viaje y del calor en los sotos del río. Dio entonces rienda suelta a su caballería ligera para que corriera aquella tierra hasta donde pudieran llegar y que no dejaran un árbol en pie ni mies sin quemar, granero sin saquear, ganado sin robar y cristiano sin degollar o cautivar.

Y esa fue la terrible noticia que primero sacudió a Hita y de Hita se extendió por luminarias y campanas hasta Jadraque y allí saltó a Bujalaro.

Ellos no tenían posibilidad alguna de defensa ante pelotones de combate a caballo. De los concejiles apenas si quedaban algunos y desde luego insuficientes incluso para hacer frente a un pequeño escuadrón.

Al amanecer el pueblo era un avispero. Se tocó a rebato, se hizo junta y se decidió poner primero a resguardo a la población pero al tiempo intentar salvar al ganado. El castillo más cercano era el de Jadraque y la decisión inmediata fue que los más viejos, mujeres, niños, carros y caballerías cargados con todos los costales de grano recién recogido que pudieran llevar se apresuraran a refugiarse en la fortaleza que distaba a algo más de media legua. Anteriormente y cuando comenzaron a llegar malas nuevas, el que más y el que menos, y aunque todos tenían la esperanza de que los moros no irían por aquel lado o al menos no llegarían hasta allí, ya había escondido en oquedades o recovecos fuera de las casas o bajo su suelo, parte del grano recogido. Por lo menos había que salvar algo para la sementera y no morirse si llegaban.

Los moros estaban cada vez más cerca. Se hablaba de pequeños grupos de jinetes que venían río arriba y que habían sido vistos en las juntas del Henares con el Sorbe mientras que a otros, que habían remontado a la alcarria desde Hita, se les había visto ya asomarse al valle desde Miralrío.

Junto a ancianos, niños y mujeres marcharon también para el castillo hombres y mozos para ayudar en su defensa. El Barcenilla encomendó al Cristiano la custodia de sus dos hijos y decidió quedarse en el pueblo acompañando al grupo que habría de encargarse, junto a los pastores, de poner a salvo los rebaños. Que no era cosa fácil, pues no se esconde así como así un rebaño de ovejas y menos aún cinco.

Fue el hijo del Maula muerto, el joven Maula, quien dio la solución. La salvación estaba en la cueva de Nublares. Ese era el secreto que su padre siempre había guardado y por lo que le gustaba tanto andar por allí. De hecho, saberlo solo lo sabían su hijo y ahora por boca de este, y tras su muerte, el joven Valentín, a quien este siempre había considerado como un hermano. A lo mejor, y sin que ellos estuvieran enterados, lo sabía también el Juanillo, que tanto solía andar con él y no tenían secretos entre ellos. Pero el Juanillo no estaba allí.

—En las entrañas de la cueva de Nublares cabe de sobra todo el ganado que hay no solo en Bujalaro sino en todos los pueblos del alrededor —dijo el Maula y confirmó el joven Valentín.

—¡Qué va a caber allí! En la sala de la cueva no caben ni dos hatos y no sé, además, cómo vamos a subir las ovejas allí, con el cortado que hay de roca justo por debajo de la entrada. Si es difícil hasta para un hombre y gateando trepar hasta arriba —replicó el Julián.

—Es que, tío Julián, no se entra por allí. La cueva tiene dos entradas y una, que nadie conoce, es por donde se puede meter el ganado —dijo el joven Valentín, y su padre y todos los demás se le quedaron mirando con cara de pasmo.

El Maula lo explicó.

—Mi padre la conocía y me la enseñó. La entrada está en el sopié del cerro donde estaba la torre mora. Justo entre unos matones del barranco que separa la costera del cerro con el de al lado, ya en el término de Jadraque. El pasil no es muy ancho y sí muy bajo al principio. Un hombre tiene que entrar agachado pero una oveja entra bien y de ancho caben dos. Luego, según te vas metiendo, la cueva va a más. Se nota que la ensancharon y tiene varios caños a los lados. Ocupa todo lo que está por debajo del cerro y sigue por otro pasadizo toda la ladera adelante hasta conectar con el caño que hay al fondo de la sala de la cueva de Nublares. El que parece que está cegado. Pero no lo está. Lo que tiene es una losa bien puesta y piedras por el otro lado. Hay entrada y escape por los dos extremos. Mi padre cerraba allí su ganado y como si se lo hubiera tragado la tierra. Que se lo había tragado.

El Valentín y el Julián recordaron entonces las desapariciones del Maula por aquella zona, que era visto y no visto y que de golpe no había rastro de él ni del ganado, y comprendieron. El viejo moro se la había jugado. Pero ahora les podía salvar.

Sin embargo, al plan le salió oposición. La del Barcenilla fue enconada. Y su negativa, total.

—Encuevarnos allí es meternos en una ratonera —afirmó con rechazo—. Y no me fío —remató.

Pero aunque el peso del hidalgo era importante y algunos se pusieron de su lado, la mayoría sí consideraba aquella opción como la mejor. Dejar los hatos en las tinadas o en los apriscos o suelto por el campo era una invitación a que se lo llevaran. El Dominguín hizo la propuesta que resolvió la situación.

—Antes de nada, hay que ir a verlo. Si es como dicen, es la mejor solución. Pero hay que darse prisa.

Se la dieron. Bajaron con el Maula él mismo, el Barcenilla y el Valentín acompañados del Marianejo y el pastor del hidalgo. Comprobaron que el Maula decía la verdad. Cabían de sobra. La entrada estaba muy oculta y dar con ella sería casi imposible si no se conocía el lugar. Además, una vez dentro se podía taponar.

Pero había una cuestión en la que todos estaban pensando. Las ovejas dejaban a su paso una huella tal de cagarrutas que hasta un ciego, y solo por el olor, podía seguir el rastro.

Ello ya lo habían pensado también el joven Maula y Valentín el Mozo.

—Está claro que no podemos bajar el ganado por el camino de la Aguadina, sería como enseñarles dónde las hemos metido y que será por el que, si vienen río arriba, vendrán los moros. Hay que llevarlas por otro lado. Por las cuestas de los Yesares y alcanzado el barranco que baja desde el pico de Jadraque, hacerlas llegar hasta la boca —dijeron.

Se decidió allí mismo y ya no valió de nada la oposición cerrada del Barcenilla. Todos veían en esa cueva la salvación de sus ovejas. Una docena de hombres se quedaría con ellas y en el peor de los casos, si los moros los descubrían y lograban desbloquear la entrada, ellos al menos podrían escapar por el otro lado.

Se quedaron el Maula y el Valentín mozo, el padre quiso hacerlo pero se le convenció para que al igual que su hermano y un puñado más se fuera al castillo, el Víctor de los Domingos, un Raposo, el hermano pequeño del muerto en Alarcos, un Nova, un Agustín, un Hernando, un Pérez, el hijo mayor del Juanillo, dos pastores, con el Marianejo a la cabeza, y dos zagales. Iban todos ya a salir arreando para poner en marcha el plan cuando Arnoldo Barcenilla, quien en principio y por su condición se había dispuesto que ahora marchara hacia la fortaleza, y que había mantenido un hosco silencio y sin que hicieran falta palabras se notaba que seguía sin convencerse y contrario a la decisión, reventó.

—Vosotros sabréis. Yo me fío cada vez menos —y lo dijo mirando con fijeza al Maula—. No me fío nada y por eso no me voy a ir al castillo. Me quedaré con vosotros y nadie me lo va a impedir.

Hubo algún conato de réplica pero el Valentín, el alcalde, las calló.

—No hay tiempo para discutir. Si quiere está en su derecho. Uno más a defender. Y yo otro. No me vais a convencer de nuevo. Yo también me quedaré. Así que en marcha y no hay más que hablar. Hay que proveerse de todo y a escape venirse para acá.

—Antes de que se encierre al ganado hay que darle de beber, no sea que haya que estar encerrados algunos días —señaló el Marianejo.

—En la reguera del comienzo de la Salía se puede hacer —respondió el otro pastor.

Se dieron buena prisa. Hicieron acopio de comida, bebida, armas, aperos, algunos picos, teas para alumbrarse, mantas y poco más. Estaba el sol todavía alto cuando comenzaron a meter la primera punta de ovejas por el pasadizo ayudados por los perros que entraron también. Cuando entró tras ellas el último mastín también se acabaron de meter todos los hombres, menos dos. Uno, se empeñó, fue el Barcenilla que se apostó donde había estado la torre y otro el joven Valentín que se adelantó al pico del otro lado del barranco desde donde se divisaba el molino del Rebolloso y el cruce con el camino a Castilblanco por un lado y a Jirueque y hacia Atienza por el otro.

No estuvieron allí demasiado tiempo. No había ni siquiera comenzado a declinar el sol cuando los vigías oyeron el toque a rebato de las campanas y luego comenzó a subir hacia el cielo una humareda desde donde estaba el pueblo de Jadraque. Se aventó ya definitivamente cualquier esperanza de que los guerreros almohades no llegaran hasta allí. Los dos escuchas no esperaron más y bajando de su apostadero se colaron también por la boca entre la maraña e informaron.

—No sé si aquí habéis oído las campanas, pero en Jadraque ya están y le han metido fuego al pueblo —dijo el Barcenilla.

Todos pensaron en sus familias y más de uno rezó para que el castillo pudiera aguantar.

Alguno expresó su esperanza en voz alta dándola por segura para intentar convencerse a sí mismo.

—El castillo aguantará, seguro. Serán solo destacamentos pequeños de caballería. Seguro que aguanta.

El joven Valentín tenía más noticias y todavía más preocupantes.

—Me ha parecido ver que a lo lejos, por el lado de Castilblanco, por los sotos del río se estaba moviendo algo que venía hacia aquí. No he aguardado más, pero me ha parecido ver también algo de humo subir.

—Los tenemos encima. Vamos para dentro del todo y a

taponar la entrada. Hemos barrido lo que hemos podido del cagarrutal que han hecho las ovejas al entrar. Es imposible que puedan ver nada desde el camino. Está a lo menos cien pasos de él y la prueba de que es bien difícil encontrarlo es que en todos estos años ninguno de nosotros había dado con esta boca —dijo con buen juicio el alcalde y eso, que ni siquiera ellos lo hubieran descubierto nunca, los tranquilizó un poco.

El Valentín remató con una orden:

—Todos para dentro y a callar.

—¿Y si ladran los careas? —dijo un zagal.

—Allá dentro no van a ladrar y aunque lo hicieran afuera no se oirá —replicó el Marianejo.

Se metieron todos, taparon bien y con piedras grandes la boca. Nadie se podría ni imaginar que había una entrada allí y solo la peor de las casualidades podría hacer que la descubrieran. Se adentraron hasta donde era mayor el espacio, una gran sala excavada en el corazón del monte, y se dispusieron a esperar. Dejaron las cuatro cosas que habían traído, comprobaron que el ganado estaba tranquilo y fue ya entonces cuando se sentaron en el suelo y se dispusieron a comer un poco, pues desde el amanecer no habían probado bocado.

—Los moros hicieron esto para salvarse y ahora a quien nos va a salvar es a nosotros de ellos —dijo el Raposo y se le escapó una risa jovial. Los del tío Serapio siempre querían ver el lado bueno de las cosas.

Fue al oírlo cuando el Barcenilla empezó a mirar uno a uno a todo el grupo intentando ver al moro que había ahora entre ellos, el Maula, el que les había llevado hasta allí.

No lo encontró. Los repasó y contó una vez más y comprobó que no estaba.

—¿Dónde está el Maula? —preguntó con voz llena de aprensión.

—Ha dicho que iba por el caño hasta el último ensanche donde está el ganado. Ahora vendrá —respondió el Víctor.

El Barcenilla se levantó.

—Voy a ver yo también.

La sospecha le llevaba royendo desde que el hijo del moro muerto y que seguro que tuvo algo que ver con la muerte de su tío empezó con el cuento. Ya los tenía metidos en el cepo y a lo que había ido era a completar su traición. Era moro y los moros eran traicioneros. Los demás estaban todos ciegos si no lo querían ver.

Todos habían cogido algún arma por si tuvieran que defenderse. Habían dejado las espadas, los escudos y hasta algún arco con su aljuba en un rincón. El Barcenilla se acercó hasta allí, cogió de su fardo un largo puñal y se fue tras el moro, pues eso era, un moro, para él.

Llegó alumbrándose con la antorcha hasta donde ya no había ganado y no lo encontró. Siguió por el pasadizo que se iba estrechando pero que tenía buen paso y avanzó por él. Debía de estar ya llegando al final cuando lo oyó. Estaba allí y había comenzado a hacer una especie de pared para taponar el paso hacia la boca de la cueva de Nublares. ¡Los quería dejar atrapados allí, bajar por el otro lado y en cuanto llegaran los suyos avisarles y entregarles a todos y todo el ganado!

Pero había llegado a tiempo, el moro aún no había acabado y estaba a este lado del pasadizo. El Barcenilla se abalanzó sobre él con el puñal en la mano y dando grandes voces.

—¡Moro traidor, te voy a matar! ¡Lo sabía! Pero a mí no me has engañado nunca, cabrón.

El Maula, al sentirlo llegar y verse acorralado, se tiró al suelo y como pudo reptó por la hendidura que aún no había acabado de tapar y pasó al otro lado. En la mano llevaba una pala pequeña con la que había estado tapando el orificio. El Barcenilla fue tras él. No podía dejarlo escapar porque si lo hacía iría corriendo al encuentro de los de su raza, les diría dónde estaban y los cazarían como a conejos.

El Maula, tras atravesar el orificio y entrar ya en la parte hasta entonces conocida de Nublares, se había parapetado tras una losa desprendida del techo que había antes del pasadizo y que lo hacía invisible aunque algo de claridad de la entrada de la cueva llegaba hasta allí y comenzó a gritar a su perseguidor.

—¡Te equivocas, te equivocas! He venido a tapar esta entrada, la boca de la cueva es grande y al verla podían subir a mirar. Por eso vine por el otro lado, a taparlo para que no pudieran entrar.

—A taparlo para que no pudiéramos escapar, moro traidor. Siempre lo he sabido, ya mataste a mi tío, pero a mí no me has engañado nunca, sarraceno del diablo. ¡Te voy a matar! —Seguía el otro en su idea y avanzando para lograr acorralarlo y tenerlo al alcance del puñal.

El Maula, con la pequeña pala como toda defensa en la mano, fue retrocediendo hacia la entrada de la cueva y luego ya en ella no le quedó otra opción que salir al exterior, a una pequeña repisa de roca que avanzaba sobre el cantil. Hizo un último intento de convencer al otro.

—Volvamos dentro, que nos pueden ver desde abajo si estamos aquí. Vamos dentro y allí que todos lo sepan y decidan.

Pero el Barcenilla, loco de rabia, no atendía a razón alguna. Para él más claro no podía estar. Dio ya un último paso y el otro quedó del todo acorralado. Aquella pala de poco le iba a servir al moro cobarde y traidor. Asió con fuerza el estilete y se lanzó a por él.

No contó con la agilidad del joven Maula. Hizo una finta y le golpeó con la pala. Quería darle en la cabeza al hidalgo pero solo lo alcanzó en el hombro. El Barcenilla era más fuerte y de un empellón, en el siguiente ataque, lo hizo caer cuando el otro intentó sujetarle el brazo para evitar que le clavara el arma en el costado. Trabados, los dos rodaron por el suelo y aquello fue el final. Ambos cayeron por el borde del cantil y fue el Barcenilla quien se golpeó de lleno contra las rocas de abajo. El Maula cayó encima de él. Pero la caída no concluyó ahí sino que los dos fueron rodando, rodando la empinada ladera abajo y así acabaron llegando al mismo borde del camino de la Aguadina.

Allí el Maula, aunque maltrecho, fue el primero en recuperarse y al poco se incorporó. El otro, unos pasos más allá, no se movía. Fue hacia él y comprobó que estaba malherido: sangraba por la cabeza y parecía tener un brazo roto. Pero resollaba aún.

Comprendió que debía sacarlo de allí. Estaba casi inconsciente pero al poco se restableció algo y aunque como alelado, podía andar trastabillando. Hizo que con el brazo bueno se apoyara en él y caminando por el borde de la ladera, por desgracia pelada de vegetación, intentó alejarse de debajo de la boca de Nublares.

Su intención era llegar al siguiente barranco que se abría en dirección al pueblo unos cientos de pasos más arriba, meterse por él y ocultarse. Donde no se podían quedar era allí, ni en el camino ni en los barbechos, ni en la parte más pelada de la ladera.

Consiguieron penosamente ir avanzando. Les quedaban menos de cien pasos para llegar y esconderse en el barranco cuando el ruido de cascos de caballo hizo comprender al Maula que estaban perdidos. Los jinetes no tardaron en aparecer por la revuelta del camino, tras haber atravesado el vado por encima del Rebolloso, de donde salían llamas y humareda.

Se les echaron encima en un verbo. El Maula tiró el puñal que tras la caída había recogido y se arrodilló junto al Barcenilla que había caído a tierra al dejarle sin su soporte. Sumiso y señalándole, comenzó a gritarles a los que les rodeaban.

—Él, caballero, él, caballero —dijo a sus captores—. Hombre poderoso. Rescate, pagarán rescate.

El jefe los miró. Se apeó del caballo y recogió el puñal, que contempló con interés. Era un arma fina y bien labrada. De caballero, en efecto. En el Rebolloso no habían encontrado a nadie y en Jadraque tampoco habían podido capturar nada apreciable. Se habían adelantado a los otros escuadrones para intentar conseguir un mejor botín pero la alarma iba sonando por delante de ellos, aquellas malditas campanas cristianas, y cuando llegaban a las aldeas allí no quedaba nada de valor que se pudieran llevar. Estos, que debían haberse escapado del molino que acababan de asaltar y donde no habían encontrado a nadie, no eran mala presa. El más joven tendría algún valor y el otro, si había entendido bien, y por las trazas sí lo parecía, era un caballero y por él pagarían más.

Habían pasado por debajo de la cueva, pero justo desde allí la propia ladera y el cantil tapaban su entrada de la vista. Iba a ordenar atarlos y seguir avanzando cuando un jinete llegó al galope por el camino. Era un enlace y traía órdenes para aquel pequeño pelotón de jinetes.

El Maula, aunque había hablado en romance para no dar a conocer su condición, recordaba algo de su lengua y alcanzó a entender lo que decían.

El capitán de todos los que habían llegado hasta Jadraque ordenaba el regreso de las pequeñas partidas diseminadas por el territorio. Todos debían retornar de inmediato hasta Guadalajara porque el califa Al-Mansur había dado la orden de levantar el campamento y comenzar el regreso a Al-Ándalus. Y al califa no se le podía hacer esperar.

El jefe del pelotón miró a sus dos prisioneros y dudó un momento. Hasta hizo gesto de ir a desenvainar su alfanje y decapitarlos allí. Pero lo repensó de nuevo.

Le dijo al joven, utilizando también algunas palabras en lengua romance:

—Si puedes andar y traer a tu dueño siguiendo el paso de nuestros caballos hasta el pueblo del castillo, viviréis los dos. Si nos retrasas, os mataré.

El Maula levantó al Barcenilla que parecía estarse recuperando. Tenía un brazo roto pero lo de la cabeza no era tan grave como la sangre primera pareció indicar. Hizo que se apoyara en él y atados los dos de las manos y a la cola de un caballo comenzaron a andar tras el escuadrón.

Jadraque estaba cerca. A menos de media legua. Al desandar el camino y pasar primero justo debajo de la cueva y luego al borde del comienzo del barranco donde más arriba se abría la otra entrada, bajó la mirada al suelo y no quiso levantarla de ahí no fueran sus ojos a delatar el lugar que ansiosamente quería proteger y dentro del que ocultos estaban todas aquellas gentes a quienes él quería y algunos eran, aunque no de su sangre, sus hermanos.

29

El ave protectora

Tardaron un día y dos noches en salir de las entrañas de la cueva de Nublares. No se atrevieron antes a asomarse al exterior y el miedo convirtió la espera en angustia cuando ni el Maula ni el Barcenilla dieron señales de vida después de desaparecer primero el uno y luego el otro, que salió tras él.

Tras aguardar ansiosos su vuelta, el joven Valentín y el Raposo se decidieron a ir, como habían hecho los desaparecidos, hasta el final del túnel y asomarse a la sala de la cueva. No los hallaron ni en el pasadizo ni en la sala de entrada de Nublares y, con mucho cuidado, se atrevieron a asomarse reptando a la pequeña plataforma de roca sobre la que se abría su boca. El sol se ponía por detrás de la Sierra Negra y sus últimos rayos ya no iluminaban la costera de Nublares sino que acariciaban con una luz suave la pequeña vega y las capotas de los árboles en los sotos del río. No vieron movimiento alguno allá abajo. Todo era silencio. Tan solo el clamoreo de las grajillas que gustaban de aquellos cantiles para anidar y de los árboles de la orilla del Henares como dormidero rompía la quietud del crepúsculo.

No había rastro alguno del Maula ni del Barcenilla, ni observaron presencia humana alguna cuando, arrastrándose un poco más, ya pudieron atalayar desde allí todo el paisaje bajo sus ojos. Ni hombres ni caballos, ni moros ni cristianos. Todo parecía estar en suspenso, quieto y callado, en ese momento entre el día y la noche en que los animales diurnos apagan sus voces y los de la noche todavía no las quieren encender.

Esperaron hasta que ya no quedó rescoldo alguno del sol y brilló en el cielo una luna temprana y casi llena que les permitía ver bastante bien tanto por las cuestas la cinta clara del camino y las rastrojeras segadas. Decidieron que Valentín el Mozo se quedara por ver si alguien aparecía y el Raposo regresara a decirles a los demás que de los desaparecidos no había rastro y que abajo no se veía a nadie ni parecía que hubiera presencia de moros por allí aunque llegaba el olor a humo, que podía ser del molino del Rebolloso que habían incendiado. Que habían tapado casi por completo el acceso desde el pasadizo a la sala de la cueva, pero que aún se podía pasar.

Vinieron algunos más donde estaba el joven Valentín. Este les confirmó que todo parecía tranquilo, que una piara de jabalíes, dos hembras y sus crías, bajaron por el barranco a su derecha y cruzaron por la rastrojera a beber al río. También que había visto moverse algún corzo, oído el escarbar de los conejos y sentido pasar furtivamente un zorro, de caza, justo por debajo de donde estaba apostado.

—Iba a lo suyo y ni se barruntó que yo estaba justo por encima de él.

Pero del hidalgo Barcenilla ni del Maula joven, nada.

Aunque algunas señales de su paso por allí, antes de que ya no hubiera luz, sí habían podido ver el Raposo y el Gómez. Huellas en la tierra de la sala y luego restregones en la plataforma de entrada.

—Como si se estuvieran enganchando —dijo el Valentín.

—Y pegándose se hubieran caído y rodado toda la cuesta abajo —segundeó el Raposo.

Pero ni en la cuesta, ni en el camino, ni por allí por el río se veía bulto alguno caído ni rebullir a nadie.

Eso mismo o parecido fue lo que se maliciaron todos que podía haber pasado, pero ninguno se atrevía a pensar en lo sucedido después de la caída o de lo que hubiera sido.

Decidieron aquella noche hacer turnos de guardia, con la prohibición total de encender fuego alguno, ni siquiera una antorcha, pues sería allí visible desde muy lejos; esperarían al amanecer para ver, ya con el día, si alguna señal les indicaba lo que podía haber pasado.

Con las primeras luces se decidieron a hacer una descubierta. El Valentín se subió al alto de encima de la cueva, gateando por una especie de escalera de piedra que por un costado remontaba hasta la cima del cerro y una pequeña planicie que allí había. Era el mejor sitio para atalayar todo lo que, alrededor y hasta donde alcanzaba la vista, se extendía a sus pies, tanto allende del río, por Jirueque y hasta la sierra, como aguas abajo hasta el Rebolloso, como ribera arriba hasta el término de Matillas. Era el mejor sitio para un vigía, aunque para no perfilarse y que le vieran primero a él, había que estar tumbado, y poder dar la alarma para que todos se volvieran a esconder.

No hubo tal. En el campo seguía sin moverse nada. Tan solo algunas pequeñas columnas de humos de los incendios seguían ascendiendo hacia el cielo y por las lomas hacia la sierra pareciera que las llamas habían prendido en los rastrojos y luego en algunos matorrales y arbolado y un frente, que primero fue de llamas, visibles en la noche, y por el día de humo corría por allá muy a lo lejos.

Se arriesgaron y dos bajaron hasta el camino. El pastor Marianejo y el Víctor rastrearon por la cuesta buscando señal del Barcenilla y el Maula. El Víctor encontró al poco la pala pequeña que llevaba el Maula y se la enseñó al otro. Peor fue lo que encontró el Marianejo: sangre en las piedras de debajo de la boca de la cueva.

—Aquí se dio uno al caer, y luego ese o los dos rodaron la cuesta abajo hasta el camino. He bajado hasta allí y hay huellas de caballos. Ha pasado una tropilla que primero fue en dirección al pueblo y luego volvió. Hay también algunas huellas de alguien que va a pie pero mezcladas con los cascos no se distinguen muy bien. Para mí que, por algo, se cayeron, los vieron los moros y se los han llevado.

Las cábalas fueron muchas. Que si el caído había sido el Maula, que llevaba la pala, que si el Barcenilla podía haberse escabullido y logrado escapar, que sería al revés o que se habían caído los dos.

El Víctor, que era muy directo, dijo lo que más de uno había pensado y no se había atrevido a decir.

—Esos dos se llevaban a matar y para mí que pelearon y se cayeron rodando. Los moros los han agarrado.

—Pero si los vieron caer, ¿cómo es que no subieron a mirar a la cueva?

—A lo mejor no la vieron, porque desde abajo no se ve bien la entrada.

—Lo único que digo es que los moros a caballo fueron primero hacia allá y luego volvieron por sus pasos —insistió el Marianejo.

—Se han marchado entonces —se alborozó un zagal.

—Eso parece, pero pueden volver —sentenció el Valentín—. Más nos vale aguardar el día de hoy y la noche también. Si mañana esto sigue tranquilo comenzaremos a salir. Uno irá hacia el pueblo y otro que suba al pico de Jadraque para ver desde allí qué pasa por el castillo. Si no se ve señal de moros es cuando podemos salir y darle de beber en el río al ganado. Pero mientras todos quietos aquí.

—Y del Barcenilla y el Maula ¿qué? —preguntó el Raposo.

—Pues esperar a que alguno dé señales de vida y poder saber lo que les pasó. No sé qué más podemos hacer.

Pero no las dieron ninguno de los dos. Y transcurrido aquel día sin noticias supieron que en mucho tiempo no las iban a tener si es que las tenían alguna vez. En la memoria de casi todos o de sus familias persistía la certeza de que a muchos de los que los sarracenos cogían ya no se les volvía a ver ni a saber más de ellos. A lo mejor del Barcenilla sí porque podían pedir rescate y por él se sabría del otro. No faltó tampoco quien pensó que el Maula se aliaría con ellos. Al fin y al cabo era uno de los suyos.

Al alba de la mañana siguiente hicieron lo dicho por el Valentín y se tranquilizaron al ver que los refugiados en el castillo de Jadraque parecía que comenzaban a salir pues por el camino de bajada hormigueaban ya gentes y bestias.

Decidieron salir ellos también, sacaron a las ovejas y las llevaron a beber al vado del Rebolloso que aún humeaba un poco y seguía haciendo llegar olor a socarrina.

El Marianejo, antes de que las ovejas cogieran el carril hacia el pueblo por el que había pasado el escuadrón moro y borraran todas las huellas, se adelantó para poder verlas con más detenimiento y cuidado que el día anterior.

Los que iban detrás de él le vieron agacharse y hasta husmear un par de veces y como a trescientos pasos más allá meterse por un barbecho a su derecha y dirigirse hacia el barranco que iba a morir en su borde. Trasteó por un lado y por otro y al final volvió muy agitado.

—Los cogieron allí a los dos —dijo señalando hacia el inicio de la cárcava—. El Maula y el Barcenilla vinieron andando hasta aquí. Uno de los dos iba mal, porque se nota que arrastraba los pies. Los engancharon cuando iban a colarse en el barranco. Los caballos fueron tras ellos y los alcanzaron en nada. Se los llevaron a los dos atados a la cola de una de sus monturas, la que iba la última, y por eso los cascos de los otros no han borrado las de sus pies.

Eso fue lo que hubo que decirles al Miguel, el hijo de Barcenilla, que muy joven tendría que tomar las riendas de la casa, no pasaba aún de chico, y a la Garza, la hermana del Maula. Que no sabían cómo pero que los dos habían caído desde la cueva y los moros los habían capturado.

El Miguel no pudo ni quiso reprimir sus sospechas. Su padre habría intentado detener al Maula que les iba a decir a los moros dónde estaban los demás. Así lo proclamó. Pero entonces el Dominguín dijo algo muy en razón.

—Pero mira, muchacho, si hubiera sido así, cuando los

cogieron, el Maula les habría dicho dónde estaban metidos con el ganado y no hubiera escapado ni uno.

Pero el Miguel era tozudo y no dio su brazo a torcer. Rezongó.

—Han dicho que había sangre debajo de la cueva. A lo mejor mi padre lo mató antes de que pudiera hablar y los moros tiraron el cadáver al río o se lo llevaron o yo qué sé. Pero a mi padre lo han cogido por él.

—Se llevaron a los dos andando. Lo ha dicho el Marianejo que lo vio en las huellas —porfió el Valentín, aun sabiendo que eso no haría al muchacho ni repensarlo siquiera.

La Garza lo miró entonces, sin que nadie se diera cuenta de cómo lo estaba mirando. Había perdido primero a su padre y ahora a su hermano. El peligro para ella y los suyos seguía estando allí, en aquel joven apasionado y terco. La hermosa mujer lo miró como las garzas miran a los peces cuando inmóviles los acechan, presto su largo cuello a lanzar su pico como un arpón.

Ella estaba protegida por el abuelo Valentín, a quien siempre había querido, por el joven Valentín, que siempre la había querido a ella, y por todos los Gómez y sus mujeres e hijos, que hacían de ello causa y deber. Ahora le decían que harían lo que fuera para saber y rescatar a su hermano. Ella lo agradecía de corazón pero se sonreía un poco para sus adentros porque en más de una ocasión había sido ella quien los protegía a todos ellos sin que se notara ni lo pareciera. Porque ellos eran muchas veces a los que había que ayudar. Eran espontáneos, vehementes y sin doblez y eso tenía tachas con la gente a la que tendían a considerar como ellos y resultaba que no era así y se aprovechaban de aquella cierta ingenuidad que siempre acompañó al patriarca de la familia, el tío Valentín. A este, que ya le tendrían que comenzar a irle pesando los años pero no daba todavía muestra de ello, al hijo, su marido, y hasta a su hijo pequeñín se les notaba ya este rasgo de carácter, ese confiar y sincerarse que los hacía vulnerables y aún más si actuaban en caliente y enfadados.

Por eso había hecho lo del Manquillo y no solo por matar a su padre sino porque no ocurriera otra desgracia para los suyos. Y había ocurrido otra proveniente una vez más de aquella familia, que se había llevado a su hermano. Porque la Garza tenía muy por seguro que si su hermano había caído en poder de los moros había sido por culpa del Barcenilla.

Ahora era su hijo, el Antonio, el objeto de toda su atención y ansiedad. Era la bendición de su vida y ella no tenía mayor desvelo ni alegría por tenerlo que poderlo dedicar a él. Aquel miedo de que se le moriría como el primero la corroía más de una vez, pero el chiquillo crecía sano y cada vez más fuerte.

El abuelo, el padre y hasta ahora también el tío Maula siempre habían estado pendientes y el chiquillo se sentía feliz con cualquiera de los tres. El niño echaría en falta al tío y ella al hermano. Una herida más que los Barcenilla le habían infligido y que la había desgarrado otra vez.

Su convicción de que el causante de su desgracia había venido una vez más de los mismos no solo se confirmó al hablar con el Marianejo, que a ella le contó con detalle lo que él creía que había pasado, y la llenó de una fría furia contra el causante de la tragedia, de cuya autoría no tuvo duda alguna, y contra toda su estirpe.

El Barcenilla se había opuesto a la propuesta de resguardar al ganado en Nublares y ella sabía por qué. Los odiaba por moros, los temía por serlo y no veía más opción que acabar con ellos o al menos con su presencia allí. Y eso mismo lo acababa de ver reproducido en los ojos de su hijo Miguel.

Por ella no temía, pero por su hijo sí. Y por el otro que sabía que estaba en camino después de haberlo deseado mucho. Tras sus dos primeros y seguidos embarazos había pensado que ya no podría concebir de nuevo. Pero ahora estaba bien segura de que lo había hecho y bien lo notaba ya en su interior. Deseaba que fuera una niña. Quería tener una hija, necesitaba tenerla y enseñarle esas cosas que al chico nunca le podría enseñar. Y algunas ni siquiera contar.

Temía por todos ellos, por el pequeño Antonio, por quien estaba por venir y por todos los suyos. Estaría atenta, con los ojos fijos en quien podía hacerles mal. Mirándolos como la garza mira al pez al que va a arponear.

La garza hace sombra con sus alas para proteger a sus polluelos en el nido, pero también hace sombra con ellas en el agua para atraer al pez al que cuando está a la distancia exacta va a ensartar con su largo pico.

Lo haría cuando no hubiera más remedio que hacerlo, cuando no hubiera otra salida ni le quedara otra opción si no quería que quienes padecieran y murieran fueran los suyos. Pero lo haría como lo hizo anteriormente. Sin dudar y con rapidez.

No estaba dispuesta a que una tercera vez la desgracia

se abatiera sobre quienes quería. Estaría vigilante y atenta a la amenaza. Dispuesta a hacer lo que fuera para preservar a los suyos, a los que amaba y sobre los que no iba a consentir ninguna amenaza ni que nadie les hiciera mal alguno.

Ella tampoco lo quería hacer. Pero si no había otro remedio lo haría.

Pero ella no era así. No quería tener que ser así, aunque a veces tenía que repetírselo a sí misma para no sufrir.

La Garza amaba la vida, se alegraba de todo lo que la vida le ofrecía y entendía a seres y plantas que le rodeaban como algo que era parte de ella misma y por lo que se sentía impregnada.

Y si había algo que más que nada le gustaba eran los pájaros. Su vuelo, su piar, su canto, su criar. Contemplarlos la hacía dichosa y eran, entre todos ellos, los vencejos sus preferidos. Su llegada en la primavera la animaba y aún más alegre, hasta hacerle brotar risas de niña, le ponía, en el verano, oírlos gritar en el aire y en bandadas veloces y livianas surcar y rasgar el espacio mientras chillaban como chiquillos traviesos jugando a pasar rozando con la punta de sus alas las tejas de la ermita. La Garza amaba a esos pájaros negros que nunca bajaban a tierra y sentía tristeza cuando los dejaba de oír y se marchaban lejos. Los quería aún más todavía que a las golondrinas que cada año venían a hacer sus nidos debajo del tejadillo del zaguán.

No sabía ni dónde iban ellas ni dónde los vencejos pero quizá volaran hacia donde ahora llevaban a su hermano. Si es que no estaba ya muerto, que podía estarlo. Aunque el Marianejo a ella le había dicho lo que no se había atrevido a contarles a los demás.

—Yo tengo para mí que el que iba herido era el Barcenilla, aunque él tuviera el puñal que le vimos en la cueva y que era tu hermano el que le ayudaba a caminar. Él estaba con las fuerzas enteras. La sangre estoy seguro de que era del otro. Lo sé porque la huella del calzado del que arrastraba los pies no era la de las abarcas de tu hermano.

30

La coz de la mula falsa

Para la sementera aparecieron aquel año juntos el Juanillo y su primo Pedro, cuya importancia en Atienza y en el reino no había dejado de crecer. El de Bujalaro, aunque algún recado había llegado de que estaba bien, no había aparecido desde que se marchó con la mesnada la última vez. Le habían encomendado una pequeña tropa de caballería y se había pasado largos meses por toda la sierra abulense e incluso había subido hasta la frontera con León. Lo que habían estado haciendo lo sabían Pedro y él. Marta la Mora había aprendido hacía mucho tiempo sobre qué cosas no preguntar. Como siempre que volvía él había traído una ristra de cosas para todos sus hijos y esta vez todavía más para la pequeña. El mayor, aunque más pausado y sereno, parecía que alguna de sus aficiones guerreras sí había heredado aunque era más gustoso de la tierra que él, pero mucho menos que el hermano que le seguía y ese sí que no tenía otro pensamiento en la cabeza que la labor y los pedazos que había que labrar. Les había traído a ambos una muleta muy buena, una reja de vertedera de lo mejor, arreos y atalajes y una tralla de la que de inmediato el pequeño se apropió.

El Juanillo no había dejado en su vida de ir, venir y tornar a marchar. Él era así pero cuando volvía a casa la alegría venía con él. Esta vez traía, y por ello venía Pedro también, muchas novedades. Y eran buenas esta vez.

El Miramamolín almohade, tras la última incursión, había aceptado al fin las treguas tantas veces ofrecidas y hasta ahora rechazadas. Esta vez casi las había sugerido él mismo, porque el almorávide balear, el correoso Ibn Ganiya, le seguía dando guerra y había vuelto a aparecer apoyando la sempiterna rebelión de Ifriqiya. Al-Mansur hubo de dejar la península, a la que ya no regresaría jamás, sin haber explotado apenas su gran victoria de Alarcos. Por celebrarla tanto y tan pronto no supo aprovechar la derrota castellana y la frontera, con la excepción de los castillos conquistados de manera inmediata, se había quedado casi igual. Las grandes razias veraniegas de los últimos años y la coalición montada con los otros reyes cristianos, aunque habían proporcionado un gran botín, tampoco habían derruido el poder castellano. El rey Alfonso se había recuperado del golpe. No era de los que se dejaban vencer por un quebranto aunque hubiera sido de tan enorme dimensión. Se empleó a fondo en reparar los destrozos y la fortuna fue de nuevo benevolente con él.

La muerte del rey aragonés y su sustitución por su hijo Pedro había sido providencial, la rebelión del último reducto almorávide también y que su primo el rey leonés entendiera, aunque hubiera sido a golpes, que no era aquel el camino terminó por hacerle recuperar un tanto de su posición hegemónica previa a la derrota. La boda entre Alfonso IX el leonés con Berenguela, la primogénita de Alfonso VIII el castellano, fue el signo mejor de reconciliación y celebrado en ambos reinos con esperanza que hacía nada parecía tan difícil y tan sombría.

Todo ello contaron los primos a los vecinos y a todos supo bien. Ellos supieron entonces de primera mano lo acaecido el pasado verano allí y en el Concejo de Hombres Buenos que se celebró en la puerta de la ermita, frente a la fuente, se le demandó a Pedro que hiciera lo posible por saber lo que había sido de Barcenilla y el Maula y si se lograba localizarles se hiciera lo posible para rescatarlos.

El año aquel, sin embargo, y en cuanto a cosechas no pasó de regular y en lo que atañía a los Gómez no pudo acabar peor. Subiendo por el camino de las viñas hasta la falda del monte para hacer leña, el Julián se llevó una mula que no había acabado nunca de andar bien, ni con la yunta, ni con el carro ni para dejarse cargar. Era fuerte y tozuda, aún más que las otras, pero sobre todo falsa. Y no hay peor cosa que una mula falsa. Pero lo que sucedió nadie podía imaginarse que fuera a acabar tan mal.

Cuando iban subiendo la cuesta, el Julián se dio cuenta de que se le había aflojado una cincha y soltado el ramal, así que se fue a dar la vuelta por su grupa para apretársela por el otro costado. Y fue justo al pasar por detrás cuando la acémila le soltó la coz que le alcanzó de lleno en la tripa y le hizo caer desplomado.

El dolor fue mucho y se retorció en el suelo, pero al cabo se levantó y poco a poco se recompuso. De hecho, al cabo de un rato, sintiéndose recuperado, siguió hacia el monte dispuesto a seguir con lo que había venido a hacer.

Pero fue llegar a la suerte de monte que tenía que rozar

cuando le volvió la mala gana. Le vinieron arcadas y mareos, se lo pensó mejor y tirando del maldito animal se volvió para casa, la desaparejó, la encerró en la cuadra, le contó a la Paula lo que le había pasado y se metió en la cama.

Patadas de las mulas no era extraño que se sufrieran, pero a la Paula esta no le gustó y se fue a la casa de su tío Valentín a ver a la Garza. Esta de inmediato subió a ver al enfermo, le palpó, vio dónde estaba el mal y el dolor y le dijo a la Paula que le aplicara paños bien calientes. Que más no se podía hacer. Que había que esperar que el cuerpo obrara.

Pero el cuerpo del Julián se atascó. Algo por dentro había reventado o se había quedado bloqueado o vaya Dios a saber el qué, pero aquello fue a mal y día a día a peor. Los dolores fueron a más y la Garza hubo de afanarse y darle brebajes que al menos se los mitigaran. El hombre comenzó a tener mucha fiebre y sudores. Pero eran fríos. Se iba quedando cada vez más frío y el Julián supo que de aquella no iba a salir.

Hizo venir a la Paula y a su hermano y les habló.

—Hija mía, a ti encomiendo a tus hermanos, y a ti, hermano, te los encomiendo a todos. Sé que los vais a cuidar. Tú, Paula y tu madre, que en gloria descanse, es lo mejor que me ha pasado en la vida. Yo me voy con ella. Llamad al Damasón y que me dé la extremaunción.

Aguantó una noche más y al día siguiente, cuando se cumplían cuatro de la coz, se murió. Pocos faltaron cuando le dieron tierra en el cementerio junto a la ermita, pues al fin y al cabo era, junto a su hermano aún vivo, el primer habitante cristiano de los que habían llegado a Bujalaro.

El Valentín estuvo triste, muy triste, y se repetía a sí mismo la misma cantinela, porque eso no lo quería ni podía contar a nadie. Y al Juanillo y al Pedro que vinieron al entierro, menos que a nadie.

—Mira que ir a matarlo una mula. Una mula tenía que ser. A él que hasta se le llegó a ocurrir matar a un hombre por conseguir la primera que tuvimos. Hay que ver...

Luego lo primero que hizo fue vender la mula, por lo que quiso darle y sin regatear, a un mulero de Maranchón que pasó por allí con una reata camino de Jadraque.

La Paula se convirtió en madre y padre a la vez de la tropa de chicos y llevó su casa con toda energía. Tuvo la ayuda del Valentín, que estuvo siempre donde debía para lo que pudiera ayudar pero entendieron la Paula y él muy bien que la casa de cada uno era la casa de cada uno y que así tenía que ser. Y eso no significaba que no supiera ella adónde tenía que recurrir, aunque eran más las veces que se hiciera, tanto por el Valentín como por su hijo, sin que se hubiera ni siquiera que pedir ni a veces ni mentar. Se hacía porque se tenía que hacer. Y porque salía de donde tenía que salir. Del corazón.

Las fiestas de navidades, eso sí, las celebraron juntos y si este, aquel o el otro se quedaba a comer en una casa o en la otra porque allí le había tocado el día, pues allí se quedaba y ya está. Los dos mayores del Julián ya valían para arar y para ocuparse de las viñas y acabaron por ser ellos quienes más afición le cogieron a lo de hacer el vino y llevando la voz cantante, con permiso del abuelo, claro. La Paula y la Garza se llevaron bien. Aunque la del Julián a veces no acababa de entender a la otra, en algo eran iguales. En defender a los suyos por encima de todo. Eso las unió siempre. Y los suyos, además, los unos y los otros. Aunque, claro, unos un poco más que otros. Pero hacia fuera, ni siquiera lo parecía así.

Antes de aquellas navidades y en buena parte por lo que había sucedido y lo que había acarreado mayor responsabilidad y necesidad de atender a los suyos, pero porque además ya lo llevaba mucho tiempo rumiando, es cuando el Valentín había tomado ya su decisión y que supuso un antes y un después en la vida del pueblo. Quizá ni para bien ni para mal, pero diferente, sí. Lo que siempre había sido, desde el comienzo dejó de serlo porque así algún día tenía que ser. Que es exactamente lo que dijo el Valentín cuando expuso que él dejaba de ser alcalde y había que nombrar un sustituto.

—Algún día tenía que ser y el día es el de hoy —dijo el Valentín.

Algunos se lo esperaban desde ya hacía algún tiempo y los había que incluso pensaban que ya llevaba demasiado, pero era como algo que estaba allí desde el comienzo y que no era cosa de remover. Hasta que la piedra la movió él mismo. Para él había sido bastante. Había hecho, se dijo y les dijo a todos después, lo que pudo y supo hacer. Ahora que viniera otro y lo hiciera mejor.

—Mejor es irse que esperar a que te vengan a echar —le había comentado a la Filomena la tarde de antes de convocar en la ermita y decírselo a los demás, y esta se puso muy contenta al oírselo decir.

—Más tiempo tendrás para tu casa —le contestó.

Él se echó un trago de vino y se subió a las rodillas al nieto, el Antoñejo, que andaba dando guerra por allí y se echó a reír. La Garza, que estaba ya a boca parir, se lo había traído a su abuela para que tuviera cuidado de él pues tenía que ir a atender alguna de aquellas cosas suyas de remedios que no dejaban de pedirle de todas las casas.

La propuesta de nuevo alcalde se resolvió sin enfrentamiento y sin ni siquiera discusión; luego el concejo de Atienza daría o no su visto bueno, que lo daría si así lo querían el Pedro y el Juanillo. Muchos pensaban, y el Valentín el primero, que habría de ser el Dominguín, que lo llevaba buscándolo desde hacía mucho. Y si él quería pues valdría muy bien para el pueblo. Con un pueblo ya tan crecido donde incluso había gente que casi no se conocía apenas, se desenvolvería mucho mejor. Pero al ir a consultárselo hubo sorpresa. Sin llegar a rehusar de plano les expuso que andaba en un asunto que se lo impedía y sin embargo tenía cierta relación con ello. Estaba en tratos con el concejo de Atienza, donde aspiraba a ocupar una plaza y no solo como representante de Bujalaro sino también de otras aldeas limítrofes, si a ellos les parecía bien. A los del pueblo les pareció muy bien que uno de allí tuviera su cierta voz en el concejo de la villa pero habría que ver qué decían de las otras aldeas de las que aspiraba a ser voz. No sabían que aquello también lo tenía ya bastante hablado el Dominguín.

Ya descartada aquella opción se hizo una junta y lo que salió espontáneamente fue el nombre de un Agustín, del mayor, el Luis, al que todos en el pueblo respetaban como hombre cabal y de juicio recto y prudente. A él no le gustaba, ni casi un poco, tener el cargo, pero a regañadientes y tras mucho porfiarle terminó por aceptar. Al Valentín le gustó la elección. A lo mejor incluso más que si se hubiera quedado en su puesto el Dominguín.

31

Las monjas de Valfermoso

De lo que había comenzado a hablarse por todas las aldeas del común de Atienza, sobre todo las más cercanas a él, era del monasterio de monjas de Valfermoso. De las monjas, que eran francesas, pero aún más de los fundadores y de lo que ofrecían a quienes se quisieran ir a establecerse allí.

Juan Pascasio y doña Flamba eran un matrimonio de muchos posibles, nobles de sangre y vecinos de la villa de Atienza, sin hijos pero con muchas propiedades y rentas. En vez de herederos, Dios les había dado muchas virtudes piadosas y mucho consuelo en la fe. Su piedad les llevó a decidir que nada mejor tenían ya en lo que emplear su vida y su fortuna que en fundar un monasterio y también, y dicho sea de paso, de que las muchas tierras a su alrededor que habían comprado al concejo de Atienza por todo aquel valle por el que discurre el pequeño río Badiel fueran repobladas y cultivadas con aprovechamiento y esmero.

El lugar para el convento estuvo muy bien escogido. A la orilla del río, rodeado de hermosos árboles de ribera, que aportaban frescor y buena sombra y contrastaban con los bosques de robles y encinas de las cuestas y montes de alrededor.[62] Le pusieron al lugar, cercano a la aldea de Ledanca, el nombre bien traído de Valfermoso, lo encomendaron a la protección de san Juan Evangelista y se dispusieron a construirlo, llenarlo de monjas y de colonos que cultivaran las tierras.

Su propuesta cuajó y obtuvo tanto el beneplácito real como el del obispo de Sigüenza, don Rodrigo, el que escapó por los pelos de la matanza de Alarcos en la que se le llegó a dar por muerto. El acta fundacional la dejaron registrada en pergamino, y con buena letra de encargo, ya en el año 1186, pero por delante quedaba para la pareja mucha senda por recorrer. Aunque teniendo como padrino nada menos que al rey Alfonso, tan cariñoso siempre con la tierra y la villa que de niño le socorrió y a la que en compañía de la reina Leonor visitaba y engrandecía con mucha frecuencia, las cosas les resultaron algo más sencillas. Fue en una de aquellas visitas, en 1198, tres años después del desastre de Alarcos y ya en cierta manera sosegada la frontera y pactadas treguas con los musulmanes, cuando lograron la bendición definitiva del rey en forma de carta puebla

62. El monasterio de Valfermoso de las Monjas es el más antiguo de toda la provincia de Guadalajara y el que ha llegado hasta nuestros días, pues las monjas benedictinas aún siguen allí. Puede visitarse y hasta dan de comer. Tiene muy fácil acceso, bien por la N-II y llegando al pueblo vecino, Ledanca, o por la carretera que desde Guadalajara se dirige hacia Hita y poco antes de llegar a ella, desviarse por la que por Valdearenas y Utande lleva directamente a él. Llegó a ser tan importante que fue abadesa suya una amante del rey Felipe IV, Juana Calderón, la Calderona, famosa actriz de la época con quien tuvo un hijo reconocido como tal por el monarca y al que llamaron Juan de Austria, como al hermanastro de Felipe II y vencedor de Lepanto.

que venía a ser para el caso el equivalente a un fuero con las seguridades y privilegios que aquello suponía.

Su concesión supuso un impulso trascendental pues los beneficios para los campesinos que quisieran acudir allí como colonos eran importantes y ello contribuyó a que comenzaran a acudir de manera creciente de todos los pueblos de alrededor y hasta de más allá de la Transierra.

Las monjas llegaron también, amadrinadas por la reina Leonor, aquitana y normanda, la hija de la dos veces reina de su mismo nombre, de Francia y de Inglaterra después y hermana de Ricardo, el uno mentado como Corazón de León y de Juan, este mentado el Sin Tierra, que fueron también reyes ingleses los dos. Leonor fue la encargada de hacer las gestiones para que monjas francas, encabezadas por la linajuda doña Nobila de Périgord, la primera abadesa, y su amiga Guiralda, ambas de ilustres familias, se establecieran en el lugar aun cuando este se encontraba en plena construcción.

También, y por el lado de la autoridad eclesiástica más cercana gozó el monasterio de apoyo. Y no solo espiritual. El obispo Rodrigo, impulsor y benefactor desde sus comienzos del lugar, lo demostró aportando la concesión de treinta aranzadas de viña y treinta yugadas de tierra. En contraprestación impuso como precio el que el monasterio hubiera de pagar todos los años por San Martín en el altar de Santa María de la catedral seguntina la cifra de ¡dos maravedís!

La obra fue levantada con inusitada celeridad y para ello dispuso de renombrados canteros. Entre ellos, los Gabrieles que fueron seducidos por la buena paga y condiciones ofrecidas y pusieron su marca, una horquilla invertida, en las piedras por ellos labradas para dar fe de su trabajo y que no se quedara ninguna sin cobrar. Estaba ya acabada al comienzo del nuevo siglo pero doña Flamba no llegó a tiempo de verlo consagrado y en funcionamiento, pues murió el año anterior. Sí lo pudo ver y disfrutar de él Juan Pascasio, que al quedar viudo profesó como clérigo y fue uno de los oficiantes de la primera misa que se celebró, en el año 1201, y que siguió oficiando hasta su muerte tanto allí como en Ledanca, donde se avecindó.

Pero lo que más interesaba a las gentes no eran tanto los avatares ni de doña Flamba ni de don Juan Pascasio, sino lo que se ofrecía para establecerse en las tierras del monasterio. A muchos les parecieron atrayentes. Los concejos y los quiñoneros ya no adjudicaban tierras como anteriormente cuando los moros estaban al lado y las que aún repartían eran cada vez de menor calidad y donde había que esforzarse mucho y ni con esas para conseguir sacar una cosecha aceptable. De las buenas aún sin roturar iban quedando pocas y los hijos a repartir las que la familia tenía, cada vez más.

Muchos, sobre todo jóvenes, se acercaron hasta Valfermoso a ver y a hablar y algunos decidieron aceptar las condiciones y quedarse. Trabajar en régimen de aparcería las buenas tierras del monasterio fertilizadas por el río Badiel les podía traer más cuenta que deslomarse trabajando en un pedregal, sin gota de miga de buena tierra debajo, que no daba más que cardos y aliagas.

Se corrió también el rumor de que podían ir a trabajar en sus campos incluso los mezquinos, algunos lo habían hecho como albañiles, de los cuales quedaban bastantes aún por la zona, sobre todo por Hita. A los que fueron las monjas no les dijeron que no por serlo ni ellos tampoco pusieron por delante su condición ni preguntaron por dónde caía La Meca para rezar hacia ella.

A la postre, y sin pasar muchos años, la mayoría acabaron rezándole a la Virgen en vez de hacerlo a Alá. Por las aldeas, y allí menos, ya no había apenas quien llamara y dirigiera sus oraciones. Iban siendo, además, cada vez menos y más dispersos y la última entrada de los ejércitos almohades no produjo ningún alborozo en ellos sino miedo y perjuicio pues los destacamentos de saqueo arramblaron con todo lo que pillaron sin pararse a preguntar si las cabras eran de cristiano o de moro.

No fueron solo los pecheros y gentes de baja condición quienes se interesaban por lo que sucedía en el valle del Badiel. Los infanzones e hidalgos nada más comenzar a funcionar el convento indagaron la posibilidad de que alguna de sus hijas pudiera profesar allí. Y no era fácil pues para poder ser recogidas como novicias las condiciones y dádivas necesarias eran de tal rango y coste que muy pocas podían cumplir.

32

Los dos cautivos y doña Brígida

Arnoldo Barcenilla tenía un brazo roto, una buena brecha en la cabeza y hubiera estado muerto si no hubiera sido por el joven Maula al que tan solo hacía apenas unos instantes había intentado matar a puñaladas. Mientras iba recuperando el conocimiento, todavía aturdido, comenzó a darse cuenta de la situación en que se encontraba. Recordaba la pelea, y cómo el otro había esquivado su cuchillada y trabados habían caído desde la plataforma de la entrada de la cueva. Luego el golpe y algo confusamente cómo el otro lo había arrastrado y, apoyado en él, habían intentado ocultarse en un barranco pero un turbión de jinetes moros se les había echado encima. Ahora iba atado de la cintura a la cola de un caballo, con un brazo colgando, y el Maula seguía ayudándole para que no cayera.

Poco a poco la claridad volvía a su vista y a su cabeza y comenzó a darse cuenta de la estupidez que había cometido. El que creía que era un moro traidor que les iba a entregar a los sarracenos y en cuyas manos estaban por culpa de su desvarío, era quien le intentaba salvar la vida y en vez de entregarle, presentándose como uno de su religión y raza e indicar dónde estaban ocultos los cristianos y sus ganados, hacía todo lo posible por que no se percataran de nada y se fueran alejando del lugar cuanto antes.

Alcanzaba también a comprender que su vida pendía de un hilo. Su compañero de cautiverio se lo había dicho en uno de sus tropezones y caídas.

—Si no te levantas, el jefe moro ha dicho que te matan. O llegamos como sea hasta Jadraque o nos podemos dar por muertos. ¡Aguanta! No queda ni un cuarto de legua. En cuanto remontemos esa cuesta ya es todo bajada.

Tuvieron suerte. Sus captores dieron alcance a otro pequeño destacamento que se había ido hasta Castilblanco. Venían arreando una punta de ovejas que habían conseguido coger en una tinada tras degollar al viejo pastor que las cuidaba y ya siguieron todos juntos, acoplando su paso al del ganado. Eso le permitió al Barcenilla recuperarse y, a pesar del dolor del brazo que era cada vez mayor según se le iba enfriando, alcanzar la plaza del pueblo donde se estaban congregando todas las partidas.

El jefe del grupo que los traía habló con un superior suyo. Y este se acercó a ellos.

—Mi señor está herido. Tiene el brazo roto. Es un noble caballero. Yo soy su criado —se adelantó a decir el Maula.

El capitán musulmán lo miró con desprecio y luego observó al Barcenilla. El que los había capturado metió baza.

—Ya nos dijo que era un caballero. Debieron de escapar del molino que quemamos. Al huir de las llamas saltando desde arriba debió de abrirse la cabeza y romperse el brazo. Los cazamos a los dos no mucho más lejos cuando intentaban esconderse. Parece hombre importante. Dice su siervo que pagarán un buen rescate por él. El criado es joven y fuerte y podrá venderse a buen precio.

—Vale. Pero o le cortamos la cabeza ahora o que le curen el brazo —sonrió con ferocidad risueña el moro—. Si nos lo vamos a llevar será mejor que le limpien la brecha y le entablillen el brazo. Muerto no sacaremos nada de él. Que su siervo lo lave y después atadlo a su señor para que no intente escaparse.

Aquel cautivo, rumió, era lo más valioso que habían podido coger porque la cabalgada había resultado muy poco provechosa para ellos y eso que habían subido más de ocho leguas río arriba desde que salieron antes de amanecer. Las malditas campanas iban por delante dando la voz de alarma y las gentes se escondían o se refugiaban con los ganados en torres o castillos. Y ahora el califa había enviado órdenes de volver cuanto antes al campamento en los altos sobre Guadalajara y las posibilidades de botín para ellos se acababan.

El Maula le lavó al Barcenilla con agua de la fuente cercana las costras de sangre de la cabeza y se la vendó luego. También le lavó el brazo. Un sanador moro vino más tarde con unas tablillas de madera y unas cuerdas. Le encajó a tirones y apretones el hueso roto, lo que provocó un primer aullido de dolor que no pudo contener el Barcenilla, que sí aguantó ya los otros. Cuando acabó, llegó otro sarraceno con unas grandes argollas sujetas una a otra por una cadena de tres codos largos. Colocó una argolla en el cuello del uno y otra en el cuello del otro y las cerraron con un remache a martillazos.

Había en la plaza algunos cautivos más, mujeres y niños todos, y los juntaron con ellos. Allí, sin más remedio que echarse el uno junto al otro y ya llegada la noche, el Maula le dijo a quien lo había querido matar aquella mañana:

—Es mejor que siempre me llames por mi nombre cristiano. Es Enrique. No lo olvides. Ni se te ocurra decir que soy moro, porque primero me matarían a mí por renegado pero a ti te decapitarían después.

Fue ahí donde el Barcenilla ya se allanó y expresó en palabras lo que le llevaba royendo las entrañas desde que recuperó el conocimiento y la razón.

—Culpa mía es que estemos como estamos. Y estar vivo a ti te lo debo. Podías haber escapado y podías haberme delatado cuando nos cogieron a los dos. Te debo la vida y como hidalgo y por mi honor, estoy en deuda contigo. Juro ante Dios que intentaré pagarla.

Lo miró el hijo del Maula fijamente y contestó al fin:

—Es tiempo ahora de ver cómo salvar ambos el pellejo y no de llorar por la leche derramada, don Arnoldo. Así os llamaré siempre pues deben seguir creyendo que somos señor y siervo. Nos vendrá bien mantener esa mentira a ambos. Cuanto más alto crean vuestro rango más cuidado tendrán de que no muramos. El camino hasta Al-Ándalus es largo.

Lo fue mucho y muy duro el hacerlo. Fueron por una ruta que extrañó al Barcenilla. Pareciera que el califa al que encontraron acampado a la salida de Guadalajara, ya en el primer alto de su alcarria y no lejos de un pueblo llamado Horche del que no había quedado un alma, quería ir atravesando la tierra cristiana y por donde más se le viera. Como si quisiera alardear de la larga reata de cautivos y ganados que llevaba y provocar así a los cristianos acogidos en sus fortalezas que se atrevieran a intentar rescatarlos. Pero ninguna fortaleza ni destacamento hizo intento alguno de ello. Bien sabían que sería no solo inútil sino sumar algunos esclavos más a la cuerda de presos.

Al-Mansur, tras cruzar el Tajo por Colmenar de Oreja, pasó a la vista de su fortaleza y luego de la de Uclés, siguió haciendo alarde por tierra cristiana hasta llegar ya a territorio musulmán y poner rumbo a Córdoba, donde adelantándose quiso luego el califa descansar una semana antes de dirigirse a Sevilla.

Allí en Córdoba se decidió también que quedarían los cautivos considerados más valiosos y susceptibles de canje y rescate, y entre ellos seleccionaron al señor encollerado con su siervo.

Para entonces ambos habían trabado una amistad mucho más fuerte que el odio que antes se habían profesado y el uno había hablado al otro de las sospechas que cada cual habían tenido de la culpa en la muerte de su padre o de su tío por parte de la otra familia. Juró el Barcenilla que nada había tenido él que ver en la muerte del Maula y juró el Enrique que él tampoco había tenido parte alguna en la del Manquillo. Y ninguno de los dos, en verdad, mentía.

El hidalgo había comprobado, asombrado, la lealtad y el sacrificio del que consideraba un ser inmundo y traicionero y el otro atisbado, detrás del orgullo, la valentía y el coraje del Barcenilla a quien el brazo le había soldado de mala manera. No se había quejado ni una sola vez del dolor que debía de ser mucho y era admirable su temple y cómo se negaba a someterse. A pesar de los golpes y castigos les dio siempre muestras de que no se humillaría ante ellos.

Hasta allí, hasta Córdoba, muchos meses y más de un año largo después, es hasta donde les pudieron seguir la pista los encargados por los Barcenilla de localizar a su pariente y hacer lo posible para rescatarlo. Fueron indagando y pudieron comprobar, por otros cautivos y hasta algunos musulmanes andalusíes, que un caballero y un servidor suyo, que correspondían a sus señas, habían llegado a la vieja capital califal como botín de guerra de una cabila almohade. Que estaban vivos los dos, aunque el caballero tenía un brazo en mal estado.

Pero a partir de ahí la pista se perdió. El capitán de las tropas que los tenían en su poder había sido convocado para partir de vuelta con el califa Al-Mansur y cruzó con él el Estrecho hacia Marrakech. Algunos de sus subordinados y hasta algún cautivo habían cruzado con él, pero no se podía decir que aquellos dos, que habían traído unidos por una argolla de hierro al cuello, eso lo recordó una mujer de la misma zona a la que cogieron cerca de Hita, lo hubieran hecho también.

Supieron que el capitán había vendido en Córdoba algunos, esa mujer de Hita entre ellos, pero a los dos por los que preguntaban ella ya no los había vuelto a ver.

Los emisarios tenían sus contactos entre las autoridades musulmanas de la ciudad y dieron a ellas el nombre de don Arnoldo y la disposición de pagar un rescate por él. Pero aunque el cadí cordobés, tras un generoso óbolo y promesa de más si el rescate llegaba a buen término, aseguró interés, luego dio larga sobre larga y al final comprendieron que ni estaba en las mazmorras del alcázar ni había dado con su rastro. Y por nada hubieron de pagarle algo más, pues otros cautivos había a los que también venían a rescatar y si no pagaban ahora por este por los otros tendrían que pagar mucho más.

Cuando regresaron a Castilla eso y nada más es lo que pudieron decirle a los Barcenilla y en particular a una hermana de Manquillo y del padre de Arnoldo, única superviviente de los tres, que era quien estaba al frente ahora, en el predio y solar de donde había salido la familia, en un valle cántabro lindero a la divisoria de aguas con el lado burgalés, donde también tenían importantes propiedades.

Doña Brígida, así se llamaba, al saber de la orfandad en que habían quedado los hijos de su sobrino y la buena heredad que allí en la Castilla extrema habían logrado reunir tanto su hermano como él, consideró que bien valía un viaje acudir hasta allí con la idea de dejar algún administrador de confianza y traerse de vuelta a las dos criaturas con ella. Pero le fue tan duro el camino y lo que vio le pareció merecedor de su mano y su atención, que, aunque fuera por un tiempo, decidió quedarse a regirlo. La nueva ama, lo dejó bien claro nada más entrar por la puerta y aun antes, viuda de muchos, pero que muchos años atrás, llegó junto a su sumisa hija pequeña, el otro, el mayor, se había quedado cuidando la hacienda norteña, y comenzó a mandar de inmediato. Instaló sus reales, desbaratando alcobas y salas hasta amoldarlas a su gusto por entero y comenzó a llevar la casa como acostumbraba: con mano férrea, rigidez extrema y modos ásperos sin pasar una, escatimando en todo y exigiendo de más a sus criados, aparceros y a quienes no lo eran como si también lo fueran.

Avinagrada, cotilla y muy rezadora pronto estuvo al tanto de lo que acaecía por el monasterio del Badiel, cuyos habitantes y relaciones le interesaron muy vivamente y ya no vivió sino para intentar meter sus narices allí y conseguir tener entrada. Empezó ya, sin más, a darle vueltas a la idea de que su sobrina nieta, la pequeña Agustina, profesara allí como novicia y luego ya como monja. Nada mejor, pensaba, para una familia de su vieja y probada hidalguía que, a través del monasterio, poderse codear con la nobleza de más rango que bien pronto olfateó que se concitaba por allí y donde hasta en ocasiones el propio rey acudía.

En el convento del Badiel estaba el objetivo acorde con su rango, pero también, aunque lo considerara de muy inferior condición a la suya, se ocupó de investigar quién era cada cual en el pueblecillo al que ahora, suponía, ella enaltecía con su presencia. Dejando al lado al alcalde, albañil y plebeyo sin interés alguno, puso sus ojos en quien supo era nuevo miembro del concejo de Atienza. El Dominguín lo había logrado y representaba en él a varios pueblos del contorno, así que lo invitó a su casona y agasajó con mucha pamema, entendiendo que podría serle de utilidad en el futuro. Debió de suponer que con la invitación ya quedaba el otro en deuda y a nada comenzó a cobrársela. Le cayó encima, convertido en el receptor de sus quejas, como un castigo implacable y sin casi diario, pues no faltaba ninguno en que el hombre parara por el pueblo y ella no le fuera con alguna protesta o petición. Pero eso sí, muy untuosamente y como si el favor al requerirle lo hiciera ella.

Se enteró también y al poco de que por Bujalaro paraba alguien de aún mayor empaque, don Pedro Pérez de Atienza, y que no solo era caballero de mucho peso, juez y adalid de la poderosa mesnada de Atienza, sino, y esto hizo que su interés se disparara, con gran cercanía y privilegio con el rey don Alfonso a quien conocía de niño y que le profesaba gran estima. Entendió que el Dominguín sería el cauce adecuado para llegar al otro, y establecer así los tres una relación entre notables y poderes en Bujalaro.

Se le empezó a aborrajar el agua cuando supo sin necesidad de indagación alguna, pues era de sobra conocido en Bujalaro, de la relación mayor, y casi fraternal, del juez de Atienza con un primo carnal suyo, avecindado en Bujalaro, que aparecía y desaparecía de allí como por ensalmo, un tal Juanillo que estaba casado encima con una mora conversa. Y para empeorar las cosas y sus peores barruntos, que también compartía gran amistad con los Gómez, uno de los cuales había muerto, pero el otro había sido el alcalde anterior y gozaba de mucha estima en el pueblo.

Los Gómez, esto lo supo quizá lo primero de todo y hasta vino avisada ya por su hermano y el sobrino fallecidos, eran los enemigos enconados de los Barcenilla. Lo habían sido de su hermano Beltrán y quién sabe si no tuvieron que ver en su muerte y lo habían sido de su sobrino Arnoldo, en cuya desaparición había estado mezclado otro moro, recogido en casa del Valentín, el mayor de los Gómez, que aún vivía, había sido el anterior alcalde y gozaba del aprecio de muchos.

Doña Brígida se hizo de inmediato su composición de lugar y tuvo ya muy claro lo que había pasado. Aquel moro se había vuelto con los de su religión y había entregado a su sobrino. De nada valió que algunos, pocos y sin hacer apenas más que amago, le intentaron decir algo en contrario porque ella ya tenía por más que seguro que había sido así y, por tanto, así había sido.

Más aún lo tuvo cuando tuvo conocimiento de que una hermana de aquel moro era la mujer del hijo del viejo Valentín, que llamaban la Garza y a la que tras indagar un poco ya supo que era una bruja y de lo más peligrosa que podía haber.

Consideró por tanto que era obligación suya no solo cuidar de su casa y poner en ella orden sino que era su deber sagrado limpiar aquel pueblo de todas aquellas brujerías y cultos a Mahoma que con toda certeza practicarían si con tan solo escarbar ella un poco ya había salido a la superficie toda esa podredumbre y perversión que allí había oculta.

Pero se dijo a sí misma, no era tonta, que debía andar con tiento y tener cuidado porque aquellos enemigos suyos, por tal los dejó ya declarados, tenían entre los ingenuos mucho predicamento. Tendría que ir poco a poco, ganándose a la gente, abriéndoles los ojos a todos los que pudiera y poniéndolos de su lado.

Con ese propósito en mente, se rebajó a allanarse y hablar con el alcalde, Luis Agustín, a quien también invitó a la casona, pero en este caso no a comer, sino a visitarla sin más y presentarse. Le disgustó mucho, pues aun siendo joven de edad, se mantuvo prudente y muy parco en palabras pero en absoluto cohibido y sin un solo gesto que indicara sumisión. No ofreció ni un mínimo resquicio por el que pudiera meter cuchara y como ella, además, no iba a rebajarse con alguien de su condición a emplear zalamerías, la conversación duró menos que poco y el Agustín se marchó con un «con Dios» y tan serio como había entrado.

Con el resto de sus aproximaciones, y detectando además que el Dominguín, aunque siempre con buenas palabras, se le escurría en cuanto podía, no le fue mucho mejor. Ni con el cura don Dámaso, porque el clérigo aunque tosco vio que de ella poco iba a sacar y lo único que le podía traer eran problemas. Hasta por lo de la «sobrina» que vivía en el curato y los chicos que andaban por allí.

Se dio cuenta pues doña Brígida de que tarea fácil no iba a ser, pero se reafirmó en su propósito diciéndose que había sido voluntad de Dios que se le ocurriera venir hasta aquel pueblucho para enderezar su rumbo y el de aquellas vidas y retornarlas a la gracia del Señor en la que, desde luego, no estaban. Seguro, se consoló, que en el monasterio de Valfermoso la entenderían. En cuanto pudiera conseguir presentarse a la abadesa le llevaría un buen presente que le abriera los oídos.

En cuanto a su desaparecido sobrino Arnoldo, al traerle las malas nuevas de que no se le había podido localizar, lo dio por muerto, hizo decir una misa por él y se constituyó en dueña y señora de su hacienda como única familia y protectora de sus hijos. El emisario a Al-Ándalus al relatarle lo que había podido averiguar le llegó a contar que otro cautivo había ido encadenado con su sobrino. Pero como aquello no cuadraba a su relato hizo como que ni lo había oído y menos aún lo comentó con nadie y desde luego, faltaría más, con su familia, ni con su hermana la bruja ni con los aborrecidos Gómez. Seguro que el que iba encadenado con Arnoldo no sería aquel moro sino algún otro caballero. Aquello se lo guardó para ella y a su hija tan solo le dijo que su primo Arnoldo había muerto y que no merecía la pena gastar ya más dinero buscándolo.

—Seguro que pretenderían que con nuestros dineros siguiéramos buscándolos y liberarlo de paso a él también. Y no va a ser así. Ni un maravedí más me van a sacar. El pobre Arnoldo está muerto a manos de los sarracenos y ese moro estará tan campante con los suyos por su tierra. Pero a tus primos de esto ni se te ocurra decirles nada. Pobrecillos.

Su hija no pronunció, según acostumbraba, ni una sola palabra. Siempre la escuchaba con la cabeza gacha o mirando a un lado. A doña Brígida se le cruzó entonces por la cabeza que quizá antes que a la niñita no fuera malo intentar meterla a ella en el monasterio. Pero lo descartó de inmediato. Su hija tenía que quedarse allí en la casa para cuidarla a ella, que estaba ya empezando a ser mayor y a dolerle cosas.

Sobre la suerte de su padre, a los hijos del hidalgo, sin embargo, y en particular al chico, Miguel, que ya empezaba a ir para mozo, les dijo que no había buenas noticias pero que seguirían buscándolo.

LIBRO TERCERO

FRONTERAS DEL TAJO Y EL GUADIANA

33

El maestre vencido

Los derrotados calatravos fueron llegando a Zorita desde la frontera del Guadiana ahora del todo en manos musulmanas. La villa y encomienda se convirtió en el refugio de la orden, que se había quedado sin la parte esencial de sus dominios, tanto el más emblemático y del que tomaba el nombre como los que le procuraban rentas y poder. El castillo-convento de Zorita, su alfoz y la vecina Almoguera y el suyo, era casi a lo único a lo que la antes poderosa orden podía ahora agarrarse. En aquel enclave y sus tierras circundantes estaba su mejor y casi exclusivo asidero.

Volvían destrozados. La comitiva que atravesó el puente sobre el Tajo y subió hacia la fortaleza por las calles del pueblo en un ominoso silencio, solo roto por el resonar de los cascos de los caballos, en una tarde áspera de viento y rachas de lluvia, tenía el aire de un entierro, de un funeral por los muertos dejados en el campo de batalla cuyo recuerdo traían los vivos impreso en sus rostros.

Don Nuño venía delante con la mirada absorta en alguna parte. Como si se le hubiera quedado en Alarcos. Venían caballeros, escuderos y auxiliares calatravos, el puñado de supervivientes del convento de Zorita y sus freires hermanos de los castillos perdidos que ahora venían a acogerse a este. Pocas caras eran conocidas para las gentes, que calladas y tristes los veían pasar, aunque al menos un corazón y unos ojos brillaron de alegría. La mozárabe había distinguido a su hombre, pues lo era aunque fuera prohibido, nada más cruzar el puente y al saberlo vivo había corrido hasta su casa para traerse a los niños y que su padre pudiera verlos. Tuvo recompensa sobrada al ver cómo la expresión y la mirada del calatravo se transformaban.

El freire Porras volvía indemne de la terrible matanza. Había dado por ello gracias a Dios todas las noches y ahora al ver a sus hijos le agradeció aún más que no le hubiera castigado por sus pecados hiriendo al fruto de ellos. Eso, sin saber el porqué de su presentimiento, le había corroído durante todo el trayecto, temiéndose esa mala y final jugada del destino.

Todos estaban sanos y su mirada sobre la mozárabe expresó su alivio y su consuelo. Se sintió perdonado por el Señor y se juró devolver la gracia haciendo lo mejor que sabía hacer, aniquilar a los enemigos de Cristo.

Al paso de los calatravos apenas si se congregó gente y los pocos que salieron de sus casas a verlos pasar lo hicieron sin lágrimas. Estas ya se habían vertido todas cuando, antes que ellos, había retornado lo que quedaba de la mesnada del concejo. Ellos sí tenían en la villa y en los pueblos de alrededor familia, madres, padres, hermanos, mujeres e hijos. El alborozo de quienes distinguían a los suyos con vida y hasta de quienes los encontraban heridos y aun lisiados se concretaba en abrazos y en palabras quedas para no herir todavía más el dolor de quienes recibían de los compañeros de sus muertos las malas nuevas. Y eran muchos más los que penaban que quienes tenían motivos de alegría.

En esta subida de los escuadrones calatravos había muchas caras desconocidas para los zoriteños. Muchos caballeros de otros conventos que ahora venían a refugiarse a la principal plaza fuerte que les quedaba, tras haber sido asaltadas y convertidas sus iglesias en mezquitas para loar a Mahoma en todo el curso del Guadiana y en particular la que fue la madre de todos, su orgullo y gran fortaleza que les había dado su nombre y que ahora se les clavaba en las entrañas. Calatrava volvía a ser Qal'at Rabah.

Pero entre los rostros extraños y entristecidos de los caballeros, el arcipreste y uno de los alcaldes, el otro había perecido en el combate, que no habían acudido a la batalla, sí reconocieron algunos significativos. Justo al lado del maestre don Nuño cabalgaba quien le había precedido en el mando, don Martín Pérez de Siones, y en cuyo tiempo se les había otorgado el fuero, aunque fuera su sucesor quien lo exhibió. Venía al lado de don Nuño, pero un poco retrasado como si además de acompañarlo lo escoltara y sustentara. Tras don Martín venía un grupo que parecía arroparlo y en él cabalgaba muy cerca el freire que había llevado a cabo las obras de la torre y el molino, y entonces recordó el alcalde que cuando este había llegado por vez primera a Zorita, muy joven, lo había hecho también cabalgando al lado de Pérez de Siones. Lo anotó para su magín al igual que la penosa, y aún más derrotada estampa que los demás, del maestre.

No iban aquellas impresiones para nada desencaminadas. Don Nuño, tras la derrota y aún más con la posterior pérdida de su casa madre, había caído en un total abatimiento. Apesadumbrado, se sentía culpable no solo del desastre sino de no haber muerto como al menos habían hecho sus iguales de Santiago y de Évora. A él no le había sido dado ni siquiera el consuelo de haber perecido lidiando. Y ya en el camino siguiendo aguas del Tajo hacia arriba había tomado su decisión. En cuanto pudiera hacerlo él continuaría, pero ya solo e iría a buscar en soledad el reencuentro con Dios, que este había querido demorarle, en el silencio y la oración. Le remordían ahora sus intrigas para sustituir a don Martín, a quien ya percibía claramente como quien iba a ocupar o, mejor dicho, recuperar el lugar que él le había arrebatado.

No iba, sino al contrario, a oponer resistencia alguna. En cuanto resolviera la cosas que aún le ataban a las falsas pompas de este mundo y se procediera a su sustitución en la orden, cruzaría el umbral del monasterio donde ya había decidido recogerse y que según llegaba a esas tierras sentía aún más en su corazón que le llamaba hacia él. Monsalud sería el lugar donde esperaría a la muerte buscando el sosiego de su alma y el perdón de sus pecados, que sin duda habían sido grandes a los ojos del Señor a la vista de cómo los había castigado.

No dejaba de pensar don Nuño en la hiriente jugarreta que el destino le había deparado pues había sido precisamente allí, en Monsalud, donde había obtenido del rey Alfonso, que gustaba mucho del lugar, el beneplácito para desposeer a don Martín de su cargo tras haberse ganado voluntades de los freires más poderosos con algunas mañas nada edificantes y desde luego nada acordes con un caballero y menos con un hermano de la orden.

Monsalud, el monasterio cisterciense de los monjes

blancos de Bernardo de Claraval venidos desde los Pirineos franceses, había estado unido al rey Alfonso casi desde su niñez. El arcediano de Huete, Juan de Treves, ya les había dado a los frailes autorización para establecerse y tierras para valerse, pero fue el jovencísimo rey, justo tras el cerco y toma de Zorita a los Castro en 1169, quien ratificó la concesión al Císter del pueblo a Córcoles. El rey Alfonso lo visitó entonces y muchas veces más y trabó amistad con su primer abad, el franco Fortún Donato. Decía encontrar en él sosiego, e iluminación de la Virgen que parecía ayudarle a reponerse de sus males de espíritu pero también de cuerpo, que por ambas cosas el monasterio no tardó en cobrar gran fama de sanar almas y carnes. Don Alfonso, si pasaba cerca o aun teniendo que desviarse un buen trecho, solía visitarlo y en ocasiones acudía de propio para meditar en él. Allí trazó los planes de la conquista de Cuenca y allí aprovechando una de sus estancias fue donde don Nuño le puso al corriente del movimiento en la Orden de Calatrava para deponer a Martín Pérez de Siones y colocarse en su lugar.

Los monjes blancos habían hecho del lugar, con el creciente arrimo de tierras y de campesinos, amén de lugar de oración, un predio de prosperidad. Sus nuevas artes de cultivo, el uso de colleras para las caballerías y vertederas para las rejas de los arados mejoraban en mucho la faena y productividad en los cultivos. Sus viñedos eran la envidia de la comarca y el vino de sus bodegas era más apreciado que ninguno. Las donaciones reales y de algunos nobles de la zona aumentaron sus terrenos y por faltarles no les faltó ni una renta de veinte cahíces de sal que desde las salinas de Atienza se debían llevar hasta el monasterio.

La rápida fama de las curaciones del lugar hizo crecer la devoción y las visitas. Que los monjes franceses alentaron aún más al relatar que una princesa franca, cristiana romana, había casado con un rey visigodo hispano, el arriano Amalarico, y este tras intentarla hacer que abjurara de su fe, la abandonó en aquel agreste paraje infestado de fieras salvajes, desnuda y sin sustento. Pero hasta los lobos se compadecieron de ella y tanto esas grandes fieras como las pequeñas bestezuelas le proporcionaron cobijo y alimento. La Virgen se le apareció y le predijo su salvación, que a nada acaeció pues su hermano el rey franco la rescató. También le prometió que los godos hispanos abrazarían la verdadera fe y abandonarían la herejía. Cosa que en efecto sucedió también, pues el rey Recaredo, en cuyo honor se levantó la tan cercana Recópolis,[63] se convirtió y con él todos los visigodos arrianos.

Eso contaban los monjes y ahora añadían un elemento esperanzador pues entre las profecías, que se habían cumplido hasta el momento a rajatabla, también se había desempolvado muy recientemente tras la debacle de Alarcos que la Virgen había predicho igualmente a la princesa goda que los moros serían derrotados y expulsados de todas las tierras hispanas. Esa profecía es la que despertaba la mayor devoción y no faltaban rezos y óbolos para que se cumpliera y cuanto antes mejor dado el tiempo de tribulación en que se vivía. De manera muy especial, los calatravos.

En Zorita, al poco tiempo y tras la llegada de sus máxi-

63. El propio monasterio se levantó sobre una pequeña y devastada iglesia visigoda que hubo en ese mismo lugar.

mos dirigentes, se habían ido congregando cada vez más multitud de caballeros calatravos y la fortaleza se había convertido en la sede central de la orden, con don Martín al frente, algo que ya quedó del todo establecido cuando don Nuño emprendió el camino a Monsalud, renunció a su cargo y no salió ya nunca más de sus muros y su enclaustramiento. Aunque bien es cierto que le contaban y le gustaba saber de lo que en Zorita y en su orden sucedía y por ello se alegró del espíritu que en ellos comenzaba a florecer.

Hizo llamar y pidió con humildad a don Martín que tuviera a bien visitarle y este llegó hasta allí sin arrogancia ni rencor, acompañado de aquel caballero que se había ganado su mayor confianza, el freire don José Manuel Porras, al que le había otorgado, a pesar de ser consciente de sus faltas, el cargo de clavero y guardián del castillo y convento de Zorita. Ambos, aun sin tener por qué, le pidieron a don Nuño su bendición, y este agradecido y tras pedir él a su vez disculpas a don Martín por el disfavor que antaño pudiera hacerle, les animó en sus tareas y propósitos.

El clavero tenía entre manos una obra en la que estaba poniendo todo su empeño. Mientras había sido tan solo una encomienda de la orden les había bastado con la pequeña iglesia de Santa María del Soterraño, pero ahora al ser sede de la orden era ya absolutamente necesario disponer de una iglesia conventual para celebrar allí sus capítulos y ceremonias. El Porras se puso de inmediato manos a la obra y encontró la solución en la torre redonda que justo estaba sobre la pequeña gruta de la Virgen y la desbordaba con su extensión y volumen por detrás. Se mantuvo la capilla en la gruta, pero sobre ella se hizo un primer piso y tras desmochar la torre se convirtió esa parte en una nueva iglesia donde se entronizaron imágenes, altares y todo lo necesario para el culto y la oración. Sobre ella se siguió aprovechando el espacio, y en un segundo piso hasta alcanzar la altura máxima y los fuertes muros de la torre, visible desde el exterior de la fortaleza, se estableció allí la armería calatrava. En ese recinto, ya desde entonces conocido como la Torre de Armas, se guardaron todas ellas y el instrumental de combate que los caballeros no llevaban encima. También se fue acumulando lo que las fraguas habían comenzado a fabricar. Que era mucho lo demandado ya a los herreros por el clavero y ordenado por el nuevo maestre para llevar a cabo lo que tenían en mente desde que salieron huyendo de las riberas del Guadiana.

De eso no hablaron con don Nuño, o al menos nada que le pudiera indicar dónde y cómo tenían previsto dar su golpe. Cuantas menos personas estuvieran en el secreto hasta el día en que se tuviera que ejecutar menos posibilidad de que corriera por las bocas y pudiera hacerlo fracasar.

Porque no era otra cosa el asunto que clavarles a los musulmanes el más afilado puñal en su misma entraña, donde menos se lo esperaran y más daño les pudiera causar. Y como era evidente que, por más que quisieran, en su Calatrava no podía ser, ya habían elegido el lugar.

El freire manchego había nacido muy cerca de allí. Era en un lugar al sur de Alarcos, en ruta hacia el puerto del Muradal, un paso ancho, flanqueado por sendas fortalezas, una de ellas más pequeña, alejada y en lo alto de la sierra, a la que llamaban de las Nieves, y otra enfrentada a esta en la otra estribación rocosa, muy abrupta pero aislada de la serranía y por tanto más fácil aún de defender. Salvatierra, así se le había llamado, pues desde hacía más de veinticinco años y hasta Alarcos había estado en manos calatravas y el freire manchego la recordaba muy bien. Había estado en ella, había amigado incluso con muchachos moros que vivían allí o en las alquerías cercanas y recordaba cuando el maestre don García, el segundo de la orden tras su fundador, como lo recordaba aún mejor el Pérez de Siones pues estuvo mezclado en ello, se había refugiado allí con sus partidarios al ser sustituido en Calatrava por don Fernando de Icaz que tan solo duraría al frente un año. Fue ya don Martín quien le sustituyó, en 1170, y pacificó la situación hasta que doce años después fue sustituido por don Nuño. Y don Martín, ahora de vuelta a la cabeza de la orden, quería más que ninguna otra cosa que los calatravos volvieran. Ya que no podía hacerlo donde habían nacido como tales, lo harían en el lugar más cercano que pudieran.

Eso era lo que llevaban meses tramando él y su clavero José Manuel, que le secundaba con entusiasmo. Tomar por sorpresa Salvatierra y encastillarse en ella. Devolver a la orden su honor, reconquistar aquel bastión en las mismas tripas del enemigo y enseñarle los dientes al califa musulmán. Que aquella primavera, a primeros de abril, había tenido que regresar a Marruecos a ocuparse de nuevo del revoltoso almorávide, Ibn Ganiya, el Abengania de los cristianos a quienes tanto beneficiaba con su inquina contra los califas del *tawhid* y a quienes no dejaba en paz desde su fortín de Mallorca ni siquiera en África.

34

Salvatierra

Cuatrocientos caballeros y setecientos peones al mando de don Martín Pérez de Siones partieron de Zorita un amanecer de finales de otoño, azotados por un temporal de lluvia y viento que golpeaba sin clemencia a hombres y bestias. Cruzaron el Tajo y emprendieron camino río abajo. Pocos sabían cuál era su destino pero todos que iban a adentrarse en territorio musulmán y que era posible que no regresaran jamás.

Llevaban pertrechos y armas para una larga campaña y aún parecía a los veteranos que también para aprovisionar una fortaleza de envergadura y fuerte guarnición.

Sorprendía la fecha elegida, cuando los caminos se hacían difíciles de transitar y cuando ningún ejército solía ponerse en marcha. Desde luego jamás lo hacían los musulmanes y eso hizo cavilar a algún guerrero avezado.

Aún menos sabían que, casi dos meses antes que ellos, una tropilla de cinco jinetes había partido de noche y en el mayor de los secretos buscando que nadie los viera salir. Esta la comandaba el clavero, que el día anterior se había despedido de su mujer, aunque no lo fuera ante Dios, y de sus hijos y después se había arrodillado en confesión. Iban muy bien armados pero ninguno llevaba visible las insignias de la orden ni la cruz negra en su pecho.

El freire Porras sí sabía muy bien adónde iba y cómo llegar. Volvía a las tierras que le habían visto nacer. En ellas se había criado y se sabía sus más recónditas veredas, las crestas más inaccesibles y las trochas por las que solo transitaban los jabalíes. Por allí, de chico y después mozo, había merodeado y cazado hasta poder recorrer la sierra sin perder pie por sus despeñaderos ni equivocar las sendas aun de noche y tan solo con que tuviera una luna mediana y no se la taparan del todo las nubes.

Los cinco elegidos llegaron, sin contratiempo, a la frontera musulmana y una vez penetrado en su territorio y para seguir sin ser descubiertos, dormían de día y se ponían en marcha cuando se ponía el sol, hurtándose además de pasar a la vista de torre vigía o de atalaya desde donde pudieran divisarlos.

Así lograron llegar a su destino, una sierra a la espalda y continuación de la que tenía en su cima, enfrentado a Salvatierra, el castillo de las Nieves. Lo tuvieron a la vista desde lo más alto de unos riscos que su guía mentó como de Navalonguilla. Allí les condujo a una cueva en la que poder refugiarse de las inclemencias del tiempo, que ya comenzaban a arreciar, y donde, con cuidado, podrían hacer incluso fuego.

Instalados en ella, el calatravo manchego comenzó cada noche a bajar a los sopiés de los montes, una vez a una alquería, otra a una pequeña aldea y la siguiente a una tinada de ganado hasta que logró encontrar a quien buscaba.

Era un amigo de su infancia y con quien, luego de mozo

y él ya en el convento calatravo, había hecho y mantenido siempre pacto de sangre y amistad. Había nacido en la tierra que había sido de su padre y jugado de niño con él y cuando los cristianos se apoderaron de todo el territorio y los calatravos de aquellas sierras, se aseguró de que nada tuviera que temer y que no le faltara para sus padres sustento ni protección. Tampoco para su casa y su prole, que la tuvo y numerosa antes que el cristiano.

El moro, cuando una noche el otro, oculto en las sombras le llamó por su nombre, se sobresaltó aunque al cabo reconoció su voz, pues lo había creído muerto como tantos y tantos infieles que sucumbieron en Alarcos. A punto estuvo de huir despavorido de él y muchas veces pensó luego que quizá hubiera sido lo que debió hacer. Pero fue hacia su amigo y se abrazó con él.

El musulmán servía ahora en Salvatierra. Y ello es lo que había averiguado el Porras a través de espías bien pagados por el oro calatravo y que no escatimó para ello el maestre, aunque bien poco le quedara.

La tarea que José Manuel, él le llamaba por su nombre de pila, le pidió que llevara a cabo tras varios encuentros nocturnos y furtivos significaba para el moro jugarse su vida, la de toda su familia y hasta de cualquiera que estuviera cercana a ella. Si salía mal, que era lo más probable, sería segura, pero tampoco en el caso de salir bien tendría apenas posibilidades. Sin embargo, el andalusí había dado su palabra y estuvo dispuesto a cumplirla pero con una, e ineludible, condición. Que se le garantizara, aunque él pereciera, y antes de afrontar su tarea, que todos los suyos estuvieran a salvo, bien provistos de dinero y fuera del alcance de los almohades.

Sería su recompensa antes de realizar su cometido y quizá la razón última que le impelió, junto a su amistad con el cristiano y el odio cada vez mayor a los africanos, ejecutar su misión que a buen seguro y aunque triunfara a él le exponía a la peor muerte que se pudiera imaginar.

Detestaba a los almohades. Los sentía ya más enemigos suyos que los propios cristianos. Los africanos los habían vejado y castigado con crueldad por haber servido a los cristianos y los consideraban como la peor escoria del islam al que ensuciaban con sus costumbres blasfemas.

No había quien no hubiera sufrido su rigor en sus bienes y en sus personas, habiendo sido obligados a arrancar sus viñas que eran para muchos su sustento y sufrir el látigo y alguna mujer la piedra por lo que se consideraba ahora impío.

Él había procurado aparecer como sometido y convertido a sus doctrinas para mantener a su familia y así logró entrar a su servicio en el castillo, adonde transportaba con su asno vituallas y donde además se le encargaban tareas en las cocinas, tiempo durante el cual pernoctaba allí durmiendo con su jumento en los establos.

El clavero calatravo comprometió su palabra pero para el otro no fue suficiente. No haría nada hasta que su familia estuviera a salvo en territorio cristiano y con una bolsa de oro que le sirviera para asegurar su subsistencia. No dudaba de las promesas de su amigo, pero era también casi seguro que el freire moriría igualmente y sus promesas lo harían con él.

Lo que el musulmán tenía que hacer era enseñarle un portillo que había en la cara posterior de la fortaleza, un pasadizo de escape y entrada muy bien disimulado y por el que solo se podía pasar de uno en uno. Señalarle dónde estaba no era demasiado difícil ni arriesgado pero lo demás resultaba ya un imposible. Pues lo siguiente era franquearle desde dentro la entrada, pues aunque no tenía más vigilancia que la del centinela de la almena que había sobre él, sí disponía de un pasador de hierro que atrancaba la puerta.

El clavero consiguió, tras bastante dificultad e incertidumbre, dar cumplida satisfacción a su amigo musulmán. El oro llegó y en más cantidad incluso de la pedida. Pero faltaba lo esencial y más difícil. Conseguir que su familia escapara antes de dar el golpe. Lo acordado finalmente fue que cuando el grueso de la tropa calatrava llegara a la frontera uno de los cinco adelantados en la descubierta los llevaría hasta ellos y la pasaría al otro lado, dejándoles en la primera fortaleza con guarnición cristiana. Una vez hecho, retornaría a Navalonguilla y se pondría en marcha la operación.

Quizá los musulmanes se sentían en exceso seguros, tal vez no alcanzaran ni a temer que allí, a muchas leguas de la última posición cristiana y rodeados de tantas otras fortalezas, desde la propia Calatrava a las más cercanas de Malagón, Caracuel o la propia de las Nieves que darían aviso del ataque, nadie se atrevería ni por asomo a intentar asaltar el castillo más fuerte y poderoso de todo aquel territorio.

Desde fuera y llegando por campo abierto, forzar las defensas de Salvatierra era desde luego imposible y un suicidio. Pero si desde dentro abrían una entrada, por pequeña que fuera y con una guarnición, escasa para su amplitud y muy descuidada en sus deberes que no estaba atenta a un imprevisto y a abortarlo antes de que ya no fuera posible de contener, la intentona podría, con la ayuda de Dios, tener éxito. Eso es lo que una y otra vez el maestre y el clavero se habían repetido y acariciado como posibilidad.

Tenían desde luego razón en algo. Hecha a la rutina y a la inacción, ahora aún más tediosa con la marcha del buen tiempo y sabedores de que habría de pasar todo un largo invierno antes de que vinieran relevos, vituallas y se trajera alguna novedad, la tropa acantonada allí no parecía tener otra misión que escabullirse de las órdenes de sus superiores y de toda tarea que les pudiera caer. No eran pocos, además, los que habían caído en ese destino como castigo a faltas anteriores en las campañas o en el servicio en otros lugares.

La tropa del maestre don Martín llegó desde Zorita al lugar de Manzanares. Allí hizo ademán de acampar y allí llegaron dos enlaces del clavero con la familia del moro. De inmediato, cumplida su tarea, uno de los dos, en caballo de refresco y veloz, partió de nuevo, pues sería al finalizar la noche del siguiente día cuando se produciría la acción y era preciso avisar al confabulado musulmán de que tuviera abierto el portillo. El otro enlace del Porras se quedó con el maestre para guiarle por la senda mejor y más oculta hasta la espalda de Salvatierra.

Fue durante el día siguiente cuando ya algunos jinetes musulmanes divisaron el campamento cristiano y se acercaron a investigar. Vieron las tiendas montadas, el tiempo era malo y amenazaba lluvia, que tenían las hogueras encendidas, y los calderos en ellas. No parecía que fueran por el momento a avanzar. Informaron y se les ordenó seguir atentos a sus movimientos.

Cuando la oscuridad, ayudada por espesas nubes, llegó pronto sobre aquella tarde, el maestre ordenó a la práctica totalidad de la caballería ponerse en marcha y a dos terceras partes de los peones que los siguieran después pero dejando el campamento sin levantar, los fuegos encendidos y los que quedaban con la misión de que no los dejaran apagar. Si todo salía bien, aquel mismo día un potente destacamento volvería para recogerlo todo y escoltarlos a ellos y sus vituallas hasta la fortaleza tomada. Si no venían, quedaba a su discreción ponerse a salvo y huir.

En cualquier momento y ya descubierta su presencia, aunque a buena distancia de su objetivo, todo podía fracasar antes incluso de comenzar. Pero, de increíble manera, sin tropiezo en el camino, todo salió bien.

José Manuel Porras y los tres caballeros que estaban con él llegaron al portillo en la oscuridad y bajo la lluvia. Antes habían dejado en un peñón la señal convenida. El moro la había visto y los estaba esperando en la entrada, invisible desde las almenas. Ellos se colaron dentro. Ya en el interior, se quedaron en el pasadizo al resguardo de la mirada del vigía. Seguía sin asomar todavía el alba, que el temporal parecía retrasar aún más, cuando llegó el aviso de que las primeras avanzadas del maestre ya estaban llegando. Entonces haciendo salir al musulmán con un calatravo a esperarlos, los tres que quedaban penetraron en el patio del castillo y comenzaron a incendiar con teas todo lo que podía arder. Solo se les opusieron primero uno y luego otro centinela medio dormido, a quienes degollaron sin piedad. Tardó todavía un tiempo en saltar la alarma, pero al cabo sonó el cuerno en lo alto del muro, bien fuera por el tumulto y el fuego que había dentro o porque vislumbraron a la cabalgada llegar.

Pero fue dar la señal y ya estaban comenzando a entrar pie a tierra los calatravos con el maestre Pérez de Siones al frente y comenzando a asegurar el portillo para que los que les seguían pudieran acceder también. Lo hicieron sin encontrar apenas resistencia y aún menos cuando lograron apoderarse de la puerta y dar entrada por ella a la caballería.

El castillo de Salvatierra, con su guarnición casi sin haber podido coger las armas, degollada en más de la mitad de sus combatientes y los demás rendidos, no tardó ni una hora siquiera en ser tomado y su alcaide, acorralado en lo más alto de la alcazaba con tan solo una docena de hombres, perplejo y sin entender lo que había pasado y ya con la caballería cristiana señoreando el recinto, no tardó en pedir el amán.

El maestre se lo concedió más que gustoso. No quería que dentro quedara ni siquiera un solo sarraceno. Les concedió la vida pero no les dejó irse ni con armas, ni con caballos ni con vitualla alguna. Podían marchar a partir del mediodía ellos y con sus familias quienes las tuvieran, pero no se llevarían nada con ellos que a los cristianos les pudiera servir para sostenerse allí.

Fue entonces cuando la tropa al completo, también la ya llegada desde el campamento raudamente abandonado, supo cuál era la intención y su destino. Establecerse allí.

Rodeados de enemigos pero clavados como una espina que los dedos moros no se pudieran sacar en mitad del territorio musulmán y decir así con ello que aquella tierra había sido calatrava y lo volvía a ser. Que la orden no estaba muerta y que todo aquello volvería a ser suyo y de la cruz.

A mediodía, y según lo convenido, los moros en larga fila salieron y se dirigieron hacia el cercanísimo castillo de las Nieves, justo enfrente y al que se llegaba tan solo cruzando el valle y remontando a la sierra luego. Su guarnición había asistido atónita al clarear del todo el día, tras haber oído los cuernos de alarma, a la toma de Salvatierra sin atreverse a salir y menos a enfrentarse a aquel fortísimo turbión de caballería cristiana que había aparecido como fantasmas al clarear el alba y a nada ya estaba en una buena parte encastillada y los destacamentos que no, aguardando formados y en orden de batalla a una larga hilera de peones y acémilas cargadas de vituallas y suministros que ya accedieron por la entrada principal, por la que no mucho después salieron los suyos todavía más asombrados que ellos de lo que había sucedido aquel amanecer.

Al capitán de la guarnición de las Nieves ni siquiera se le pasó por la cabeza intentar salir y atacar. Más bien en lo que pensaba era en cómo iba a poder defenderse y mantener su posición.

La buena nueva de la toma de Salvatierra no tardó en llegar a lado cristiano y las campanas repicaron por toda la cercana frontera y más allá. Repicaron en Zorita y en el monasterio de Monsalud, donde el viejo maestro don Nuño se postró de bruces ante la imagen de la Virgen y allí permaneció luego de rodillas ante ella dándole gracias por su divina intercesión. Al incorporarse al fin, bañado su rostro en lágrimas, le dijo al abad:

—Ahora ya puedo morir en paz, don Fortún.[64] Mi orden ha resucitado y vuelve a vivir para servir a Dios Nuestro Señor. Él ahora me podrá perdonar.

La orden en efecto, postrada y desalentada, casi al borde de extinguirse hacía tan solo un año, resucitó. Sus caballeros se quedaron en Salvatierra, la fortificaron aún más, subieron sus muros, revisaron sus defensas, ampliaron sus fosos y no dejaron lugar ni rincón en el que hacer obra para convertirla en inexpugnable. Se sabían rodeados de enemigos por todos los lados y a muchas leguas por el lado más próximo de las primeras posiciones cristianas. Tendrían que valerse por sí mismos y se valieron.

La orden puso en ello toda su energía y empeño y no tuvo otra misión que preservarla. Para dar prueba de esa férrea voluntad su maestre y cargos mayores se trasladaron allí en un gesto de orgullo recuperado y de desafío total. E hicieron aún más: con su Calatrava ocupada decidieron cambiar su nombre y, pidiendo al Papa y al rey licencia, pasaron a llamarse como su castillo reconquistado, Salvatierra, y de ello, que salvar la tierra de los enemigos de la cristiandad era su misión, hicieron proclamación. La orden pasaría a llamarse así y caballeros de Salvatierra los que

64. En Monsalud murió don Nuño sin abandonar el lugar desde que se recluyó en él, tras años dedicados al recogimiento y la oración, y allí fue enterrado en el año 1201. Su lápida se ha preservado hasta hoy y puede leerse su nombre y epitafio en lo que fue la sala capitular del monasterio.

antes lo eran de Calatrava, que siguieron con sus mismas normas y luciendo ahora ya con la cabeza alta su cruz negra en el pecho.[65]

Pero no fue don Martín Pérez de Siones quien ocupó de nuevo el sitial del maestre. No quiso. Cumplida su misión, y aunque no siguió los pasos de don Nuño, optó por apartarse del liderazgo. Prefirió que un nuevo maestre, muy ligado a su persona y a su propia sangre, según pregonaba su apellido, Martín Martínez, fuera el encargado de dirigir ya desde el año siguiente 1199 y hasta el año 1207 sus destinos.

Si para los cristianos la reconquista de Salvatierra fue saludada como un milagro, como una señal y una «obra de Dios», para los musulmanes supuso una afrenta y el principio de una pertinaz humillación. Así se lo hicieron saber a su nuevo califa. Se llamaba Al-Nasir y era hijo de Al-Mansur que en enero del año siguiente de la pérdida de Salvatierra murió de enfermedad en Marrakech, sin haber vuelto a pisar Al-Ándalus y con la amargura de no haber sabido sacar mejor fruto a su mayor victoria.

«La fortaleza llamada de Salvatierra ha caído en manos de los adoradores de la cruz, y la presencia de un campanario en la torre de su iglesia es una afrenta para los musulmanes que, en los cuatro puntos cardinales alrededor de esta plaza, oyen a los muecines glorificar a Alá y llamar a la oración...», escribieron los atribulados musulmanes de la península al nuevo Miramamolín.

65. La característica cruz de Calatrava, tan conocida e impresa en rojo en piedras y pergaminos, fue en sus primeros tiempos de color negro. No fue hasta siglos después cuando su color pasó al rojo carmesí que luce hasta el día de hoy.

Al-Nasir seguiría recibiendo cartas incitándole a poner remedio a aquella humillación. Fue tal el reclamo que se le hizo que se juró y así comunicó a sus gobernadores que pondría remedio en cuanto tuviera ocasión. Pero esta tardaría mucho en llegar sin que mermara el escozor.

El clavero José Manuel Porras se quedó en Salvatierra durante aquel primer año, acompañando a don Martín, y no retornó a Zorita hasta que en otro golpe de efecto la orden consiguió avituallar y cambiar buena parte de la guarnición. El Porras había mandado recado a Zorita de que volvería en cuanto le fuera posible a ver a su familia. No dijo entonces que, como ya había hablado con don Martín, volvería dispuesto a dar carta de naturaleza pública a su relación y reconocer a sus hijos.

Un aliado muy relevante en la orden se lo iba a permitir. El burgalés Pérez de Siones, su valedor desde mozo, tras dos mandatos en la orden, desde 1170 a 1182 y de 1197 a mediados de 1200, dejaba su sitial y volvía a la tierra que le vio nacer. Había dejado en ella buena prueba de su coraje y carácter, donde a veces el valor y la decisión llegaron a la crueldad, pues quedaba también en la memoria aquella matanza de cautivos musulmanes, hizo decapitar a doscientos, que fue una de las causas, aunque por ello no hubiera caído y sí por la intriga que con ello se urdió, que contra él esgrimió don Nuño para sustituirlo. Pero fue su férreo temple lo que hizo que después de Alarcos todos los ojos se volvieran a él. Dejaba su impronta en la orden y algo más con tan solo fijarse en el nombre y el patronímico del nuevo maestre, don Martín Martínez, cuya ascendencia más claramente no se podía señalar. Y lo que el ahora maestre pregonaba sobre su origen no podían prohibírselo al freire José Manuel Porras, quien tanto y en tan decisivas ocasiones había cabalgado junto a él. Esa fue la única demanda que al abandonar ambos, don Martín y su clavero, el castillo de Salvatierra le hizo el segundo al primero, y a la que no se pudo negar. Ni el nuevo maestre poner pero alguno porque no lo podía poner.

—Los santiaguistas, don Martín, no ponen pega alguna a los suyos que se quieren casar. Dicen incluso que mucho mejor es eso que vivir en pecado y hacer con ello pecar a la mujer.[66]

—Nosotros somos calatravos y nuestras normas más severas —respondió sin demasiada convicción el viejo maestre.

—Y hombres todos, don Martín.

El Porras por el momento, eso sí, decidió volverse a Zorita y desde allí estar al servicio y dispuesto para acudir en cuanto el nuevo maestre se lo solicitara. Que se lo solicitó a lo largo de los años venideros en más de una ocasión. Pero en Zorita ya no tuvo que esconderse de nadie y de inmediato reconoció a sus hijos la paternidad y tuvo hacia ellos más lealtad que jamás tuvo por nadie, su orden y su propia mujer incluidas.

66. La Orden de Santiago era la única entre todas las de la península Ibérica que permitía el matrimonio de los freires que así lo decidieran, aunque otros se mantenían en el celibato, que era preceptivo en el maestre. Los santiaguistas se regían por normas más flexibles que los calatravos, que lo hacían por las más rigurosas del Císter, y consideraban que «para remedio de la flaqueza humana, se permite el matrimonio a los que no pudieran ser continentes; guardando a la mujer la fe no corrompida y la mujer al marido, porque no se quebrante la continencia del tálamo conyugal, según la institución de Dios y la permisión del apóstol san Pablo».

En enero del año siguiente a la toma de Salvatierra, Al-Nasir aceptó, aunque hubieran sido violadas la vez anterior por el asalto calatravo a Salvatierra, prorrogar las treguas por siete años y al expirar, tras alguna duda, otros tres más, hasta el año 1210.

Castilla los aprovechó para en la paz lamerse sus muchas heridas y prepararse para la revancha. El califa las utilizó para hacer la guerra en África y acabar de una vez con el almorávide. Primero lo expulsó de Ifriqiya y luego lo persiguió hasta Baleares. Desembarcó en Mallorca y se la arrebató poniendo así fin a la úlcera que había hecho sangrar largos años a su imperio en el Magreb. Fue entonces cuando dudó en comenzar de nuevo la guerra en España, pero un repentino mal lo postró durante un tiempo y al fin decidió concederlas de nuevo. Tendría así tiempo para preparar el golpe final. No solo emularía a su padre sino que él iría más allá. Cuando se pusiera en marcha sería para no parar hasta haber retomado Toledo, sometido de nuevo a todos los reinos cristianos y aún más, llevado a abrevar a sus caballos a las fuentes de Roma donde residía el gran imán de los cristianos, la cabeza de todos los adoradores de la cruz.

LIBRO CUARTO

COMÚN DE TIERRA DE ATIENZA

LABRADORES

35

La bruja de la Graja

La guerra pareció, más que en otras ocasiones, algo definitivamente lejano. Que existía, sí, pero ya no estaba en la puerta de tu casa. La frontera, las razias, los asaltos por sorpresa para apresar cautivos o robar ganado, a pesar incluso del reciente susto sufrido, volvía a parecer algo ya del pasado. Los moros estaban a muchas leguas de las lindes del Común de Tierra de Atienza. Podían regresar, desde luego, pero no era por el momento un miedo cotidiano como había sido en otro tiempo. Solo un gran ejército, como la vez anterior, podría en todo caso alcanzar aquellos confines. Pero los golpes continuos habían desaparecido y las gentes tendían a olvidar aquel temor que durante tantos años los tuvo agarrotados. Preferían casi no pensarlo. Porque si lo pensaban se daban cuenta de que el peligro o aún peor, la invasión, si los cristianos volvían a sufrir otra terrible derrota en campo abierto, podía regresar de inmediato. Pero las treguas y la sensación de una cierta seguridad volvían a ser la pauta común de los días y las estaciones.

Eso no significaba que quienes se adiestraban con las armas dejaran de hacerlo, pero era en los castillos y plazas fuertes donde los jóvenes y en particular los huérfanos de

Alarcos se ejercitaban de continuo. Los freires de las órdenes y la nobleza lo hacían por su cuenta procurando tener a punto sus mesnadas. Los concejiles dedicaban también algún tiempo pero dejaban al lado caballo, espada y escudo y estaban más en la mula, el arado y el sembrar y cosechar, dejando a los hierros de la guerra envueltos en un rincón y deseosos de que no les llegaran órdenes de desenvolverlos.

Había tregua entre enemigos. Pero eso no contaba entre vecinos. Al revés. En los pueblos todo en apariencia parece discurrir en paz. ¡Ay!, si se rasca un poco y con una uña tan solo. Entonces emerge el picor que larvadamente repta por debajo en una cotidiana pelea de ambiciones, posición, rumores y maniobras por donde socavar a quien vive justo al lado. Y cuanto más pequeñas son las aldeas, peor.

Porque en ellas todo se ve, se sabe, se envidia y se roza a cada instante. El que la envidia no consiste en desear poseer lo que el otro posee sino que el otro lo pierda, aflora aquí en su más cruda realidad. Se disfruta más que de la buena cosecha propia que al otro se le arrebate y que la pierda. La envidia prefiere siempre que aborte la oveja del vecino a que la propia para mellizos. Es el dolor del bien ajeno.

No es que sean así todos, ni siquiera lo son del todo quienes más crudamente se acercan a esa mala pasión. Son más bien pellizcos que le dan a cualquiera aunque la mayoría los deseche y hasta sientan una comezón por haberlo pensado. Hasta a la buena gente le sucede a veces pues nadie hay sobre la tierra ni del todo bueno ni del todo malo. Aunque en lo de malo sí hay quienes se le acercan y procuran siempre arrimarse mucho. El diferente hervir y a la postre actuar de cada cual es lo que inclina la balanza.

La Garza había parido una criatura que ahora, ya con cuatro años cumplidos, era su viva imagen y aún si cabe más hermosa pues la diferencia eran unos grandes ojos que habían sacado el color azul verdoso del padre, pero con aquel mirar tan penetrante como sereno de la madre. Había sido niña para su felicidad. La mujer nunca se había sentido, esas cosas no se piensan, ni más llena de vida ni más deseosa de vivir y acompañar a aquella niña durante todo el tiempo que pudiera vivir. Percibía cada día su existir como el cielo limpio, fresco y húmedo de un amanecer. Fue entonces cuando la mala nube lo oscureció.

Tras cinco años de residir en el pueblo, doña Brígida era ya una referencia inevitable. Su casona era centro y fuente de un sinfín de trajines que nada tenían que ver con las labores y afanes cotidianos de los labradores. Los suyos, de la más diversa condición, se deslizaban por el pueblo, los de alrededor, llegaban a Atienza, subían hasta Sigüenza y cruzaban el torno de las monjas de Valfermoso.

A lo largo de aquel lustro y a pesar de sus tropiezos primeros había ido consiguiendo tejer, a su alrededor y sobre su persona, una red de adhesiones e intereses a base de hacer favores, aunque fueran préstamos a devolver, de favorecer aquí y negar allí y de enseñar a todos que era arriesgado estar en su contra, negarse a una demanda suya o rehusar acatar su capricho y voluntad aunque fuera en la cosa más fútil.

Con algunas familias, las primeras y más asentadas, no había logrado mucho, y no solo con sus enemigos declarados, los Gómez. Allí la Paula por un lado y la Filomena por el otro, esta guerra era ante todo entre mujeres, fueron el valladar ante el que se estrellaron sus mañas. La Paula la bautizó muy pronto. «Esa tía Graja», dijo un día, y para siempre y para muchos es con lo que se quedó doña Brígida. Hasta aquellos, o incluso estos más aunque no lo pudieran decir, que estaban obligados al halago y al rebaje por lo pendiente en cuanto a pagos y para los que había de rogar un aplazamiento, eso cuando no había que pedir para un hijo algunos días de cavar o de quitar piedra o de lo que hubiera aunque fuera solo por comer. Porque incluso entre los pobres hay pobrezas menores o mayores y algunas eran de mucha necesidad. Las había habido siempre y la Graja venía ya bien enseñada del norte de cómo aprovecharlas y era consumada maestra en convertir en beneficio propio lo que supuestamente tenía la apariencia de favor.

La respuesta de la Filomena a sus enjuagues fue la del mayor desprecio, o sea no el no hacer aprecio alguno ni de sus ardides ni de su misma existencia. Pero en las casas más débiles tuvo más fácil entrada aunque no fuera por gusto sino por necesidad. No faltaron tampoco quienes vieron en ella a alguien con quien convenía estar a bien. Se arrimaron a su sombra con presteza y en creciente número fueron haciendo partida a su favor que entendieron también como distancia y desapego con los otros. Al cabo de algún tiempo los bandos, aunque no hubiera guerra declarada, ya estaban formados y todos sabían a quién pertenecía este o aquel o si el otro era dudoso.

El Dominguín y los suyos parecían, en las formas y según costumbre, mantener un ten con ten entre ambas partes. Pero era más por prudencia que por sentimiento pues como dijo el mayor de los hermanos ahora ya cabeza familiar tras la muerte un tanto prematura del padre ya años antes: «Del pico de la Graja lo más conveniente es estar todo lo alejado que se pueda».

Mantuvieron pues, y a pesar de sus zalemas, la distancia que acabó por hacerse barranca cuando ya, buenos mozos la totalidad de los hermanos y muy capaces de llevar cada cual su hacienda, la Paula fue a casarse con uno de ellos inaugurando así una suerte de costumbre de bodas entre ambas familias, el Pablo con la Rosa y los dos más pequeños entre sí. Con ello, el vínculo por aquel lado entre los Gómez y los Dominguines, a los que ahora ya comenzó a llamar así por el nuevo cabeza de familia, el hermano mayor, se hizo muy estrecho y la Graja no encontró rendija por la que pasar.

No parecía, pues, que sus asechanzas fueran a tener mucho recorrido pero entonces varias desgracias vinieron en su ayuda.

La primera fue que Filomena, que siempre había parecido tan fuerte y tan poco dada a los achaques como sí lo había sido su hermana Matilde, se empezó a encontrar mal de buenas a primeras y sin saber muy bien cuál era la causa. Pero lo que le roía por dentro y no daba la cara era malo, muy malo desde luego, y por mucho que la Garza lo intentó, un poco a ciegas, con sus remedios, no halló no solo cura sino tampoco detenerlo y casi ni aliviarlo siquiera. La piel de la Filo se fue volviendo macilenta y amarilla, sus ojos mortecinos y con cada vez mayores y oscuras ojeras y, como final, un tormento de terribles dolores, que esto al menos algo sí pudo calmar. Se consumió del todo en unos postreros días y unas noches de sueños intranquilos sumida casi en la inconsciencia provocada por las cocciones de raíces y bayas que la Garza le hacía beber y al menos lograban que el dolor no fuera insoportable para ella.

El Valentín, tan grandón, parecía un muchacho asustado y su desolación fue total cuando una mañana, al poco de abrir ella los ojos, los cerró de nuevo y ya no los volvió a abrir. El hombre se quedó como si le hubieran dado con un mazo en la cabeza. Por un tiempo fue incapaz de hacer nada; se quedó, tras darle tierra a su mujer, sentado en un rincón oscuro y sin levantarse ni siquiera para comer. Pareció que ya nunca volvería a ser aquel hombretón fuerte y corajudo que siempre había sido.

Hacían su hijo y las chicas, su nuera y todos los del Julián por animarle pero a nada parecía reaccionar. Ni lo intentaba siquiera. Hasta que un día, así de repente, el nieto, el Antoñejo, que andaba por allí mirándolo como con miedo de lo callado que se había quedado y que ya no jugaba con él, se le acercó despacito y sin hacer ruido y muy quedamente se acurrucó contra su pierna. Entonces el Valentín pareció despertar. Lo levantó en brazos, lo miró un buen rato e hizo luego algo que dejó a todos con la boca abierta.

—Chica —le dijo a la Garza—, dame un buen cantero de pan que me subo a merendar con mi nieto a la bodega.

—¿No quieres alguna tajadilla de algo para acompañarlo? —le preguntó ella.

—No, con un poco de miel me bastará. El vino para mojarlo ya lo tengo yo allí.

Al amanecer siguiente cogió la yunta, se fue a arar y no

volvió hasta entrada la noche. Así hizo un día tras otro hasta que se le serenó la cabeza y el tío Valentín retornó a ser el mismo, aunque ya no fue nunca del todo porque lo que le faltaba no lo pudo recuperar jamás.

Fue en aquella desgracia, y por donde nadie podía sospechar que hiciera mella, por donde encontró doña Brígida la oportunidad que estaba buscando. Algo que a nadie se le ocurrió que podía ser posible pero que a las tres semanas era comidilla de una parte del pueblo.

La Filomena, habiendo sido tan fuerte, se había consumido de manera muy extraña. Una muerte rara, empezó a decirse. Y luego que la Garza desde que le comenzaron las malas ganas no había dejado de darle pócima tras pócima que solo habían hecho que empeorarla. Que había muerto sin poder siquiera despedirse pues los brebajes que le suministraba su nuera la tenían inconsciente, adormilada y sin poder ni pronunciar más que palabras entrecortadas y sin sentido. Que ahora ella ya se había convertido en el ama de aquella casa y una vez más quien le estorbaba había acabado en la tumba.

Cómo había salido aquello, de dónde y cómo se había deslizado por debajo de todas las puertas o al menos de las que prestaron oído a la conseja pues no se sabía bien del todo, pero de una a otra casa el rumor se acrecentaba, se salpicaba con esto o con lo otro y aquí se decía que las hijas pequeñas del Valentín no la querían, que tenía una suerte de cubil secreto en la vieja y pequeña casa del Maula a la que no podía entrar nadie, donde preparaba sus bebedizos, que a su marido el Valentín mozo siempre lo había tenido hechizado y desde que fue un niño, que aun siendo él bastante menor que ella lo había cogido de marido cuando él podía haberse casado con quien hubiera querido del pueblo y que lo tenía dominado por completo.

Nada de todo ello se había ni siquiera llegado a hablar en vida de la Filo, que jamás lo hubiera permitido pero muerta ella la murmuración no encontró ni valla ni aún menos respuesta en muchos sitios. Al fin y al cabo, decían algunas, era la hija de un moro.

Y la Graja, tras haber puesto sus huevos de moscarda sin descanso, de continuo, en cada lugar y sitio donde se pudiera colar para corromperlo y llenarlo de gusanos, comenzó a hacer oír ya también su graznido.

Todo valía, lo primero, claro, su condición de hija del moro pero también su propia belleza, que parecía no marchitarse como la de las demás, sus silencios mismos y su trato especial y tan misterioso con los animales. «Los pájaros vienen a verla y comen de su mano. ¿Dónde se ha visto cosa así?», musitaba una a su vecina en el lavadero, y la otra se hacía cruces dejando de refrotar los calzones sucios de su marido.

Una cosa se iba amontonando con la otra y sobre todas estaba lo de la casa vieja donde hacía sus redomas y donde tenía a saber qué plantas y qué bichos a los que les extraería sabe Dios qué venenos. O qué sortilegios haría allí cuando nadie la veía.

El cuchicheo de las comadres se transformó pronto en hecho. Aquellos saberes de plantas y remedios, sus pócimas que antes eran solicitadas por todas y no había casi nadie en todo el pueblo que no hubiera recurrido a ella, ahora se habían convertido en algo malo, peligroso, que muchas no solo ya no pedían sino que hasta negaban haberlo hecho jamás y se persignaban cuando alguien osaba mentárselo. No eran todas ni quiera mayoría, pero algunas de las que sí la apreciaban y seguían acudiendo a ella ya lo hacían de tapadillo y a escondidas. El miedo a ser relacionado con ella había comenzado a extenderse.

La palabra «bruja», en voz alta, tardó todavía en pronunciarse pero en voz baja ya se recitaba como una letanía en más de tres casas, y desde luego era la cantinela cotidiana en la casona de doña Brígida.

Cualquier desgracia le comenzó a ser achacada, aunque no hubiera tenido contacto alguno con la persona. Para el mal de ojo no hacía falta siquiera. Bastaba con haber conseguido un pelo o una prenda, decían. Y aún peor era si había estado cerca. Aquel niño que nació muerto y ella junto a la tía Patricia había atendido al parto.

Morían bastantes niños al nacer, pero aquel año o se quiso contarlos o se murieron más y algún otro también sin destetar. Hubo ya alguna mujer que a boca parir se negó a que ella viniera y así lo hizo saber su marido a la tía Patricia para que no la avisara. Y aquel niño nació muy vivo y muy sano.

Lo de los niños que morían fue el paso siguiente y quizá el más dañino. Una ya dijo en voz alta que la había oído cantar con palabras que no eran cristianas y uno a quien se le murió el burro pregonó que a lo mejor la hija del moro había tenido que ver con ello.

El vacío a su alrededor comenzó a notarse. No del todo pues una buena parte no lo compartía pero ya entre estos incluso principió a hacer mella el temor de ser considerados como cercanos y procuraban si no romper sí al menos no encontrarse. El día que al llegar a lavar la ropa se hizo el silencio en el lavadero, la Garza comprendió la gravedad de lo que estaba pasando. Pero hizo como que no lo notaba y las conversaciones retornaron, aunque hablando de otra cosa, claro.

No hizo ni siquiera comentario de lo sucedido en casa. Pero la Paula, a la que le ocurrió algo muy parecido, otro silencio en el lavadero, pensó que no era para nada lo mejor esconder la cabeza bajo el ala ni hacerlo entraba en su carácter y manera de ser. Se bajó a casa de su tío, que ahora tras la muerte de Filomena era ya la de la familia al completo pues habían abierto puerta entre ambas y solían comer juntos ,y les dijo a los dos hombres:

—Mira, tío, y mira, primo, o hacéis algo o de aquí a nada a la Garza la van a acusar de bruja. Seguro que la Graja anda en ello y ha ido ya al cura y al monasterio de las monjas esas francesas con el cuento de que hay una en Bujalaro.

El tío Valentín se levantó de un salto como si le hubiera picado algo.

—Pero qué dices, Paula. ¿Y quién va a creérselo? Ya no solo por ella sino por nuestra familia. ¿O es que de un día para otro se nos ha dejado de respetar aquí?

—No te enfades, tío. Pero yo sé lo que son estas cosas. Y lo que ha estado haciendo esa víbora ha sido ir preparando el terreno para ahora ir a por ella.

—De donde no hay, no se puede sacar y aquí de eso no ha habido nunca. Pero si medio pueblo ha venido siempre a por sus remedios...

—¿Y no has notado, tío, que ya no vienen los que venían y algunos lo hacen a escondidas?

Intervino entonces el Valentín hijo, que había estado muy callado.

—La Paula tiene algo de razón, padre, yo también lo he notado. Y creo que algo tenemos que hacer.

—Si lo decís —reflexionó al fin el patriarca— por algo será. Iré a hablar con don Dámaso y esto se acaba ya. Al fin y al cabo si está aquí es porque lo trajimos nosotros.

—No será tan fácil, padre —insistió el Valentín—; algo más tendremos que hacer y a no tardar. Pero bien está, el Damasón le debe mucho.

—Iré también a ver al Luis Agustín, el alcalde. A ver qué dice él. Y ahora, Paula, hay que decirle todo esto a ella, no se vaya a enterar por los demás.

La Garza al escucharlos se quedó un buen rato sin saber tampoco qué decir. No había pensado que aquello pudiera ser tan grave ni que iría más allá de la habladuría. La importancia que le daban los otros acabó por llevarle a comprender que la cosa podía terminar mal. Que más allá del clérigo del pueblo podría intervenir el arcipreste de Atienza o, más aún, el obispado seguntino. Y que una acusación de brujería podía acarrear unas consecuencias muy peligrosas para ella y para toda la familia. Y eso, sobre todo lo último, la sobrecogió. Por sus hijos lo primero, pero por todos los demás también. Ella, que siempre se había sentido protectora, era ahora la que tenían que proteger. Pero al tiempo se sintió reconfortada y bajo el amparo de los suyos.

—No sé si será para tanto, Paula —le dijo pero dirigiéndose a todos—. Pero os agradezco el aviso. Aunque no sé bien qué puedo hacer yo.

—Tú nada, hija —respondió el Valentín—. Tú haz lo de siempre. Pero yo sí sé qué voy a hacer.

Se puso el pellicón y se fue a ver al Dámaso y al Agustín.

Con el primero le fue mal. Con el segundo, algo mejor.

Valentín ya no era el alcalde y eso lo tuvo claro por el comportamiento desde que le abrió la puerta el clérigo, que escurrió su orondo bulto todo lo que pudo. Que sí que había oído, que sí que era algo que corría desde hacía tiempo por el pueblo, que era conocido que ella hacía bebedizos, que no es que él se creyera esas cosas pero que en cualquier caso debía informar a quienes en la Iglesia tenían más autoridad, que andar en esos enjuagues era estar tentando al diablo y que eso era algo que él no podía callar.

Años antes, aquello bien le habría acarreado un pechugón y no suave del Valentín. Pero a pesar de que seguía teniendo el genio vivo algo había aprendido a medir. Le subió la ira y se le congestionó la cara pero no pasó la cosa de un tono fuerte al despedirse.

Lo miró de arriba abajo. Vio cómo se retorcía las manos y comprendió dónde y con quién se había colocado.

—Cada cual sabe con quién está y yo ya sé con quién os habéis puesto vos. Pronto se ha olvidado de las cosas, pero a lo mejor pronto lo va a tener que recordar. —La amenaza, inmersa en el nuevo trato de vos, que no era deferencia sino distancia y desapego, avanzó soterrada pero al cabo, al despedirse, asomó y sonó con claridad en la voz de Valentín—. Quedad con Dios, pero ni yo ni nosotros vamos a olvidar. Sabedlo también.

Dio media vuelta mientras el Damasón intentaba balbucear que no, que no, que no le había comprendido bien. Pero demasiado bien lo había entendido el Valentín y al cura, al darse cuenta, por su parte, le entró un temblor. Empezó a pensar si había hecho bien y si no se había metido en un barro de mal andar. Que a lo mejor doña Brígida no era tan fuerte ni tenía el pueblo tanto en las manos y que los otros sus agarraderos y fuertes tenían también. Que la Garza no era solo la hija de un moro, que allí había detrás suyo mucho bocado y a lo mejor que se le iba a atragantar.

O sea, que el Valentín aunque encorajinado y sin saberlo algo había logrado con su visita.

Con el alcalde le fue bastante mejor.

Luis Agustín lo recibió cordial, le ofreció un vaso de vino y lo dejó hablar con respeto y atención. Cuando acabó, habló él.

—Sé lo que me cuenta, tío Valentín. Las mujeres llevan con eso ya muchas semanas y me ha llegado por varios lados aunque para mí que... —Lo que iba a decir no lo acabó, lo dejó en el aire y prosiguió—: Eso me preocupa, por la cosa en sí, por ella y por vuestra familia, pero por el pueblo también. Vernos envueltos en algo así puede ser muy malo para todos nosotros. Mi parecer es intentar que la cosa se resuelva y que no salga de aquí, de Bujalaro.

—Pero esa mujer —no hizo falta que dijera el nombre— de aquí lo va a sacar. Lo está sacando ya.

—Déjeme a mí, tío Valentín. Usted fue alcalde y entenderá lo que le voy a pedir. —El Luis, buen conocedor del otro, sosegó el tono todo lo posible y el gesto amistoso aún más—. Quisiera que ella nos abriera la casa, a mí y a dos hombres más y vos también, donde dicen que hace sus pócimas y conjuros. Podía hacerlo sin más pero creo que no estaría bien, quiero su autorización y por las buenas. A lo mejor no conviene que ella esté.

Movió la cabeza el Valentín. No sabía si aquello era algo que debía consentir, pero al ver la expresión del otro, firme pero en nada hostil, sino bien al revés, comprendió la intención. Y era rápido, aunque a veces demasiado y no siempre para bien a la hora de decidir.

—¡Pues ahora mismo! Coged los dos que queráis y allí os espero. No hay nada que ocultar —dijo aunque hacía años que no pisaba allí—. Me bajo a decírselo a ella, eso sí. Pero nada se va a tocar hasta que no lleguéis.

A la Garza no le gustó nada. Pero se plegó a ello aunque por algo no transigió. No iba a dejar de estar presente. Ella misma se la enseñaría. Era su casa.

No tardaron mucho en bajar. La gente los vio pasar, al alcalde y dos más. El mayor de los Hernando y uno al que doña Brígida tenía entre los más cercanos. El Luis Agustín los eligió con buen cuidado, pero también con toda rapidez se puso en marcha con ellos para que así no le fueran con cuentos a nadie, antes de hacer la inspección, que era lo que quería evitar o que incluso se amontonara allí gente a mirar. Eso sí que sería un desastre.

Cuando llegaron estaban en la puerta esperándolos los dos Valentín; el marido también se unió y el alcalde no le pudo decir que no, ni a la propia Garza que les abrió.

Lo primero que les dio al entrar fue el olor. No olía allí como olía en casa alguna. No olía ni a humo ni a grasa, ni a rancio y humedad. Olía a alcarria allí dentro. Y al abrir la puerta se despertó también un revolar de pájaros y se iluminó el pequeño recinto que estaba partido en dos por una pared. En un lado estaba el fogón, apagado, y en el otro una ventana, cuyo lienzo la Garza levantó para que entrara más claridad. A su luz se veía bien una artesa y unas estanterías de tablas donde se alineaban quesos y tarros de miel. No había allí más que ver por esa parte. En la otra, de la que salía aquel buen olor, sí.

La pared estaba llena de pequeños hatillos y madejas de plantas que colgaban de sus clavijas. Todas ellas muy bien colocadas y ordenadas. También había vasares y en ellos cuencos, vasijas y boles de madera llenos de pequeños frutos, semillas o raíces. Los olores eran aquellos que tantas veces se habían levantado a su paso por los baldíos de la alcarria al amanecer o cuando una tarde de verano caía un algarazo y se elevaban inundando todo el aire alrededor.

Conocían muchas de aquellas plantas, pero ella les iba explicando el porqué las tenía allí.

—Eso de ahí es todo manzanilla, todas estas gavillas y también los botones cortados y listos para preparar. La manzanilla es muy buena para muchas cosas. Para los ojos, lo mejor. Alguno os habréis lavado con ella. Pero también para asentar el estómago y serenar el cuerpo no hay nada igual. Por las cuestas del Talar se da la mejor.

Ellos iban mirando y reconociendo.

—Esto es tomillo —dijo el Hernando—. ¿Para qué vale?

—A ti mismo te lo ha dado tu mujer como infusión. Fíjate si hay por toda la alcarria y por todos lados. De varias clases y flores diferentes, unas blancas, otras violetas. Depende cada cual vale para una cosa u otra. Y hay que saber en qué época recogerlo. Es muy bueno para la tos y para todo lo que tenga que ver con el pulmón. Pero además combate el pus y protege de la infección en las heridas. Bueno, y eso lo sabéis todos, para los guisos también se usa.

Les señaló el té de monte o del pastor, la mejorana y el espliego del que tenía un cuenco enorme lleno de granitos de sus flores. Era de lo que más olía pero también lo hacían la hierbabuena, la menta, el cantueso, el romero, la salvia y plantas y más plantas algunas que no habían visto nunca o no se habían fijado en ellas jamás.

Asimismo había bayas, muchas, escaramujos, de saúco, endrinas, madroñas, de guillomo o simples moras de zarza y una que les sorprendieron más, sobre todo unas que parecían ramilletes de mínimas manzanitas, manzanitas diminutas.

Por ellas y por todas las demás preguntó el alcalde.

—¿Eso que parecen manzanas pequeñajas qué son?

—Son de un arbolillo que se da por lo más alto de la sierra, se llama serbal, que tiene unas flores rojas muy bonitas, y le dicen de los cazadores, porque lo utilizan para atraer con sus frutos y cazarlos. Me han traído unas pocas porque cuando se suelta mucho el vientre es lo único que lo contiene. Y alivia cuando a los mayores se les hincha y les duele mucho el dedo gordo y todo el pie.

—¿Y las de saúco? No sabía que se comieran.

—La mayoría de estas bayas para prepararlas hay que hacer infusiones o decocción con ellas. Estas del saúco lo mejor es beberse su zumo, pero cuando no están ni verdes ni ya maduras y negras casi, sino cuando son de color rojo. Entonces te limpian por dentro y te permiten respirar mucho mejor.

La Garza siguió explicándoles los beneficios de las otras. De las del guillomo querían saber, porque había una zona por las laderas del monte que estaban plagadas de él. Tanto que le habían puesto los Guillomares al lugar.

—Si retienes la orina no hay cosa mejor o si tienes dolor de articulaciones o se te desbarata el pulso también.

De los arándanos, que tenían esos sí un buen comer, pero que en infusión quitaban la inflamación y aliviaban los ojos. Las madroñas, desde luego, las habían comido todos. Y sabían que se subían a la cabeza. Por ello las llamaban borrachillas y solo había que ver a alguna mirla salir del árbol volando atolondrada y chillando como loca, para darse cuenta de que no solo hacía ese efecto en las personas.

La Garza les dijo que eso sí, pero que tanto las bayas como la corteza y las hojas en decocción servían para que cuando se le pegaba a uno la tos eso te arrancaba las flemas de por debajo del garganchón.

Las moras de zarza eran las más conocidas y corrientes. Estaban muy ricas y eran un manjar allá para mediados de septiembre y hasta después, según se iban poniendo bien dulces y negras. Se hacía mermelada con ellas. Malas no podían, por tanto, ser. Que la Garza les dijera que valían además para aliviar las agujetas y fortalecer los dientes les sorprendió y les gustó.

Bueno, al que había sido escogido como de los cercanos a doña Brígida parecía que no. Guardaba un hosco silencio y no hizo ni un solo gesto de aprobación. Esperaba su momento y llegó cuando vieron unas extrañas y retorcidas raíces.

—¿Y esto qué es? Esto sí que no lo hemos visto nadie.

—Acabas de ver sus frutos, hombre. Es la raíz del saúco y lo tienes en cualquier reguera o humedal. Cocido ayuda a sus bayas a curar mejor.

El enviado de la Graja no cejó, señaló otra raíz que también le pareció sospechosa.

—Es de malvavisco. Lo mejor para la tos y para el dolor de tripa.

Pertinaz, el otro aún porfió. Vio otra cosa que le pareció sospechosa y señaló unas cortezas, unos musgos y unos hongos ya secos con dedo acusador.

—Pues lo que ves, corteza de abedul, que por aquí no se da pero me trajeron de la montaña, que con ese musgo y ese hongo puede valer para bajar el pus de una herida infectada. Es lo único de todo lo que tengo aquí que puede hacer que no se pudra la carne alrededor de una herida y se acabe todo por gangrenar.

El de la Brígida con esta respuesta y las miradas de reprobación de los otros ya se calló. Pero el alcalde y también el Hernando se quisieron hacer explicar, y con verdadero interés, todas y cada una, y su afán de saber hizo que la mujer, ya sin tensión y hasta con alegría, les fue contando las propiedades de todas ellas y de cuándo había que recogerlas y la manera de prepararlas. Así que la visita fue para largo y al cabo el Valentín trajo una bota de vino y echaron todos, el de la parte de doña Brígida también, un trago y otro después.

Los revuelos que habían oído eran de pájaros. Los tenía

en unas jaulas que ella misma confeccionaba con mimbres finos. En ellas había una tórtola a la que faltaba parte de un ala, una codorniz, un mirlo y algunos verderones, jilgueros y pajarillos así.

—Recojo, en el tiempo de cría, a las que se caen de los nidos y no se pueden valer. Se mueren bastantes pero algunos los logro sacar adelante y los suelto después. Otros, estos que están aquí, son los que ya no se pueden soltar, porque los he recogido heridos y ya no se valdrán nunca ellos solos. Aunque algunos están sueltos como veis.

Les señaló un nicho en el que antes no se habían fijado, cerca del techo, y en él vieron a un pequeño mochuelo que no les quitaba ojo de encima.

Fue en estas cuando llegando por la ventana apareció una urraca y se le vino a posar a ella en el hombro.

—Viene a que le dé de comer. Esta fue de los que crie de pequeña. La solté y vive por ahí pero viene de vez en cuando a verme y a que le dé algo.

Eso el de la Brígida se lo guardó. Ya tenía algo para poderle contar a su ama. Aquello desde luego sí que no era normal. Y una urraca encima, aún peor.

Acabaron la inspección. No había calderos hirviendo con sapos dentro ni tampoco culebras reptando por el suelo. Todo estaba muy limpio y olía muy bien. Se llevaron cada cual un pequeño saquete de botones de manzanilla y aunque el mohíno hizo ademán de rehusarlo, al final lo cogió al ver que los demás no le hacían desdén y el Luis Agustín, el alcalde, se llevó, tras pedirlo y quererlo pagar con algo y que ella no consintió, unas bayas de saúco para dormir mejor. Que le dijo que para eso también le vendría bien.

Con ello, el Valentín quiso pensar que todo había concluido y que estaba ya de por más aclarado. Y eso podía pensarse, pero era no conocer a la dueña de la casona ni las habladurías y la maledicencia de un pueblo. Pues si, para el alcalde y el Hernando, aquello había despejado casi por completo cualquier sospecha, aquellos saberes de la mujer fueron usados por la Graja como prueba de brujería. Se centró en aquellos hongos y sobre todo en lo de aquella urraca que le venía a ver y que hasta parecía comunicarse con ella. Eso no era normal. Para nada normal y sí cosa de hechicería y de trato a saber con quién. Y a saber qué era en realidad aquel animal que tomaba forma de un pájaro.

Vamos, que la cosa no se calmó; aunque para unos amainó y mucho, por el lado de doña Brígida se encrespó aún más.

Con lo visto y aumentado a su gusto aunque no hubiera estado presente en la visita a la casa de la bruja, aumentó la denuncia y la pasó a mayores. Se presentó en Atienza y pidió verse no con el juez, que era Pedro Pérez y lo evitó, ni con el alcalde de los plebeyos sino con el de los hidalgos, había dos, y de acuerdo con su condición.

—Mi sobrino que en la paz de Dios esté, pues sabrá que se lo llevaron los moros y ahora he de ser yo quien cuide de sus hijos y hacienda —le explicó—, en una de sus visitas a mi casa en Bárcena la Mayor, donde tenemos nuestra principal heredad, me trasladó su sospecha de que su tío, y mi hermano, don Beltrán Barcenilla, no había muerto por causa natural sino a causa de algún veneno que se le administró. Y quien lo hizo solo puede ser esa mujer. Que es hija de un moro de la peor condición.

—¿Y tal cosa cuándo sucedió? Tengo entendido que fue su muerte cosa de ya muchos años atrás —respondió con mucha cautela el alcalde ante la gravedad de la acusación y las ínfulas de la señora.

—Bien es verdad. Pero hace tan solo unos años que he llegado yo a ese pueblo y ha sido ahora cuando ya he podido saber las artes y saberes de esa mujer. Una reciente inspección a una casa que tiene tan solo para preparar sus pócimas ha puesto al descubierto que conoce todos los jugos de las plantas. Ella muestra las que dice que sirven para curar pero estoy segura de que guarda bien escondidas las que pueden matar —prosiguió doña Brígida con gesto de gran reprobación y mucha dureza en la voz, para rematar como prueba definitiva de sus afirmaciones—: Tiene además trato con animales salvajes que le obedecen.

El alcalde hubo de prestar oído durante largo tiempo a la mujer. Cuando logró que acabara le prometió su interés y el traslado de sus sospechas pero, hubo de informarle, ello ya iba un poco más allá de sus atribuciones y tendría que consultarlo con los demás. Y uno de los demás era nada menos que el juez y adalid de la mesnada y no tenía gana alguna de enfrentarse a él, pero de ello a la doña no le dijo ni palabra, claro está. A ella le aseguró, de nuevo, que tendría que hablarlo en el concejo y a ello se comprometió.

Doña Brígida, a su vuelta de Atienza, ya había convertido aquel compromiso poco menos que en sentencia o al menos apertura de juicio contra la bruja. Así que sin más y a su vuelta, tan solo unas semanas después de la visita a la casa de la Garza, envió recado al alcalde Luis Agustín de que pasara a visitarle por su casa pues tenía noticias del concejo de Atienza que trasladarle con urgencia. Al tiempo hizo propagar por todo el pueblo que el concejo de Atienza estaba indagando al fin la muerte de don Beltrán y que las sospechas se dirigían a quien ya se podían imaginar. Al párroco se dignó visitarlo ella misma y le contó su versión de lo acaecido con gran alharaca y detalle, pero se encontró que en esta ocasión don Dámaso no mostró entusiasmo alguno sino que, aunque siempre untuoso, se limitó a asentimientos con gesto de mucha seriedad y cuando se despidió, él volvió caviloso al lado de su «sobrina» y aquella noche tardó lo suyo en quedarse dormido.

Pero lo que no se esperaba doña Brígida fue la respuesta del alcalde de Bujalaro tras dejarla hablar y soltar toda la retahíla de acusaciones y la supuesta intención del concejo de la villa de ponerse a hurgar en la muerte de don Beltrán.

Lo que sobre ello replicó la dejó, cuando al fin y tras su largo parlamento pudo el otro hablar, tan sorprendida como furiosa. Más aún por el tono seco y sereno con el que se lo hizo saber.

—Iré cuanto antes ante el concejo, los alcaldes y el juez de Atienza y yo mismo me informaré. No necesito que la señora medie ni hable por mí. También hablaré con don Dámaso y le diré que aquel día que señala, yo, aunque entonces joven, como tantos, lo recordamos bien. Y como el propio cura y no sé cuántos testigos todos podemos confirmar que comimos y bebimos lo mismo que don Beltrán. Y que ni a nosotros ni a don Dámaso ni a nadie le sucedió nada.

Doña Brígida se lo quedó mirando con los ojos echando chispas y casi queriendo salírsele de las órbitas a causa de su furia y contrariedad. Pero antes de que pudiera empezar a chillar, pues parecía al borde del estallido, el Agustín continuó.

—Y sobre su casa que dice de bruja y de los animales que allí moran he de decirle que yo mismo fui y ella nos la abrió. Que nada de lo que dentro vimos fue otra cosa que plantas de curar que muchos hemos usado y que tales animales diabólicos no son sino un mochuelo que no puede volar y una urraca que recogió cuando era un polluelo caído del nido al que crio y se ha aquerenciado a ella. Mejor sería para el pueblo que dejara de remover tales cosas que bien enterradas están y de agitar a las gentes —concluyó.

Lo que entonces se le vino encima fue algo que iba a recordar el hombre durante mucho tiempo. Un chaparrón de gritos, cargados de soberbia y menosprecio, que repetían una y otra vez la condición de bruja y mora de la que acusaba y que ahora además incluía a su propio interlocutor en su señalamiento, escocida por la imputación de que era ella quien estaba removiendo todo aquello. Sus gritos hicieron a las criadas venir y, al cabo, ponerse a escuchar. Lo que oyeron sería durante semanas motivo de conversación muy sabroso desde la tahona al lavadero.

—Pero cómo os atrevéis a venir a decirme esto en mi propia casa, pero cómo se os ocurre tratarme a mí así. No sabéis quién soy pero yo os lo voy a hacer saber. Fuera ahora mismo de aquí. ¡Fuera, fuera, fuera de aquí! —gritaba fuera de sí.

Era muy prudente el Luis Agustín, pero le costó contenerse. Se levantó del taburete que le habían ofrecido al entrar, se la quedó mirando y ella no supo que en aquel momento justo fue cuando se hizo el peor y más templado enemigo que pudiera tener y con el que no había contado.

—Calmaos, señora. Me voy pero sabed que sé bien quién está corriendo todo esto y cuál es su intención. Que vos seáis hidalga y yo no, no os permite faltar, ni acusar ni insultar. Como alcalde os digo que dejéis de propalar falsedades. Que en el concejo también yo tengo voz. Mejor sería que fuerais a hablar con don Dámaso, pero en confesión.

Pocas veces los que le conocían habían visto al Luis Agustín tan enfadado como cuando salió de allí.

Detrás siguieron oyéndose las voces de ella.

—Soy una hidalga. Yo soy una noble, con hidalguía vieja y ese de la plebe más baja. Pero ese albañil quién se ha creído que es. Ya me encargaré de él. De él y de la bruja, la que mató a mi hermano don Beltrán. Ese siervo, ese pechero, ese albañil, a lo mejor medio moro también, viene a mi propia casa y se pone a defender a la bruja. Que es lo que es y lo sabe todo el pueblo. Mucho tiempo me he callado pero ahora ya no callaré.

Eran tales y tan grandes sus voces que además de acabar por acudir todos los sirvientes y criados de la casa, hasta quien pasaba por la calle se paró a escuchar.

Al salir el alcalde se topó con el Cristiano que venía de labrar. Este le hizo un gesto amistoso y se quedó extrañado de que el otro ni siquiera contestó al saludo. Y eso era algo muy impropio de él. Luego los mozos le contaron el porqué.

Al cabo todo el pueblo lo sabía. Y lo que no sabía ella, que aquel día fue más que nunca la Graja, ni tuviera mínima conciencia de haberlo hecho, fue lo que perdió.

Los gritos, insultos y amenazas resultaron ser lo que más la perjudicó. Ya no era ni la hija del moro, ni los Valentín ni los Gómez, ahora era también su alcalde y era un poco a todos ellos a los que había insultado. Así lo sintieron. Doña Brígida había medido muy mal sus fuerzas y peor las de los demás.

Eso es lo que dijo a los suyos, al enterarse de todo, el Dominguín. Ahora ya fue mucho más contundente y con el bando del todo decidido. «La Graja se va a atragantar con lo que ha querido meterse al buche». Lo primero lo que había hecho en Atienza, que ya le había llegado como miembro del concejo y buen sabedor de quién mandaba allí. No iba este a consentir un ataque así a los Gómez, con quienes le unía no solo la mayor amistad sino que le seguían, tanto a su primo Juanillo como a él, llevando sus labores. Doña Brígida no lo había medido nada bien. Su familia tenía aún más claro, aunque siempre lo había en realidad tenido, por dónde y con quién había que ir. El cambio es que ahora ya se podía decir.

Doña Brígida, sin embargo, siguió intentándolo y cada vez con más empeño y furor. Pensó después del encontronazo que su único camino era la Iglesia y por él tiró. Acabó creyendo encontrar lo que buscaba en el párroco de Ledanca, donde se radicaba el monasterio de las Monjas, y que a la muerte de su fundador, Juan Pascasio, lo había sustituido. El nuevo clérigo escuchó con atención y, amén del crédito que le diera al asunto, se hizo composición de lugar de lo que pudiera reportarle el descubrir a una hechicera mora, emboscada como cristiana, con tratos diabólicos y artes ocultas y la fama que ello le podría reportar.

Le hizo concebir tales esperanzas a doña Brígida que esta ya se fue directa a la abadesa, con mayores lisonjas aún que las que tantas veces como iba le prodigaba cuando iba a verla con la pretensión de que su sobrina ingresara un día allí como novicia. Pero doña Nobila de Périgord, hija de un gran señor franco, era mucha doña Nobila para dejarse embaucar por alguien así. La tenía calada no solo las hechuras sino también la intención. Muchas promesas y pamemas en cada visita pero que se concretaban a la salida en escuálidas limosnas.

Pero es que además y en esta ocasión la parte contraria ya se había puesto en acción. Doña Nobila, antes de ella, había recibido la visita de un caballero, Juan Pérez de Sigüenza, primo del juez atencino, quien con mucha precisión y al mismo tiempo humildad ante su rango y virtud, le señaló quién era quién, la falsedad de los rumores y la reconocida fe cristiana ya no solo de la señalada sino de toda su larga familia, repobladores primeros de aquella aldea, de la que él mismo era vecino, y que por lo visto aquella señora también había malmetido de su propia familia y mujer, que hasta había ayudado al rey a tomar la ciudad de Cuenca.

A la monja francesa le agradó el desparpajo de aquel jovial aunque ya maduro caballero y le ofreció un refrigerio en el que no faltó el vino del monasterio que él no dudó en aceptar. Se unieron a ellos su compañera doña Guiralda y algunas monjas más y conversaron de todo y de la zona, que él conocía tan bien, y se despidieron en el mejor de los entendimientos. Antes de irse, el visitante dejó como regalo para el convento, con muy sencilla generosidad y disculpándose de la poca importancia de sus ofrendas, unas muy hermosas bandejas de plata, con bellos y finos grabados, amén de cuatro copas del mismo metal. Cuando el párroco de Ledanca asomó por allí no encontró precisamente tierra fértil donde hacer crecer su semilla.

El Juanillo se había puesto a la tarea alertado por su primo, quien le puso al tanto de los manejos y en el convencimiento de que este asunto habrían de resolverlo ellos antes de que creciera más. Tras la visita al monasterio se fue para el pueblo y con gran alegría de su familia que hacía también ya largo tiempo que no le veía el pelo, se instaló allí a dirigir las operaciones. Habló con el alcalde, claro, y luego con la mitad larga de los vecinos y después con la otra mitad. A su estilo y a su forma pero, al cabo de poco y menos, el apoyo que creía tener doña Brígida se comenzó a desinflar hasta quedarse en apenas nada.

Vistas las fuerzas y en cuanto se hicieron valer, tanto en Atienza como en el pueblo, la gente se hizo su composición y ahora a quien empezaron a dar de lado fue a los de la casona. De arrimarse a doña Brígida se pasó a decir que si la soportaban era tan solo porque no les quedaba más remedio que hacerlo pero que de apreciarla nada. Así que de dos en dos y luego de tres en tres fueron haciendo el cambio y de participar en la murmuración desde el lavadero a la fuente y desde la ermita al curato dejaron de hablar de ello y aunque no tuvieran ni una tos comenzaron a bajar por la casa de los Gómez a pedirle a la Garza unos remedios para que se les despegara algo que tenían agarrado al pecho.

Pero el más eficaz contraataque del Juanillo vino por donde a la Graja jamás se le ocurrió imaginar que podía venir.

Su sobrino Miguel empezaba ya a ser mozo. Nada le podía gratificar más que un curtido guerrero como el Juan de Sigüenza con quien su padre había combatido, se dirigiera no a su tía, sino a él. El Juanillo, con toda simpatía y respeto por su apellido y el valor de quien lo llevaba y ante el que buena prueba había dado de él, lo trató de tú a tú, como vástago y heredero de su padre, y no regateó relatos y confidencias de sus aventuras juntos.

No fue ni una vez ni dos, y al final un día se le sinceró.

—Mira, Miguel, tu padre y yo cabalgamos juntos y fuimos como sabes amigos. No te ocultaré que entre tu familia, él me lo dijo, y los Gómez, a quienes bien sabes yo tengo gran estima, no haya habido disputas y tirantez. Pero esto que tu tía ha corrido es algo que tu padre no hubiera hecho jamás. Él se comportó siempre con hidalguía y con valor. No atacando a una pobre mujer. Yo, como hombre de esta casa que serás y ya lo empiezas a ser, te quiero pedir un favor. Haz para que esto se acabe. Y no solo yo sino muchos te lo están pidiendo por mí y tú ya sabes bien quién te lo deberá y te lo agradecerá.

El joven Miguel salió de aquella plática con un palmo más de altura y dos años más de edad.

Abiertamente no se iba a enfrentar a su tía pero había otras maneras de hacerlo y el joven Barcenilla ya tenía mañas, que le venían de herencia también, para saberlo hacer. Para eso y para defender a su hermana, que bien lo había hecho hasta el momento y no iba a consentir ni permitir que la metiera en el convento. Él quería a su hermana a su lado. Y además tenía una aliada, su prima, la que siempre andaba arrastrando los pies detrás de su agria madre y que poco a poco había ido cogiendo confianza y cariño con él y la pequeña Agustina. De alguna manera se protegían los tres. Y Miguel, que tenía redaños, empezaba a ser el que mandaba la coalición.

El punto final no lo puso sin embargo ninguno de todos ellos sino alguien que entró de improviso en la escena y acabó ya con cualquier sombra. Quien lo hizo fue Elisa, la mujer de Pedro de Atienza, la que había sido una hermosa juglaresa y ahora era una doña de gran prestancia y mucha donosura a la que admiraba toda la comarca. Ella siempre, aunque se habían tratado muy poco, había simpatizado con la Garza, sintiendo que de algún modo su peripecia vital tenía que ver bastante con la suya. En cierto modo se sentía unida a ella. Enterada de su situación convenció a su marido para irse con todas sus hijas a visitar Bujalaro, que casa tenían allí, pasar allí unos días con Juan, Marta y sus chicos y ver a la Garza y al Valentín.

Fue aquella estancia la que acabó por desmontar todo lo que había estado tejiendo durante todos los años y desde que llegó doña Brígida, para los restos la Graja. Con el espaldarazo del juez de Atienza, cercano desde la niñez al rey Alfonso, su mujer, sus hijas haciendo explícita su amistad y apoyo con la familia y en particular con la mujer señalada, ya no hubo quien osara rechistar, o al menos, se atreviera a decirlo en voz alta. Quedaría algo por abajo, eso nunca se podría evitar ni se acaba de borrar del todo, pero todos vieron, escucharon y sintieron la cercanía y el apoyo y entendieron que colocarse enfrente era coger mal surco y peor besana.

Elisa y la Garza pasaron largos ratos a solas, hablando de lo que solo ellas entendían, pues Elisa era como ella una gran conocedora de los remedios de las plantas y tenían mucho que compartir. Y quizá compartieron alguna cosa más, pero las dos supieron de la otra que había algo que tal vez las uniera aún más aunque no era algo que se podían contar, sino un secreto que ambas tenían y que era mejor no conocer. Las dos tuvieron esa misma sensación, pero no supuso rechazo ni traba alguna, sino al revés. La una sentía y entendía en la otra lo que entendía y sentía en sí misma cuando aquel recuerdo le alcanzaba. Luego cada cual pensó qué diría la otra si supiera su verdad. Y eso que Elisa, parte de la propia conclusión de su tragedia y la venganza por ella, las desconocía pues Pedro y Juan, tras ejecutarla, nada le habían contado. Porque nadie lo podría saber jamás.[67]

Cuando al cabo de bastantes más días de los que tenían pensado quedarse, regresaron a Atienza, se hicieron hermosos regalos y se despidieron. Las chicas además se fue-

67. En *El Rey Pequeño* se cuenta la venganza de Pedro y Juan contra dos hermanos calatravos que la raptaron y violaron, y entregaron además a su hermano a los almorávides.

ron cruzando sonrisas furtivas y risas nerviosas con los chicos del Juanillo. Aunque eran primos no lo eran de primeras y todavía no estaban en edad de casar.

Desde entonces y en los años siguientes doña Brígida se fue consumiendo en creciente soledad pero soltó su veneno y su vinagre hasta el final, aunque cada vez más su sobrino Miguel se fue haciendo valer y cumplidos los quince y del todo ya con los diecisiete, las órdenes en la labor las daba él y de él venían a recibirlas criados, mozos y aparceros de la casona y de sus tierras.

Había encontrado desde el primer momento el mejor escudero que pudiera tener, el Cristiano. Aunque doña Brígida había rebajado su rango y lo había intentado convertir en uno más de los mozos y criados, casi como un siervo sin tierra y al servicio por la comida y un techo, a él no le había hecho aquello mella alguna. Y los demás no cometieron el error de porque la vieja lo rebajara, hacerlo ellos también. Aunque solo fuera por su fuerza y además porque alguno o mejor dicho entre dos intentaron lo que no debían y acabaron molidos a palos y con ello el asunto concluyó. Además estaba el chico, que no tardaría en ser el amo y bien se notaba cuál era la relación que con respecto al padre incluso mejoró. Porque en el grandón no había más que instinto de protección para el pequeño y para con su hermanilla aún más y agradecía en mucho que el muchacho lo tratara sin aquella pátina de desapego de la que su padre no se desprendía nunca.

El Cristiano había sido el instrumento mejor para que el chaval se fuera haciendo con los mandos de la labor y de los rebaños, en suma, de su propia hacienda, porque a la sementera ni a los apriscos alcanzaba a llegar ni el ojo ni el oído de la Graja.

Miguel Barcenilla no era en nada blando pero no hacía distingos y era el primero en enganchar y el último en desaparejar. Al contrario que su padre y su tío abuelo él iba a los campos y no consideraba desdoro alguno, por más que lo reprendiera su tía, coger una yunta, marcar una linde, tirar un surco de besana, echar mano a un azadón o marcar con la hoz un corte de siega. Dirigía a pie de tajo las labores de arar y de cosechar y no había refrán que más le cuadrara que aquel que decía que «el ojo del amo guarda la viña y engorda el caballo».

Su hermanilla, Agustina, iba siendo ya una mocita, y él aumentaba sus cuidados y atenciones para con ella. No había viaje que hiciera, aunque fuera al vecino Jadraque o ya a Sigüenza y Atienza, que no volviera con telas, brocados, encajes, adornos y hasta alguna joya y algún oro. En el concejo y en la aldea era tenido por hombre cabal, aunque en alguna ocasión su carácter ardiente se le iba de control y el viejo rencor con las familias rivales, sobre todo con los Gómez, no solo no se diluía sino que, aunque se aguantara, permanecía cada vez más enconado.

Nueve años después de asomar por Bujalaro doña Brígida se fue pero no para Burgos o Cantabria donde siempre amenazaba con irse y todos sabían que por desgracia nunca lo iba a hacer, sino, y definitivamente, para el otro mundo. Como era preceptivo por su rango y posición le hicieron un funeral de mucho empaque y vinieron clérigos de varios lugares a oficiarlo. Se le pagaron a don Dámaso las preceptivas misas para que quedara patente el linaje de la muerta y la casona de los Barcenilla comenzó a tener otra luz.

Lo primero fue que su hija, la apocadita, no tardó ni dos meses en casarse. Y lo hizo con un mozo de labor, de los criados desde niños en la casona, donde había ido haciendo todos los trabajos de cuadra, de cochiquera o de campo a los que le quisieran mandar por tener un techo y comida pues era una familia muy pobre de una de las Cendejas. Pasó luego a mozo y de ahí ya cultivaba en régimen de aparcería algunas tierras de las malas que habían accedido a dejarle.

La sorpresa de todos fue total. Ella, no solo en condición sino también en edad, era bastante mayor que él y nadie se lo hubiera podido imaginar. Pero al Miguel le dio por reír y hasta le pareció bien. Vamos, que era la mejor venganza que se pudiera haber imaginado contra su tía que seguro se estaría revolviendo en su tumba del cementerio. Fue boda discreta, sin convite ni familia del novio, pero con sus amonestaciones pertinentes y todas las de la ley. El joven Barcenilla hizo de padrino y le compró a su prima un vestido bien bonito y azul para el día y la Agustina, encantada, de madrina y los dos aún se mostraron generosos con el mozo, para que no desentonara demasiado, y le dieron algunas ropas que habían sido del Manquillo y del desaparecido Arnoldo y que no le sentaban nada mal. Al fin y al cabo entraba en la familia y al poco el amo, o sea Miguel, pensaba ya que había sido para bien. Porque el mozo tenía arrestos, fuerza y aunque tierras no, pues tampoco su mujer allí las tenía y lo que su madre le había dejado en el norte mucho no fue, sino poco y lo peor. Pero vendido por lo que casi quiso darle el hermano sí que le sirvió para adosarse una casa a la grande, comprar algunas aranzadas de viña y unas fanegas de buena tierra y si no y ni mucho menos que de igual a igual, comenzar a ser el hombre de confianza de Miguel en toda la hacienda. Vamos, que se llevaron bien y ella comenzó a echar lustre, coger soltura, ponerse a parir un hijo al año y lograr que bastantes le llegaran a colmo.

Miguel Barcenilla, que sacó de pila al primero, pensó que en eso tendría que empezar a pensar él. Había heredado del padre la mano con las hembras, tenía poder y porte y puede que más de un hijo hubiera de alguna de las que trabajaban en sus casas que tuviera mucho aire a él, pero consideró que era hora de buscarse mujer adecuada. A su madre la recordaba poco y lejana. No pudo criar a la Agustina y de inmediato le vino una tos que la acabó por agarrar de tal manera al pecho que empezó a quedarse en los huesos y a echar sangre al toser y como no tenía demasiado cuerpo con el que aguantar la tisis se la llevó cuando él andaba por los siete años y su hermana apenas por algo más de dos.

Intentó encontrar mujer apropiada por Sigüenza de manos de un arcediano que se la buscó, pero lo único de lo que no andaba mal era de dote y tras un par de visitas no llegó a ir a más, pues era demasiado apocada, muy sosa y de escasas carnes y el Barcenilla estaba decidido a no tirar por el mismo lado que en eso había tirado su padre. Que ya que se tenía que casar, se intentaría casar a su gusto y bien. Fue cuando nuevos clamores de guerra estaban comenzando a sonar, cuando encontró lo que había estado buscando aunque sin demasiado apuro, pues mientras la encontraba se siguió conformando con las mozas que no le hacían ascos o que si algún reparo tenían se lo aguantaban porque era el amo y era mejor llevarse bien con él.

Pero Miguel Barcenilla a esta en cuanto le echó el ojo pensó que era mujer para él y sin esperar nada más de lo preciso y obligado se casó, como él mismo decía, con quien se tenía que casar, pero no por su casa ni por lo que su tía o su padre hubieran dicho, sino por él. Con alguien con quien holgó a su gusto y placer, le dio hijos, le quitó veneno y le proporcionó alegría.

Doña Aldonza de Brihuega no era guapa. O sí, según se mirara. Porque al final no había quien no le catara el cuerpo al moverse y se le fuera el ojo donde no era correcto que se le debiera ir. No andaba falta de curvas ni de carnes pero sin llegar a atocinarse y el no ser de corta altura, sino hasta un poco más alta que lo general, le venía bien para el busto y los andares.

No tenía un rostro arrebolado ni de rasgos delicados, era de piel morena y no eran muy grandes los ojos, pero en ellos había siempre una chispa que le daba la mejor luz. Era de risa fácil, pero chillona no. Practicaba, con quienes consideraba iguales, la cercanía sin empalago; con los de arriba y rango superior, la misma distancia que los otros le daban y con los de abajo, el mando sin aspavientos. No era mezquina pero tampoco de tirarlo al buen tuntún.

Le gustaban las flores y procuraba tenerlas en sus patios pero se quejaba de que los fríos y los hielos eran en Bujalaro peores que en su Brihuega y se le daban peor. Disfrutaba de la comida y no le hacía ascos al vino, ni a jugar con sus hijos y con los de los demás. Sabía tratar a los críos.

Les regañaba, primero a las buenas, y si era menester después soltaba el cachete, tampoco con dureza, pero solo si había contumacia en la rebelión. Tenía, para casi todo, buena mano y sin que el Barcenilla se diera por entero cuenta, a él mismo lo llevaba también del ramal. Pero sabía soltárselo y no se hacía mala sangre ni en preguntar. Estaba atendida y atendía bien. Se la quería en el pueblo y los que no, hacían como que sí. Procuró quitar ponzoña, o al menos no añadirla a las enemistades consagradas. Y tuvo suerte porque al hidalgo Barcenilla que era parte de la mesnada concejil de Atienza en la primera llamada del rey a sus mesnadas, aunque le tocó ser del tercio que había de quedar en retaguardia por lo que pudiera pasar, trocó con otro hidalgo del concejo y acudió él encontrándose allí con los dos primos Pérez.

Los años de tregua se habían ido consumiendo. Los huérfanos de Alarcos se habían convertido en mozos hechos y derechos y que sabían enristrar una lanza y blandir una espada. Las añadas y las cosechas habían ido viniendo a su vaivén, unas torcidas, otras regular y hasta algunas de «no ha estado mal», que es al máximo que un labrador puede llegar en su contento. Año bueno del todo no hay. Siempre hay algo que podía haber ido mejor, una lluvia que no llegó en su debido momento o que cayó de más o un calor que vino de golpe y arrebató la mies antes de granar.

En fin, que unos con otros, no fueron malos y Castilla asomó al año 1210 con el ánimo y las fuerzas recobradas y el rey Alfonso con ganas de recuperar lo que perdió en

Alarcos, que fue mucho más que una batalla, unos castillos y un río fronterizo. El que un día fue el rey niño quería asestar un golpe mortal al islam y recuperar las tierras de Al-Ándalus de quienes mucho hacía ya se las habían tomado a sus antepasados de los que él se sentía heredero y devolverlas a la cristiandad. Por ello, además de Castilla y para remarcar tal condición, se hacía firmar también como rey de Toledo. Pues esa había sido la capital del reino entero.

36

El fin de las treguas

Antes de que finalizaran las treguas, toda Castilla sabía que no iban a renovarse. El rey Alfonso anhelaba la revancha, necesitaba el desquite y no toleraba siquiera que se le recordara el desastre de Alarcos. Le quemaba el alma y solo ansiaba que llegara el día en que revertir aquella derrota y que la victoria cristiana culminara su vida y su obra. Y, si no, que combatiendo por su fe le alcanzara la muerte.

Así se lo decía a sus más cercanos y lo comprometía ante el arzobispo de Toledo, don Rodrigo Jiménez de Rada, en quien mucho confiaba. El papa Inocencio no solo le apoyaba sino que le urgía y estaba presto a proclamar la cruzada. El rey aragonés era quien más empeño ponía en ir cuanto antes a la guerra, mientras que el leonés procuraba mantenerse al margen y el navarro andaba en tratos con el califa, a cuya corte había visitado aunque no había conseguido más que mucho agasajo y buenas palabras. Su actitud había llegado a Roma y el Papa le había enviado serios avisos que podían llegar a la excomunión si entorpecía o traicionaba las campañas cristianas.

El rey Alfonso se había cuidado de que sus condes y notables tuvieran bien dispuestas sus mesnadas, había sostenido a las órdenes militares y apoyado en todo lo posible a la decaída Calatrava, ahora Salvatierra, y había procurado que los concejos tuvieran a punto a sus tropas concejiles.

Estaba además ufano y orgulloso de su hijo, el infante Fernando, ya todo un guerrero que, a punto de cumplir los veinte años, era tan bravo en el combate como avisado para la estrategia. Se sentaba a su lado en el consejo y su palabra era siempre bien recibida por el padre que se ufanaba de su heredero y sentía que el trono quedaría en las mejores manos. Con él al lado marcharía con aún más ánimo a la guerra y la victoria sería aún más gustosa y celebrada. Juntos abrirían las puertas de Al-Ándalus y entrarían como un torbellino por ellas hasta Córdoba, hasta Sevilla y hasta que las olas del mar bañaran los cascos de sus caballos.

El ardoroso infante don Fernando había escrito incluso al Papa comunicándole sus deseos de ir a la batalla y pidiéndole sus bendiciones. El papa Inocencio contestó a ambos, padre e hijo, señalando a este último de modo especial y ensalzándolo entre todos los príncipes cristianos. Dio condición de cruzada a la lucha que iba a emprenderse e hizo proclamar a los obispos de Toledo, Zamora, Tarazona y Coimbra señeros de los cuatro reinos principales, para que advirtiesen a los fieles de todos ellos la concesión de las gracias de la cruzada a cuantos participasen en ella, al tiempo que advertía severamente que ningún rey cristiano podría entorpecer ni aún menos atacar al rey castellano ni a sus tierras mientras este estuviera embarcado en tal propósito. Y todo ello fue proclamado por ciudades, villas y aldeas de toda la España cristiana.

Que la guerra estaba cerca y que todos, también el califa almohade, se preparaban para ella se hacía notar en todos los sitios. En la primavera del año 1211, a la llamada del rey, las mesnadas de la Transierra volvieron a ponerse en marcha y, tras largo tiempo sin haber protagonizado cabalgada ni incursión alguna, iniciaron las hostilidades. También lo hicieron los calatravos desde Salvatierra. Y con estos cabalgaron los caballeros de las villas que pertenecían a su orden.

Adelantándose a la llegada del inmenso ejército que Al-Nasir había convocado también a la guerra santa en el Magreb, los cristianos emprendieron tres ataques simultáneos de reducida dimensión por el número de tropas pero de exitosa ganancia.

Desde Salvatierra, el bastión en medio del territorio enemigo de los calatravos, y tras haber concentrado allí tropas llegadas de territorio cristiano, estos lanzaron un ataque por los campos de Baeza, Andújar y Jaén, mientras que por el sector oriental el rey Alfonso y el príncipe Fernando, con las mesnadas de Madrid, Atienza, Guadalajara, Huete, Uclés y Cuenca, cabalgaron hacia el este y corriendo el campo alcanzaron las orillas del Mediterráneo en Játiva. Desde allí, y con el importante botín obtenido y sin encontrar apenas resistencia, se volvieron.

Otro tanto hicieron los calatravos que sí afrontaron choques más duros y sangrientos pero que se saldaron con toma de castillos y villas arrasadas como Montoro, Tesira, Picafont y Vilches. Por último dos nobles toledanos, Alfonso Téllez y Rodrigo Rodríguez, con parte de la mesnada de la ciudad se concentraron sobre la fortificación más próxima a sus murallas, la torre de Guadalerzas, que en manos musulmanas les inquietaba particularmente; tras batirla con máquinas de guerra, la tomaron al asalto acantonando en ella guarnición cristiana.

Todo ello, especialmente el saqueo de Vilches, enfureció a Al-Nasir, a quien habían retrasado problemas en el paso del Estrecho, saldados con castigos y decapitaciones a jefes de aquellas plazas que levantaron las protestas de los notables andalusíes. A ello se unió el mal estado aún de los caminos que estorbó el desplazamiento de tan ingente multitud y lo tenía todavía varado en Sevilla.

A la expedición con el rey y su heredero acudió el joven Miguel Barcenilla, que formó como joven escudero en la tropa de Pedro Pérez de Atienza y del Juanillo. Allí comprobó el prestigio que ambos tenían entre las gentes de la mesnada y de aquella tierra, lo que le hizo pensar mucho y se congratuló de no haber tomado parte en las maniobras de su tía Brígida contra quienes en Bujalaro eran sus protegidos y amigos. En esta ocasión del pueblo solo uno de los Dominguines y un Gómez participaron en la algara. Y los tres compartieron el ver el mar por vez primera, algo que los dejó asombrados y con la mirada absorta en aquella inmensidad de agua que se movía en ondas que reventaban en espuma al llegar a la arena. Viendo lo que hacían los demás metieron ellos también a sus caballos para que se refrescaran los cascos. Pero los animales no agachaban la cabeza para beber agua y el Víctor, el más veterano, pero que tampoco había visto nunca el mar, descabalgó y haciendo cazo con la mano se la llevó a los labios. Al gustarla hizo un gesto de extrañeza y la escupió.

—¡Está salada! Como la de las salinas de Atienza, oye. De aquí se podría sacar fortuna. No sé cómo no lo hacen los moros —dijo provocando en Pedro y el Juanillo una carcajada.

Quienes quedaban de los siete lanzas sí fueron todos a Salvatierra y con cuatro añadidos que se habían sumado a su partida y cubierto las bajas de los que perecieron en Alarcos. Tres habían venido desde Guadalajara cuatro o cinco años antes y dos se habían establecido de inicio en Jabalera, o sea, ya en aguas vertientes hacia Cuenca de la sierra de Altomira por su lado más agreste. Eran el Barrado y el Casculi. El primero un guerrero curtido que provenía de la frontera más occidental del reino, más abajo de Trujillo, y que había llegado a la ciudad del Henares sin que se supiera bien del todo qué le había hecho abandonar su tierra. Su amigo había nacido en la propia Guadalajara. Eran inseparables y se guardaban muy bien el uno al otro secretos de toda condición y tiempo. El rumor, y solo era eso, es que el Barrado había decidido dejar su lugar natal después de ajustar alguna cuenta con algún personaje poderoso y por causa de que este le requiriera honores por culpa de una dama y lo que se ganó fue salir con un costurón de cuidado.

Lo único que corroboró y a medias su collera el Casculi, para quitarle importancia cuando el rumor de la cosa ya se agrandaba a muerte de por medio, fue un despectivo:

—Pero si no hubo ni hierro; tan solo una somanta de palos. Y ahí quedó la cosa.

Del porqué ambos habían dejado la mesnada y Guadalajara y venido hasta el alfoz de zoriteño, era algo de lo que ni el uno ni el otro soltaron prenda.

El tercero en unirse al grupo fue el Lozano. Este era el único natural de la zona y conocido desde hacía tiempo del Sastre y los demás veteranos. De hecho, en alguna de sus últimas algaradas antes de Alarcos ya había cabalgado con ellos. Era de Almonacid, donde cultivaba con mucho esmero una viña pero que no tenía tanto gusto ni por el cáñamo ni por el arado y sí por la compañía de los lanceros y sus correrías, aunque estas ya mucho más constreñidas pues todo el territorio vecino y hasta más allá de Cuenca estaba en manos cristianas.

Por Salvatierra se les había abierto el portillo de seguir dedicándose a ello y se habían ido convirtiendo en los mejores auxiliares de los caballeros calatravos y quienes condujeron en más de una ocasión las partidas de avituallamiento y suministros de armas desde Zorita. Fue el clavero Porras, una vez más atento a las habilidades de las gentes de la tierra, quien se percató de su utilidad y los reclutó para aquellos cometidos. Al menos un par de veces por año con grandes reatas en ocasiones y en más pequeñas partidas con aún mayor frecuencia, recorrían el camino de ida y vuelta desde el castillo de Zorita, ahora la mayor encomienda que le quedaba a la orden, hasta el enclave de Salvatierra.

Con el clavero hicieron el primer viaje y algún otro después aunque ya luego y en muchas otras lo hicieron sin él y como guías de la tropa, pues la sabiduría tanto del Sastre, el Aguacil, el Úbeda y el Panta como ahora del Barrado, el Casculi y el Lozano en esas artes y sus mañas para escurrirse entre las sierras y alcanzar el objetivo fueron pronto muy reconocidas por los mandos calatravos.

Fue en una de aquellas expediciones cuando toparon con el cuarto que se añadió a ellos siete y que hizo llegar a ocho el grupo. Se trataba del Cesáreo. Este no se callaba su procedencia sino que no había día que no la mentara. Era de las Asturias, de la ribera montañosa de un río al que llegaba el flujo de las mareas del Cantábrico y donde no paraba de contar que se daban unos peces que eran mucho más grandes que el barbo más grande del Tajo y que se llamaban salmones.

De todo ello hablaba de continuo pero de lo que le había hecho venir a Salvatierra ya era otra cosa, como el porqué se decidió a acompañarlos de regreso a Zorita y quedarse allí con ellos. «Es cosa que solo a mí interesa», dijo ante la pregunta sobre lo primero y sobre lo segundo: «Me gustaría pescar en el Tajo, a ver si es cierto que hay peces tan buenos». Pero como se fue a vivir con el Barrado y el Casculli a Jabalera, no fue a la pesca, aunque también bajaban de vez en cuando a los ríos, a lo que más se dedicaron.

Fue la caza, con más o menos el visto bueno o al menos mirar para otro lado del clavero calatravo, que incluso en alguna ocasión les acompañaba, a lo que se dedicaban cuando no estaban enfrascados en alguna de sus expediciones. Al Porras le venía bien tener abastecidas las despensas y ellos desde luego tenían repletas las suyas. No eran, para nada, de grandes batidas. Si los caballeros de la fortaleza hacían algunas ellos se ponían a su disposición y les señalaban los pasos donde apostarse y por dónde meter el empuje de perros y ruido para lograr echar hacia allá a las reses, pero se quedaban como por detrás de todo para no hacerse notar demasiado. Aunque en aquellas retrancas o al siguiente día siguiendo rastros de reses heridas acababan por hacer casi tanta carne como los otros.

En lo que ellos demostraban gran maestría era en los aguardos y esperas. La noche era su aliada y su conocimiento de las veredas y las charcas a las que iban jabalíes, venados y corzos, la razón de que no faltara carne en sus mesas y aun sobraba para regalar a los amigos o vender a los que no pasaban de conocidos. Eso por lo mayor, que en poner trampas y lazos, para liebres, conejos y perdices, coger huevos y pichones, lo mismo que estar en temporada bien surtidos de cangrejos y caracoles y sin dejarse de cuando en cuando, a instancias del Cesáreo, caer sobre algún río y hacer una provisión de peces, no tenían rival en la zona.

Que no era cosa de que se supiera demasiado aunque lo supieran todos, porque de furtivo tenía el lance mucho. Pero, si quienes tenían que castigarles lo consentían, ¿por qué los demás no iban a aprovecharse de ello? Eran, encima, generosos en el reparto de sus presas y había muchas familias agradecidas pues el Sastre, el Barrado y casi todos tenían como personal obligación separar de las capturas algunas piezas que regalar a quienes si no comían de aquello ninguna otra carne tenían para echar al puchero y podérsela dar a sus hijos. Así que, aunque no pocos les tenían envidia, había más que les tenían ley y cariño y muchos de los chiquillos los admiraban casi tanto o más que a los caballeros de la cruz negra en el pecho. Como estos no serían nunca pero de los siete lanzas sí que aspiraban a formar parte algún día.

El último viaje y posterior expedición con el nuevo maestre, que había tomado el mando de la orden en 1207, Ruy Díaz de Yanguas, les había llevado desde Zorita a Salvatierra y desde allí a la sierra de Andújar. Pero aquel año no retornaron después de la cabalgada hacia Zorita. El maestre los necesitaba a todos. Las nuevas que llegaban eran muy preocupantes. El Miramamolín se había puesto al fin en marcha y se dirigía hacia ellos. Porque si algo estaba predestinado era que su primer objetivo sería Salvatierra.

El encono de Al-Nasir lo hacía apuesta segura. Era la espina que no había dejado de punzarle en la entraña y la primera que iba a sacarse. En ello estaban unidos, en esta ocasión al menos, tanto los guerreros almohades recién llegados de África como los andalusíes que eran quienes más habían sufrido los ataques desde el enclave y el último, del que aún brotaba el humo de los incendios, los tenía muy enrabietados. Tenían que acabar con Salvatierra, lavar aquella afrenta al islam y silenciar de una vez por todas aquellas campanas.

Ahora, después de muchos retrasos, los exploradores montados del inmenso ejército de Al-Nasir ya oteaban desde los altos de la última sierra las almenas de la fortaleza. Porque muchas habían sido las demoras hasta lograr llegar ante sus muros.

El grueso africano había salido de Marrakech a primeros de febrero, pero inusuales lluvias entorpecieron su marcha. Al-Nasir partió desde Rabat dos meses después, tras expedir cartas a Al-Ándalus exhortándolos a la guerra santa y ordenándoles que tuvieran listas sus tropas; luego siguió por Alcazarquivir hasta el Estrecho, donde el paso había comenzado el 18 de marzo pero no había concluido hasta el 15 de mayo. El califa cruzó el mar cuatro días más tarde, con gran enfado por tanta demora y falta de abastecimientos, tanto que había hecho encarcelar y decapitar incluso a gobernadores y jeques. Hasta el 1 de junio no llegó a Sevilla donde aún se enfureció más al saber la noticia de los recientes ataques cristianos y los saqueos, especialmente el de Vilches, puerta ya del mismísimo corazón de Al-Ándalus. Profirió entonces grandes amenazas contra los cristianos y se reafirmó ante sus visires y generales en que no descansaría hasta ir contra su lugar más sagrado, Roma, y hacer abrevar a sus caballos de guerra en sus fuentes.

Aunque antes había que tomar Salvatierra porque él mismo había escrito: «Habían hecho de ella los cristianos como unas alas para ir a todas partes y la habían dispuesto para que fuese la llave de las puertas de las ciudades y humillarse a los hijos de Dios con sus grandes fosos y torres...». Eso no podía consentirlo, juró una vez más, aunque como siempre que se excitaba en demasía, o aun sin ello, se le atascaba un tanto la palabra y tartamudeaba.

El enorme ejército que finalmente se acercaba estaba dividido en cinco cuerpos, que marchaban ordenadamente. En el primero iban los árabes, en el segundo los bereberes zenetas, masmudíes y gomaras, en el tercero la gran masa de voluntarios, en el cuarto las tropas andalusíes y en el quinto, en retaguardia, las tropas más curtidas y fiables, las haces almohades. Desde la llegada del califa a la capital almohade de Al-Ándalus se habían consumido algunas semanas más y en la marcha desde allí otras tantas. Cruzada ya la sierra por el paso del Muradal y antes de lanzarse sobre Salvatierra tomaron previamente la pequeña fortificación que la enfrentaba al otro lado del valle conocida como castillo de las Nieves,[68] que había caído también no hacía mucho en manos cristianas.

Mediaba ya julio cuando las vanguardias, los defensores sabían ya muy bien y cada día su progreso y acampada, asomaron al valle por el principio de la explanada que se abre bajo el monte donde se asienta la fortaleza.

Los calatravos habían empleado aquellos años en levantar una impresionante fortaleza, donde descollaba la torre del homenaje, cuya sillería la componían grandes piedras de roca volcánica pero no le iban a la zaga otras que se levantaban aprovechando las escarpaduras que hacia el sudeste se elevaban sobre el llano y que completaban por aquel lado el recinto defensivo. Que estaba además muy bien guarecido, tanto por las vituallas de trigo, cebada, legumbres y carne de las que se había hecho acopio y reserva como por lo que se había traído de la última cabalgada por tierra musulmana hacía menos de dos meses. Pero sobre todo por los muy curtidos y entrenados caballeros calatravos y otros que sin serlo se habían unido a la defensa, sabedores de que el combate sería feroz y casi segura su muerte pero no había mejor lugar que aquel para purificar sus culpas y expiar sus pecados.

68. Ahí se levanta ahora el castillo de Calatrava la Nueva, donde tras las Navas trasladó su sede la orden, una vez construida una impresionante fortaleza-convento, que recuperó así su anterior nombre.

La primera sorpresa sarracena en su aproximación al castillo fue que los calatravos se descolgaran sobre la llanura y atacaran con ferocidad sus avanzadas. El maestre Ruy Díaz de Yanguas, que había sustituido al anterior cuatro años antes, se lanzó con cuatrocientos caballeros, en cuatro haces, cada cual en formación cerrada, sobre las avanzadas musulmanas haciéndoles estragos y llegando a dispersarlas.

En el flanco derecho formaron junto a los caballeros calatravos que mandaba el comendador de Zorita y junto al clavero Porras los ocho lanzas de la mesnada que se batieron como el mejor de los freires sobre todo cuando desembarazados de la primera carga, rotas ya muchas de las lanzas, en las siguientes cargas se empleó la espada o la maza. Desarzonaron a cuantos pudieron y aunque no tuvieran la destreza y el entrenamiento de los calatravos lo compensaban con su veteranía y experiencia. De todos ellos tan solo uno, el Panta, resultó herido, alcanzado de un tajo en una pierna, pero el resto lo protegió de inmediato y lo apartó del combate.

Los calatravos se mantuvieron en la explanada hasta que el grueso del ejército moro hizo su irrupción en el llano. Al ver que una enorme masa de caballería pesada almohade venía sobre ellos, el maestre dio orden de desplegarse, emprender a galope el regreso al castillo y aprestarse a su defensa.

Los musulmanes, ya amos del campo, arrasaron e incendiaron la villa cercana a las murallas, evacuada días antes, y que había florecido durante aquellos últimos trece años al amparo de las almenas de Salvatierra.

La redujeron a cenizas con rabia pero supieron que rendir la fortaleza no sería tan fácil y que el enemigo que les afrontaba les iba a dar la más dura batalla. Pero fueron contra ella confiados pues la lentitud de la marcha del califa se debía también a que habían traído con ellos cuarenta poderosas máquinas de guerra con las que confiaban en abrir brecha en breve tiempo e irrumpir luego dentro con sus innumerables guerreros.

Comenzó el asedio y una vez emplazadas comenzaron a lanzar sin descanso sobre los muros piedras enormes al tiempo que se disparaban miles de flechas. Alardeaban los musulmanes de su fuerza, seguros de su pronta victoria y lo glosaban: «Mandamos disponer máquinas, que se acercaron a la fortaleza arrojando piedras como montañas, al mismo tiempo que caía sobre sus defensores una espesa nube de flechas, en la que los hierros chocaban unos con otros, y el que se libraba de las piedras como montañas, no se libraba de las flechas como nubes...».

Pero aunque era muy cierto el diluvio de piedras y flechas que caían sobre los defensores alcanzando a no pocos de ellos, cuando los sarracenos intentaban expugnar alguna de las torres se encontraban con tan enconada defensa que acababan por desistir dejando muchos muertos a los pies de las murallas

El califa Al-Nasir quiso entonces intentar una añagaza y atraer hasta allá al rey Alfonso, al igual que su padre lo había atraído hasta Alarcos. Envió a una parte de sus tropas, sobre todo destacamentos de caballería, para que corriera el campo en dirección a Toledo y amenazara la capital cristiana.

El rey castellano se encontraba cerca, con su hijo Fernando, confortando a las gentes y dando ánimos con su presencia y con un pequeño ejército en la cara sur de la sierra de San Vicente. Antes había enviado a don Diego López de Haro y una aguerrida tropa de caballeros a encastillarse en Toledo y asegurar su defensa si se producía el ataque.

Pero no cayó en el error de ir a intentar rescatar del cerco a Salvatierra atacando al enorme ejército almohade. Hubiera sido meterse en la trampa y conducir a sus huestes a una ratonera donde poco podrían hacer ante la superioridad absoluta de efectivos del enemigo. No quedaba sino esperar y confiar en que Salvatierra resistiera lo más posible.

Mientras, los cristianos también intentaron por su parte una maniobra de distracción por ver si era el enemigo quien caía en el engaño, enviando al infante don Fernando a una cabalgada por tierras de Trujillo y Montánchez. Pero ni el rey Alfonso cayó en la trampa del califa ni los almohades cayeron en la suya.

Salvatierra resistió un mes entero y del segundo ya llevaba aguantado otro medio. Al-Nasir se desesperaba, llevaba allí demasiado tiempo detenido. Sin embargo las máquinas de guerra estaban cumpliendo su misión demoliendo las murallas y abriendo brechas. Algunas torres ya habían caído. Las bajas entre los calatravos eran cada vez más numerosas por su causa pero también por las infecciones y la sed que ya comenzaba a hacer estragos. Poco a poco el recinto defensivo se iba estrechando alrededor de la torre del homenaje y don Ruy consideró que o bien recibía socorro inmediato o habría de buscar salida.

Solicitó una tregua, según era la costumbre, para enviar un mensajero a su rey y pedirle o bien que se presentara en su ayuda o bien le permitiera pedir el amán y entregar la fortaleza.

Al-Nasir, al que el tiempo se le consumía, pues el mes de agosto ya había vencido y se entraba en septiembre, estando ya próximo el comienzo de las lluvias, aceptó. Los enviados calatravos llegaron al campamento real y expusieron lo desesperado de la situación. Titubeó don Alfonso dudando en partir en su socorro. Pero el príncipe Fernando le expuso las buenas razones de no hacerlo y esta vez, aconsejado por su hijo, el soberano sí tuvo abiertos los oídos para la prudencia. Autorizó a los calatravos la rendición y les animó a que se preservaran vivos cuantos más pudieran, disponibles para posteriores batallas y no se arriesgaran en desesperadas intentonas.

Ruy Díaz de Yanguas comprendió el mensaje. Se cumplían cincuenta y un días desde que comenzó el asedio cuando llegaron sus emisarios a Al-Nasir aceptando la rendición con un amán que permitiera a todos salir con sus armas y las pertenencias que pudieran sacar consigo y no ser atacados hasta llegar a territorio cristiano. Al-Nasir, jubiloso por obtener al fin la victoria y ocupar aquella odiosa fortaleza, dio su beneplácito al acuerdo y aquella misma noche los calatravos escaparon comenzando a salir por la puertas principales pero también por los portillos, como hicieron los de Zorita con el clavero que escaparon raudos y en avanzada para avisar a las primeras fortalezas cristianas de que se prepararan para recibir a quienes, en muchos casos, venían heridos y desfalleciendo.

Fue un largo y apesadumbrado camino para los calatravos, cuyos caballeros más enteros y el maestre hicieron en retaguardia, protegiendo a la larga hilera de fugitivos de cualquier contingencia, que acabó en Toledo ya cuando el mes de septiembre concluía y los hebreos, que eran muchos allí, celebraban su fiesta de las expiaciones.

La noticia de la caída de Salvatierra se propagó con pesadumbre entre los cristianos y con júbilo entre los musulmanes. Los primeros tocaron a rebato clamando por la necesidad de socorrer a los castellanos, haciendo llamada tanto a los otros reyes hispanos como a caballeros de toda Europa. Por parte almohade fue el propio Al-Nasir quien hizo gran alarde de su victoria enviando cartas a todo su imperio y más allá del mismo en las cuales se jactaba de su triunfo y alardeaba de haber devuelto a los fieles aquello que les había arrebatado: «purificó el castillo de sus inmundicias y cambió las campanas por almuédanos; la iglesia se transformó en mezquita donde se honrase a Alá y los musulmanes tuvieron una consolación, la cual no habían tenido hacía tiempo y quedó Salvatierra en poder de los musulmanes».

Pero lo que para unos era derrota y pesadumbre y para otros victoria y alegría contenía mucho más en sus entrañas. El califa tan solo había tomado un castillo, y dentro de su propio territorio. No había conseguido penetración ninguna ni conquista en tierras cristianas y se había tenido que retirar de inmediato pues el mal tiempo se le echó encima. Además había mostrado al completo sus fuerzas y los cristianos habían aprendido una lección para el futuro. En defensiva estaban a la larga perdidos y era la hora de presentar gran batalla en campo abierto. El infante Fernando dio de nuevo buen consejo a su padre. Aplazar la contienda para el próximo año, pero comenzar a prepararla desde ese mismo día. A ellos se unieron todos, don Diego López de Haro y el obispo de Toledo, don Rodrigo Jiménez de Rada los primeros. Se comprometieron condes y magnates castellanos y el rey Pedro II confirmó que él acudiría con sus tropas a Toledo para la Pascua de Pentecostés del próximo año y juntos ir a llevarle la guerra a los infieles al propio Al-Ándalus.

Fue este el último consejo que el joven heredero daría a su padre. A los pocos días la desgracia se abatió sobre Castilla. El infante Fernando, en quien tanta esperanza se tenía, sucumbió no a la espada ni a la lanza, sino a pesar de su fortaleza y edad a unas terribles fiebres que acabaron con su vida en la villa de Madrid, tan solo un mes después de la rendición de Salvatierra.

Fue la gota que desbordó el vaso del dolor del rey Alfonso y de la reina Leonor y de la tristeza de los castellanos. Pero ni siquiera ese terrible suceso lo apartó, sino al contrario lo espoleó aún más, de lograr lo que con su hijo había soñado y deseado, la meta final de su reinado y existencia desde la desgraciada jornada de Alarcos. No tendría al infante Fernando al lado pero lo mantendría vivo en su memoria para llevar a buen fin aquella empresa.

El obispo de Toledo, acompañado de la hija mayor de los reyes, doña Berenguela, marchó con su cadáver para darle sepultura en el monasterio burgalés de las Huelgas Reales que doña Leonor había fundado. Los reyes quedaron en Toledo para partir luego con la corte hasta Guadalajara, donde volvieron a reencontrarse con la infanta y don Rodrigo, ya de vuelta.

Lo acordado allí fue que el rey Alfonso y todos juntos, obispos y nobles, se lanzaran de inmediato a la tarea de preparar la guerra. Ya no se trataba de levantar murallas sino de forjar armas y todos los pertrechos precisos para atacar al año próximo a los musulmanes, derrotarlos, retomar las tierras que habían sido cristianas y debían volver a serlo y lanzarse definitivamente a la reconquista y control de Al-Ándalus.

El cónclave de Guadalajara, al que asistió el rey aragonés, fue fructífero. De allí salieron emisarios para todos los confines y lugares. El papa Inocencio se unió con presteza a la tarea y la predicación de la cruzada que comenzó de inmediato con nuevos y renovados bríos con la herida de Salvatierra como señal de algo que no podía volver a suceder nunca. Era preciso convencer, además, a todos los reyes hispanos de que acudieran a ella o, en todo caso, no la entorpecieran y había que disponer las fuerzas y que cuando llegaran a la cita de Toledo tuvieran allí el abastecimiento necesario.

Pero el rey Alfonso necesitaba, para calmar el dolor y la desolación de la muerte de su hijo, el combate. Desde Guadalajara y con sus mesnadas, a las que añadieron Madrid, Cuenca, Uclés y Huete y, al paso, la de Zorita, y algunos caballeros nobles y parte de la tropa calatrava, emprendió una campaña invernal por el río Júcar lanzándose con furia sobre castillos y villas, tomando el casi inexpugnable castillo de Jorquera junto al de Alcalá de Júcar y el de Cuevas de Garandén, guarneciendo a los tres con tropas cristianas para que no los recuperaran los moros y cogiendo además un gran botín en la zona, que no se esperaba en absoluto el ataque. En la algarada participaron los mesnaderos zoriteños, menos el Panta, que sanaba aún de su herida, y el Barrado y el Casculi, que por sus razones se escabulleron después de observar que en la mesnada de Guadalajara venían algunos con quienes preferían no verse.

Volvieron por Alarcón y con el ánimo reconfortado tras el éxito de la espolonada contra los sarracenos, que entendieron preludio de la victoria necesaria del año siguiente en que centraban sus ansias y esperanzas.

En Alarcón el rey don Alfonso, que no olvidaba a su hijo, concedió desde allí un privilegio a las monjas de las Huelgas para que cuidaran el sepulcro de su muy amado Fernando.

LIBRO QUINTO

REINO DE CASTILLA

ya de día. Había parecido que estaba algo mejor, y ya no tenía tantos sudores ni delirios y había salido de la tienda,

37

El olor de la batalla

—A lo que huele un campo de batalla no es a sangre. La sangre huele poco. A lo que huele es a mierda. A heces, a orines, a intestinos desparramados de hombres y de bestias. Es el hedor de la carnicería. Nos meamos vivos y nos cagamos muertos. La sangre dura poco tiempo roja y en tocando tierra a poco se oscurece. El color y el olor de la muerte es el de la mierda —había dicho el Juanillo al amanecer siguiente de la gran batalla.

Estaba triste. Su primo Pedro de Atienza estaba muy malherido y aunque el médico judío, mandado por el propio rey Alfonso, le había curado, una herida profunda en un costado y una pierna tronzada lo tenían muy postrado y se temía que acabara por entregar el alma. Había estado a su lado toda la noche, aunque le venció el sueño al final y durmió algún tiempo poco antes de la amanecida. Ahora, ya de día, le había parecido que estaba algo mejor y ya no tenía tantos sudores ni delirios y había salido de la tienda desde donde contempló la carnicería.

Estaban ya todos asentados, excepto los criados que habían quedado en el campo cristiano, en lo que el día anterior había sido el campamento de los moros, abandonado por estos en su huida y mucho más extenso.

Aunque muchas tiendas musulmanas estaban por los suelos, solo habían llegado a ocupar la mitad del mismo, tal era el gentío inmenso que lo había levantado y habitado. De hecho, para hacer las hogueras utilizaron los astiles de las flechas que tenían dispuestas los sarracenos y no alcanzaron a quemar ni una cuarta parte.

Para llegar a él, hubieron de ir atravesando el campo de batalla que era lo que ahora miraba el ya muy curtido guerrero castellano y tanto peones como jinetes tenían a veces dificultades al tener que andar entre montones de cadáveres. Sobre todo ello volaban ya las coronas de buitres que cada vez eran más numerosas, llegando desde todos los puntos del horizonte. Los cristianos estaban recogiendo los cuerpos de los suyos para llevarlos hasta el fondo de una cárcava, donde costaría algo menos echarles siquiera una capa de tierra encima y que se les rezara un responso. De los moros, tras quitarles cualquier cosa de valor que llevaran, se encargarían los buitres.

La alegría de los vivos, tras la euforia de la victoria de la jornada anterior, sin desaparecer por el hecho de estarlo y por la todavía presente sensación de alivio, había dado paso a un decaído cansancio en el cuerpo y a un revolver de imágenes pasadas girando en la memoria.

El Juanillo se acordaba de la llegada a Toledo y le venía a la cabeza el primer encontronazo con aquellos francos, que desde la arribada solo hicieron que provocar malestar y que querían matar a todo moro o judío que se les cruzara. En el caso de los hebreos habían llegado una noche a intentar asaltar su aljama y dar comienzo al degüello. Fueron los caballeros toledanos, a quienes se unieron los de varias mesnadas de la Transierra y entre ellos los dos primos, Pedro y Juan con algunos de Atienza, los que se armaron, se colocaron ante las puertas de la judería e impidieron a los francos la matanza. Lo que no quisieron entender por las buenas lo hubieron de comprender a las malas y por la espada.

Los francos fueron peor que una almorrana desde que llegaron hasta que se dieron media vuelta. Eran quienes, ya en marcha desde Toledo, caminaban en vanguardia seguidos de los aragoneses y, cerrando, de los castellanos. Y no hubo día que no se quejaran por algo. Comida, bebida o lo que fuera.

—No digo yo que fueran malos para el combate. Ellos solos se hicieron con el castillo de Malagón y para conseguir abrir brecha, que estaba difícil, estuvieron también entre los primeros en Calatrava. Pero en Malagón hicieron una degollina con los vencidos, sin respetar ni a los niños. Y en Calatrava en vez de dejarles salir y que nos entregaran la plaza, como se hizo, hubieran hecho lo mismo y hubo que darles escolta a los moros rendidos que se marchaban porque si no hubieran corrido a matarlos. Que para mí por eso es por lo que se dieron la vuelta casi todos. ¡Ah! Y porque les picaba el sol mucho, que son todos de piel fina.

Su marcha, más que enfadar, alivió al Juanillo y a muchos, aunque se quedó muy mermado el ejército. Pedro de Atienza les decía que por ello y avisado había salido el Miramamolín de su guarida y había avanzado hasta justo el otro lado de la sierra. Se respiró desde entonces mejor clima entre la tropa. Además fue cuando aparecieron los navarros con el gigantón de su rey al frente y eso subió los ánimos.

Tanto para él como para su primo el juez de Atienza y muchos otros, sobre todo el de Haro, y más que nadie para el rey Alfonso, que tanto había sufrido por culpa de aquello, el hecho de volver a poner pie de nuevo en el castillo de Alarcos fue el mejor de los augurios. De la derrota él había salido a uña de caballo, don Diego señalado como cobarde y traidor y todos en hilera, humillados y dejando atrás cada uno compañeros y hasta hermanos muertos desparramados por todo aquel llano.

Al asalto del castillo de Alarcos habían ido con redoblado coraje y cuando la seña de Castilla estuvo en la torre sintieron algo así como una primera deuda cobrada.

Aunque Pedro de Atienza aquella noche, cuando todo eran risas y entusiasmo, porque además los reyes habían hecho formar a todo el ejército y les embargaba una sensación de fuerza y de victoria, dijo ante la hoguera donde estaban los que hacían cabeza de la mesnada del concejo:

—Lo de hoy, lo de ayer y todo, quién sabe cuánto y hasta dónde, puede perderse si cuando topemos con el Miramamolín cedemos. Entonces es cuando se echará la suerte al aire, la nuestra y la de Castilla toda.

Entonces las risas y las bravatas se apagaron un poco, pero al cabo volvieron. Tenían fe en la victoria. Dios, esta vez, se la concedería.

Pero cuando llegaron al desfiladero de la Losa y lo encontraron bloqueado aquellas dudas volvieron. Luego sucedió el milagro, cuando un pastor aparecido entre aquellos breñales señaló el camino, para poder cruzar la sierra, que en realidad era bastante fácil una vez que se conocía la vereda de enlace entre el camino por el que habían venido y el otro que iba por diferente ladera. Si no se conocía aquella trocha parecía que no habría otra que dar la vuelta y esperar que los moros cayeran por detrás sobre ellos. Tras cruzar la sierra y acampar en aquella mesa desde la que ya se veían las tiendas del gigantesco campamento sarraceno, se recuperó el ánimo pero no dejó de removerse el gusano de la zozobra en las entrañas de cada cual.

Nadie quería decirlo en voz alta por no tentar al destino. Pero el que más y el que menos, se daba cuenta con tan solo pensarlo un instante de que en caso de ser derrotados, al otro lado de la sierra, en territorio enemigo, estarían copados; no habría salvación, morirían o caerían cautivos todos, los tres reyes, los condes, los obispos, los caballeros de las órdenes militares, los concejos, todos. Si eran derrotados allí, aquello sería mucho peor todavía que Alarcos. Ellos no tendrían escapatoria y para Castilla y todos los reinos cristianos la más terrible de las suertes estaría echada.

Pero si la zozobra por ello se enredaba por la cabeza se hacía rápido el esfuerzo de espantarla, como quien echa a una moscarda para quitarse el zumbido de encima. Había que combatir, había que vencer porque no se podía ni siquiera pensar en la derrota. En todo caso y si esta llegaba, se moriría en ella. Para todas aquellas gentes reunidas allí, lo comprendieran del todo o solo lo barruntaran, en realidad no había otra opción que la victoria o la muerte. De allí no había otro escape.

Sin embargo, era alto el espíritu y no pareciera que los moros fueran tantos más ni que en la anterior gran batalla los hubieran arrasado. Era otro el aire que se respiraba y lo había por igual en los peones y en los de a caballo, en los nobles y en los villanos, en los obispos y en los reyes. Y se asentó aún más cuando esta vez el rey Alfonso recordó sus malas prisas en Alarcos, e hizo descansar a su ejército y que además pasara el domingo, lo santificaran y pidieran el perdón de sus pecados para ir luego limpios de ellos a la batalla.

La noche anterior cerca del real castellano, donde Juan Pérez había acudido con su primo Pedro a recibir instrucciones para el día siguiente, no pudieron evitar oír la conversación que de inmediato iba a correr por todos los fuegos del campamento, las tiendas y pasar de peón a caballero y de caballero a conde y de este a un obispo. Uno a otro, y no fue el Juanillo quien se la calló, desde luego, se la secreteaban con gesto salaz y a todos hacía reír o al menos sonreír incluso hasta a los más circunspectos del alto clero. Les animaba a todos, pues si este era el espíritu de quien iba a mandarles, se sentían reconfortados.

Con voz no precisamente baja, por algo le llamaban Cabeza Brava, el hijo mayor de don Diego López de Haro, que iba a mandar la vanguardia y cuerpo central castellano de las tropas cristianas contra el ejército almohade, le espetó a su padre:

—¡Que por mañana, padre, no me llamen hijo de un traidor!

A lo que don Diego respondió:

—Hijo de puta sí podrán llamártelo, pero hijo de traidor no.

Y se fundió en un abrazo con su hijo, de su mismo nombre y que al día siguiente cabalgaría a su lado.

Ambos sabían el porqué de sus palabras. El hijo le recordaba a su padre que, aunque no justamente, se le acusaba de que en Alarcos podía haber combatido con mayor bravura aunque en realidad su prudencia había salvado todo lo que podía salvarse del ejército castellano. Y en la réplica del padre iba implícita la mención a su madre y primera mujer suya que se había fugado con un herrero.

Alcanzó por supuesto aquel cruce entre padre e hijo la tienda de los Lara, y a quien más hizo reír y hasta apurar otra copa de vino fue a quien ahora había sustituido a don Diego como alférez real de Castilla, el hijo del ayo muerto del rey, don Nuño, Álvar Núñez de Lara, que había competido a lo largo del reinado por ese puesto, de tan gran cercanía al soberano y ahora lo había conseguido. El rey Alfonso había compensado sin embargo al señor de Vizcaya con el mando de la vanguardia y de su ataque, pero sería el otro quien llevaría la enseña real y cabalgaría a su lado. La pugna entre las dos poderosas familias no cesaba entre ellos y era también motivo de chanza y distracción entre las fogatas castellanas para quitarse de la cabeza entre quienes aguardaban para vencer o para morir mañana. Pues era una cosa o la otra.

En la mañana del día señalado estaban ya formados. Castilla, con don Diego López de Haro, su mesnada y la caballería pesada castellana, a la vanguardia, iba en el centro. Con ellos formaban los caballeros ultramontanos que quedaban y algunos, aunque no vinieron sus reyes, caballeros de León y portugueses. Tras ellos, en la segunda línea, con el conde don Gonzalo Núñez de Lara en cabeza, iban los caballeros de las órdenes de Calatrava, de Santiago, del Temple y del Hospital y, justo a su lado, buena parte de las milicias concejiles de Castilla, Valladolid, Soria, Toledo, Cuenca, Atienza, Guadalajara, Almazán y Medinaceli con sus caballeros villanos y sus muchos peones. Las alas de este cuerpo las mandaban los hermanos Díaz de los Cameros y Juan González.

En la retaguardia, con el rey, estaban su alférez, Álvar Núñez de Lara, la mesnada real, el arzobispo de Toledo y los obispos de Castilla, entre ellos el de Sigüenza, don Rodrigo, así como el de Narbona y algunos prominentes caballeros francos que se habían quedado como Teobaldo de Blazón, cuyo padre había caído en Alarcos.

El resto de las milicias concejiles castellanas habían reforzado a las tropas aragonesas y navarras que encabezaban cada una de las alas del ejército. Las de Burgos, Carrión, Cuéllar, Sepúlveda y Talavera formaban con los aragoneses mientras que las de Ávila, Medina del Campo y Segovia lo hacían con los navarros, cuyos respectivos reyes junto a sus obispos y el resto de los nobles con sus mesnadas estaban, al igual que el rey castellano, en retaguardia atentos para intervenir en la fase decisiva del combate.

El rey y sus próximos eran los únicos que desde su posición podrían observar el desarrollo del combate. Cómo se producía la carga, hasta dónde se avanzaba, si rompían las haces enemigas o si por el contrario corrían el peligro de ser envueltos. En el resto de la hueste, los combatientes a caballo aún podían atisbar al menos parte de lo que les rodeaba pero no demasiado y quienes lo hacían a pie tan solo podían intuir que iban hacia delante o que estaban frenando su embate y tras ello comenzaban a ser arrollados. En realidad cada cual lo que hacía era intentar mantener su fila, atacar, desarzonar y herir a quien se le oponía y procurar no ser derribado y muerto por quien tenía enfrente.

Se comenzó a combatir al inicio de la mañana aunque ya con el sol alto y a lo largo de toda ella, de largas horas trabados, quienes estaban en ella enzarzados creyeron tantas veces que tenían la victoria al alcance, como otras tantas sintieron en sus carnes la derrota y hasta en alguna ocasión estuvieron a un movimiento de la huida.

El buen guerrero en el corazón de la lid no ha de pensar siquiera en ello. Solo debe combatir, avanzar, golpear o resistir y aguantar sin ceder. Solo cuando el enemigo se deshace y huye podrá y deberá pensar, incluso para prevenirse. Porque puede vencerse a uno y aparecer otros que te destrocen luego. Quienes no saben apenas cuál es el signo de la batalla son quienes la combaten y aún menos cuando están en la misma entraña de ella. Bastante tienen con no morir y para no morir hay que matar primero. Eso reza más que para cualquiera para los peones, para las gentes de a pie, que ven menos que nadie y son quienes más perecen. Pero algunas cosas aún alcanzan a percibir. Todos, peones y montados, supieron que en el avance inicial, a pesar de ser cuesta arriba, lo que pesó a los caballos, tuvieron el suficiente empuje para desbaratar las primeras haces de los moros, que eran voluntarios de la yihad, la guerra santa, que se deshicieron y desbandaron.

Algunos pudieron creer que era ya señal de victoria pero otros más avezados como Juanillo y los veteranos de Alarcos comprendieron que aquello era parte del plan de los moros. Detrás de las chusmas de voluntarios, que se derrumbaron ante la carga, estaba la caballería pesada de los andalusíes y los haces de infantería almohade. Esos aguantaron mejor la siguiente embestida, pero los cristianos siguieron progresando. No demasiado porque don Diego reordenó filas al atisbar el peligro que por los flancos les venía, pues los arqueros kurdos y la caballería árabe comenzaron a aparecer y hostigarlos. También porque ya chocaron contra formaciones de infantería mucho más aguerridas. Fue cuando cayó herido Pedro Pérez de Atienza, al que por fortuna pudo sacarse aunque malherido de debajo de su caballo muerto.

La presión mora empezó a arreciar entonces y las milicias concejiles comenzaron a ser empujadas hasta ir ya retrocediendo, sin volver la espalda, pero a punto de hacerlo y ceder. Corrían el peligro de ser envueltas pues la masa musulmana ya hacía notar su mayor número. Las milicias calatravas y de las otras órdenes combatían con más disciplina y parecían aguantar mejor, pero todo parecía que podía terminar, al Juanillo le vino a la mente lo sucedido en Alarcos, en una parecida hecatombe. Pero se combatía muy reciamente y no se cedía. Cierto que la vanguardia había ido deteniendo su impulso y ya no avanzaba pero se sostenía. Aunque no podría hacerlo por mucho tiempo.

Peones de Bujalaro, uno de los Esteban y otro de los Raposos, que combatían cerca de Juan, que había vuelto a entrar en la liza tras haber dejado a su primo herido, intentaban seguir sus órdenes y enseñanzas y no separarse. Descargar sus golpes y sostenerse. Habían logrado hacer caer enemigos y habían visto morir a algunos de los suyos al lado. En aquel primer momento era de quienes pensaron que la batalla estaba vencida cuando los moros salieron a escape y ellos los alcanzaban y acuchillaban a mansalva. Pero luego se les vinieron encima otros muy diferentes infantes muy bien armados y jinetes que manejaban muy bien sus lanzas y descargaban con fuerza sus espadas curvas. Ahí se vieron muertos pero el Juanillo gritaba y gritaban todos que aguantaran, que cerraran las filas.

Lo hacían pero cada vez más temerosos cuando oyeron llegar por detrás un estruendo y vieron que por donde ellos habían descendido horas antes bajaban ahora destacamentos de caballería que por los flancos chocaban con quienes intentaban rodearles. Pero no había tiempo de mirar a lado alguno, ni de tomarse un respiro. Solo había que tener ojos para el enemigo que se tenía delante pues distraerse un instante era acabar degollado o con el cráneo hendido.

Los calatravos, ahora ya casi entremezclados con ellos, estaban haciendo un supremo esfuerzo para recomponerse y parecían estarlo consiguiendo, aunque había bastantes caballos que pateaban moribundos y más de un jinete al que el escudero o algún peón intentaban sacar a rastras y algunos, sobre todo peones, que ya no se movían porque estaban muertos.

Se elevó entonces un enorme griterío de moros, con mucho sonar de atambores, y sintieron más que vieron que nuevas y grandes formaciones musulmanas se les echaban encima.

En este choque las filas cristianas se tambalearon de

nuevo, esta vez con todavía más peligro de romperse. Es cuando vieron a otro conocido, el joven Barcenilla, que estaba a punto de ser derribado por un jinete de un grupo de sarracenos que habían traspasado la línea castellana y estaban ya combatiendo tras ella. El Víctor de los Dominguines apareció entonces con otros por un costado y se interpuso entre él y el atacante, cerrando otros la brecha abierta para que no pudieran penetrar más por ella. El respiro le sirvió al joven Barcenilla para reponerse. A pesar de ser todavía un muchacho y no tener la fuerza del otro, supo utilizar bien sus armas y arrimándoselе mucho pudo impedir que lo derribara. Eso les sirvió a dos peones para ir por los lados del moro. Uno logró alcanzar con una azcona la tripa de la bestia y ahí acabó también la suerte de su jinete pues al desmoronarse esta él se vino al suelo y allí lo remataron inmovilizándole entre varios y clavándole uno un puñal muy fino en el ojo por la visera del yelmo. El resto de los jinetes moros, formando una pequeña cuña, consiguieron ponerse a salvo saltando con sus ágiles monturas.

Pero el empuje musulmán parecía ir creciendo por todos los lados y el escalofrío del miedo pareció recorrerlos a todos. Ya retrocedían hasta los calatravos y también los del Temple aunque ninguno volvía la espalda y seguían dando grandes gritos descargando con furia sus espadas, agrupados en torno a alguien a quien intentaban proteger.

El Juanillo se decía luego que ahí ya y por un momento se vio él también vencido y prontamente muerto pero entendió que no cabía sino resistir aunque al final se sucumbiera pues volver la espalda era morir antes. Pero fue entonces cuando llegó por encima del fragor del combate el retumbar muy cercano de una nueva carga que se dirigía justamente hacia donde ellos estaban y que atacaba en cuña a quienes estaban apretándoles tan recio tras haberles roto por el flanco. El Juanillo alcanzó a ver avanzar sobre el tumulto el guion del arzobispo y hasta reconoció a quien lo llevaba. Era un clérigo de Almoguera y muchos ojos lo seguían y lo siguieron después todos los que se reagrupaban pues el guion indicaba dónde debía dirigirse la ayuda. Y donde apenas antes había aparecido el escalofrío de la derrota se arrebató ahora otro de rabia y corajina y el miedo se cruzó a las filas enemigas. El estruendo de la carga que llegaba como un torbellino y que arrasaba con cuantos moros se le ponían enfrente lo inundó todo y a todos. Vieron los cristianos cómo la caballería andalusí se despegaba de la batalla y se alejaba del combate y sintieron ante ellos cómo los haces almohades comenzaban a descomponerse ante el empuje de las reservas cristianas. Comenzó la desbandada mora. Los jinetes dejaron atrás a los peones. Algunos llegaron a ver al propio rey Alfonso cargando por la ladera arriba y ante él, los sarracenos huyendo. La enseña sí la veían todos y cómo quienes la flanqueaban iban arrollando todo por las cuestas hacia donde se levantaba la tienda roja del Miramamolín.

Tras ellos, los que antes tan solo resistían para no ser muertos ahora se entregaban a la matanza de los sarracenos desperdigados que huían. Quienes habían ido en el primer avance y la vanguardia estaban ya exhaustos y se limitaban a limpiar el campo de enemigos heridos, a los que remataban al tiempo que socorrían a los suyos que aún vivían. La batalla se había ido hacia delante y entonces fue cuando el

Juanillo comprendió que, aunque no estuviera acabada, ahora sí que ya estaba vencida.

No lejos de donde él se hallaba había visto en algún momento a los zoriteños, entremezclados y como auxiliares de los caballeros calatravos, pero ahora los había perdido de vista. La cuadrilla de lanceros había combatido junta, según acostumbraban, y se habían guardado los costados los unos a los otros. Pero muy pronto perdieron a su líder. El Sastre había sido uno de los primeros en caer. Fueron los arqueros kurdos. Había roto con los demás las primeras filas y se habían logrado imponer a la caballería andalusí cuando desde los flancos aquellos jinetes que iban y tornaban comenzaron a lanzarles sus dardos y una saeta le atravesó el cuello. A veces una herida allí podía no ser mortal, pero aquella lo fue e instantánea. Comenzó a echar sangre por la boca y cayó desplomado del caballo. Lo socorrieron el Aguacil y el Panta. Lo protegieron con sus escudos los otros, pero a nada y con una última bocanada ya estaba muerto.

Volvieron a montar y se convirtieron en furias. Estuvo a punto de costarles caro pues su empuje los llevó demasiado dentro de las líneas contrarias. Se quedaron aislados cuatro y estuvieron a punto de sucumbir todos. Pero los otros, con algunos caballeros calatravos, lograron llegar a ellos y volverlos al amparo de las filas cristianas. El Úbeda con pocas heridas, con alguna más el Cesáreo, los dos aún a caballo, el Panta a pie, pero otra vez con la misma pierna a rastras, y el Casculi, ya en brazos de los amigos, casi sin conocer y también, como el Sastre, echando sangre por la boca.

Sacaron a los dos últimos del campo y los llevaron donde habían dejado tapado el cuerpo del Sastre. El Panta tenía una lanzada en el muslo y la pierna rota por debajo de la rodilla. El Casculi las tenía en el pecho y en la tripa y se estaba muriendo pero aguantó hasta que volvieron luego tras haber partido, también el Úbeda y el Cesáreo, como lobos al alcance de los moros que huían. El Casculi era el más roqueño de todos. Era también el que mejor preparaba los conejos, fritos, tras cocerlos un algo antes para reblandecerlos, con aceite y vino, en pequeños trozos como solo él sabía hacer, cortando los gajos de los ajos en finas lonchas que aún sabían mejor si se tenía un cacho de pan para untar.

Había recuperado el conocimiento cuando volvieron y el Barrado quiso decirle que saldría de aquella y que les prepararía conejos con ajos. Pero él sabía bien que no y lo que le gustó oír, antes del último estertor, es que le contaran todos los moros que habían matado. Que habían sido muchos pues los habían perseguido y acuchillado a mansalva hasta llegar a Vilches, donde una porción de ellos se habían encastillado. Alguno había llegado a asomarse a la cuerda de aquella sierra desde donde se veía una inmensidad de olivar y por allí se les veía todavía ir huyendo. Uno por otro, habían salido a veinte cabezas de moro por barba, le dijeron. Y les había dado tiempo a hacerse con un buen botín encima.

El clavero de Zorita, José Manuel Porras, había llegado para la batalla a Toledo acompañando a su comendador y allí había sido requerido por el maestre don Ruy Díaz de Yanguas, que le tenía en mucha consideración desde su participación en la defensa de Salvatierra. Apreciaba en mucho el valor y habilidades del manchego y no tenía en cuenta las ya viejas y conocidas maledicencias sobre él. Por ciertas que fueran, eran pecados muy humanos, comprensibles y menos nocivos para la orden que la conspiración y ambiciones que esas sí que preocupaban a don Ruy y a las que algunos, pero el Porras no, eran dados de continuo. Así que como buen conocedor del terreno que debían atravesar por haber nacido en él, procuró que cabalgara a su lado. Lo de que viviera con mujer y tuviera con ella hijos tampoco era algo que le pareciera de gravedad extrema. Al fin y al cabo, los santiaguistas permitían a sus freires la vida en matrimonio.

Tuvo la dicha de volver a su Calatrava, reponer en ella la cruz y recorrer las calles, escudriñando sus rincones para ver qué habían hecho los moros y si habían dejado alguna mala sorpresa, por las que se había criado y jugado de niño. Hubo hasta un veterano freire que le recordó su apodo de aquel entonces, pequeño huérfano, cuando le llamaban «el hijo de los calatravos».

Fue una jornada feliz y no la empañó siquiera la retirada de los ultramontanos, con quienes Porras ya había tenido desde Toledo, aquella noche en que quisieron los francos arrasar la aljama judía, encontronazos continuos.

Los calatravos dejaron en su fortaleza y convento recuperados una pequeña guarnición con el encargo de que no quedara mínima señal de la ofensa mahometana cometida contra los recintos y símbolos cristianos.

El paso por Salvatierra le supuso una punzada de tristeza al tenerla que dejar al lado, con los moros señoreando sus almenas desde las que él había atalayado y mirado hacia la torre de las Nieves y más allá, donde él había tenido su guarida enmontada en el roquedal de Navalonguilla.

El rey Alfonso había desistido de atacarla, posiblemente de manera inútil, al saber que el califa ya se acercaba al Muradal y lo que no tenía era tiempo que perder y cometer el error que el año anterior y al revés sí había cometido Al-Nasir. Si en la batalla se vencía, Salvatierra caería como fruta madura, y si era la derrota lo que al sur les aguardaba entonces ya no habría de importarles nada pues no volverían de allí vivos.

Pero no pudo evitar comentar al maestre, la pena que se traslucía en la mirada de ambos y en la de todos los calatravos, al pasar a la vista de sus muros.

—Lástima, don Ruy, dejar a los moros encastillados en nuestra Salvatierra y en nuestra retaguardia —comentó el Porras.

—Llegará el día y en él, te doy palabra, que estarás. Repondremos en esas torres la cruz y nuestra enseña y tú tendrás, como tuviste, en ello parte. Pero hoy debemos seguir hacia el sur sin demora.

Retiraron entonces ambos la vista de Salvatierra y tras cruzarla hacia la torre de las Nieves, justo al otro lado del paso, ya la dejaron fija al frente por donde la larga hilera de jinetes cuya vanguardia comenzaba a traspasar el puerto entre las dos crestas enhiestas y amuralladas de las sierras.

Pero aquello parecía ahora haber sido hacía mucho. Porque la batalla tiene también eso. Hace retroceder los recuerdos y situarlos muy atrás en el tiempo. En el combate, desde que se lanza la carga y hasta que no se vuelve a enfundar la espada o incluso aún más tarde, cuando ya queda a solas, no se piensa hacia atrás, a no ser que te estés muriendo.

Durante la batalla no puede estarse con el pensamiento en ninguna otra cosa, dure este lo que sea y aún menos si es mucho y la fatiga te comienza a vencer. No puede estarse a nada excepto en alancear, desembarazar la lanza y volver a embestir hasta que se rompe o ya no se puede destrabar y hay que echar mano a la espada o en el caso del Porras, a su gruesa maza de guerra que le gustaba más y decía que de ello venía su nombre familiar.

Los calatravos sabían combatir apoyándose muy bien unos en otros, todo su entrenamiento a lo largos de los años estaba encaminado a que fuera así, que cada movimiento estuviera en lo posible sincronizado con el de los demás. Habían cargado, esparcido como pajas las primeras líneas de voluntarios moros, y hecho retroceder a las ya más aguerridas de infantes y jinetes. Habían seguido avanzando un poco más para luego aguantar las cargas de los haces almohades precedidos del inmenso retumbar de sus tambores que se imponían a todo el ruido de la batalla. Habían sostenido la línea y ayudado a duras penas y con muchas pérdidas a sostener la de los concejiles, que en varias ocasiones tembló y estuvo a punto de desplomarse.

Los calatravos lo habían pagado caro. El maestre don Ruy ya no podría volver a combatir. Su brazo derecho estaba destrozado, colgando inerte como un pingajo y para siempre imposibilitado para mantener la lanza ni blandir la espada.

No habían sido los de Calatrava los únicos en sufrir grandes desgarros. Peor había sido el de Santiago que había visto perecer a su maestre Pedro Arias, que a la postre tampoco pudo superar sus heridas. Pero los caballeros de todas las órdenes, también los del Hospital y los del Temple, habían aguantado hasta el límite la embestida de las reservas almohades y cuando ya parecían a punto de sucumbir, llegó la carga de los reyes y supieron que la victoria era suya, cuando ante ella se derrumbó la línea mora, la que estaba a punto de arrollarles y parecía tener en sus alfanjes el triunfo, y su ímpetu se convirtió en huida y su fe en desesperación.

Al clavero calatravo, al ver cómo el alud de caballería cristiana aplastaba las defensas, desbarataba los escuadrones y se lanzaba hacia lo alto hacia la tienda roja y el corral del califa, le desapareció de golpe el cansancio terrible de la batalla y de aquel agónico resistir. Tras un respiro recompuso con sus hermanos la formación, dejaron atrás a algunos escuderos y a los peones para que cuidaran a los heridos, subieron, a los que aún les quedaban, a su caballo de repuesto, él lo tuvo, y se lanzaron con un alarido triunfal y mantenido a la caza de los fugitivos.

La tarde iba a ser larga, pues son, en julio, muy largos los días y cortas las noches, pero sobre todo para quienes ahora despavoridos huían desparramados por aquellos llanos intentando alcanzar bosquetes, errando por los montes buscando escabullirse por los valles y zafarse como fuera de quienes les venían detrás. A los alcances. Entonces, en verdad, fue la matanza.[69]

El alcance a los musulmanes fue feroz. Se corrió que el rey Alfonso había dicho: «Matad y no apresad. El que traiga un prisionero será muerto con él». El arzobispo de Toledo, por su parte, había amenazado con excomunión a quien se detuviese a recoger botín. No se tomaron cautivos. Cabalgaron los freires de las órdenes, las mesnadas nobiliarias y los caballeros de los concejos con un solo propósito: exterminar al ejército del Miramamolín, matar cuantos guerreros, sobre todo los africanos, pudieran e intentar que nadie de la inmensa tropa saliera con vida de aquellas sierras y valles para que jamás pudiera volver a cruzar el mar para venir de nuevo contra ellos.

La cacería continuó, implacable, la tarde entera, hasta que ya comenzó a caer el crepúsculo. Fue solo entonces cuando se volvieron, con el sol poniente en la cara, enrojeciendo los cielos al taparse tras la sierra por donde habían conseguido cruzar. Pusieron a los agotados caballos al paso y comenzaron el regreso hacia donde habían combatido aquella mañana y habían estado a punto de sucumbir. Fue entonces cuando el clavero José Manuel Porras comenzó a retornar a la memoria y a pensar en que habían vencido. Y al hacerlo sintió como que se le desmadejaba el cuerpo y que todo su ser se iba en un suspiro, en un resuello final de cansancio y de alivio.

69. Posiblemente gran parte de los muertos musulmanes, cuya mortandad fue por ello muchísimo mayor que la cristiana, se produjo en esa larga persecución que se prolongó durante casi tres leguas, veintiún kilómetros, hasta que tras llegar a Vilches y asomarse a todo el inmenso olivar que se extendía a sus pies, comenzaron el retorno.

Mucho antes y en el propio campo de batalla, ya tomado el palenque y el califa huido, ya sabiendo consumada la victoria, con el rey don Alfonso y sus más cercanos presentes, el arzobispo de Toledo, junto a los obispos del reino, don Tello de Palencia, don Rodrigo de Sigüenza, don Melendo de Osma, don Pedro de Ávila y don Domingo de Plasencia, el de Burgos, don Juan Maté, había perecido en el combate, habían entonado entre grandes lágrimas de emoción el «Te Deum laudamos». Tras hacerlo y salir numerosos caballeros a unirse a la persecución, quienes se quedaron concertaron y dispusieron el traslado al campamento enemigo donde podrían pernoctar mejor y reponerse ya que allí encontrarían víveres en abundancia pues los propios se les estaban agotando y habían comprobado que los musulmanes los tenían en abundancia. Lo último que habían ya sabido del califa Al-Nasir es que cuando estaban ya llegando los cristianos a su corral, un árabe se acercó a él, que estaba sentado sobre su escudo, con la espada y el Corán al lado, con un caballo de las bridas, lo hizo subir y ambos, rodeados de un fuerte destacamento de los negros de su guardia, salieron a escape.

Se estableció por los mandos cristianos que la infantería y bastantes de los de a caballo de las mesnadas concejiles se encargaran de recoger el inmenso botín de todo el campo de batalla y del campamento musulmán, del que no era lo menos valioso el enorme número de caballos y camellos y aún era más el de acémilas y burros. Pero eran mucho más codiciadas las muchas vasijas, bandejas y adornos de oro y plata, las piedras preciosas, joyas, collares, sedas, telas y bellos enseres, amén de las armas y las armaduras más hermosas así como las bien labradas sillas de montar, sus arreos y cordobanes de la mejor calidad. Todo iba a ser botín a repartir, exceptuando algunas cosas que el rey Alfonso ordenó no tocar, como la tienda del Miramamolín de terciopelo carmesí con muy ricas telas bordadas en oro y sembradas de piedras preciosas, que quiso regalar a su gran amigo el rey aragonés, y una de casi igual porte y no menor estima y riqueza que era del visir y que dio al navarro Sancho. Por su parte, don Diego López de Haro decidió también que lo que hubiese dentro del cerco y del palenque de las cadenas donde estaban las tiendas del califa y sus caudillos y de todos los grandes señores moros, que fueran para Aragón y Navarra por la ayuda prestada a Castilla y que sus señores las repartieran como les placiera entre sus caballeros y peones.

Lo recogido y amontonado del resto del campo de batalla sería repartido entre los castellanos. Pero se hizo saber también que todos podían quedarse sin problemas con lo que cada cual ya había recogido anteriormente para sí, lo que satisfizo y mucho a los peones pues muchos de ellos ya se habían guardado algunas cosas valiosas que jamás habían soñado con poseer.

Todos obtuvieron su parte en el botín y también, y más incluso, se apartó para las familias de quienes habían muerto. Al final, más o menos acumulado todo en el lugar que se dispuso para ello, se dio ya libertad para que cada cual cogiera lo que pudiera haber quedado todavía por el campo. Entonces los lanceros de Zorita pensaron que no sería mala idea volver al día siguiente de amanecida al camino de Vilches y hacer acopio de lo que se pudiera aprovechar.

Los buitres y las alimañas no comían ni metal ni joyas ni tampoco sillas de montar. Seguirían estando allí.

Habían adecentado los cadáveres del Sastre y del Casculi. Y habían decidido repartirse algunas cosas suyas como recuerdo. Las del Casculi, todas, pues ninguna familia tenía, y también alguna pequeñez, aunque no la armadura ni las armas ni nada de valor, porque el Sastre sí la tenía e hijos también, de quien tantos años los había liderado. El Aguacil, quien era el más cercano, sería el encargado de hacérselo llegar a su viuda, junto con la parte correspondiente en el botín a la que se añadiría la del Casculi, que no había a quién dársela. Y se juramentaron todos de que a la familia de quien había sido su adalid no le faltaría su amparo en vida de ninguno de los que le habían logrado sobrevivir.

Estaba ya también atardeciendo cuando los reyes, los obispos y los caudillos vinieron a instalarse al campamento almohade para lo que tuvieron que atravesar por el palenque del Miramamolín. Sus caballos tuvieron dificultad en hacerlo sobre los montones de cadáveres negros, los imesebelen, la Guardia Negra, que se trababan unos a otros para que nadie pudiera huir y nadie, excepto los que acompañaron al califa en su fuga, sobrevivió.

Allí mismo, cuando cruzaban por lo que había sido el corral del califa, surgió en los séquitos de los reyes la porfía que por la noche ya iba a ser la de todo el campamento, de quién fue el primero en traspasar la línea de lanzas de los negros y saltar dentro del corral.

Para los castellanos, que iban en la frontal sobre ella, estaba muy claro. Lo había hecho el alférez real, don Álvar

Núñez de Lara, que era muy buen jinete, y echando su caballo hacia atrás para que cogiera impulso lo hizo saltar sobre las cabezas de los defensores entrando ya en el interior. Por el lado navarro se dijo que era su rey el que había roto con su espada las cadenas con las que los imesebelen se ataban unos a otros y que ese honor le correspondía a él.

A todos, sin embargo, del rey al más bajo en condición, fueran castellanos, aragoneses navarros, o caballeros venidos de León y Portugal o de los pocos que habían quedado de los ultramontanos, sabían, en mayor o menor grado, que había participado en algo en verdad trascendental.

El rey Alfonso lo escribió a su hija Berenguela y esta lo hizo saber al Papa y a todos los reyes de la cristiandad, pero hasta los humildes peones de las mesnadas concejiles entendían que se había aniquilado al más terrible enemigo, el que de haberles vencido y muerto a todos, después hubiera arrasado sus tierras por muy al norte que estas estuvieran. Tras su victoria no solo ese temor sino otros semejantes sería muy difícil que los volvieran a sufrir. Los moros ya no volverían a amenazar sus casas y ahora ellos eran quienes tendrían al alcance las suyas.

A la euforia contribuía que en el campamento moro había de todo, agua en abundancia también, pues la peor tortura había sido, además de la fatiga, la terrible sed. Se quitaron sus armaduras, sus cotas de malla, se desembarazaron de sus armas y tomaron sus tiendas, comieron de sus viandas, paladearon sus dulces y descansaron sus cuerpos en las alfombras y los cojines de los enemigos vencidos. En las hogueras ardían los astiles de las lanzas y de saetas de flechas con que los habían querido matar. Fueron la leña para sus lumbres durante los dos días con sus noches que permanecieron allí.[70]

Durante el día siguiente se procuró la recogida del campamento propio, donde apenas había quedado nadie, y se siguió recogiendo el botín durante dos días más. Se cargaron carros y se hicieron grandes reatas de animales de montura y de carga que auxiliares y sirvientes se llevaron hacia la retaguardia. Era tal la cantidad de vituallas, armas, caballos de guerra y otras bestias que cada uno tomó lo que quiso y aun así se dejaron muchas atrás.

A ellos se unió un convoy, con muy fuerte escolta de tropas, que inició el camino de vuelta llevándose a los heridos de mayor consideración. Con ellos y al lado del carro donde llevaban a Pedro de Atienza, que parecía haber superado al menos la fiebre y parecía que podría salvar la vida, cabalgaba con dos caballos nuevos y el que le había sobrevivido en el combate el Juanillo, que no se había olvidado de llenar además el carro de la parte del botín que para él y su primo había conseguido acumular y que no era nada escaso.

Al partir y despedirse, alegres todos y deseando que el juez se restableciera, Juan que siempre tenía un refrán soltó uno que entonces no sonó a lo que era, una premonición: «No os hartéis de comer, que vais a reventar y sabed que días de mucho son vísperas de poco».

70. Era tan ingente la cantidad, que solo consiguieron quemar menos de la mitad de ellas.

38

El Úbeda

Dos días después de la batalla, mientras el convoy con el botín y los heridos iniciaba el retorno hacia Castilla, el ejército, con los calatravos en vanguardia, se lanzaba al asalto de Vilches por la misma ruta sembrada de cadáveres por la que habían perseguido a los derrotados musulmanes.

Un nuevo maestre comandaba ahora a los freires de la cruz negra. En el propio campo de batalla el anterior, don Ruy, incapacitado por sus muchas heridas y su brazo lisiado, reunió a sus caballeros, renunció a su cargo y les dio licencia para que allí mismo eligieran a su sucesor y que este les condujera al ataque por tierra de moros. El elegido fue Ruy Garcés y el llevarlos de nuevo al combate es lo primero que hizo, adelantándose al resto de las tropas cristianas y cabalgando hacia Vilches, a cuyas puertas se habían quedado el día de la victoria en las Navas.

Díaz de Yanguas, por su parte, se había incorporado al convoy que retornaba y que le dejaría en la recuperada Calatrava. Había decidido que pasaría el tiempo que Dios le concediera dándole gracias en oración por la victoria alcanzada y por poder hacerlo en el lugar que les fue arrebatado y ahora les había sido retornado. Calatrava sería ya hasta su muerte su casa y su convento.[71]

Antes de partir se despidió del clavero Porras, que partía de nuevo al combate.

—No te olvides de Salvatierra.

—No me olvidaré, don Ruy. Cuando la cruz calatrava vuelva a su almena iremos juntos a visitarla pues vos fuisteis su maestre. El maestre de la Orden de Salvatierra.

Partió el clavero a unirse a los escuadrones que cogían el camino hacia Vilches. La senda y los campos a sus costados hasta donde alcanzaba la vista estaban alfombrados de cadáveres de moros y de algunas bestias. Un ingente número de aves carroñeras revolaba entre ellos, así como algunos carnívoros terrestres, pequeñas alimañas, zorros y hasta algunos lobos en las lindes de los bosques. Todos estaban ahítos después de un continuado festín de dos días. Los grandes buitres, al paso de la tropa, se alejaban torpemente a saltos sin poder siquiera levantar el vuelo. Había en aquel camino y sus costados más muertos que en el propio campo de batalla de las Navas.

Los calatravos hicieron el camino deprisa y entraron como un turbión en Vilches, que encontraron vacío. Subieron a la cuerda desde la sierra y desde aquel balcón contemplaron los olivares de Al-Ándalus a sus pies que se extendían por todo el horizonte, llanos y laderas hasta donde se erguía la siguiente cadena de montes. Rodearon el castillo donde se habían refugiado algunos fugitivos y lo cerca-

71. Se retiró a Calatrava la Vieja, siguiendo fielmente los preceptos de la orden y dando muestras de humildad, durante nueve años hasta que murió en 1221.

ron. No llevaban máquinas de guerra ni escalas y acamparon esperando al grueso de tropas que venía tras ellos.

El rey Alfonso estaba decidido a explotar su victoria y penetrar en tierra mora todo lo que fuera factible. Él no iba a cometer el error de Al-Mansur después de Alarcos. Aprovecharía en todo lo posible su victoria. Lo había empezado a hacer. Sus destacamentos ya habían tomado los castillos de Ferral, en el paso de la sierra, de Baños y de Tolosa. La noche del 18 al 19 había acampado a orillas del río Guadelén y al amanecer había dirigido fuertes contingentes hacia Vilches, cuya llegada supuso la toma inmediata de la fortaleza, mientras con el grueso del ejército él marchó contra Baeza, hacia donde había proseguido la huida de los vencidos. Pero también la hallaron vacía. Tan solo quedaban viejos, enfermos e imposibilitados para caminar que se refugiaron en la mezquita. Baeza fue entregada a la destrucción, demoliendo sus murallas, arrasando sus defensas y prendiendo fuego a la ciudad entera. Los refugiados en la mezquita murieron abrasados por las llamas.

Supieron los cristianos que tanto la gran mayoría de los supervivientes de la batalla como las gentes de los pueblos vecinos y sus guarniciones se habían resguardado en Úbeda. Reagrupado, todo el ejército vencedor se dirigió a ella. Habían abierto la puerta de Al-Ándalus y ahora querían penetrar por ella hasta llegar adonde pudieran llegar.

Entre los que cabalgaban hacia allí iba a quien por su nombre se conocía entre los lanceros de Zorita, el Úbeda. Era uno de los cinco que continuaban en la expedición, pues tras la muerte del Sastre y el Casculi, el Panta había partido con el convoy de los heridos. El Úbeda llevaba unos días callado, justo desde el día siguiente de la batalla, metido en sus pensamientos y, contra su costumbre, poco dado a risas y celebraciones.

—El Úbeda lleva unos días muy raro. No parece el mismo —comentó el Lozano.

—Lleva así desde hace mucho. Pero estos días se le nota más —señaló el Aguacil que era el que más lo conocía pues, junto a él, era el único que quedaba, tras la marcha del Panta, del grupo original.

—Tiene su porqué —terció el Barrado—. Estamos yendo hacia su tierra. Él es de Úbeda, ¿no?

—Eso se ha dicho siempre, pero nunca ha hablado de ello —concluyó el Aguacil.

Callaron mirando a su compañero que cabalgaba un poco más adelante, junto al Cesáreo, que intentaba darle conversación pero fracasaba ante sus silencios y, como mucho, obtenía monosílabos.

El Úbeda, y mucho más desde lo sucedido en Baeza, no paraba de darle vueltas a sus recuerdos, los pocos que tenía, pero que había siempre atesorado en su cabeza.

Sí sabía que era de Úbeda, eso le habían dicho, y tenía la imagen de su madre. Era fugaz pero intensa en la punzada del recuerdo. Una hablándole y acariciándolo y otra cogiéndolo en brazos. Y una última saliendo de su casa y por unas calles, donde había gritos y llamas corriendo.

Luego en la memoria estaba su padre, pero ya solo él. Su madre ya no estaba y a su padre se le notaba muy triste y abatido. Estuvieron viviendo en otros lugares pero por muy poco tiempo y de paso; un día ya iban por los campos con otras gentes y caminaron mucho hasta que dieron vista a un gran río. Se quedaron ocultos en sus orillas esperando que llegara la noche para cruzarlo. Y entonces es cuando lo que permanecía vivo en su memoria, como si hubiera sido ayer, le alcanzaba como un escalofrío. En el vado y en la oscuridad los alcanzaban caballos y jinetes que daban grandes aullidos y blandían espadas. Iban cayendo atropellados los que iban con ellos. Su padre corría, con él en brazos, chapoteando. Algo le golpeó en la espalda. Trastabilló pero aún pudo dar algunos pasos y llegar a la orilla para caer en un espesar de aneas y carrizos. Se desplomó y tras unas convulsiones y un pataleo, quedó inmóvil. Él se quedó quieto, sin respirar siquiera, a su lado. En el vado seguían los gritos, los golpes en las piedras de los cascos de los caballos y los alaridos de quienes alcanzaban. Se fueron apagando y al final solo se oyó a los montados hablar entre ellos. Recorrieron las orillas, pero entre las cañas y la oscuridad a ellos no los vieron, aunque uno pasó chapoteando por la orilla muy cerca de donde estaban. Él seguía acurrucado junto al cuerpo de su padre.

Al día siguiente había mucho silencio. Solo se oían los pájaros. Su padre estaba rígido y frío. En el vado había un par de cadáveres medio desnudos y algunas ropas que se habían quedado enganchadas en las brozas de la ribera. No quedaba rastro de nadie más. Supo que todos los que venían con él y su padre, o estaban muertos como aquellos dos o los había arrastrado la corriente o si estaban vivos los habían cogido los jinetes y se los habían llevado junto con todo lo que traían.

Él sabía que la ciudad de donde venían era Úbeda, que se llamaba David y que era judío. Supo que su padre estaba muerto y sin saber muy bien por qué lo hizo, también se podía haber quedado allí, frunció el ceño y echó a andar por la orilla, río abajo. Dio a no mucho con un camino que iba por una llanura inmensa adelante y sin dudarlo se fue por él con paso decidido.

En él lo encontraron unos jinetes cristianos, concejiles toledanos en descubierta, agotado y dormido debajo de unos árboles, al borde del sendero. Le vieron de casualidad al mirar uno de ellos el pequeño bulto que hacía y se sorprendieron mucho de encontrarlo allí, en medio de la nada. No había cerca lugares habitados excepto y, muy lejos, alguno que guardaba un puente sobre el río y luego, aún más lejos, de donde venían ellos, de los que custodiaban los pasos de las sierras.

Lo encontraron justo a tiempo, porque aunque a mediados del primer día había cruzado un arroyo y bebido en él, no había luego ya catado ni gota, ni tampoco comido. Y al menos así llevaba otros dos. Le dieron agua y uno hasta un poco de vino. Y de comer, que lo hizo con ansia con un trozo de pan y otro de queso que le ofrecieron.

Le preguntaron de dónde venía y se miraron perplejos al responderles que de Úbeda. Al preguntarle más les contó que habían matado a su padre y a un grupo que con él venía al cruzar un vado. Que gritaban lo mismo que gritaban por las calles donde había vivido y de cuyas llamas escaparon. Pero su madre ya no vino con ellos.

Los cristianos miraron sus ropas y escucharon cómo hablaba el romance.

—Es un pequeño judío —dijo el que los mandaba—. Los almohades ahora los persiguen a ellos tanto como a nosotros los cristianos. Habrán asaltado su aljama. Por eso vienen tantos huyendo y el rey ha puesto en sitios gente que los reciba. Los judíos son muy ricos.

—Pero este no tiene nada, es un huérfano —respondió uno.

—Aquí no lo vamos a dejar para que se muera. Lo llevaremos con nosotros a la guarnición y cuando se vaya a Toledo lo llevamos allí, que es donde viven muchos hebreos y seguro que lo acogen.

Pero el Úbeda, por aquel entonces, no acabó en Toledo. Llegados a la guarnición de donde venían y al pequeño pueblo que había al resguardo de la torre resultó que una mujer sin hijos, que se había quedado además seca después de un parto fallido, se encariñó con él y decidió criarlo. Y como no quisieron llamarlo David, lo cristianaron y le pusieron otro nombre, todos acabaron por llamarlo el Úbeda. Se hizo mozo, era fuerte, tranquilo y bueno para sus compañeros y muy malo y duro para las pendencias. Acabó, en cuanto tuvo una edad, en el único oficio que en aquella tierra podía tenerse, el de hacer la guerra y ayudar en el campo. Pero en cuanto pudo no quiso saber nada de arados, ni de ovejas ni siegas. Y como era bueno con la lanza y con la espada y tozudo y valiente en el combate no le faltó trabajo ni soldada. Ni botín cuando lo tuvo a mano. En busca de él dando no pocos tumbos por toda la frontera del Tajo había llegado así hasta Zorita y entrado a formar parte de los siete lanzas.

Había visto lo sucedido en la judería toledana. Él también se había armado para defenderlos. Desde su huida de niño nunca había estado tan al sur, nunca había llegado a estar tan cerca de donde había nacido. Cuando pasaron la sierra para enfrentarse al califa le vinieron muchas imágenes perdidas que comenzaron a danzarle por los recuerdos. La imagen de una niña, vecina a su casa, con la que jugaba, con la que había compartido aquellos años y aquellas risas cuyas imágenes le producían tanta tristeza que las había enterrado, se le aparecían cada vez más nítidas y de manera continua. No tuvo que hacer ningún esfuerzo por recordar su nombre. Siempre lo había sabido. Se llamaba Rebeca.

Ahora se acercaba a Úbeda y tenía miedo. Un miedo que solo tenía aquel nombre. Aquella niña sería ya una mujer madura, casi tanto como él, a quien ya las canas poco a poco se le iban apoderando de la barba. Nada más anunciarse que las tropas se dirigían hacia la ciudad le había brotado la necesidad de intentar encontrarla y ahora, tras ver lo sucedido en Baeza, de intentar protegerla. Había visto lo que hacían los ultramontanos y lo que decía aquel obispo suyo, el de Narbona. Eran los musulmanes sobre todo contra quienes desataban su ira, pero parecía que los judíos también entraban en el mismo saco.

Una semana después de la batalla, el ejército cristiano ya cercaba Úbeda. Sabían que el califa no estaba allí, pues tras haber huido a Jaén primero había seguido reventando caballos para llegar a Sevilla cuanto antes. Y allí escribía cartas intentando ocultar la terrible derrota que no solo amenazaba su poder en Al-Ándalus sino también en el Magreb entero.

La ciudad disponía de buenas fortificaciones y estaba ahora defendida por numerosas tropas de los contingentes derrotados en las Navas que se habían refugiado en ella, donde también habían acudido de muchos lugares cercanos entendiendo que era el mejor lugar para poder resistir. Eran tantos que hasta resultaba perjudicial por la gran multitud que se concentraba dentro de sus muros.

Eufóricos por su anterior triunfo, los cristianos, que habían llegado el domingo, atacaron a primeras horas del lunes con gran furia e intentaron un asalto general. Sobrados de soberbia y fogosidad y faltos de prudencia lo hicieron sin la preparación adecuada y sufrieron muchas bajas. Los musulmanes resistían la embestida y parecía que el día iba a acabar con mucha sangre cristiana derramada y muy poco fruto recogido. Uno de los heridos resultó ser el maestre del Temple, Gómez Ramírez, que vino allí a expirar al cabo de unos días. El desaliento empezó a apoderarse de los atacantes. Pero entonces los aragoneses consiguieron que la mitad de una torre a la que habían minado se viniera al suelo, Se lanzaron por la brecha y consiguieron llegar hasta lo alto de la muralla. Al verlo, los asaltantes de otros sectores, que estaban decayendo en su ímpetu e incluso comenzando a retirarse, volvieron con ardor a la carga y lograron escalar por varias partes las murallas, entrando en la ciudad.

Por la tarde buena parte de ella estaba ya tomada, con mucha de la población que allí se había refugiado ya en manos de los asaltantes mientras que las tropas musulmanas combatientes se retiraron a la ciudadela y allí se encastillaron. Los notables de la ciudad, en vista de la situación, comenzaron de inmediato las negociaciones.

El Úbeda había sido uno de los que más ardor había puesto en el asalto y junto con sus compañeros de los que consiguieron escalar de los primeros las almenas. Fue ya cuando el lancero, arrebatado, confesó a sus compañeros el motivo de su inquietud y les pidió su ayuda.

—Ya sé que es locura, pero quiero encontrarla. Preguntad por ella, su nombre es Rebeca, es judía, como lo fui yo de niño. Tiene mi edad, poco menos. Era hija del rabino. Yo os intentaré conducir hasta la aljama hebrea.

Logró hacerlo sin mucho esfuerzo, parecía tener grabadas las callejuelas en su memoria. Pero todo era gran confusión y alboroto. Las gentes, aterrorizadas, se amontonaban por las plazas. Las casas estaban cerradas a cal y canto.

El Úbeda, que sorprendió a sus amigos al decir algunas cortas expresiones en hebreo que parecía fluir de nuevo a su boca, pudo saber algo de ella. Más bien del rabino y de dónde había vivido, pues ya había muerto. En la oscuridad de la noche dieron al fin con la casa. Pero estaba cerrada y nadie les abrió a pesar de sus golpes y que el Úbeda hablara en la lengua judía.

Había ya cristianos merodeando por todos los barrios conquistados y optaron por guardar esa noche la casa, cosa que hicieron el Úbeda y el Barrado, mientras los otros regresaron al campamento para traer a su vuelta algunos víveres para los que quedaban de guardia.

Bueno fue que lo hicieran. No faltaron saqueos aunque se negociaba el rescate de la ciudad entera. Supieron luego que los moros habían ofrecieron un millón de monedas de oro a cambio de que los cristianos se retiraran. Era tal cantidad que pagaría los gastos de la campaña entera. El rey Alfonso dudaba en aceptar, y aún más parecían dispuestos el navarro y, sobre todo, el aragonés, muy falto de dinero.

Pero el obispo de los francos, el obispo de Narbona, Arnaldo Analarico, prorrumpió en grandes protestas y amenazas, incluso de dar cuentas al Papa de aquellos tratos impíos, y más en cruzada, con los enemigos de la fe. Se unió a él nada menos que el poderoso y cercano a don Alfonso, arzobispo de Toledo, y la oferta fue rechazada, habida cuenta además de que la ciudad estaba a punto de caer por entero en sus manos.

La contraoferta cristiana fue muy dura. Habían de entregarla sin condiciones y ese mismo día y a cambio del millón ofrecido tan solo poder salir libres de la ciudad con lo que pudieran llevar encima. Úbeda sería después arrasada y destruidas sus defensas, dado que no se veía factible mantener una guarnición que pudiera establecerse con garantías en ella.

Eran condiciones imposibles de aceptar. Ni de cumplir, aunque quisieran, dado el plazo establecido. Finalmente tras ir apretando los cristianos cada vez más el cerco a la ciudadela, los moros, desesperados, aceptaron rendirse sin condiciones. Tan solo se les respetaría la vida y no su libertad ni sus bienes. Finalmente también, medio por asalto medio por rendición, se expugnó la ciudadela y allí comenzó ya no solo el saqueo sino también la matanza, a pesar de lo pactado. Se cebaron sobre todo en quienes habían resistido en la alcazaba y en quienes tenían pinta de africanos y combatientes en la batalla de las Navas.

El saqueo se generalizó ya masivamente por la ciudad entera, mientras sus habitantes, sobre todo mujeres, niños y jóvenes, eran comenzados a agrupar como ganado pues todos ellos habían pasado a ser propiedad de los vencedores. Se habían convertido en esclavos. Empezaron a ser sacados de la ciudad a miles, como reatas de acémilas, y a ser entregados y repartidos entre los combatientes. No hubo caballero al que no le correspondieran algunos siervos en suerte. Los más fuertes se los reservó el rey castellano para dedicarlos a reparar las defensas fronterizas. Al rey aragonés se le otorgó el dominio y posesión sobre todos los muebles que quisiera llevarse de Úbeda, amén de otro ingente número de cautivos que se llevó a Aragón con él.

Al amanecer siguiente de haber localizado la vieja casa del rabino el Úbeda intensificó sus esfuerzos por encontrar a Rebeca. La buscaba con un frenesí y una angustia que dejaba sorprendidos a sus compañeros. Pero le ayudaron en ello y al fin lograron encontrarla tras forzar la puerta, en la casa del rabino hallaron escondido a un viejo judío que les dio noticias de ella. Seguía viviendo en Úbeda, era viuda, su marido había muerto hacía ya bastantes años y no había vuelto a casarse. Obligaron al anciano a que les condujera al lugar donde vivía, que se encontraba en la parte opuesta de la aljama. Era una casa con buena apariencia y llegaron justo a tiempo pues ya estaban en torno a ella y saqueándola un grupo de entre los que no solo había francos sino también castellanos. Cerraron filas los cinco y se abrieron paso dentro. A gritos y con las armas en la mano hicieron saber que la defenderían pero no evitaron que se llevaran lo que ya habían conseguido arramblar.

A Rebeca y a una sirvienta muy vieja las localizaron, tras escudriñar todos los rincones de la casa y tras muchas llamadas de David en lengua hebrea, en una pequeña covacha a la que se accedía por una trampilla situada en la parte de atrás de la cocina bajo una estera que por fortuna los saqueadores no habían considerado digna de llevarse.

Rebeca salió de allí, sin disimular su miedo, con ojos espantados pero intentando mantener cierta entereza. Incluso ayudó a salir a la vieja que gimoteaba aterrorizada.

Nada más verla el Úbeda se la quedó mirando fijamente y luego dijo, seguro y recuperado aquel decir con aplomo que lo caracterizaba siempre, antes de este arrebato:

—Yo soy David, el niño con quien jugabas. Tú eres Rebeca. Mis ojos no me engañan y los tuyos siguen siendo iguales.

La hebrea tenía unos ojos de intenso color verde y aunque ya era una mujer madura seguía siendo hermosa.

Sacarla a ella y a su sirvienta de Úbeda no fue tarea fácil. Pero eran cinco e infundían respeto. Una vez llevadas al campamento y a través del clavero calatravo se consiguió que le fueran adjudicadas al grupo y en particular al Úbeda.

El tumulto más absoluto ya se había apoderado de la ciudad entera, que tras el saqueo pasó a ser demolida, derruidas todas sus defensas y entregada al fuego. La enorme reata de prisioneros comenzó a ser conducida hacia el norte.

El rey Alfonso tenía voluntad de seguir adelante con su campaña y atacar todo el valle del Guadalquivir, pero no pudo prevalecer su intención contra la enfermedad. El campamento cristiano había comenzado a ser azotado por la peste a poco de comenzar el cerco. Al concluir la toma eran cada vez menos los que quedaban sanos pues muchos padecían tremendos flujos de vientre y algunos incluso habían muerto por ello. Decidieron pues los reyes dejar para momento más propicio continuar con sus campañas y retirarse cada cual a sus territorios y casas. Desanduvieron el camino victoriosos, pero muchos siguieron aquejados de aquel mal contraído en Úbeda y hubo quienes aun llegando a sus hogares, los más viejos y débiles, perecieron por él.

Llegaron juntos los ejércitos a Calatrava donde para cierta mofa de algunos se toparon con un duque que dijo ser de Austria, que venía con gran aparato a la batalla que ya hacía más de un mes que se había combatido. Partió de vuelta con el rey aragonés rumbo a su reino para desde allí ir a recruzar los Pirineos, mientras que el rey Alfonso se dirigió a Toledo donde fue recibido con gran alegría y pompa.

El ejército se había ido disolviendo en el camino y los lanceros de Zorita, el Úbeda con la hebrea y su vieja sirvienta y todos con un botín de caballos, armas, telas y enseres cargados en dos carros, pues en uno solo no cabían, buscaron el camino más corto y llegados al Tajo cogieron la senda hacia su villa. Aunque gustaban de campar solos, compartieron a trozos camino con algunos caballeros calatravos de la encomienda zoriteña, así como jinetes y peones de Almoguera quienes les dijeron que aquel canónigo que entró con el guion en lo más recio de la pelea sin sufrir daño se llamaba don Domingo y lo iban a hacer obispo por ello.[72]

A cada uno de los lanceros le había correspondido una cautiva, dos de las cuales además con un hijo cada una. Y como el Úbeda había rehusado a la suya pues había encontrado a Rebeca, habían dispuesto que pasaría a engrosar la ganancia

72. En efecto, Domingo de Almoguera, años después, fue elegido obispo de Toledo, pero no pudo llegar a ejercer pues murió poco antes de la fecha en que iba a ser consagrado como tal.

del Panta, a quien esperaban encontrar ya pudiéndose valer de la pierna.

Aquella sería la última cabalgada que el Úbeda compartiría con ellos y tampoco el Aguacil y el Panta, los otros dos veteranos, seguirían ya mucho más participando en aquellas correrías. El Lozano, el de Almonacid, también optó por dejar la lanza y ocuparse más de las viñas. Solo el Barrado y el Cesáreo, mucho más jóvenes, siguieron en ello bastantes años más todavía. La frontera se iba alejando cada vez más y los que quedaban de los originarios siete lanzas ya no aguantaban tan de buen grado ni la fatiga ni el relente, teniendo además, como tenían, quien les preparara el puchero y les calentara la cama.

El Úbeda instaló a Rebeca en la aljama judía de Zorita, donde compró una casa en condiciones, el botín de las Navas dio de sobra para ello, donde ella colocó algunos muebles y enseres, un hermoso candelabro de nueve brazos como pieza más querida, que había podido salvar de Úbeda. Él se fue a vivir con ella y la sirvienta. Rebeca no había tenido hijos pero aún le dio la alegría de concebir y criar una hija para él. Ella lo llamaba por su primer nombre judío, David, pero él no se presentó a la sinagoga ni quiso entonar los rezos hebreos. Tampoco es que hubiera sido nunca muy rezador en la iglesia cristiana, pero prefirió seguir estando en ella. Cuando nació la niña sí aceptó la tradición judía de que fuera educada en la religión de su madre. Fue desde entonces un hombre tranquilo.

39

Sequía, hielo y hambre

Los vencedores llegaron a las aldeas, las villas, los burgos y las ciudades y fueron alegremente recibidos. Traían el alivio para toda la cristiandad y un gran botín. Pero aquel mismo otoño, y ya de manera aún más dura entrado el invierno, comenzó a asomar el feo rostro de lo que iban a ser unos años terribles para Castilla. Y esta vez no eran los moros sino el cielo quien les iba a golpear con saña. Sequía implacable, frío helador, cosechas perdidas, hambre y muerte.

Los musulmanes, destrozado el ejército almohade, hicieron alguna intentona de cobrarse aunque fuera una pequeña revancha parcial. A final del verano intentaron recobrar los castillos de Baños, Tolosa y Ferral para intentar de nuevo conseguir bloquear el paso de la sierra pero fracasaron. También lo hicieron en Vilches, para cerrar la puerta hacia Al-Ándalus. Pusieron en ello mucho empeño, cercando el castillo casi un mes, pero llegó el socorro con uno de los Lara, el conde don Gonzalo, y milicias de Madrid y Huete con potente caballería y numerosos ballesteros. Los moros se retiraron y los cristianos volvieron a correrles el campo y traerse buena ganancia de vuelta.

Por Levante la intentona musulmana tuvo algo más de éxito. Retomaron los castillos de las Cuevas y de Alcalá del Júcar. Pero fue muy efímero. El propio rey don Alfonso dirigió el contraataque y con las milicias de la Transierra oriental los retomó en el febrero siguiente.

En el invierno del mismo año de su victoria había querido seguir explotando el triunfo de las Navas. Con algunos caballeros de la nobleza, las milicias de la zona, Toledo, Maqueda y Escalona y los calatravos, el monarca se lanzó a por el castillo de las Nieves y lo consiguió expugnar. Se lo devolvió a la orden pero enfrente Salvatierra seguía aún en manos moras.

Al año siguiente el rey Alfonso se dirigió contra la poderosa fortaleza de Alcaraz en el camino de Córdoba hacia el Levante. Llevó con él a Diego López de Haro, nutridas mesnadas y buenas máquinas de guerra y le apretó bien el cerco pero resultó hueso duro de roer porque su alcaide era el bravo Ibn Farag, un curtido guerrero andalusí. Con habilidad y hasta con la complicidad de algunos musulmanes que trabajaban en los artefactos de cerco les quemó una de sus torres móviles, en la que subrepticiamente los moros que la construyeron pusieron material inflamable que la hizo arder por los cuatro costados. Tras el percance no se arredró el rey castellano y utilizó las mismas artes que su enemigo. Logró infiltrar a un aparente renegado cristiano que se prestó a la peligrosa misión y que no era otro que el rubio Barrado. Este se ganó la confianza de Ibn Farag y cuando supo de la falta de agua y de víveres, solo les quedaban pasas para comer, escapó y volvió al campamento cristiano.

Don Alfonso, al saberlo, exigió la capitulación y Farag comprendió que no podía ocultar lo penoso de su situación y estaba obligado a hacerlo. Pero con mucha entereza consiguió inmejorables condiciones para pactar el amán. Los cristianos les dejarían partir con lo que se pudieran llevar y les proporcionarían además algunas bestias para acarrear sus pertenencias hasta Jaén. Además se organizaría, con lo que no pudieran transportar, un mercado al pie de las murallas y podrían allí venderlo y obtener algo por ello. Tan solo así con estas condiciones aceptó entregar la plaza. Y cuando al fin esta se produjo, salió en cabeza, orgulloso y erguido y mirando con gesto despectivo a su vencedor al que se negó a besar la mano. Alfonso, lejos de castigarlo por ello, apreció su valentía y dignidad y le dejó que se llevara su caballo y sus armas.

Conquistada la fortaleza retornó a Castilla, a tierras de Guadalajara, y en Santorcaz se encontró con su familia, la reina Leonor, sus hijos Berenguela, la mayor, y Enrique, el único varón que le quedaba, y su nieto Fernando.

El hambre ya acechaba a todo el reino pero en diciembre aún inició una nueva campaña. Regresó de nuevo a Baeza que los moros habían vuelto a fortificar. Pero a pesar de ponerla en cerco y apretarlo pasaban ellos más penurias y hambres que los cercados. Salvó la situación la milicia abulense que salió a saquear por toda la tierra limítrofe. Estuvo, sin embargo, a punto de costarles muy caro, pues a la vuelta con las vituallas y los ganados obtenidos fueron alcanzados y rodeados por los moros. Menos mal que su adalid era el hijo del famoso Giboso, que tras tantas hazañas acabó muriendo a manos moras, y conocía de recorrerlas con su padre muy bien aquellos andurriales. Logró escapar del cerco y llevar al campamento cristiano los ansiados víveres. Con ellos aguantaron hasta iniciado febrero del año siguiente pero ya comprendieron que era inútil y el rey dio orden de regreso.

Lo que el ejército contempló en su viaje de vuelta fue tal desolación y hambruna que el rey entendió que era momento de parar las guerras y no tener otro empeño que intentar que la población no pereciera. Así que fue el vencedor quien antes de cumplirse los dos años de su triunfo pidió treguas al vencido o mejor dicho a su sucesor, pues Al-Nasir había muerto el diciembre anterior en su palacio de Marrakech. Se retiró allí tras su fracaso y tras haber proclamado heredero a su hijo Al-Mustansir se dedicó por entero a los placeres y a embriagarse noche y día hasta su muerte, que no fue a causa del vino sino del veneno. Sus ministros, sabedores de que pensaba hacerlos decapitar, se le adelantaron.

El nuevo califa aceptó con prontitud las treguas pedidas. Los problemas internos dentro del imperio almohade eran cada día mayores y las peleas por la sucesión se multiplicaban. Las batallas entre los pretendientes tanto en el Magreb como en Al-Ándalus eran continuas y unos morían a manos de los otros para a su vez acabar luego ellos asesinados. Y cuando no por esa causa lo hacían de la manera más inaudita. A uno de ellos, Al-Mumin, lo mató una vaca brava, pues se había traído para solazar su vista en ellos, que le agradaban mucho, una punta de toros de Al-

Ándalus y los tenía por sus jardines de Marrakech. Un día se le arrancó una res, lo derribó de su caballo y le partió el corazón de una certera cornada.

Con todo ello era mucha y propicia la debilidad almohade, pero Castilla no la podía aprovechar. No estaba para guerra ni para conquistas. La situación era terrible. Cuando a la vuelta de Baeza el rey pasó por Calatrava resultó sobrecogedor lo que encontraron en el convento. Monjes y seglares se estaban muriendo de hambre. Tanta era su necesidad que nobles y concejos dejaron allí lo que cada uno pudo dar y el arzobispo de Toledo toda la plata que llevaba consigo para que pudieran comprar algo de grano que estaba a precios desorbitados.

Era tan fuerte el hambre sobre todo en la extremadura y en la Transierra que en los burgos se dio caza a perros y a gatos hasta no dejar uno. Las gentes, sobre todo en las ciudades y villas más grandes, morían a puñados y en ocasiones no había ni quien los enterrara al fallecer todos de una misma casa. El clamor de los hambrientos resonaba por toda la tierra castellana y las puertas de las iglesias estaban atestadas de gentes famélicas en busca de limosna o de una migaja de pan.

La sequía había comenzado el mismo año de 1212. Aquel otoño las lluvias fueron muy débiles, pero aún se pudo sembrar. Pero en el invierno no cayó ni una gota y lo único que bajó del cielo fue un frío helador, que todo lo quemaba, y que no cejó ni en primavera. No creció la mies, no quedó una flor y no hubo fruta alguna que se salvara. La cosecha fue raquítica y comenzaron a agotarse las reservas. Algo parecido, pero todavía peor, sucedió al año siguiente.

No llovió casi nada en primavera, el verano fue abrasador y tampoco llegaron lluvias en otoño ni en invierno. No hubo trigo que vender y a las ciudades no llegaba grano alguno.

No fue ya hasta el final del verano y el otoño del año 1214 cuando al fin las nubes comenzaron a llegar. Vinieron además de muy fuerte manera, con grandes tormentas y luego con lluvias más serenas y continuas y las tierras renacieron.

La llegada de la ansiada agua aún alcanzaron a verla tanto el rey Alfonso como su esposa doña Leonor, pero ninguno pasó de aquel año pues ambos murieron uno tras otro como si tras tantos años juntos tampoco en la muerte quisieran estar separados. El rey murió el 5 de octubre y tan solo veintiséis días después, el 31, la reina le acompañó a la tumba. Ambos fueron llevados a enterrar uno al lado del otro al monasterio de las Huelgas y Castilla entera les lloró.

La hambruna, amén de entre ricos y pobres, que siempre lo hacía, hizo en esta ocasión también ciertos distingos entre las gentes del campo y quienes vivían en los burgos. En las aldeas y en los pueblos no habían cazado a los perros sino que los habían puesto a cazar y mal que bien se habían ido logrando bandear en la adversidad, aunque también les alcanzó con fuerza y en todos los lados se dejó sentir. Pero algo menos.

En Bujalaro, el primer año de sequía fue eso, un año que vino muy mal y que a los más débiles de recursos y más hijos que alimentar les hizo pasar mucha necesidad. Se pasó escasez y en algunas casas hambre, pero en general para comer, aunque fuera poco, hubo. Y se atesoró simiente, como el bien más preciado, para la siguiente sementera en la esperanza de que algo mejor sería. Pero fue peor y les dejó sin resuello y sin más esperanza que rezar, los que tenían ganas de hacerlo, que no eran pocos quienes miraban al cielo y no les salía de la boca precisamente una oración. La sementera del año 14 se perdió casi por entero. Tanto fue así que luego no hubo en muchas casas ni grano para poder sembrar cuando al fin las lluvias vinieron. Fue cuando se vio quiénes tenían corazón y quién una piedra en su lugar. Ahí se vio los que, aunque anduvieran escasos de simiente, fueron capaces de darle un poco a quien no tenía nada. Los Gómez y los Pérez, como siempre, se ayudaron entre sí y hasta echaron una mano a algunos otros y tampoco se portó mal el joven Barcenilla que había sido quien tenía algo más en los atrojes y aceptó dar algo. En préstamo, pero lo dio. Alguno, que mejor ni mentar, ocultó lo que tenía para no compartir ni un grano. Pero fueron uno o dos, que quedaron señalados. La mayoría del pueblo respondió unido y no poco tuvo que ver el alcalde, el Luis Agustín, que supo hacer en más de una ocasión de intermediario para salvar el orgullo de quien tenía que pedir y conseguir ablandar a quien tenía que dar.

Hizo incluso algo más para evitar abusos. Consiguió juntar una pequeña reserva comunal en el pósito, donde se almacenó y se custodió con fuerza no fuera a haber malas tentaciones. La intención era que, aunque no mucho, hubiera al menos unos puñados de simienza para que todos, aunque fuera un poco, pudieran sembrar. Acumularlo no fue fácil y luego aún más difícil repartirlo. El hecho de ser persona cabal y recta, y el respeto que por ello se tenía bien ganado, salvó las situaciones y los choques que hubo. Logró ir saliendo de todas convenciendo a quien se resistía o parándole los pies a quien quería solo para él sin importarle que no quedara para los demás aunque estuvieran más necesitados.

A la postre el pueblo se salvó. Aunque hubo, claro, quienes no. Viejos y niños sobre todo fueron quienes más sufrieron y en aquellos dos años, que se hicieron tan largos, el cementerio al lado de la pequeña iglesia se llenó de tumbas. Casi tantas como en todos los años anteriores.

No hubo más porque a los cultivos, que para casi nada dieron, ayudó lo silvestre fuera caza, fueran peces, fueran caracoles, fueran huevos de los nidos, fueran berros o cardillos o fuera cualquier cosa a la que se le pudiera hincar el diente. Medio pueblo aprendió a tejer garlitos de junco para coger cangrejos y hubo quien se dedicó por entero a esa faena. El tío Butrino era quien mejor los hacía. Nadie sabía ensamblar los juncos tan bien como él, ni el cuerpo ni la boquilla, ni los aros ni la recámara de muerte dentro del artilugio donde cuando los animalitos se metían ya no podían salir. Los hacía de junco merino y no del basto porque el primero le duraba más, la temporada entera y el otro solo un mes y además, el merino, al ser más liso atrapaba más bichos y se escapaban menos.

Pero lo que más famoso le hizo fue el cebo, pues descubrió que los cangrejos entraban a los pequeños caracoles blancos que andan por las brozas de las orillas y los convirtió en su señuelo preferido, sin coste y eficaz, aunque para ello los ensartaba en ristras y los cosía a los juncos de la recámara interior para que los cangrejos no pudieran comérselos desde fuera. No tener que gastar de cebo algo de carne, aunque fuera podrida, los hizo muy populares pues si algo escaseaba era poder echar un trozo al puchero.

El cangrejo tenía un tiempo de bonanza que iba de mayo hasta agosto. Después comenzaba a mudar el caparazón, luego la hembra con todos los huevos bajo la cola se escondía y solo entraban machos y ya en diciembre ninguno de los dos, pues entonces permanecían ocultos y no salían a comer.

Los garlitos se ponían por la noche, lastrados con piedras y atados con cordeles de esparto a la vegetación de la orilla. Elegir el sitio bueno era crucial y en eso el Butrino no tenía rival.

Cogía tantos que hizo de ello su industria y su pasar. Para conservarlos se fabricó una nasa de mimbre y los que le sobraban los guardaba en ella y metidos en el agua no tenía cuidado de que se le murieran antes de poderlos vender o trocar.

El Butrino al cangrejo, el otro al caracol y el de allá a los pajarillos con liga y todos a todo lo que podía proporcionar un bocado. En Bujalaro y en todos los pueblos de alrededor. Recolectar plantas y raíces, cazar y pescar se convirtió en la salvación.

Quienes hicieron también y mejor que nadie de la caza y la pesca su nuevo oficio fueron los antiguos lanceros de Zorita. De los que quedaban vivos tan solo dos, el Barrado y el Cesáreo, habían seguido con las milicias concejiles y participado en las incursiones últimas del rey Alfonso. Hechas las treguas con los moros regresaron al alfoz, ellos dos instalados en Jabalera y el hambre fue lo que hizo que en cierto modo volvieran a juntarse otra vez todos los que antes cabalgaban juntos.

La cuadrilla ahora pasó de cazar moros y botín a hacerlo con todo pelo, pluma, escama o caparazón que se moviera por la tierra, por el agua o por el aire. Unos conocían muy bien las sierras y los encames de los jabalíes, los otros enredar a los peces o encerrar cangrejos, y poner trampas a los pájaros. Así que los seis, el Barrado, que se convirtió con el Aguacil en el líder de la partida, el Panta, el Cesáreo, el Lozano y el Úbeda, que a esto sí se apuntó y con mucho acierto, configuraron una nueva partida, con el refugio de La Bujeda, metida en el sopié de la sierra y en lo más espeso del montarral, y la colaboración de nuevo de los dos hermanos eslavones para la cuestión de intendencia, escape y colocación.

La escuadra de los siete lanzas, daba igual que fueran seis u ocho con las incorporaciones eslavas, volvió a merodear por toda la zona, con sarpullido de calatravos y enfado de jueces pero con la complicidad de la comarca y gateras en todos los pueblos por las que entrar y salir y, sobre todo, vender o dar, que en muchas ocasiones eso hacían ante la necesidad, jabalí, corzo, conejos, liebres, volatería de todo tamaño, peces y cangrejos y bicherío de toda condición, desde caracoles que cogían entelados y nadie sabía encontrar, hasta culebras o lagartos o ratas de agua que también valían para comer.

Su actividad era más conocida que vista, porque vérseles se les veía poco. Caminaban más bajo la luna que a la luz del sol, a no ser en los pueblos y haciendo quehaceres que nada tenían que ver con los que todos sabían que hacían cuando llegaba la oscuridad. Tenían sus detractores, mayormente las gentes de autoridad, pero hasta de estos había quien prefería no mirar porque además solían tener cuidado en no pisar donde no debían o donde sabían que podían toparse con quien podía estar en lo mismo y en su propiedad además. Pero había muchos montes y muchas rendijas y veredas por las que ir, volver y escabullirse si aparecía quien no debía aparecer. Alguna vez cogieron a alguno pero con poca cosa o con nada porque cuando le pusieron la mano encima a él, en las suyas no le quedaba nada, ni presa ni arma con la que lo hubiera cazado, y tuvieron que soltarlo.

Porque además muchos les debían más favores que les hacían. Y en el propio convento calatravo donde más. De esta manera o aquella llegaba un jabalí, un manojo de conejos o un cesto de barbos. La procedencia bien se sabía, el camino hasta llegar a la cocina también y con el hambre que había no era cuestión de despreciar nada que se pudiera comer. Pero donde la complicidad y el apoyo era mucho más general era por las casas de los más necesitados. Sobre todo ya el segundo año donde apenas nadie tenía para pagar y casi todas las piezas eran ya regaladas o como préstamos de ya veré cuándo te lo puedo compensar. El Lozano, el de Almonacid, que tenía retranca, solía decir:

—Este oficio nos resulta cada vez de menos ganancia. Somos los señalados, los furtivos y los malos. Mientras, ellos a la lumbre y nosotros bajo la helada. Luego esto para este, esto para el otro, hay que llevarles a esas criaturas que se están muriendo de hambre, o para un cura que nos guardó los aparejos en la iglesia, o para el calatravo que miró para otro lado, para el alcalde de allí que le debemos un favor y para los guardias de Anguix que nos dejaron escapar. Total, todas las noches bajo la pelona y ellos a la lumbre y los malos ya se sabe quiénes somos.

Los demás sabían que era rezongar por rezongar y que era el que más pendiente de la necesidad ajena estaba y el que más abierta tenía la mano. Tanto que el eslavón mayor se lo recriminaba a veces.

—Por ti, Lozano, lo repartíamos todo y no nos quedábamos con nada. Que hay algunos que tienen cuartos guardados y no quieren pagar, que no te enteras.

—Este eslavo le sacaría un maravedí a una piedra —contestaba el de Almonacid.

—Si la tiene, claro que sí —remataba el Aguacil.

Lo cierto es que a ellos no les faltaba. Y cuando al fin llegaron las nubes y con ellas las lluvias y tras un otoño y un invierno cayendo agua, la tierra resucitó y las cosas volvieron poco a poco a su ser, lo que más había en todos los pueblos eran gentes que algo les debían. Al menos, gratitud. Y eso no es, aunque se crea al revés, que suponga que te vayan a mirar bien.

Otro de los pocos que supo aprovechar la hambruna en su favor fue el clavero Porras. En aquella angustiosa falta de alimentos y cosechas vio la oportunidad de poder cumplir con su promesa y lograr que Salvatierra volviera a manos calatravas y arrojar de allí a los musulmanes, enquistados en territorio cristiano, como antes lo habían estado ellos en territorio musulmán.

El problema era que el rey había firmado treguas y estas no se podían romper. Eso significaba que los calatravos no podían ni cercar ni combatir el castillo ni hacer la guerra alguna contra los moros. La solución vino entonces y precisamente por la tan extrema situación de falta de alimentos de toda la región. Bastaría, pensó el calatravo manchego, con que los alimentos no pudieran llegar al castillo y los musulmanes acabarían por tenerlo que abandonar.

Los calatravos ya tenían en su poder el castillo de las Nieves, justo enfrente del otro. Aunque mermados por la terrible necesidad, habían empezado a fortalecerlo pues vieron que podía ser un enclave excepcional para acabar por llevar allí su convento principal y la sede de la orden. El lugar, una vez acondicionado y fortificado, no tendría igual y desde allí podrían dominar todo el extenso territorio hasta los mismos pasos hacia Al-Ándalus ahora en poder de Castilla.

Y en esos pasos obligados desde el territorio musulmán es donde entendió el Porras que estaba la llave de Salvatierra. Pero tenía que dejar a la orden aparte y no mancharla con lo que iba a hacer. El clavero Porras fue a hablar con el viejo maestre lisiado a su retiro de Calatrava.

—Don Ruy, las Nieves vuelve a estar en manos de la orden pero los moros siguen señoreando Salvatierra. Yo vengo a solicitaros que me ayudéis con el maestre a que pueda dejar Zorita y quedarme aquí e intentar cumplir mi promesa. Conozco estas sierras y a sus gentes, y si es preciso dejaré mi vida para conseguir devolver la cruz de Calatrava a Salvatierra.

No fue fácil convencer al nuevo maestre de ello ni de sus propósitos pues temía que lo que pretendía ensuciara a la orden entera. Pero al final sin dar su beneplácito sí que al menos admitió que el clavero José Manuel Porras dejaría de ser tal en la orden y se separaría de ella, no pudiendo tampoco reclutar para aquella operación a freire alguno y que debería hacerlo con quienes fuera de sus filas pudiera encontrar. Pero al menos se le concedieron, como base en la que podría establecerse, aquellos peñascales de Navalonguilla a los que tan aquerenciado estaba y que habían sido ya su guarida cuando preparó el asalto a Salvatierra.

Esta vez el lugar iba a ser solo su retaguardia pues su partida iba a avanzar hasta los pasos de Sierra Morena para impedir que los moros avituallaran el castillo. El maestre se comprometió también a que desde tierra cristiana no les llegaran víveres a los moros y de eso se encargarían los freires de las Nieves o de Calatrava la Nueva, como ya se le había comenzado a llamar.

Los convoyes moros desde Al-Ándalus tenían autorización real de pasar, sin embargo, por los pasos de la Losa o el Muradal, aunque no podían llevar más que unos cuantos hombres a caballo con armas pero nunca un potente destacamento. En tales circunstancias, que bandidos de la sierra los asaltaran y más en medio de aquella hambruna era algo comprensible y fácil de argüir.

El Porras no tuvo demasiado problema en reclutar una numerosa partida y a nada reunió un buen número de caballeros, ballesteros y peones dispuesto a formar parte de ella, pues la posibilidad de botín en forma de viandas, que ahora eran de vital necesidad y cuyo precio era enorme, atrajo a muchos y aunque no eran precisamente los preceptos de la Orden de Calatrava los que les motivaban no pudo ser más eficaz. Tanto fue así que algunos freires compañeros del clavero en Zorita y en la anterior toma de Calatrava hicieron lo mismo que él y, con dispensa del maestre y por un tiempo, se quitaron del pecho la cruz negra y se dispusieron a rendir Salvatierra.

En el año trece se les escapó un solo convoy, y no completo, pero en el catorce no logró atravesar ninguno la puerta del castillo. En cuanto por los pasos de Sierra Morena asomaba una caravana de moros rumbo a Salvatierra, no tardaba un instante en salir un escucha y a uña de caballo llegar donde estaba apostada la cuadrilla. Conocían muy bien aquellas fragosidades y ellas parecían ser las que se tragaban al convoy, carros, víveres, acémilas, jinetes y moros para nunca más saber de ellos.

Al no recibir ningún avituallamiento el alcaide moro de Salvatierra entendió que no podrían sobrevivir más tiempo encastillados y envió por tres veces emisarios hacia Al-Ándalus para pedir socorros y comida. Ninguno llegó. Los primeros no llegaron ni a pasar de la alameda de Belvís, donde las saetas los derribaron. Un segundo que partió solo intentando así pasar inadvertido no supo ni quién lo había degollado cuando acampó para dormir. El último grupete logró llegar a Vilches, pero de allí no pasó. La partida del clavero tenía oídos y ojos por doquier y en todos lados alguien con un puñal o una ballesta dispuesta para ser usada y un azadón para cavar un hoyo.

En noviembre de 1214 con un frío helador los moros, antes de tener que comerse los últimos caballos que les quedaban, las acémilas y pollinos se los habían comido todos, salieron por puertas de Salvatierra y en famélica comitiva se dirigieron hacia el sur.

Al cabo de unos días los calatravos de las Nieves entraron en la fortaleza abandonada y dieron cuenta de ello al maestre y este a su vez a su antecesor, quien dio muchas gracias a Dios por haberle concedido la merced de ver de nuevo en su Salvatierra, que dio nombre a la orden cuando él la dirigió, la cruz calatrava.

Lo supo antes, por supuesto, el antiguo clavero. Pero él no regresó ya a Calatrava ni se volvió a poner la cruz negra en el pecho, como sí hicieron el puñado de freires que lo habían acompañado. El Porras tan solo se acercó una vez al convento. Se arrodilló ante el maestre y ante su antecesor, por quienes pidió ser recibido, y a ambos les suplicó una dispensa final.

Dejar el hábito calatravo pero que ellos le dejaran morar para siempre en Navalonguilla y le concedieran aquel predio para él y para sus hijos. Era un árido peñascal pero él lo consideraba su hogar y a él se quería traer a la mozárabe, casarse con ella, criar a su descendencia y vivir ya para siempre allí mientras Dios le diera vida.

Tras meditarlo los dos Ruy entendieron que era lo mejor. De cómo se había forzado el abandono del castillo estando en treguas nada tendrían que responder, de adónde habían ido los víveres perdidos y sus guardianes enterrados aún menos. José Manuel Porras, el hijo de los calatravos, pasaba a ser alguien que nada tenía que ver ya con la orden y como que se le había, incluso, alejado de ella. Tampoco, claro, podían los calatravos ni el reino de Castilla hacer alarde de la toma de la fortaleza ni que esta constara en documento alguno. Ya habría tiempo de darle a aquello forma. Lo importante es que había vuelto a estar en su poder. Lo demás daba igual .[73]

El Porras hizo venir de Zorita a la mozárabe y a toda su ya numerosa y crecida prole. Hizo en lo alto de Navalonguilla una casa al resguardo, donde algo se pudo roturar, y otra pequeña, una mínima torre en el lugar desde donde se divisaba el castillo de las Nieves al que vio ir creciendo y algunas veces se subía a mirar.

Con él se aposentaron en Navalonguilla algunos de la partida y sus familias. Uno de los primeros en retornar fue el moro que le había ayudado en la primera toma de Salvatierra y que se había refugiado en tierra cristiana para librarse de la venganza de sus correligionarios. Pero no le había ido bien y ansiaba volver a su tierra natal. Al cobijo del Porras y de su peñascal de Navalonguilla entendió que era donde mejor podía estar y retornó. Fue el primero que volvió a cultivar el sopié y plantar junto a un regato de agua frutales y un huerto.

Al Porras le pareció bien que el moro y su familia se aposentaran allí, pues así él tendría oídos en la llanura calatrava pues ojos ya los tenía desde lo alto de la sierra. Al cabo, tanto arriba como abajo fueron instalándose algunas familias y al calor de las casas y la protección del peñascal, también solían andar por allí algunas gentes que no se sabía

73. Aunque hay varios autores que dan esta fecha como la real de recuperación de Salvatierra y no hay noticia alguna de actividad musulmana desde ella, la fecha oficialmente registrada ya como posesión castellana se retrasa hasta el año 1223. Lo que parece ser es que aún tomada y por estar en treguas no se quiso hacer constar pues supondría el haberlas roto por parte del rey castellano.

muy bien cuál era su ocupación. Pero alguna debían de tener porque el Pardillo, así se acabó por conocer el lugar, medró bastante y allí se mercaban los más sorprendentes objetos que uno pudiera imaginar. Aunque era más difícil averiguar cómo habían acabado por llegar hasta ahí.

En el Pardillo, si uno tenía arrimos, se podían encontrar y a buen precio los más variados objetos fueran telas, fueran vasijas, fueran sillas de montar o fueran caballos, amén claro está de embutidos de carne de caza o un pernil de jabalí que era lo único que se podía suponer de dónde había salido. Lo otro tenía una procedencia más ignota.

Quizá pudiera tener algo que ver con que de la partida que había estado asaltando y acosando a los convoyes musulmanes que intentaban alcanzar Salvatierra, algunos decidieron quedarse en la sierra y continuaron con lo mismo que habían estado haciendo durante aquellos años y al cabo no alcanzaron ya bien a distinguir entre cristianos y sarracenos.

Que alguna relación había con el Pardillo y por tal cauce con el peñascal de Navalonguilla era algo que pudieron sospechar algunos, pero el antiguo clavero mantuvo entre los suyos disciplina y silencio, que eran también señas de su anterior profesión. Procuró que ninguna actividad molestara a los monjes, sino bien al contrario: se esmeró en que los superiores de la orden tuvieran la más puntual información de lo que se cocía en las sierras y qué movimientos y decires había en las lumbres hasta bien al sur, hasta el otro lado del Muradal y hasta más allá de Vilches.

Ese hilo de plata siempre lo tuvo bien hilado el Porras con su antigua orden. Por ello siempre era bien recibido en la cada vez más poderosa fortificación en que se iba convirtiendo el castillo de las Nieves, al que ya cada vez menos gente llamaba así, sino Calatrava la Nueva, donde a la postre se acabaría por trasladar el grueso y la cúpula calatrava. El peculiar vecino era siempre muy bien atendido, por muy a deshora que se presentara, pues lo que solía llevar siempre era cosa de mucha sustancia e interés. Así que aunque en alguna ocasión acaecieran por el Pardillo y por los alrededores algunos asuntos oscuros y algún dedo señalando a los roquedos de Navalonguilla la cosa no llegaba a cuajar en nada más, aunque en alguna señalada ocasión el propio Porras para cortar con habladurías impusiera él mismo algún castigo, que hasta llegó a ser severo y en una ocasión del responsable no se llegó a saber más. Y nadie preguntó.

Los caseríos de Navalonguilla se repoblaron también aunque nunca tuvieron mucha gente pues más que tierra era piedra lo que por allí se daba, pero aun con ello se roturaron un par de navas más. Lo que no faltaba era la caza pues era el mejor lugar de ciervos y jabalíes.

Con la recuperación de Salvatierra, el viejo maestre retirado ya pudo morir tranquilo pero no pudo llegar a saberlo, por tan solo un mes, el rey Alfonso que murió en octubre del año en que los moros la abandonaron.

Fue aquel año el 1214 un año de muchas muertes. También entre los poderosos aunque ellos sí tuvieran qué comer. En agosto el conde traidor Pedro Fernández de Castro, quien había combatido en Alarcos del lado musulmán, y otro infante, don Fernando, con el mismo nombre que el del hijo de Berenguela, pero este habido antes por el rey de León, Alfonso IX, con Teresa de Portugal y el que hubiera sido su heredero por lo que ahora este era el Fernando, nieto del rey castellano. En octubre llegó la muerte de la pareja real, don Alfonso y doña Leonor, dejando en el trono de Castilla al único heredero varón que les quedaba, Enrique I, un niño aún por lo que quedó como regente su hermana mayor.

La sequía, el frío helador y poco a poco la hambruna quedaban atrás. Pero justo entonces comenzaron a brotar otras turbulencias, por las ambiciones de algunos nobles y sus insidias para convertirse en regentes y ayos del pequeño rey para así obtener grandes beneficios para ellos gobernando en nombre de él.

Había algo que no dejaba de martillear las sienes de Pedro Pérez, el niño recuero que había acompañado al rey difunto en muy similar peripecia, y ahora añadía a su tristeza por la muerte de don Alfonso su cada vez mayor preocupación por la repetición de lo que había acaecido hacía medio siglo y que tenía todos los visos de volver a suceder. La guerra civil en Castilla y otra vez los Lara de por medio y, acechando, el rey leonés. Se lo dijo a su primo Juanillo cuando fue a verlo a Atienza, donde había logrado mal que bien y por los muchos cuidados de Elisa recuperarse de sus graves heridas de las Navas. Podía ya valerse para andar pero se sentía muy mermado y había abandonado su cargo de juez y jefe de la mesnada nada más regresar.

—Temo por Castilla, Juan. Los hijos de don Nuño, los tres, con don Álvar a la cabeza, ansían la regencia y con ello el poder total en el reino. Ahora los Castro ya no tienen el poder que tuvieron pero otros hay que se lo disputarán. Temo por Castilla. Ahora que don Alfonso había conseguido derrotar al almohade y que nuestras fronteras y tierras podrían haber vivido tranquilas. Ahora que podríamos llevar la guerra al corazón de Al-Ándalus y haber podido recuperarla para la cruz, se nos viene esto de nuevo encima.

—Malos presagios son esos, Pedro —contestó el Juanillo—. Quizá no sea tan malo y además la infanta Berenguela está ahí y es digna hija de don Alfonso y doña Leonor.

—Pero está sola y es una mujer —concluyó Pedro.

No sabía que en sus malos presagios había uno que no podía entonces esperar y que iba a golpearle de la manera más dolorosa. Elisa, la juglaresa, su mujer por quien tanto había luchado, penado y luego gozado de su amor y que le había dado cuatro hijas, aunque ningún varón vivo, murió. Y a él se le quitaron las ganas de vivir.

40

La boda de la besana

Elisa había hecho lo indecible en Atienza para aliviar las hambres a los más necesitados. Gracias a ella se salvaron muchos niños y se consiguió que aguantara algún anciano. Sufría por los demás pero era feliz ayudándoles. Su repentina enfermedad y su muerte, cuando ya las lluvias habían traído la esperanza, llenó de abatimiento a Pedro y de duelo a muchos atencinos. A poco el viudo decidió abandonar la villa. Se le hicieron insoportables los recuerdos de esa felicidad tan cercana y que le había sido de golpe e inesperadamente arrebatada y decidió refugiarse en Bujalaro.

Ayudó a ello que dos de sus hijas, Irene y Elisa, se habían casado con los dos mayores del Juanillo, Juan Jesús y Ángel Gabriel. Al primero, que gustó de correr mundo y andar a caballo como su padre, le llamaban Juan en Atienza pero en el pueblo como su madre Marta la Mora lo llamaba Jesús, pues así lo mentaban. Al segundo, que estaba más aquerenciado a la tierra y era el que estaba más en ella, al tanto y al cuidado de la de todos, no le llamaban los más allegados por ninguno de ambos nombres del bautismo sino por el apodo del Pequeño del que al principio renegaba y después le gustó.

A Pedro de Atienza el doble enlace le empujó a la definitiva decisión que puso en práctica de inmediato y se estableció en la primitiva casa que un día le construyeran el Valentín y el Julián y que a lo largo de los años había hecho acondicionar.

Se aclimató muy bien a aquella nueva vida. Él gustaba de la sencillez y siempre, a pesar de su cercanía al rey Alfonso, había rehuido en todo lo posible a la corte. Prefirió alejarse de sus enredos y ambiciones. Pero sus augurios no tardaron en cumplirse. Acertó de pleno en sus temores y la historia en la que había sido protagonista en la niñez del ahora difunto rey empezó a repetirse con su hijo pequeño.

Ni un mes después de quedar huérfano también de madre y de que su hermana mayor asumiera la regencia, la poderosa familia Lara manifestó su oposición rotunda a que lo fuera. Fue su exigencia tan dura y tan drástica que, para evitar rupturas y conflictos en el reino, doña Berenguela se plegó a cederla y como habían logrado con su padre consiguió el hijo de don Nuño, don Álvar, convertirse en ayo y regente del pequeño Enrique.

Álvar Núñez era un gran jinete como había demostrado en las Navas y nadie dudaba de su bravura en el combate, pero donde andaba más ayuno era en prudencia y distaba mucho de la inteligencia de su padre. Entendió la regencia como un personal reinado donde su máxima prioridad era engrandecer aún más su casa sin importarle los intereses de otros que pisaba y el daño que con ello hacía a Castilla.

El malestar fue creciendo y no tardó en tener enfrente un poderoso grupo de magnates castellanos que se veían cada vez más amenazados por la prevalencia de los tres Lara y que encabezó muy pronto don Diego López de Haro y en la que formaban su primogénito Cabeza Brava, sus parientes los Díaz de los Cameros, así como los Téllez Girón y otras grandes familias, quienes se dirigieron a la infanta Berenguela para ofrecerle su apoyo y pedirle que recuperara la regencia.

Pero los Lara no se arrugaron sino que dieron lo que parecía ser un golpe maestro contra Berenguela y todo su partido. Convencieron al rey leonés de que concertara el matrimonio de su hija doña Sancha, habida con su primera esposa la portuguesa Teresa, con el rey Enrique. Con ello no solo consolidaban su posición con el apoyo del leonés sino que de paso taponaban las aspiraciones del hijo de Berenguela, el infante Fernando, a la sucesión en León. Casado Enrique con la infanta leonesa aquello podría culminar en que ella fuera declarada heredera de su padre postergando al ahora primogénito alegando que el matrimonio con Berenguela había sido anulado, aunque el papado hubiera reconocido la legitimidad del hijo, don Fernando. Los Lara con ello ganarían aún más en poder e influencia y ya no habría quien se les resistiera ni en un reino ni en el otro.

Pudiera haberse pensado que la jugada era maestra y definitiva, pero eso era no conocer el carácter de la hija mayor de don Alfonso y doña Leonor.

En un rápido contraataque y viendo que el objetivo de los Lara era eliminar a su hijo de la sucesión de León y quién sabía si incluso de la manera más drástica, o sea matándolo, Berenguela, entendiendo que estaría allí más seguro que en Castilla, lo envió a la corte de su padre a León, pidiendo protección para su vida, lo que dejó descolocados a los Lara que se consideraban ya ganadores de la partida.

La prevención de Berenguela tenía fundados motivos pues el Lara no había dudado en dar muerte a un mensajero suyo que intentó ponerse en contacto con el rey Enrique pues hasta el niño se había alarmado al conocer por una misiva anterior de su hermana mayor en la que le comunicaba que utilizando su nombre se la había desposeído de sus propiedades, algo de lo que el pequeño negó estar al corriente.

El «alférez y protector del rey y del reino», como también se hacía nombrar en los documentos, y sus hermanos siguieron no obstante adelante con sus planes. El de la boda de Enrique con la infanta leonesa seguía adelante y su acoso a Berenguela y sus partidarios en Castilla se hizo tan fuerte que la llegaron a cercar con sus tropas. Ella hubo de llamar entonces en su socorro a su joven hijo y él acudió a su lado.

Su ausencia de la corte leonesa propició otra jugada de los Lara. Consiguió de Alfonso IX que le hiciera a él, sin renunciar a la regencia de Castilla, mayordomo real en León a cambio de que él nombrara a un hermanastro del leonés alférez real de Castilla. Estaba a punto de completar el círculo y hacerse con todas las manijas del poder en ambos reinos.

Lo que dio al traste definitivamente con todo lo maquinado fue una inesperada e impensable tragedia. Apenas dos años y medio después de que Enrique hubiera sido aupado al trono y cuando tan solo tenía trece recién cumplidos le sobrevino un estúpido accidente que lo trastocó todo. Jugando en el palacio del obispo de Palencia una teja desprendida de un tejado por un mozo con quien jugaba le golpeó la cabeza. Con tal fuerza y daño que a pesar de intentarlo todo, trepanación incluida, el niño falleció a los pocos días. Álvar Núñez de Lara, sabedor de que con ello perdía gran parte de su fuerza, trasladó el cadáver del chiquillo, sin hacer pública su muerte e intentando ganar tiempo, a su castillo de Tariego, entre Burgos y Dueñas, procurando demorar todo lo posible la noticia y buscando el modo de seguir manteniendo sus prebendas como regente.

Pero si algo era Berenguela era avisada y tenía oídos en todas partes. A nada del suceso, ella ya conocía la noticia. Partió hacia el lugar, recuperó el cuerpo de su hermano y lo llevó a Burgos, al monasterio de las Huelgas, donde una hermana suya era abadesa, y lo enterró allí junto a sus padres y sus hermanos ya fallecidos. Después hizo que su hijo Fernando, que a la sazón estaba en Toro de nuevo al lado de su padre, se reuniera otra vez con ella.

Los Lara, alerta, intentaron impedir el viaje del infante, pero él consiguió huir y escapó al lado de su madre; pudo encontrarse con ella en el castillo del Autillo, donde se hallaba guarecida.

Allí don Fernando fue aclamado por vez primera como rey pero al no estar presente la corte ni los consejos de las villas más importantes de Castilla hubo de esperarse a reunirse todos en Segovia y después en Valladolid para decidirlo. Berenguela sabía que su condición de mujer hacía precaria su situación y no ambicionando nada para ella sino para su hijo, entendió que no había mejor solución que renunciar al instante a la corona con lo cual esta pasaba al joven príncipe Fernando, que sin duda suscitaría bastantes menos resistencias y muchas más adhesiones que ella.

Y así fue. Menos de un mes después, el 2 de julio Fernando, nieto de Alfonso VIII y Leonor de Plantagenet e hijo del rey de León Alfonso IX y la infanta Berenguela, era declarado solemnemente rey de Castilla, con el apoyo de la mayoría de los magnates.

No lo consiguió sin gran oposición, pues enfrente estuvo la propuesta de algunos, con los Lara detrás, de nombrar rey a Alfonso IX y que se unificaran en él las dos coronas. Pero la mayoría de los castellanos se negaron a ello y propusieron seguir la línea sucesoria de Castilla y que esta pasara a Berenguela.

La votación resultó abrumadora a favor de esta opción y, entonces, de manera inmediata, la ya reina Berenguela abdicó en aquel mismo instante en su hijo y este fue proclamado rey el día 2 de julio de 1217 cuando estaba para cumplir los dieciséis años. Casi dos más que cuando su abuelo el rey Alfonso lo había sido en situación igualmente complicada aunque entonces con el Lara de su parte y no contra él.

Fue la voz ya no de los nobles, aunque bastantes de ellos lo apoyaron, ni de la Iglesia, aunque también lo hicieron la mayoría de los obispos, sino de los representantes de las más importantes ciudades y villas castellanas la que lo sentenció: «Dijeron todos y por una sola voz que los castellanos no serían señorío de los franceses ni de los leoneses pues siempre habrían rey y señor de linaje de los reyes que fueron de Castilla».

Eso fue lo que los concejos dijeron a los Lara. Lo de los franceses venía porque don Álvar en su frustrada desesperación había ofrecido también la corona a la hermana de doña Berenguela, menor que ella en edad, pero casada con el rey Luis VII de Francia que rehusó enfurecida la oferta y además contestó al conde que los castillos que le ofrecía a ella se los devolviera a su hermana.

Pudo suponerse entonces que la partida ahora se inclinaba ya decisivamente a su favor y el de su madre. Pero tampoco iba a ser tal ni tan fácil. Ya se lo auguró Pedro de Atienza a su primo Juanillo cuando le trajo contento la nueva.

—Eso, Juan, es no conocer a los Lara. Ni don Álvar ni sus hermanos van a quedar conformes. Habrá muchos problemas.

—Pero ¿cómo van a rebelarse contra el rey Fernando?

—Pues lo harán. Ya lo verás.

—¿Y qué haremos nosotros?

—Eso cuando llegue el momento, Juan, pero cuando llegue no habrá otro camino que el de siempre. Mi lealtad y supongo que también la tuya no puede ser otra que a nuestro rey, como hicimos con su abuelo cuando aún era más chico.

—No puede ser otra, Pedro.

—Será una mala batalla. Los Lara no soltarán la presa que creían tener bien cogida.

—Tú los conoces mejor que nadie.

Calló Pedro Pérez de Atienza. Los conocía y los apreciaba, en particular a don Álvar, que hasta había honrado con su presencia su propia boda, pero sabía también de su ambición y que no estaba dispuesto a renunciar a ella.

Sin embargo en Bujalaro aquello apenas a nadie preocupaba pues muy pocos estaban siquiera enterados de tales ardites y secretos. Las gentes estaban a sus cosas y por entonces con alguna boda sonada. La única hija del Juanillo, la más pequeña, Marta de nombre como su madre, se había casado con uno de los hijos del joven de los dos Gómez, del difunto Julián. El convite había sido muy lucido y no había faltado de nada pues las malas penurias habían quedado atrás. También se había anudado aún más, con el matrimonio, el vínculo de amistad entre las dos familias, de las primeras en haberse establecido allí. Y como decía el hermano de la novia, el Pequeño, a su hermano mayor, el Jesús, que era al que esas cosas las miraba siempre con un ojo más:

—Y porque viene muy bien para juntar haciendas y labores, que si no esto se va dividiendo y ya no te dan tierras así como así. Y lo que te conceden son cuestas que no dan ni lo que se siembra.

Luego pensaba un poco más y añadía:

—Vamos, que hacemos lo que los condes esos con los que se trata el Pedro, que se casan siempre entre ellos para arrejuntar tierras y poder.

Y no le faltaba razón.

Pero fue otra boda la gran comidilla. Porque esa sí que no se la había podido imaginar nadie. Porque fue nada más y nada menos que la de la hermana pequeña del Barcenilla con uno de sus enemigos acérrimos, con el Antonio, el nieto del mayor de los Gómez, del Valentín, el hijo de la Garza.

Aquello sí que fue una conmoción. Desde que comenzó a sonar lo del noviazgo entre los dos. Sobre todo para Miguel Barcenilla que no se lo podía creer y que dijo cuando le llegó el runrún de que su hermana hablaba con el Gómez, después de haberle negado primero credibilidad alguna y luego furioso al ver que la tenía y mucha:

—Eso no pasará nunca. Lo juro por lo más sagrado.

Intentó cortarlo de raíz prohibiéndoselo a su hermana y exigiéndole promesa y juramento de que lo acataría. Pero la Agustina lo único que hizo fue echarse a llorar y no decir palabra.

Él pensó que al cabo se iría serenando y que se le pasaría. Pero no fue así ni por asomo. Y de alguna manera y a pesar de su vigilancia, los dos seguían viéndose o pasándose recados.

El Barcenilla quería a su hermana Agustina por encima de cualquier cosa. Por ella se había enfrentado a su tía Brígida, se había plantado en su pretensión de meterla a monja en el convento de Valfermoso y tenía entre sus planes más acariciados casarla con alguien de mucho rango, mayor que el de ellos si podía ser, porque ella lo valía. Ese había sido su sueño para que ahora aquel Gómez, hijo de una mora además, lo echara todo a perder.

La pugna se mantuvo durante meses y dobló el año. Silenciosa, muda y sorda la Agustina. Sin querer la una hablar ni el otro escuchar. A veces ella estaba en apariencia calmada, lo que hizo concebir a su hermano esperanzas y que llegara a pensar que empezaba a amainar su capricho. Hizo entonces intento de colocarle un pretendiente seguntino al que tenía echado el ojo. Solo consiguió provocar una nueva y monumental llantina y luego algo que él jamás había esperado. La Agustina sacó un carácter desconocido. Le dijo, y muy a las claras, que no se iba a casar con nadie que no fuera el Antonio y que antes que aceptar a otro sería ella la que se iría al convento por su voluntad.

Aquello dejó un poco descolocado a su hermano. No había esperado algo así de su hermana, que solía ser tan dulce y que siempre le había querido de una manera incondicional. Y ahora se oponía con terquedad a su voluntad y pretendía la humillación de su apellido y su familia. ¿Pero cómo no podía entender que con un Gómez y un hijo de mora además no se podía casar una Barcenilla?, se preguntaba y torturaba el hidalgo.

Lo malo además es que ella aguantaba sus monólogos sin decir una palabra. Podía estar el tiempo que fuera hablando e intentándola convencer que ella no replicaba, ni chistaba, y si bien antes se le ponían los ojos llorosos o hasta alguna vez sollozaba, eso también lo dejó de hacer. Se limitaba a quedarse allí, muda, y encima, y cada vez con más frecuencia, mientras que antes agachaba la cabeza, ahora la erguía y se le quedaba mirando, sin retarlo, pero sin rendirse tampoco.

El asunto lo tenía tan desesperado que solicitó primero el consejo y luego la ayuda y mediación de su mujer. Esta, de principio, pareció comprenderlo, se puso de su parte y le dijo que hablaría con ella. Y doña Aldonza habló con Agustina.

Fue peor. Más que convencerla, fue la otra la que pareció convencerla a ella. La muchacha se sinceró y se lo contó todo. La primera vez que le había dado el agua bendita al entrar en la iglesia y la segunda al hacerle llegar por una criada un ramo precioso de espliego recién florecido. Después que habían hablado furtivamente y que, le secreteó a la cuñada, él cantaba muy bien. Que lo tenía que hacer bajito pero que le daba tal gusto oírle que se le doblaban las rodillas. Y para conclusión que si no la dejaban casarse con él, pues que se iba a Valfermoso. Y que de ahí no iban a sacarla. Doña Aldonza se enterneció.

Así que aquello no parecía ni tener arreglo ni tener fin. Hasta que estalló del todo.

Fue una mañana que Miguel Barcenilla y el Cristiano, su medio hermano y medio cachicán también, estaban echando besana, para marcar a los mozos el corte por donde debían arar, por las cabeceras de Peñablanca. Aquello quedaba al otro lado del Henares, por encima de los corrales de Valcorredor, que eran de los Gómez, y resultó que fue a darse que el Antonio estaba aquel mismo día y a la misma hora alzando con su yunta, y a solas, un pedazo que tenía al lado. Tan al lado que eran linderos.

Los unos no iban a dejar de hacer aquello a lo que habían venido y el otro no iba a abandonar lo que ya estaba haciendo. Así que en la punta fueron a dar el Cristiano con las mulas, el Miguel a caballo y el otro con su yunta.

Podía haberse quedado ahí la cosa, dado cada cual la vuelta y haberse separado. Pero entonces el Antonio soltó la esteba del arado, la dejó reposar en tierra y se dirigió derecho al Barcenilla. El Cristiano también soltó el ramal de sus mulas y se fue también para allá por lo que pudiera suceder.

Y pasó lo que tenía que pasar.

El Antonio llegó hasta el caballo y le dijo:

—Mira, Miguel, yo me quiero casar con tu hermana y ella me quiere a mí. ¿Por qué no lo podemos hablar?

El Miguel era de sangre caliente. Se tiró del caballo y se fue a por él. Dio el primer golpe, pero el segundo lo recibió en toda la cara. Y de besana a besana, rodando por los terrones recién levantados, se sacudieron estopa, y a base de bien, los dos. Al principio era golpe del uno y golpe del otro, algunos fallados, esquivados otros y los más que hacían blanco hasta que se trabaron y acabaron rodando por los terrones húmedos y poniéndose perdidos de barro.

Fue ya cuando el Cristiano intervino. Los había dejado porque lo que más le gustaba al hombretón era una pelea a puñetazos, aunque no fuera la suya y los dos eran fuertes y nobles y se cascaban con ganas. Pero no se metió a favor de su amo y hermanastro. No le pareció cabal el hacerlo pues no lo merecían ni el Barcenilla, que peleaba con coraje, ni el Antonio, que se defendía muy bien y le respondía igual. Lo que hizo, cuando ya estaban ambos rebozados, fue cogerlos en vilo, a cada uno con una de sus manazas, y con su fuerza descomunal los separó. Que no les vino mal, porque ya estaban los dos sin resuello.

El Miguel y el Antonio se quedaron sentados cogiendo aire y mirándose el uno al otro. Con cierta cara de pasmo los dos. No tenían muchas ganas ninguno de seguir porque ambos llevaban lo suyo y lo decía bien la sangre que les salía por las narices y el dolor que tenían en los costillares. Al cabo y por fin, el Cristiano ayudó a su medio hermano pequeño a levantarse mientras que el Antonio lo hizo por su cuenta, primero a gatas y luego dando traspiés.

Ya pinos, el uno enfrente del otro, el Gómez volvió a hablar, pero quizá con otro tono, algo más suave y mejor.

—Te lo vuelvo a decir, Miguel. ¿Por qué no lo hablamos, hombre? ¿Por qué vamos a cargar nosotros con rencores de otros y de atrás?

El Barcenilla no contestó, pero tampoco hizo mal gesto. Se limitó a mover la cabeza, dar la vuelta y volverse adonde estaba el caballo. El Cristiano hizo girar la yunta y volvió a meter la reja del arado en la tierra para terminar lo que habían venido a hacer. El Antonio, que ya había acabado de alzar su pedazo y allí no tenía más que labrar, desenganchó el arado, lo echó en una de las caballerías y se bajó hacia el corral de Valcorredor a darles el pienso a las mulas.

De aquello nadie supo nada. Ni la Agustina siquiera, aunque viendo la cara de su hermano y los moratones que aún le quedaban el domingo en misa al Antonio en la suya, algo se alcanzó a imaginar. Pero se calló.

No fue inmediato ni fácil el arrancar y desatascar aquello, pero Miguel Barcenilla quería mucho a su hermana, eso lo primero y por delante, y el Antonio no por enemigo era de los que le pareciera alguien de no fiar. Su hacienda tenía, y no mala, en el pueblo aprecio y con los Pérez mucha amistad, tanto con los del Juanillo y como con el Pedro de Atienza.

Para el acercamiento, el Cristiano vino muy bien. Ya de inicio cuando volvían para la casa después de la pelea y haberse lavado en el río, se atrevió a decir:

—Yo en estas cosas no me quiero meter, pero el Antonio es buen hombre. Y lo suyo con vuestra hermana lo sabe ya todo el pueblo, don Miguel.

Así que tras muchos rehúses de lo hago y luego que no, el Barcenilla le mandó al final un recado al Antonio y se pusieron a hablar. Con una primera condición, que sería entre ellos y nadie más, que no quería ni rozarse con nadie más de los Gómez.

Y así fue la primera vez y la segunda pero a la tercera ya lo tuvieron que saber. Y aquello que parecía imposible y malo, y a los Gómez les parecía lo mismo, se comenzó a enderezar. El Antonio hubo por su parte que convencer a los suyos, que le costó y no poco. Su padre puso sus pegas, pero transigió. Pareció mucho más difícil el abuelo Valentín pero se ablandó antes que nadie. A quien verdaderamente temía, sin embargo, era a su madre, a la Garza. No sabía por dónde podría salir.

—Madre, estoy en trato con el Barcenilla, me quiero casar con su hermana. ¿Tú qué dices?

La Garza sabía aquello desde el comienzo aunque nadie le hubiera dicho palabra. Gustarle no le había gustado pero nada hizo por entorpecerlo. No creyó al principio que pudiera llegar a colmo. Pero al ver que había llegado y la ansiedad de su hijo buscando su aprobación, hizo lo que una madre no tenía más remedio que hacer, sonreírle y decirle con mucha suavidad que si la quería, que claro que sí.

Luego, para ella, se pensó que por casa de los Barcenilla ella, cuanto menos apareciera, mejor sería. Para su hijo, para su mujer y para ella misma también. Pero a la boda sí fue.

A la postre Miguel Barcenilla hizo para su hermana la boda, aunque fuera con el que no debía, que siempre había querido hacer. Ya dado el consentimiento en lo esencial y para darlo del todo hizo aceptar sus condiciones a su hermana, al novio y a todos. La boda sería en Sigüenza y se haría en la catedral, como correspondía a una mujer de su rango e hidalguía, y los Gómez tendrían que estar a lo que él dijera en ese aspecto. La organizaría él y los Gómez poco menos que a callar y como los únicos que podían haberse esquinado, la novia y el novio, a quienes lo único que les importaba era que les dejaran casarse, decían a todo que sí, la Agustina lo que dijera el Miguel, el Antonio lo que dijera la Agustina y los Gómez lo que dijera él, pues el Barcenilla lo dispuso como quiso y a su placer. Bueno, y al de su mujer. Porque, al final, quien más mano metió fue doña Aldonza. Y mejor fue.

Fue una boda por todo lo alto, aunque no la celebró el obispo ni fue en el altar central, sino en una capilla que había y que estaba dedicada a san Pedro, o sea, el mismo que era patrón de Bujalaro. La ofició un canónigo del cabildo, que era cercano a los Barcenilla, y estos invitaron a varios señalados miembros de los concejos de Atienza, de Hita y de Guadalajara, no faltando familias hidalgas e infanzones de todos aquellos sitios, en particular de la propia ciudad seguntina y de algunos más. Hasta vino del norte el hijo de doña Brígida, que no es que tuviera gesto menos avinagrado que ella, pero doña Aldonza lo supo llevar y al final pareció que incluso una vez llegó a sonreír.

Aunque cuando empezaron a animarse los juglares, que vinieron dos y algún músico a acompañarles, la cosa se pudo torcer. El que llevaba la voz cantante no era otro que el de Zorita, pues se había en cierto modo afincado allí. Su pieza fuerte era el *Cantar de Mio Cid*, pero como sabía el terreno que pisaba y conocía la zona muy bien y como todos aquellos lugares aparecían fue por ahí por donde se metió al personal en el zurrón.[74] Los versos por donde aparecía Atienza, la Peña Fort, el ataque a Castejón y la algara de Álvar Fáñez por todos los visos de las alcarrias para caer sobre Jadraque, Hita y hasta la propia Guadalajara eran por todos celebrados. Hasta ahí bien, pero cuando se empezaba a repartir estopa contra los leoneses al heredero de doña Brígida se le torció el morro, pues por lo visto buena parte de sus propiedades las tenía en aquel reino también. No era cosa de que nadie de por allí se fuera a enterar, pero el Barcenilla para apaciguar le dijo al trovador que mejor volverse a lo del Minaya y dejar a los de Carrión en paz. Y como quien paga manda, pues el juglar no volvió a sacarlos a colación.

Por ahí quedó arreglado pero no tanto por el otro lado. Los Gómez, o mejor el Juanillo, que fue quien se encargó, había traído para mejor diversión de los más de a pie a uno de los juglares llamados «cazurros», que no tenía el rango del anterior, pero que para según qué cosas iba para la juerga bastante mejor, porque no solo contaba y cantaba batallas o las que contaba, no eran de espadas y armaduras sino de pícaros, pillerías, retozos, tálamos y cuernos. El cazurro, que vino por el mismo precio con otros dos que se apuntaron por el vino y el yantar, acabaron por hacerse con la zambra y aquello, esta vez cuando entonaban, ya el personal bastante atufado por el vino, cómo a un infanzón

74. Los mejores expertos en el *Cantar* sostienen que su autor, por el conocimiento de la zona y en particular de toda la toponimia del Primer Cantar, nació en Medinaceli.

le levantaban la bolsa por la que creía doncella y era de las que podía dar servicio a una escuadra de ballesteros y dejarlos agotados, de nuevo amoscó al hijo de la Graja que con el mote del Grajo se quedó y que cuando pasada la celebración traspuso de allí y ya no volvió a aparecer.

Fue bueno el convite y el gasto también. Y al final el Barcenilla, cuando vio que el mismísimo obispo tras la ceremonia venía a saludar a Pedro Pérez de Atienza y ya de paso bendecía a los novios recién casados pensó que a lo mejor no había hecho ninguna mala boda su hermana, aunque no fuera la que quería él y hubiera ido a ser con un Gómez. Y encima con el hijo de la mora aquella y amigo de su hermano, el que había desaparecido con su padre don Arnoldo, cuando los almohades llegaron hasta por debajo de la cueva de Nublares.

A la boda, al final, no le faltó nada. Ni siquiera una buena pelea para concluir y en la que se lució el Cristiano. Vamos, que fue una boda como tenía que ser. Se pusieron dos y luego uno más, hasta hacer tres, de los fuertes de los pueblos de al lado a retarlo y que sí, que no, que al final acabó el trío desguarnillado y amontonado en la calle. ¡Pues no se lo pasó bien ni nada el Cristiano en aquella boda! Hasta le salió también novia a él. Una rubia poderosa, de la campiña de Guadalajara, que le echó el ojo bien echado y él a ella más. Cuando se casaron, que se casaron de allí a un año o así, se contó por la fragua que el herrero había tenido que reforzar con hierros la cama porque no podía soportar los asaltos amatorios de la pareja y acababa viniéndose abajo y pegándose el golpazo los dos. Y era el Barcenilla quien en confianza solía relatar las hazañas de su hermanastro con no poca admiración.

El hidalgo acabó también por no hacer malas migas con el ahora su cuñado y aunque no llegó a la amistad, al buen trato y cordialidad sí alcanzó. El Antonio con el que entendió muy bien y en la cosa de las tierras y labores fue con el fortachón. Miguel, por su lado, con quien sí empezó a amigar, y el entronque lo facilitó, fue con el hijo mayor del Juanillo, el Juan Jesús. Habían tenido ya algún trato en la mesnada concejil en la que ambos tenían sitio y una cierta posición y a partir de la boda, el Jesús era el más cercano de todos los Pérez al Antonio, comenzaron a juntarse cuando tocaba cabalgar a la llamada del rey.

41

El honor de los villanos

El Valentín, el Juanillo y Pedro de Atienza se murieron de viejos y por su orden.

El Valentín, el mayor de los Gómez, fue el primero en hacerlo. Pero antes aún pudo ver casarse a su nieto en Sigüenza. Fue su último viaje y lo hizo en una borrica mansa, porque en mula ya no estaba para subirse y aún en la pollina lo tuvieron que ayudar a montar y a bajarse también. Pero fue y lo celebró. Bien a conciencia además. Y como hubo quien se lo afeaba por detrás, que por delante no se atrevían, la Garza le saltó a la yugular al maledicente. Que ya se guardó luego muy mucho de chistar sobre su afición al vino siendo ya tan mayor y que en Sigüenza se había propasado con él y que aunque no hubiera boda no había tarde que le perdonara la visita a la bodega y que bajara templado. Que eso sí era verdad y que no lo perdonaba a no ser por motivo de fuerza mayor, o sea, por enfermedad. Porque precepto de no comer carne había en según qué días y tiempos y esos los cumplía a rajatabla, pero del vino no decía nada la Cuaresma.

—Si se templa con un cuartillo de vino pues así duerme mejor y caliente y no tiene que venir a esta casa ningún sarnoso a decir lo que mi padre tiene que hacer. Que él no va a la de nadie a mirar las zurraspas de quien vive allí —le soltó airada la Garza, y el otro no sabía por dónde escapar.

Pocas veces se había oído a la Garza llamar padre al Valentín y menos aún tales cosas salir de su boca, pero con ello se acabó la discusión. Aunque luego en voz baja y a solas, ella, la Marta del Juanillo y la sobrina, la Paula, casada con uno de los Dominguines, sí que secretearon entre las tres que era más que verdad que a solas o los tres, o sea el Valentín, el Pedro y el Juanillo, más de un día y de dos se iban templados a dormir. Pero que se hubiera templado un poco más el abuelo Valentín en la boda de su nieto de eso nadie tenía derecho a rechistar.

El Valentín vio casarse a su nieto y alcanzó a saber también que el rey Fernando, el hijo de la Berenguela, era el nuevo rey de Castilla pero ya no pudo aguantar a ver nacer a su bisnieto pues se puso a morirse cuando a la Agustina ya se le notaba el ensanche de la barriga.

Lo de cuándo iba a morirse no se lo barruntó nadie, pero parece que él sí. Fue un domingo que dijo que ese día no iba a subir a misa porque no se sentía muy católico y al volver a casa la Garza se lo encontró caído al lado del taburete en que solía sentarse al lado del fogón, que aquel día apenas si tenía unas ascuas, ya frío y empezando a ponerse tieso.

Así se murió el Valentín y su entierro fue muy concurrido pues, al fin y al cabo, el primer cristiano conocido del nuevo pueblo había sido él; el Maula era moro y con permiso de su hermano más joven, el Julián, al que mató una mula de una coz y a cuyo lado se le enterró.

Al salir de entierro en el convite que su hijo Valentín el Mozo y la Garza dieron a la familia y los más allegados, el Juanillo tras echarse un chispo de la cosecha del año, dijo una de sus sentencias que parecían tiradas así al buen tuntún pero que contenían mucha miga a pesar de la risa con que las solía acompañar.

—En el corral de los muertos empieza a haber ya muchos. Día llegará que habrá allí más que vivos en el pueblo. Entonces ya tendrá Bujalaro raíz. Desde luego hoy hemos dado tierra allí a uno que ha dejado buena simiente aquí.

Miró después el Juanillo a su primo Pedro de Atienza y aunque eso no dijeron ninguno de los dos, seguro que pensaron lo mismo y a la vez. Que a ellos no les tardaría en tocar. Pero aunque para jóvenes ya no iban a ir pero aguantaron buenos años más. Y tuvieron que decir y hacer cosas que jamás hubieran querido tener ni que hacer ni que decir.

Porque donde tuvieron que ir, con algunos más de Bujalaro, fue a Atienza para con todos los del Común de Villa y Tierra de Atienza a no dejarse meter por una trocha por la que no querían ellos ir, ni bien ni mal. Y a quien se lo tuvieron que decir, como Pedro se había temido, fue al conde de Lara, a don Álvar Núñez.

Era don Álvar, entre los Lara, el más querido en aquella tierra. Era el mediano pero el que hacía cabeza de los tres hijos de don Nuño, el ayo y preceptor de don Alfonso el de las Navas. Y era a quien Pedro tanto había admirado desde que unió su suerte de niño arriero a la del Rey Pequeño. Don Nuño para Alfonso VIII no solo había sido el regente en su minoría de edad sino lo más parecido a un padre que el rey pudo tener y su más cercano consejero hasta su muerte, defendiéndolo a la puerta de su tienda en el sitio de Cuenca.

La poderosa familia presumía de ser la primera de Castilla, y lo había sido tras el ocaso de los Castro, aunque ahora tenía como rival a la de los López de Haro. Tan solo cedían ante el propio rey. Que lo hacían, aunque en ocasiones antes y ahora de nuevo hubieran pretendido tutelarlo y, más que servirlo, servirse de ello para su propio interés.

Tenían bien plantado el pie en Castilla, su solar paterno, pero por parte de madre aún casi lo tenían más en el reino de León. Su madre había sido Teresa Fernández de Traba, de la poderosa familia gallega de los condes de Traba. En ellos, como en los Lara, se había apoyado la antigua reina Urraca y de ambos había sido amante y hasta hijos hubo que lo confirmaban.

La madre de los Lara, al enviudar de don Nuño, ascendió a un rango aún mayor pues fue primero amante durante años, y luego finalmente esposa, de nada menos que Fernando II de León, tío del rey Alfonso aunque no precisamente su mejor aliado sino casi siempre en disputa. Doña Teresa se llevó con ella a sus hijos a la corte leonesa y allí se criaron, como hijastros del rey, junto a su heredero y ahora ya soberano de aquel trono, Alfonso IX, hijo de su primera mujer Urraca de Portugal y a su propio hermanastro que su madre había tenido con el soberano a poco más de un año de enviudar y que murió de joven, a los nueve años. Doña Teresa murió al dar a luz, y el niño con ella, a un segundo hijo del rey.

Los hermanos Lara, condes los tres, habían tratado en la corte leonesa a los dos hijos varones del nuevo soberano, los dos Fernando de nombre, como su abuelo, pero hijos de diferente mujer, el primero de Teresa de Portugal, fallecido a los veintidós años, en el año 1214, y al hijo de Berenguela, con quien se casó después, y que ahora, y en principio, era el heredero al trono leonés. Aunque del primer matrimonio había dos hijas también, doña Sancha y doña Dulce.

Los mayores de los Lara, fallecida su madre, no tardaron en intervenir en los asuntos castellanos, establecerse en esa corte y alcanzar preeminencia en ella. El primogénito llegó a ser, antes que don Álvar, alférez real de Alfonso VIII, pero sus ambiciones excesivas le hicieron perder su gracia y de hecho acabaría su vida refugiado al lado de los califas almohades en Marrakech, donde murió en el año 1220. El tercero, Gonzalo, fue quien más tiempo se quedó en la corte leonesa pero cuando murió el rey Fernando II de León se decidió a ir junto a sus dos hermanos y los tres iban a ser, con el liderazgo de Álvar, quienes alcanzaran la máxima cota de poder en Castilla a la muerte del rey Alfonso VIII y con la llegada al trono del niño Enrique I.

Don Álvar Núñez de Lara había llegado a la cúspide de su prestigio tras la batalla de las Navas, tras saltar el primero sobre las lanzas de la guardia negra del califa. Aquella hazaña le valió que su gesta fuera escrita y cien veces leída en los anales castellanos: «Entonces don Álvar Núñez, que tenía la seña del rey, cuando no pudo hallar lugar por donde entrasen volvió las riendas al caballo y diole en las espuelas a deshora y saltó dentro sobre los moros. Y los caballeros, cuando esto vieron, hicieron lo mismo. De esa guisa fue el corral quebrantado».

La gesta había sido recompensada por el difunto rey Alfonso con grandes honores y la villa de Castroverde y enaltecedoras palabras en su concesión: «Mi amado y leal vasallo por los muchos servicios prestados cada día hasta hoy mismo y más en particular por el servicio, que debe ser particularmente encarecido, que me habéis hecho en el campo de batalla cuanto portabais mi estandarte».

Castilla había coreado su nombre entonces pero todos los acontecimientos acaecidos tras la muerte del rey Alfonso y la reina Leonor y sus actos, tras forzar a Berenguela a cederle a él la regencia, habían hecho declinar su prestigio. Su soberbia, se hacía firmar como «hijo del conde don Nuño y de la reina doña Teresa», y aún más su avaricia parecían no saciarse jamás.

Durante la regencia de Enrique I y aunque en la aceptación del cargo había jurado que ni él ni sus hermanos quitarían ni darían tierras a nadie fue eso mismo lo que comenzó a hacer. Alejó primero a todos cuantos podían rivalizar con él y despojó de sus cargos en la corte a Diego López de Haro, al arzobispo de Toledo, Rodrigo Jiménez de Rada, y al mayordomo del rey, Gonzalo Rodríguez Girón que lo había sido durante los últimos dieciocho años, para así poder actuar a su antojo y conveniencia.

Fue su ansia de tierra y de poder lo que le llevó incluso a reclamar a la propia Berenguela sus castillos y las villas marineras del norte que había recibido en arras de su ya lejano y anulado matrimonio con el rey leonés. Entre los castillos reclamados estaba el de Hita y consideraba también bajo su poder el de Atienza, donde suponía asentado el dominio de su familia.

Fue entonces cuando aquella teja desprendida de un tejado en el palacio episcopal de Palencia cayó sobre la cabeza del pequeño rey Enrique y todas sus tramas, conspiraciones y planes se derrumbaron.

Pero no por ello cejó el Lara y emulando ahora él lo que los Castro habían hecho anteriormente contra ellos, los tres hermanos acudieron al rey leonés, con quien tanta cercanía familiar habían adquirido por su madre y luego por ellos mismos, ofreciéndole la gran golosina de la corona de Castilla como premio, para que se enfrentara a su exmujer y a su hijo y se hiciera con ambos reinos. Que lo que no alcanzó a hacer su padre Fernando II con el Rey Pequeño lo hiciera él, Alfonso XI, con su hijo y devolviera la primogenitura de los reinos cristianos a León.

Eso había sido lo que había hecho que Juan Pérez, Valentín Gómez el Mozo y Miguel Barcenilla hubieran acompañado a Pedro Pérez de Atienza a aquella reunión de hombres buenos, ampliada a pueblos de todo el alfoz, pues sabían que la decisión bien podría tener luego que ser defendida con las armas, ante la pretensión del conde Álvar Núñez de Lara de que la poderosa fortaleza y su amplísimo común de villa y tierra lo apoyara en sus propósitos y pusiera a su servicio su temida mesnada concejil.

No se cabía en el atrio y aun rebosaba el pequeño prado que lo lindaba de la iglesia de la Trinidad, pero sí se oyeron bien las palabras del conde, don Álvar Núñez de Lara, a quien se escuchó con respeto pero no se tardó en replicar.

El conde encarecía la propuesta del rey de León hecha tanto a Berenguela como a su hijo, ya proclamado rey, de solicitar una dispensa papal, unirse de nuevo en matrimonio a Berenguela, reconociendo sus derechos a la corona de Castilla, y a su hijo como sucesor a ambos reinos, pero mientras quedara él como rey.

De eso último es de lo que no querían ni oír hablar en Castilla, como ya habían expresado tantos y tan claramente en Valladolid, tampoco en toda aquella tierra que había sido frontera y aún seguía siendo la extremadura del reino y todavía menos que parte alguna en esa Atienza que ya había librado a su abuelo de similares asechanzas. No iban a volver la espalda tampoco ahora a su rey. Eso lo dijo en su nombre el nuevo juez y jefe de la mesnada de la villa, con voz clara y fuerte, aunque algo trastabillada por la emoción y el tenerse que encarar a quien había visto saltar en las Navas el corral del Miramamolín. Pero se lo dijo.

Tenía algunos partidarios el Lara que se lo afearon de inmediato, exigiéndole el debido respeto al conde y a la postre, y aunque se rigiera por su fuero y su concejo, su señor. El alcaide del castillo, en efecto deudo suyo, intervino entonces haciendo notar quién era y su fuerza apoyando a don Álvar, señalando la debida obediencia hacia él y el mucho favor que se le debía. Aseveró también que con ello no se perjudicaba, sino al contrario, a don Fernando pues al cabo él sería el mayor beneficiario.

No había pasado inadvertido, y menos al oírlo hablar, que el conde no había llegado solo sino con buena escolta de hombres de armas, que junto a la guarnición del castillo dominaban claramente la situación en caso de llegar al conflicto. Que estuvo al momento en un tris de reventar, pues al ser de nuevo replicado el alcaide por voces que lo dijeron todo con un «largo lo fiais» fue el propio don Álvar quien quiso de nuevo tomar la palabra y con mucha excitación y soberbia poner por delante su alcurnia y su condición de conde y protector del reino y que era su palabra y su honor lo que allí se comprometía y que bajo ningún concepto iba a tolerar que se pusieran ni la una ni el otro ni su dignidad en duda. Y que habría que ser lo que él decía, pues no hacerlo sería insultarlo.

Fue más duro todavía para los atencinos tener que escucharle que cuando en las Navas ellos, los concejiles, empezaron a ceder y volver la espalda, no había sido otro sino él, quien llevando el estandarte del rey en la mano había llegado hasta ellos y transformado la derrota en victoria. Igual, concluyó, debían seguirlo hoy, y que cómo era posible que le quisieran imponer su voluntad y ser más que él, conde de Lara, su señor.

Se hizo un hosco silencio por debajo, acompañado de un retraído rumor. Muchas miradas se volvieron entonces hacia quien aquel día los había mandado en la batalla y había vuelto medio muerto de allí.

Pedro Pérez de Atienza, canoso el pelo, renqueantes las piernas, se alzó lentamente y con voz mesurada y no muy fuerte, pero sí serena, habló. Era tal el silencio que por unos instantes antes de que se le comenzara a oír solo se escuchó el chillar de los vencejos. Antes de nada le agradeció al conde haberle honrado en su boda y manifestarle el aprecio que siempre le había tenido. Pero ya nadie oyó a los vencejos rasgar con su grito el azul de los cielos, cuando después, su voz ya algo cascada pero sonora aún, clamó.

—No, don Álvar, no. No somos ni pretendemos ser

más que vos. No. Pero oídme, menos que vos, ni en dignidad ni en honor, menos que vos tampoco somos, señor.

Se quedaron el prado y el atrio de la iglesia sobrecogidos por el silencio otra vez y de nuevo solo se oyó el chillido de las escuadras de vencejos al pasar rozando los aleros de la Trinidad.

Entonces el niño arriero que fue amigo del rey niño, el que lo acompañó en su huida disfrazado de recuero y fue distinguido y aún más querido por él, prosiguió:

—Atienza está, como estuvo, con el rey nuestro señor, con el rey de Castilla, que el fuero nos dio, con el rey de Castilla a quien acogimos de niño, con quien Atienza murió en Alarcos y venció en las Navas y ahora con el rey don Fernando es con quien esta villa y esta tierra estarán. —Y remachó—: Vos nos reclamáis una cosa que por nuestro honor de súbditos leales no podemos hacer y es Atienza la que os reclama a vos que por lealtad y honor le prestéis obediencia y vasallaje a quien se lo debéis. Con quien vos, don Álvar, deberías estar, como vuestro padre don Nuño supo hacer en verdad, es con el rey de Castilla, nuestro y vuestro rey, mi señor.

La sangre, tras haberse quedado lívido mientras hablaba, se le vino de golpe a la cara al conde Lara, al tiempo que se levantaba airado un tumulto de gritos de sus partidarios. Pusieron algunos la mano en los pomos de las espadas y el propio don Álvar hizo ademán de ello, pero todo quedó en un gesto inacabado al ver cómo al tiempo se levantaba el concejo al completo y las gentes que de los pueblos habían venido lo hacían también y se apresuraban a rodear, para protegerlo, a su viejo adalid. Un muro de hombres, con el

Juanillo, Valentín el Mozo y el Barcenilla ya con la espada empuñada delante, enfrentaron, mirándoles cara a cara, al noble y a sus gentes. Para poner mano sobre él, antes habrían de matarlos a todos.

Quizá hubiera podido el conde hacerlo. Haber llamado a sus hombres de armas y a los del castillo. Quizá estuvo a punto, cuando el alcaide de la fortaleza se lo preguntó y uno de sus hombres requirió su caballo para subir al galope y hacer bajar a la guarnición contra ellos. Pero quizá acudió a la memoria de don Álvar algo compartido con aquel hombre ahora ya anciano, algo de sí mismo en otro tiempo no tan lejano o simplemente el comprender que haciendo una matanza tan solo se perjudicaría él.

No acabó de dar la orden y en el gran rebullir de voces se interpuso en medio el párroco de la Trinidad con la cruz en alto. Ya unos rodeados de Pedro se fueron bajando hacia la plaza del Trigo mientras los afines a don Álvar se retiraron subiendo por la empinada cuesta hacia la mole de piedra viva de Peña Fort, que se erguía sobre toda la villa y sobre todos ellos.

Las palabras de Pedro de Atienza fueron de boca en boca por toda la tierra de Atienza, de Medinaceli y hasta por la Molina de los Lara, se extendieron por el alfoz de Zorita, por el de Hita y por el de Guadalajara y saltaron la sierra hasta Ayllón, Sepúlveda y Segovia. Cuando llegaron a Ávila, a Talavera y a Toledo ya nadie sabía quién las había pronunciado, pues eran ya palabras de todos. De los que araban la tierra y empuñaban la lanza para defenderla. De los de a pie y de los de a caballo.

El «No somos más que nadie, pero menos que nadie tampoco» corrió por los campos, las majadas, las aldeas y las villas y villanos y labradores de la extremadura castellana se conjuraron para defender, de los Lara y de cuantos nobles los secundaran, a su rey don Fernando, al linaje de reyes de Castilla que les habían dado a sus abuelos, padres y a ellos mismos, tierras y fueros.

Los tres hermanos Lara supieron entonces que en aquellas tierras de frontera, concejos y villanos nada tenían que ganar y se volvieron hacia el norte, a intentar en la corte y con sus seguidores magnates que a cambio de su acatamiento se otorgara a don Álvar la regencia y la custodia del joven rey, aunque frisando ya los dieciséis años. Si en ello consentía, le juraría lealtad y vasallaje y cesarían las hostilidades. Pero su pretensión fue rechazada destempladamente tanto por don Fernando como por Berenguela.

Entonces ya sin tapujos, el Lara acudió al rey leonés y este cedió sus tropas y hasta se puso en camino con él hacia Valladolid cercándola y emprendiendo razias como si fueran de moros en las tierras del Pisuerga y apoderándose de castillos por la Tierra de Campos, los de Urueña, Castromonte, Villagarcía y Arroyo. Al rey y su madre no les quedó más remedio que retirarse hacia Burgos y guarecerse en Dueñas.

Don Fernando no quería combatir a su padre y le mandaba una misiva tras otra proponiéndole concordia. Pero este no solo no hizo caso de ellas sino que envió al infante Sancho de León, su alférez real, que penetrara también en

Castilla por tierras de Ávila. No obtuvo fruto sino mal. Las milicias abulenses salieron a su encuentro y con dureza repelieron la incursión obligándole a retirarse.

Rebajado de humos pero no de intenciones, el rey leonés volvió a su propuesta de que le cedieran la corona a cambio de recasarse con Berenguela y nombrar a Fernando su heredero en los dos reinos. La propuesta fue rechazada de nuevo y otra vez airado se dirigió contra su hijo y se lanzó sobre Burgos.

Encastillados en Dueñas, madre e hijo fueron socorridos por tropas de Diego López de Haro y los hermanos Díaz de los Cameros, pero hubieron de sufrir las noticias del avance del rey de León y de los Lara por tierras burgalesas y devastando las posesiones de quienes les eran adictos.

Las dudas, sin embargo, comenzaron a superar las ansias del rey Alfonso. Las cartas de su hijo pidiéndole paz y el miedo a que tomar al asalto Burgos pudiera causar una reacción muy contraria le hicieron reflexionar. Corroído por ellas, aunque en el regreso saqueó las tierras palentinas de los Girón y los Téllez de Meneses, partidarios de Fernando, en su cabeza comenzó a sopesar que había ido demasiado lejos y se había dejado arrastrar a un conflicto que se envenenaba por momentos y donde la Iglesia, el papa Honorio ya le había avisado, podía lanzar anatema sobre él por estar atacando a un rey cristiano, que era además su hijo.

Acabó de convencerle el saber que Fernando se había decidido a combatir y moviendo sus tropas iba contra él y llegado a Palencia, asentó allí su corte. Le preocupo aún más que las mesnadas de Ávila y Segovia, apoyadas por otras de la Transierra, se habían unido a él. Que antes, además, había sido aclamado en Burgos y vuelto a su obediencia Lerma, Palenzuela y la propia Lara, así como San Clemente y Navarrete. Con todo ello decidió que era hora de poner fin a aquello y aceptó firmar la paz de Toro por la que se comprometía a no realizar más incursiones por las fronteras castellanas.

Pero no se conformaron los Lara con ello. Don Álvar, furioso, ya había asaltado y saqueado Belorado y se dirigió con sus hermanos hacia Palencia buscando capturar al rey Fernando. Urdieron para ello dos emboscadas: la primera, en Revilla Vallejera, resultó fallida y la segunda fueron ellos mismos los que cayeron en su propia trampa.

Estaban poniendo celada al rey en Herreruela cuando fueron sorprendidos por huestes castellanas de los Téllez y los Girón, que los desbarataron. Dos de los Lara, el mayor Fernando y el pequeño Gonzalo, lograron escapar a uña de caballo, pero el cabeza de los tres, don Álvar, fue acorralado y preso. Encerrado en prisión en Valladolid hubo de aceptar como condición para recuperar la libertad la entrega de todas las plazas y castillos que controlaba, entre ellas Alarcón y Cañete en Cuenca, así como algunas tan señeras como las de Amaya, Pancorbo o Belorado.

Liberado al poco retornó a León, donde seguía ostentando el cargo de mayordomo real, el de mayor rango en la corte, y siguió intrigando. Al año siguiente, en 1218, persuadió de nuevo al rey leonés para que volviera a incursionar en Castilla saltándose el acuerdo de Toro tomando la fortaleza de Valdenebro, próxima a Medina de Rioseco.

Esta vez sí respondió el rey castellano que les resistió en Tordemudos y envió a López de Haro a atacar por su parte las fronteras leonesas. Estas tropas hubieron de retirarse prontamente y acabaron cercadas por el rey leonés y los Lara en Castrejón. Pero allí fue donde a don Álvar Núñez de Lara le vino la muerte al encuentro.

Enfermó gravemente y sintiéndose morir pidió ser trasladado a Toro, donde quiso hacer no solo confesión y renunciar a los bienes terrenales, sino ingresar como freire en la Orden de Santiago. Dada su posición le fue concedido de inmediato su deseo, pero tan solo pudo vestir los hábitos y morir ya con ellos puestos, siendo llevado a enterrar a la sede central de la orden, en Uclés.

La muerte del cabeza de los Lara acabó con la rabia y el encono. Los pocos partidarios que aún le quedaban ya se pasaron del todo a las filas del rey Fernando que se había ido asegurando cada vez con más firmeza en el trono, siempre aconsejado por su madre Berenguela, su mejor y más inteligente consejera.

De los otros condes de Lara, el mayor, Fernando, decidió marchar a tierras moras pero allí también él se topó velozmente con la muerte que le esperaba en Marrakech aquel mismo año. El pequeño de los tres, Gonzalo, fue el único superviviente y no quiso seguir el rumbo trazado por sus hermanos. Tampoco los hijos de don Álvar dieron continuidad a sus hostilidades contra Fernando. El mayor vivió en tranquilidad en sus dominios de Valdenebro mientras que otro de ellos, Rodrigo Álvarez de Lara, volvería a la gracia real acompañando al rey en sus conquistas posteriores en Al-Ándalus.

La paz con León sosegó a Castilla. Pedro de Atienza pudo morir también en paz y lo hizo ya en aquel año. Los quebrantos de sus heridas y la pérdida de su amada juglaresa le habían ido quitando las ganas de vivir. Murió en Bujalaro pero había pedido a sus hijas y a sus yernos que lo llevaran a enterrar a Atienza, al lado de su Elisa. Y así, en un frío diciembre de 1218, lo hicieron. Iba con ellos el Juanillo, que no consintió ni bien ni mal no acompañarlos, aunque hiciera un frío helador y la nieve pusiera su sudario en los caminos, en aquel último viaje de su primo, con quien tanto había corrido, combatido y tantos secretos guardado. Él era el único que los conocía todos y con todos ellos se iría a la tumba. A la vuelta pensaba que no tardaría en llegarle el turno.

—Van cayendo cada vez más cerca las flechas. Y ya no queda ninguno a mi lado —le dijo a sus hijos Jesús y Ángel, el Pequeño, cuando volvían.

—No pienses eso, padre. Te queda mucha correa.

—¡Bah! Tontunas. Pero se vivirá lo que se pueda —contestó—. Y quien venga detrás, que arree.

42

El robo de la muletá

Fue una de esas noches que relampaguea por la sierra, después de un día de sofoco y calorina. Por la tarde asoman las nubes por detrás del Alto Rey y el Ocejón y parece que se pegan a ellas y cuando cae la oscuridad empiezan a rechascar los rayos y a retumbar los truenos. Las caballerías se ponen muy nerviosas con ese gruñir torvo del cielo y aún más con los trallazos de las culebrinas que encienden la luz por un instante y luego vuelve todo a ponerse negro como boca de lobo.

Fue una noche de agosto de aquellas, cuando las mulas del pueblo, desaparejadas y sueltas, eran conducidas todas juntas a algún buen sitio para que se refrescaran, pastaran verde y se solazaran con la brisa nocturna. Era la muletá. Se encargaba de su custodia a mozos bien dispuestos, recios y responsables, que no se las llevaban demasiado lejos del pueblo pues ellas eran la mayor de sus riquezas.

Les había tocado el turno a los Raposos, los Hernando, los Dominguines y los Nova, en total ocho. Las habían bajado hasta el río, que cruzaron por el vado del Samoral para llevarlas al otro lado, al arroyo de los Prados, que venía hacia allí a verter y tenía muy bien puesto el nombre por su buena hierba. Era uno de los mejores sitios y los animales tenían ahí lugar y pastos de sobra. Con dos vigías, uno en lo alto de una loma dando vistas a Peña Blanca y otro en la de enfrente, en el Cerro de las Vacas, bastaba para controlar a cualquiera que intentara acercarse. Mientras, los otros seis descansaban en una chopera junto al arroyo en el centro del vallecillo y se hacían bromas, echaban un trago o dormitaban esperando que les tocara el relevo. Les gustaban aquellas noches durmiendo, o lo que fuera, a la fresca y pensando todos en la ansiada salida de eras y el final de las largas semanas de cosecha.

Pero aquella noche se empezó a poner mala desde la atardecida, cada vez más oscurecida la sierra y cada vez más seguidos los relámpagos.

—Nos va a caer una buena. Mejor sería ir pensando en subírnoslas para el pueblo —dijo un Nova.

—La tormenta está agarrada en la sierra y no trae agua. Otras cosas puede, pero agua no tiene. Es de las secas —opinó un Hernando.

—Pero ¿nos las subimos o no? —preguntó un Raposo.

—Sí. Y que nos tomen por caguetas y se rían de todos nosotros por haberle temblado a una tronera —dictaminó uno de los Dominguines, y con ello se zanjó el asunto.

Por caguetas no iban a quedar, desde luego. Ocho mozos hechos y derechos volviendo con la muletada porque relampagueaba por la sierra sería el hazmerreír de todos sus compañeros, de los mayores, de los chicos y, lo peor, de todas las mozas.

Así que se quedaron. Y en lo único que acertaron es en que no cayó una gota. Porque todo lo demás se puso temeroso.

La tormenta, con toda su negrura a cuestas, se despegó de la sierra y vino avanzando hacia ellos, tapando las estrellas. Hasta la más mínima claridad del mundo pareció que se apagaba. Una oscuridad total se apoderó de cielo y tierra y solo los relámpagos la iluminaban de golpe en un estallido de luz cegadora, que luego desaparecía pero no sin parecer hacer moverse lo que les rodeaba.

Se les fueron quitando las ganas de hablar y algo sí hicieron bien. Se bajaron los de las lomas y procuraron ir arrejuntando a los animales, aunque alejados de la chopera pues los rayos suelen ir a los árboles y todos se salieron de su cobijo que ahora eran reclamo al peligro.

Fue el Raposo quien, después de no se sabía ya cuánto tiempo de rayos y truenos y luego retumbar uno aún más terrible y como salido de una caverna tras una doble culebrina que lo iluminó todo, exclamó con mucha alarma:

—¡Allí, allí, hacia el río! Eso que he visto moverse eran hombres. Dos por lo menos, dos que corrían hacia aquí, hacia aquella juncada.

—Habrá sido algún jabalí, ¿cómo van a ser personas? —quiso no asustarse un Nova.

Pero todos se quedaron con los ojos fijos en aquella dirección, donde el otro había señalado, esperando ahora el relámpago para intentar ver algo y aguzando el oído cuando los truenos dejaban escuchar algo. Pero no lograron vislumbrar ni oír nada.

Pasó el tiempo y se fueron serenando. Habría sido aquel bicho, pensaban todos y se reconfortaban pensándolo. Entonces es cuando oyeron lo que les puso el vello de punta. Aquello no era de animal alguno. Aquello era un grito humano y venía de por la loma donde había estado apostado su vigía. Era un alarido, una señal.

No oyeron nada más aunque escucharon en un silencio tenso y completo. Tampoco vieron nada a la luz de las culebrinas cuando iluminaban el espacio. Pero sabían, lo sentían en la piel y en el vello erizado, que no estaban solos y que quienes les acechaban no traían intención buena.

—Hay que irnos y sacar de aquí a las mulas cuanto antes. Hay que cruzar el río.

Pero ya podía ser tarde. Porque en el siguiente relámpago volvieron a ver ya claramente hombres moviéndose en la junquera, en la parte más próxima adonde ellos estaban. Habían venido ocultos por ella. Oyeron también sus voces que se respondían de un sitio al otro, cercándolos.

Tenían que escapar y poner a salvo a la muletá como fuera. Montaron todos en las caballerías, que llevaban con cabezales aunque a pelo, para dirigir a la manada e intentaron flaqueándola conducirlas hasta el vado. Pero para ello tenían que pasar por la propia juncada que se extendía a un lado y al otro del arroyo, como por un embudo antes de llegar a la orilla del Henares.

Los animales también habían barruntado aquellas presencias y junto al restallar de los rayos y los truenos se estaban poniendo cada vez más nerviosos y al borde de la estampida.

—Nos están rodeando. Quieren espantarlas y que se desperdiguen para luego poder llevárselas —dijo el Pedrete, uno de los pequeños de los Dominguines.

—Hay que intentar mantenerlas juntas y conducirlas

hacia el vado. Todos por detrás y a empujarlas —dijo el mayor de los Hernando.

Eso hicieron. Dos, uno a cada lado, flanquearon a la muletada. Los otros seis echaron mano a las trallas y a voces comenzaron a azuzarlas. Los animales casi parecían estarlo esperando porque no tardaron en ponerse en movimiento y en tropel emprender la marcha a buen paso y luego al trote. Pareció que la jugada les salía.

Sin embargo, los que venían a por ellas algo así debían de haber previsto pues de golpe se levantaron entre los juncos donde se emboscaban y ahora se les vio muy bien pues llevaban antorchas encendidas en las manos. Formaron una línea y se desplegaron frente a la muletada avanzando hacia ella con gran griterío para intentar asustarlas y que salieran en desbandada.

La junquera y la pradería se convirtieron en un infierno de gritos, antorchas, rayos, truenos, vocerío y el retumbar de los cascos de las caballerías. Unas, las más, siguieron lanzadas hacia el río; otras, bastantes, se desviaron hacia la derecha; algunas rompieron por la izquierda, y hubo un puñado que volvieron grupas de nuevo hacia la arboleda.

Los mozos vieron ahora que bajando de las lomas dos sombras a caballo venían por el flanco derecho a cortar el paso e intentar detener o al menos desviar a la manada. El mozo que iba por allí se vio perdido al verlos venir sobre él. Uno casi le echó el caballo encima pero consiguió hurtarse ayudado por la oscuridad y meterse en el turbión de mulas que lo arrastró con él hasta el río, donde acabó por caer descabalgado al agua al meterse su montura por un lugar en que el agua cubría bastante. Eso lo libró de ser pisoteado y dejándose llevar por la corriente pudo ponerse a salvo. Los otros siete, aunque alguno pasara a solo un metro de los que llevaban las antorchas, consiguieron alcanzar también el vado del río por el sitio bueno y lo cruzaron sin caerse ninguno. Lograron llevar al otro lado a bastantes de las mulas. Pero sabían que atrás habían quedado otras muchas.

Pero no era momento de lamentaciones. Lo primero fue rescatar al que había caído y les llamaba a voces por donde había logrado salir del río y dar el aviso al pueblo de lo que había pasado. Vieron que los asaltantes no les seguían. Allá por la cañada brillaban sus antorchas y oían sus gritos alejándose. Los mozos se sentían en este lado más seguros, como a cubierto y protegidos por el propio río. Había que reiniciar la marcha y poner a salvo cuanto antes a todas las que habían cruzado. Eso fue más fácil. La muletada se sabía aquel camino, cañada arriba, que llevaba al pueblo. Casi no hizo falta ni apretarlas. Se lanzaron todas a la carrera por la cañada y subiendo por la Salía, sin que ya ninguna bestia se separara, llegaron al galope al Vallejo, a los muladares y a las primeras casas con los mozos tras ellas, llenos de zozobra preguntándose cuántas caballerías habrían perdido.

Las mulas antes de ir a sus cuadras solían irse hacia la plaza de la fuente y allí se arremolinaron. Pero normalmente la vuelta era cuando comenzaba a clarear el alba y aquella noche la llegada en medio de la tormenta, la oscuridad y el resonar de los cascos herrados en las piedras y el griterío de los guardianes hizo que el pueblo se despertara sobresaltado temiéndose que algo grave hubiera pasado. Y así era.

El grito de «¡Han robado la muletá!» recorrió las calles y todos salieron a escape a comprobar si habían sido las suyas.

A nada y alumbrándose con candiles la plaza estaba a rebosar de gente. Cada cual buscaba sus animales, los llamaba por su nombre y cuando los encontraban se les iluminaba la cara. Pero algunos no aparecían. Algunos que eran bastantes, pues de las más de ciento cincuenta bestias entre caballos y mulas que habían salido, faltaban cerca de cuarenta según las primeras cuentas que había hecho el alcalde Luis Agustín sumando las que cada uno decía que le faltaban. Solo unas pocas casas tenían la gran suerte de tener de nuevo todas las caballerías en la cuadra pero en muchas faltaba alguna y en una de las más humildes, las dos únicas que poseía, lo que suponía la ruina absoluta para la familia. Lloraban la mujer y los chicos y al hombre también se le saltaban las lágrimas.

Mientras en el pueblo se contaban las pérdidas, un pequeño destacamento se había puesto en marcha y no hubo quien impidiera al Juanillo, a pesar de sus años, ser de los primeros que ya le tenía puesta la silla al caballo y salir con la partida rumbo al río. Los ochos mozos se afanaban en explicar lo sucedido pero el uno se atropellaba con el otro y los otros con los unos y no había quien se aclarara de lo ocurrido. Hasta se corrió, y a saber de dónde había salido, que uno de los custodios había dicho que los gritos que daban los ladrones no eran palabras cristianas. O sea que tenían que haber sido los moros, que habían vuelto.

Hubo de ser el Juanillo quien al final pusiera en aquello algún orden.

El Juanillo cogió aparte al mayor de los Hernando, que parecía el más calmado, y se hizo explicar lo acaecido. Así logró hacerse una idea de lo que había pasado. Tras desbrozarla del miedo, que ahora querían ocultar, de los mozos bajo la tormenta de truenos y relámpagos y con el griterío y alaridos añadidos, era obvio que había sido un asalto bien preparado. Y con una intención clara, robarles las mulas. Pero en algo más concluyó. Dada la estampida desatada era bien seguro que habría bastantes que no se habrían llevado sino que estarían esturreadas por toda la zona.

Bajaron pues hasta el vado del Samoral y allí por decisión suya se decidió montar un pequeño campamento, echar lumbre y esperar el amanecer tanto para seguir la huella como para recuperar a todas las caballerías escapadas que pudieran. Esto último fue algo que comenzó a suceder aquella misma noche, pues hubo animales que se fueron acercando adonde estaban los hombres.

Hubo entre los jóvenes quien propuso cruzar el río sin más dilación, pero el Juanillo, que definitivamente había tomado el mando, tan solo consintió en que un pequeño grupo, bien armado, hiciera en la oscuridad y con un par de teas para alumbrarse, una mínima incursión al otro lado para comprobar que todo estaba tranquilo en la otra orilla. Ni siquiera se acercaron adonde los jóvenes habían estado acampados. El veterano mesnadero no quería que unas nuevas huellas le impidieran poder sacar provecho de las que pudieran haber dejado los ladrones. Y para ello había que esperar a que fuera de día. No se fiaba y fue con ellos, acompañado del Jesús, el mayor de sus hijos.

Llegaron tan solo al borde de las praderías y a pesar de

que los dos muchachos que habían estado de guardianes porfiaron en avanzar al menos hasta la arboleda el Juanillo se negó.

—Tiempo y luz habrá mañana. Aquí todo está tranquilo.

—Pero, tío Juanillo, a lo mejor los moros se han quedado por aquí emboscados.

—Pues con más motivo no andar ofreciéndoles blancos a sus flechas con antorchas en la mano. Pero qué moros ni qué leches. Han sido cuatreros y han venido de por ahí, del otro lado del río, a por nuestras mulas.

La cantinela de los moros había ido cogiendo cuerpo y ahora eran ya varios de los mozos asaltados los que aseguraban que los alaridos que daban los asaltantes no eran cosa de cristianos. Que hubieran sido sarracenos, en cierto modo, les descargaba de la vergüenza que empezaban a sentir y que aumentaban algunas miradas. Sobre todo de los que habían perdido a sus mulas.

Un poco harto ya de la cosa y cuando ya daban la vuelta, el Juanillo les soltó un par de voces.

—Dejaos de moros ni de moras. Que haya algún mezquino en la cuadrilla, puede, aunque me extrañaría. Pero cristianos son y no de muy lejos. Ya lo veréis todos.

La noche se había ido calmando y la tormenta parecía haberse replegado de nuevo a la lejana sierra por la que de vez en cuando aún estallaba algún resplandor. Los truenos resonaban muy distantes. Volvieron al campamento.

Allí se toparon con que el alcalde Luis Agustín, completado ya totalmente el recuento y comprobado que eran treinta y nueve mulas las que faltaban, se había bajado también hasta el vado con el Barcenilla, el Antonio y el Cristiano. Se encontraron con que ya eran algunas menos las desaparecidas, porque tres se habían presentado ellas solitas acercándose al campamento improvisado.

—Las caballerías seguirán acudiendo aquí y puede que hasta las haya que se presenten en el pueblo.

Más tranquilizados y a la espera de que llegara el día, pasaron las horas alrededor de la lumbre, que no venía mal porque a la orilla del río refriaba mucho, y oyendo de nuevo de boca de los mozos, ahora con menos atropello, lo sucedido y lo que habían llevado a cabo. El que decidieran hacerlas galopar en estampida y cruzar con todas las posibles el río les pareció a muchos que había sido lo mejor que pudieron hacer.

El tío Juanillo los animó también y no hubo mejor consuelo que les diera su «bienvá» sobre la decisión que tomaron, después de la regañina por la cosa de los moros.

—Habéis hecho lo debido y lo habéis hecho bien. Ellos querían cercar la manada y hacerla correr valle arriba, cuanto más lejos del paso del río mejor. Por eso se metieron en la juncada y venían desde allí con las antorchas para espantarlas en dirección a las Cendejas, hacia la sierra. Para mí que por allí es por donde han venido esos pájaros. Así que lanzaros al galope hacia el río en cuanto les visteis las mañas es lo mejor que podíais haber hecho, así que animaos, que no es culpa vuestra. Con la estampida no creo que hayan podido coger muchas. En cuanto haya luz iremos a buscarlas, ya veréis como muchas aparecen. Pero eso mañana, que ahora sería tontería. Venga, echad un trago de la bota, chicos, que mañana será otro día.

Lo echó el primero. Se arrebujó en una manta cerca de la lumbre, los huesos viejos son más frioleros, y al poco ya estaba roncando aprovechando lo poco de noche que quedaba.

No esperaron, eso sí, ni a que saliera el sol. En cuanto empezó a clarear ya estaban al otro lado y lo primero fue acercarse al lugar donde habían estado acampados en la chopera. Los asaltantes también habían estado en el sitio y arramblado con las pocas cosas que se habían dejado. Que en realidad había sido casi nada, unas alforjas, algunos aperos, algo de comida y el vino.

—Se han llevado el vino, los cabrones —dijo uno de los Dominguines.

—¿Lo ves como no eran moros? —le soltaron a escape como réplica.

Pero no se achantó el otro, aunque bien supiera ya que moros no habían sido.

—Eso lo dirás tú. Pimplan como todos.

Iban con bromas pero era para tapar la preocupación que les corroía por dentro. Eran muchas las mulas perdidas.

El Juanillo estaba a lo suyo. A escudriñar en el suelo lo que había pasado y por dónde se habían marchado.

Al cabo y tras ir y volver varias veces por la orilla del río aguas abajo y subir por la reguera de Valcorredor hasta los corrales, regresó y los reunió de nuevo a todos. En el ínterin se habían recuperado otras dos mulas más en los sotos próximos.

—Estuvieron metidos en los corrales de las ovejas, seguro que esperando que se hiciera bien de noche, y aprovecharon el momento y la tronera. Pero allí no llevaron las mulas, ni fueron por Peñablanca hacia Jirueque. Tiraron con las caballerías río abajo, por la misma orilla. Pero en esa tropilla no llevan ni la mitad de las que faltan. Para mí que diez o doce como mucho. Así que lo que hay que hacer es desplegarse todos y ponernos a encontrar las escapadas. Por los dos lados del Henares y sin miedo de hacer un arco grande porque con el espantón pueden haberse ido muy lejos. ¡Hala, espabilad todos! —ordenó el viejo caballero de sierra, que en este trance recordaba juventudes de andar por las cuestas de los montes guardando los ganados de Atienza de los moros, que entonces ya lo creo que había y si venía a mano robándoles a los sarracenos el suyo. Que también lo había hecho, siempre que pudo.

Había acabado por concentrarse allí más de medio pueblo. Comandados por una ribera por el Barcenilla y el Cristiano y por la otra por el alcalde y el Antonio, iniciaron la rebusca por los sotos y arboledas del Henares así como por las regueras que daban a él desde ambos lados.

El Juanillo no fue con ellos sino que llamó a su hijo y al Hernando, que parecía de todos los mozos asaltados el de más juicio y alcance.

—Tú, Hernando, ¿qué crees que pasó?

—Pues que nos estaban aguardando. Yo creo que sabían que traíamos aquí a la muletá. Aprovecharon la tronera. Cuando nos quisimos dar cuenta ya los teníamos encima.

—¿Viste si llevaban armas? ¿Y cuántos iban a caballo?

—A caballo, que yo viera, dos solo. Los de la junquera yo creo que vinieron todos a pie. Con uno que iba montado casi me choco yo de frente al salir a los cuatro pies con mi mula. Y armas no les vi o desde luego no las llevaban en las manos. Solo teas encendidas.

Meneó la cabeza el Juanillo en un gesto de poca duda y bastante asentimiento y les dijo a su hijo y al otro:

—Vosotros dos venid conmigo. Vámonos para el Rebolloso. A ver si los molineros han sentido algo.

Los molineros del Rebolloso ni buen trato ni buena leche habían tenido nunca y después de que los moros se lo socarraran todo la última vez aún se les había avinagrado más el carácter. Y eso que no era suyo el molino, que se lo había dado el rey a las monjas de Valfermoso, que ellos solo lo trabajaban. O a lo mejor era por eso la mala leche que gastaban. Pero moler molían bien y era el que estaba más a mano. Todos paraban allí. Los de Jadraque, los de Jirueque, los de Bujalaro y por supuesto los de Castilblanco, que era el pueblo más cercano.

El Juanillo, y no era de ahora, no les simpatizaba mucho y no lo disimulaban. Pero viendo cómo venían, el padre y el hijo con las espadas ceñidas y el otro con una cachiporra, el molinero, su mujer y la prole, que eran cinco y tres bien mayores, se mostraron más dispuestos a atenderlos y a contestar a sus preguntas. Vamos, que pareció que estaban muy dispuestos a decir lo que sabían.

—Con la noche que hizo poco podía oírse y aún menos verse, pero ahora que lo dices algo sí que sentimos, pero fue por el otro lado del río. Alguien pasó por allí, desde luego, porque los perros empezaron a ladrar mucho —dijo el hombre.

—A mí me pareció que iba una tropa como por aquella cuesta, por encima del camino a Castilblanco. Lo vi a la luz de un relámpago. Pero solo vi o me pareció ver un hombre a caballo moviendo los brazos en el aire. Pero fue lo que duró la luz de la culebrina. Que a lo mejor ni lo vi y fueron imaginaciones mías —dijo la hija mayor pero dirigiéndose al Jesús, que era un buen mozo, y sonriéndole como ella solía hacerlo, con la boca un poco torcida.

El Juanillo no se fiaba de las sonrisas.

Ya sabía él bien por dónde habían vuelto. Lo que quería saber era por dónde habían venido.

—¿Y en estos días de atrás no ha asomado por aquí, por el molino, ninguna gente que no fuera de por los pueblos de al lado y que no viniera a moler sino de paso?

Hubo silencio entonces. Y un mirarse entre ellos.

El molinero contestó al cabo en nombre de todos.

—Por aquí todavía, como sabéis, no baja ni sube a moler el grano la gente. Es pronto. Apenas si viene por aquí nadie ahora, aunque ya pronto empezará la romería y entonces todos tendréis prisa.

Se dio cuenta el Juanillo de la evasiva y no soltó el bocado.

—Te digo, Aurelio —y lo llamó por su nombre recalcándolo—, que si en estos últimos días ha venido por aquí alguien que no conocieras y que no era de estos pueblos.

—Algunos vienen y yo no sé de qué pueblo es cada uno. Cada vez hay más gente y no voy a conocerlos a todos. Pero en los últimos días por aquí de esos no ha pasado así ninguno que me acuerde. Los cuatro que han pasado y se han parado, todos conocidos.

—Pues a ver si te vas acordando. Porque ahora tengo prisa pero mejor que vayas haciendo memoria. Porque pienso volver por aquí, Aurelio, y mejor que cuando vuelva tengas algo que decirme o tendremos que hablar de tus negocios —concluyó el Juanillo dejando en el aire la amenaza y sorprendiendo a sus dos acompañantes—. Vámonos, muchachos.

Se fueron dejando tras ellos un silencio torvo y, cuando montaron, cuchicheos en voz baja. Subieron a la loma que les había indicado la chica y allí hallaron, en efecto, de nuevo la huella que habían venido siguiendo por la orilla del río y que no era difícil de seguir para un ojo mediamente experto. Y el del Juanillo, aunque cansado, lo era mucho.

—El molinero solo nos ha dicho lo que pensaba que ya sabíamos de sobra y se ha callado lo que él sabe y que pienso sacarle. Al viejo tunante le tengo cogido por donde duele y va a soltar todo lo que se guarda en el buche. Ese abubillo sabe mucho, pero a mí no me la va a dar —les comentó a sus acompañantes—. Pero ahora vamos a ver hasta dónde nos lleva la huella.

El rastro les llevó, bordeando Castilblanco, al que los ladrones habían evitado, a coger la orilla del río Cañamares y por él, aguas arriba, llegar casi a Medranda, que tuvieron a la vista, pero entonces las huellas cruzaron al otro lado y se metieron ya en el monte, que era espeso y de fácil pérdida. Era un suelo duro y aunque consiguieron, tras perder el rastro, encontrarlo un par de veces más luego ya no pudieron seguirlo más tiempo. La dirección de la marcha era, sin embargo, clara. Enfilaba derecha hacia la sierra.

—Se conocen bien este montarral. Por aquí no hay quien los siga. Estas mulas no vamos a encontrarlas de esta forma. Pero hay otras.

Los negocios de Aurelio el molinero, y eso se lo barruntaban muchos, iban mucho más allá de las harinas y los salvados. Vivir allí en el cruce de caminos y de ríos hacía muy propicio el lugar para todo tipo de encuentros y tratos. Y en esos tratos a él se le quedaba siempre algo en las uñas. Más cuando los tratos eran de los que mejor que no se enterara nadie. Por el Rebolloso pasaban gentes de muchos sitios e iban y venían cosas. Cosas cuyo origen y dueño podía muy bien no ser el que las traía, pero eso, a quien se las llevaba, le importaba más bien poco. Por allí circulaba de todo, desde pieles a cacharros, aperos y hasta alguna seda o incluso alguna alhaja.

Pero lo que en los demás eran sospechas y rumores y se suponía que de cosas menores y ante las que mejor hacer que no se veía, pues el que más y el que menos por alguna de aquellas había incluso estado metido, para el Juanillo eran certezas y alguna no precisamente leve. Alguna que podía poner al molinero ante el concejo y acabar preso. Alguna en la que además de robo había habido sangre y otra en la que sin sangre, lo robado, y a quien se lo habían quitado, le podía costar acabar al Aurelio con una mano cortada o a lo mejor ser él o alguien de su familia los vendidos.

Los tres de Bujalaro regresaron a eso del mediodía al vado del Samoral, donde ahora ya estaba congregado el pueblo entero. Una mujer cuando los tres cruzaban el agua les gritó:

—¿No habéis cogido a los moros?

Lo mejor es que habían seguido apareciendo más mulas, ya solo faltaban catorce y al pobre que le habían dejado sin la yunta entera al menos había recuperado una.

El alcalde les dio la relación completa. Y a él le dio Juanillo el resultado de su búsqueda. Con un consejo final.

—Aún aparecerá alguna más. Pero lo mejor es dejar ahora que se aquieten las aguas para que cuando se calmen a lo mejor podamos dar con todas.

Aparecieron al final otras seis caballerías, aquella misma tarde otras tres y luego tres más. Estas últimas un caballo que volvió por sí mismo a su cuadra y dos mulas que cuatro días más tarde aparecieron juntas por Henarejos, pues debieron de tirar río arriba en la espantada y cruzarlo luego por el vado cercano adonde vertía el arroyo del Chorrillo. Los de la aldea de las Piedras de la Magdalena fueron quienes avisaron que las habían visto. O sea que el total de lo robado al final era siete mulas y un buen potro. Este del Barcenilla.

Muchos, pasadas ya las semanas, dieron la tropilla por perdida y que a esas no las iban a ver ya nunca sus dueños. Estos empezaron con resignación a cavilar cómo restañar el perjuicio.

Pero ese no fue el Juanillo. Él siguió bajando una y otra vez por el Rebolloso y frecuentando aún más la venta del Justi, en el peaje de la feria en Jadraque. Allí invitó a muchos a bastantes tragos y pareció atufarse más que ellos. Y a lo mejor así era, pero amoscado o no por el vino fue amontonando cosas y dichos. Y al final el Aurelio se vio con la soga al cuello o las manos en el tajón y entendió que mejor decir lo que sabía y colaborar con aquel viejo mesnadero que no soltaba la presa y que cada vez se acercaba más a la madriguera.

Cuando fue a verlo la última vez, llevaba ya un cordel

de cáñamo preparado para llevárselo atado hasta el pueblo si fuera preciso. El Juanillo había averiguado que dos de a caballo, desconocidos, que vio un pastor desde la cuesta de los Yesares de Jadraque, habían parado en el Rebolloso una semana antes del robo.

Con ello ya tuvo bastante y haciéndole ver que aún sabía más de lo que decía, el Aurelio acabó por desembuchar que sí, que habían estado. Y ya cogido el hilo del ovillo fue ofreciendo cada vez menos resistencia. Aunque mucha puso en el empeño.

Reconoció que en la conversación con ellos se le escapó sin querer que los de Bujalaro solían traer su muletada al otro lado del río aunque un buen cacho más arriba del molino.

El Aurelio puso ahí un segundo dique. Que a eso, a comentarlo, se había limitado la cosa. Que nada más había sabido del asunto hasta que la noche de marras oyó que ladraban los perros y se malició algo de lo que había pasado. Que solo conocía a aquellos dos, pero poco y ni sabía de dónde eran y nada había tenido que ver con el robo.

Aquello, lo del nombre y el pueblo, fue lo que más le costó sacarle y el Juanillo estuvo a punto de llevárselo a rastras y ponerlo en manos del Cristiano. Fue la amenaza de esto último lo que logró que el Aurelio recuperara la memoria. Pero dichos los nombres y la aldea se cerró otra vez en banda. Que él ni su familia no habían tenido que ver nada.

El Juanillo aceptó como buena la mentira, entendiendo que confesarla no iba a hacerlo pues se condenaba y a su prole con ello y porque además ya tenía descubierto lo que le interesaba y el Aurelio podía después seguir siéndole útil.

Con lo sabido tenía que ser suficiente para conseguir arreglarlo como había pensado. En vez de proclamarlo a los cuatro vientos, ir al concejo y pedir el apoyo de la milicia decidió hacerlo a su manera. Más Justi, más peaje, más chispos y más Aurelio y muchos recados cruzados desde el Rebolloso y desde los que volvían de la feria de Jadraque, a quienes a poco, y posiblemente por aviso del molinero, se supieron descubiertos. Luego, conscientes de que no tenían escapatoria, se les hizo llegar que la cosa podía acabar en un arreglo y sin que ellos terminaran en muy mal sitio y como poco mutilados.

Cuando se dieron cuenta de que los tenían cogidos y después de pasar noches pensando que los concejiles se les iban a echar encima en cualquier momento con los aceros desenvainados, el que se les ofreciera un portillo y ya muy directamente a través del Aurelio, una posibilidad de arreglo fue como ver el cielo abierto.

La cosa era devolver la tropilla al completo y allí no había pasado nada. Pero todas y las mismas que se habían llevado. Y desde luego y el primero el potro. Bueno, y una ristra de aperos, mantas y viandas por el perdón de los dueños, que el Juanillo precisó muy exactamente.

Le tocó porfiar al Aurelio, pero no demasiado. Les hizo comprender con quién se jugaban los cuartos e incluso el pescuezo, los de los otros y el suyo. Hubo que solventar el problema de recuperar una pareja que ya había sido vendida y aquello llevó unos días más, pero como el comprador también temió por haber comprado mulas robadas, aceptó recuperar lo pagado y las devolvió.

La entrega se haría en el Rebolloso. Las dejarían allí, con

cabezal, ramal y en reata una noche y por la mañana bajaría el Juanillo a por ellas. A quienes las traían era mejor ni verlos siquiera.

Se cumplió a rajatabla. En la tercera semana de septiembre y pasadas cuatro de ellas largas desde la noche que ya para siempre se recordaría en el pueblo como la de la tronera cuando quisieron robar la muletá, apareció por el camino de Nublares cruzando los Yesares y subiendo por la Callejilla donde se plantan los huertos el Juanillo en su caballo, con un mastín jovencillo, con el potro y detrás las siete mulas cada una atada al rabo de la otra.

Subió por donde bajaba la reguera del sobrante del agua de Fuente Rey hasta la plaza de la iglesia donde está el pilón y en él les dio de beber a todas. Algunos viejos que estaban regando las berzas y los nabos se le habían quedado mirando pero fue un hijo de los Moreno, que había puesto una taberna justo enfrente de la fuente, quien salió dando voces y no subió a tocar las campanas de milagro.

—¡Andá la Virgen! Que el Juanillo se ha traído todas las mulas perdidas.

Fue su última hazaña y la más recordada por siempre, por lo menos en Bujalaro. En otros sitios y en sus otros secretos quizá hubiera otras pero de aquella se hizo hasta una copla y hubo tiempo para que se la cantaran. Luego, aunque aún aguantó un par de años más, se fue apagando, hasta el día en que se acostó muy malo y no se levantó ya de la cama. A la Marta le dijo: «No llores, que ya me tocaba. Las flechas caían cada vez más cerca y era cosa de que cayera la mía».

Murió el viejo caballero serrano al que nunca le tiró el

arado y prefirió los montes y los ganados, el amigo del Maula, el primo del Pedro, el marido de Marta la Mora, que se trajo del cerco de Cuenca donde había estado preso de los moros, y el último que quedaba de aquella gente primera con quien ya no podía hacer memoria en la bodega de lo vivido. Se murió como había sido.

Sus hijos le dieron tierra, encabezados ya por el Juan Jesús, que por aquel malentendido que nunca se supo explicar bien, en la pila de bautismo y en Zorita, y que en la mesnada mientan como Juan y en el pueblo como Jesús. A él le daba igual, que en eso había salido a su padre, y en muchas otras cosas también y en algunas algo menos. Al entierro acudió el pueblo entero, sin que faltara uno solo, y de otros muchos lugares también vinieron. Y en el convite después del sepelio, uno que había bebido ya más de tres vasos dijo la mayor verdad de todas las dichas en esa hora de las alabanzas:

—¡Y qué bien bebía el *jodío*!

Le contestaron risas sofocadas y una carcajada clara, dos mejor dicho, la del Jesús y la del Pequeño.

Había sido el último frontero, el último caballero serrano en aquella tierra que ya había dejado de serlo. La frontera y la vida en ella como había sido durante tanto tiempo había acabado. El Juanillo había muerto con ella.

Quizá por ello su hijo mayor se fue después a buscarla lejos, hasta donde estaba ahora.

No se fue solo. Se llevó con él a dos de sus primos y primos también entre ellos, en el pueblo todos tenían algún parentesco y eso era conveniente para las cosas de la guerra. Eran dos tamarones, grandes y fuertes, muy altos, más que nadie en el pueblo. El Chapa, así apodado por haber sido desde niño un buen y recio chaparro, era uno, el más alto, y el otro, rubiato y siempre sonriente, era el Ramón, que era bueno como el pan excepto cuando se metía en pelea. Y se sabía cuándo iba a pasar eso porque entonces y solo entonces es cuando miraba derecho, porque tenía un ojo un poco desviado, pero cuando enristraba la lanza o soltaba el mandoble o de chico un puñetazo, entonces la mira se le fijaba y raro era que fallara el tajo.

Fue tras la muerte del Juanillo cuando el Juan Jesús ya se metió del todo en las cosas en las que el otro siempre estuvo envuelto dejando casi al completo la tierra en manos de su hermano, que ya tenía un hijo que le ayudaba, al que le habían puesto Gabriel por sus tíos los canteros y que con la ballesta era muy bueno asaeteando corzos. Que demasiada afición tenía, según decía su padre. Pero entre los dos se apañaban.

Fue cuando el rey Fernando III, ya sentado en el trono, decidió que era el momento de hacerle la guerra a los moros y comenzar a completar lo que no pudo acabar de hacer su abuelo, el de las Navas.

43

Encuentro en Córdoba

El obispo Mauricio de Burgos estuvo muy presente en dos decisiones del rey Fernando y en las dos acertó. La primera fue su boda con Beatriz de Suabia, cuarta hija de Federico I de Alemania. El prelado encabezó la comitiva castellana que se dirigió desde la capital castellana a la lejana Alsacia para concretar los acuerdos matrimoniales que incluían una gran dote de castillos y villas, tan lucidos como Logroño, Peñafiel, Castrojeriz, Carrión de los Condes, Belorado, Pancorbo, Montes de Oca y Roa y para escoltarla hasta el que se iba a convertir en su reino, Castilla. En el viaje de vuelta la comitiva se detuvo en París, para saludar allí a la reina francesa que no era otra que la tía de su novio y hermana de su suegra doña Berenguela, doña Blanca, que tan sensatamente había rechazado el ofrecimiento del intrigante Lara.

La boda fue en noviembre del año 1219, el día 30, en la vieja catedral burgalesa y menos de un año después, el 20 de julio del siguiente, también a impulso del obispo Mauricio se iniciaba la construcción por voluntad de los reyes de la nueva catedral gótica que la ciudad ansiaba elevar como signo de su pujanza y gratitud a la divina providencia. La reina se hizo querer muy pronto y no solo por su marido sino por nobles y plebeyos del reino. Hasta el muy quisquilloso arzobispo toledano, Rodrigo Jiménez de Rada, la enalteció como «óptima, bella, sabia y modesta». Culta y amante de las artes lo era también y su influjo se notó muy pronto en su esposo, en el reino y luego en sus hijos, de manera especial en el mayor, que con los años se convertiría en Alfonso X, por algo apodado el Sabio.

El rey había cumplido ya para entonces los dieciocho años, pero esperó a los veintidós y a que en el imperio almohade comenzara una lucha interna y sin cuartel, donde los califas duraban poco y el que no moría envenenado lo hacía estrangulado o ahogado en su propio baño. A uno de Sevilla no lo reconocían en Marrakech y al otro de allí le salían tres rivales por Al-Ándalus. Ni uno ni otros eran ya capaces de poner en marcha desde el África aquellos inmensos y pavorosos ejércitos como el que hubo de derrotar su abuelo y lo que había era ofrecimientos de los aspirantes o intitulados en esta o aquella parte de Al-Ándalus a pactar con el rey castellano y que les ayudara contra los otros pretendientes.

Al imperio almohade le estaba sucediendo lo que había pasado ya a la muerte de Almanzor con los omeyas y después con el declive de los almorávides. Las taifas florecieron para pelearse entre ellas y hacer aún más fácil la reconquista cristiana que Fernando deseaba cuanto antes emprender.

La primera gran oportunidad surgió en 1224 con un gran aliado. Al-Bayassi, quien fuera gobernador almohade de la capital, Sevilla, y ahora desde Baeza y proclamado emir, controlaba todo el Alto Guadalquivir y se mostró dispuesto a pagarle parias por su apoyo y alianza. En aquel mismo verano se produjo el encuentro de ambos y después ya vino la primera gran incursión de Fernando sobre tierras musulmanas donde se hizo acompañar por los caballeros de Santiago y los de Calatrava con sus maestres al frente, amén de las más aguerridas mesnadas de la Transierra.

Se le rindieron castillos, aunque decidió no ponerles guarnición cristiana al ver imposible su avituallamiento, pero al vasallaje de Al-Bayassi, que le entregó a su primogénito, quien cabalgó al lado del rey cristiano, se añadió en parias y alianzas el rey moro de Valencia, Zayd Abu Zayd. Este había dudado entre reconocer al califa almohade o pactar con el cristiano como había hecho el de Baeza, y al final se comprometió con él en solemne ceremonia en Cuenca.

Con tales apoyos en su mano, al año siguiente la campaña ya tuvo mucha mayor penetración y se pasó a tomar y mantener las plazas conquistadas. Consiguió así el dominio de Priego de Córdoba, se asomó luego a la vega granadina y se apoderó de Loja y Alhama que solo accedió a abandonar a cambio de la entrega de mil trescientos cautivos cristianos en poder de los musulmanes. Fracasó, y no iba a ser la última vez, en Jaén, que no pudo tomar a pesar de intentarlo con fuerza. Logró, sin embargo, por los pactos con Al-Bayassi, la entrega de dos enclaves esenciales, Martos y Andújar, que se iban a convertir en las puntas de lanza cristianas apuntando a la campiña cordobesa. Añadió a ello algo de singular importancia: el alcázar de Baeza pasó a estar en manos de los caballeros calatravos.

Aquellas entregas alentaron entre los musulmanes la revuelta contra Al-Bayassi, al que los suyos acusaron de converso cristiano y acabaron por asesinar aquel invierno. Su muerte provocó la inmediata reacción de su aliado. El rey Fernando se lanzó a ocupar todo el territorio que había estado bajo el dominio del emir, comenzando por Baeza que ya quedó definitivamente bajo su completo dominio y que dejó en manos de su máximo valedor y muy apreciado vasallo de su abuelo, Diego López de Haro.

Para los fronteros de la extremadura castellana aquellas incursiones ofrecieron la oportunidad de seguir en el oficio de lo que antes había sido necesidad. Y en Andújar vinieron a encontrarse aquellos que buscaron más al sur lo que ya en sus tierras no podían hallar.

Si de Bujalaro llegaron Juan Peréz con sus dos primos, del alfoz de Zorita lo hicieron el Barrado y el Cesáreo, que fueron los únicos de la vieja partida de los siete lanzas que decidieron trasladarse al sur. El resto por una u otra razón, fuera la edad, el acomodo, la salud o la mujer, dejaron para siempre aquella vida. El Lozano se dedicó a sus viñas, el Panta y el Aguacil sentaron cabeza y compraron tierras, olivos y casa, el Úbeda no quiso separarse de su Rebeca y los dos eslavones siguieron en La Bujeda pero sin el trasiego anterior, aunque ello no significara que de vez en cuando se juntaran todos o los que querían ir para alguna batida secreta, pero ya no tenía que ver con moros sino con los jabalíes.

El Barrado y el Cesáreo se establecieron para siempre en Andújar y no volvieron al norte durante los inviernos. El Juan y los primos sí lo hacían al concluir las cabalgadas, que con mayor o menor intensidad se produjeron los años siguientes, aunque sin avances reseñables, pues a pesar de los nuevos intentos la poderosa Jaén resistía. Ante ella volvieron a fracasar en el año 1230 después de un largo asedio que duró desde junio a septiembre y que no consiguió tomarla.

Pero justo cuando el rey Fernando volvía frustrado del cerco se produjo un acontecimiento que sería trascendental para el futuro. Su padre, el rey Alfonso IX de León, falleció. Y el rey castellano reclamó de inmediato su derecho al trono, que le había sido reconocido incluso por el mismo papa Honorio, pero de eso hacía ya doce años.

Ceñir la corona leonesa no le iba a resultar fácil. Cierto que su padre no había vuelto a hacerle la guerra tampoco se había reconciliado con él y sí hecho amago de dejar como herederas a sus hijas, tenidas con doña Teresa de Portugal, doña Sancha y doña Dulce, que se encastillaron en la bien amurallada Zamora.

Fernando y su madre Berenguela marcharon raudos a Toro y allí él fue proclamado como rey de León. Pero en la capital las fuerzas estaban divididas. El que el joven rey se presentara en ella en un golpe de efecto hizo que finalmente la mayoría de la nobleza, el clero y los concejos de las ciudades y villas del reino lo aceptaran. Las dos coronas se unificaron, pero cada uno de los reinos conservó sus cortes y leyes diferenciadas. Las suspicacias y conspiración seguían siendo muchas.

Aconsejado por Berenguela y para lograr apaciguar la situación y entronizarse con la solidez necesaria, Fernando inició una verdadera ofensiva, en este caso negociadora y diplomática en la que las respectivas madres, la suya y la de sus hermanastras, tuvieron el máximo protagonismo. Teresa de Portugal y Berenguela se reunieron y pactaron la solución. Sancha y Dulce recibirían varias fortalezas, que a su muerte volverían a la Corona, y una renta vitalicia anual de treinta mil maravedís renunciando así a todos sus derechos al trono. Se cerró el acuerdo estableciendo además, de común y amistoso acuerdo, una frontera definitiva con Portugal y un pacto de alianza contra los musulmanes, delimitando zonas de influencia y actuación. Tras ello la Corona reunificada se dividió en tres unidades administrativas: Galicia, que había manifestado mayor descontento, León y Castilla, encabezadas por un merino mayor convertido en la mayor autoridad delegada del rey.

Entonces y solo entonces, ya en paz su doble reino y sus alianzas firmemente establecidas, el rey Fernando pudo al fin poner en marcha su gran propósito: dar culminación a la victoria de las Navas y conseguir el objetivo que no había podido lograr su abuelo, reconquistar, hasta alcanzar el mar, Al-Ándalus.

La ofensiva cristiana se puso en marcha de inmediato. El arzobispo de Toledo, todavía don Rodrigo, lanzó el primer ataque y tomó Quesada y Cazorla. Una expedición de las órdenes militares, las más importantes mesnadas de la alta nobleza y algunas mesnadas concejiles añadidas, en busca de fortuna, se lanzaron sobre el valle del Guadalquivir. Sobrepasaron Córdoba, a la que no atacaron, pero tomaron Palma del Río. El reyezuelo cordobés Ibn Hud, enfrentado al califa de Marrakech, intentó hacerles frente en Jerez de la Frontera. Trabó batalla en el extenso olivar que se extendía ante ella pero fue vencido y obligado a huir dejando la ciudad a su suerte e indefensa ante las huestes cristianas que entraron en ella consiguiendo un extraordinario botín.

Con su parte, Juan Pérez, el Ramón y el Chapa junto al Barcenilla, que con ellos había engrosado las filas de la poderosa mesnada de Rodrigo Gómez Girón, volvieron a sus hogares cargados de riquezas. Al Ramón le valieron para comprar una buena casa y unas viñas en Alcalá de Henares y casarse allí. Al Chapa, herido de gravedad, para retirarse, hacerse con media docena de moros cautivos y montar una industria de albañilería en Madrid, pues los musulmanes eran buenos con el adobe y el ladrillo. A Bujalaro solo retornó a vivir el hijo del Juanillo que con el Barcenilla siguió presto a seguir participando en cuantas incursiones les parecieran propicias. Lo mismo hicieron el Barrado y el Cesáreo, pero estos, encuadrados en la mesnada de Pero de Guzmán, un caballero cada vez de mayor prestigio,[75] se quedaron a vivir en Andújar.

Consiguieron cierta fortuna pero no se hicieron ricos ni tampoco les otorgaron tierras. Estas no eran repartidas como se había hecho en la Transierra por los quiñoneros reales, sino que ahora eran otorgadas a los grandes magnates, nobles, obispos, órdenes militares y jefes de poderosas mesnadas. El tiempo de los repartos a las gentes de a pie de la tierra mora tomada había quedado atrás. Villas, ciudades y comarcas enteras pasaban a manos de los señores que más fuerzas ponían en combate al servicio del rey.

75. Padre de Guzmán el Bueno.

Cada año, de un extremo a otro de la frontera castellana, caían ciudades y territorios en poder del rey Fernando, bien con él al mando de la hueste o en acciones puntuales de nobles y obispos. En 1234 cayó definitivamente Trujillo tras una acción del obispo de Plasencia con santiaguistas y calatravos. El rey Fernando puso también bajo su poder a Úbeda, que ya no volvería nunca a manos musulmanas, y los freires prosiguieron por su lado la ofensiva y tomaron Medellín y Alange para entrar después en Hornachos, ya en plena serranía cordobesa.

No se detuvo el ataque, aunque el emir cordobés pagara para preservar su territorio una enorme cantidad de dinero, nada menos que cuatrocientos treinta mil maravedís anuales, ni siquiera con el fallecimiento de la reina Beatriz de Suabia en el año 1235, que hizo retornar al rey a Burgos. Conocedor de ello Ibn Hud y suponiéndolo postrado, decidió dejar de pagar el tributo y la jugada le acabó costando la antigua y esplendorosa capital de los califas omeyas.

La conquista de tan gran ciudad, todavía lo era a pesar de su declive, tuvo mucho de inesperada y oportunista. Y en ella tuvieron mucho que ver las mesnadas segovianas y de otros concejos otrora fronterizos como el de Atienza y entre los que se encontraban Miguel Barcenilla y Juan Pérez y otros caballeros de fortuna como el Barrado y el Cesáreo, atentos a aprovechar cualquier posibilidad de ganancia.

El adalid segoviano Domingo Muñoz fue alertado por el Barrado, que tenía fijada plaza y residencia en Andújar, de que unos moros por él conocidos le insistían en la facilidad de infiltrarse en el arrabal de la Axerquía, en el sector oriental de la urbe, pues no había allí apenas guarnición y esta era muy descuidada. Una tropa decidida y poco numerosa, que pudiera pasar inadvertida, podría escalar sus muros y luego ya dentro la cuestión sería sostenerse un tiempo y conseguir un botín incalculable.

Aceptado el plan por el segoviano salieron raudos de Andújar y llegados ante las murallas cordobesas comprobaron que la información era cierta. El de Segovia vio el portillo abierto y se coló dentro. Tenía hombres muy capaces y curtidos en aquellos menesteres. Un puñado entre los que estaban Barcenilla, Juan Pérez y por supuesto y en cabeza el Barrado con el Cesáreo siempre al lado, disfrazados con ropas árabes y en mitad de la noche del 23 de diciembre de 1235, víspera de la Nochebuena, treparon por una escalera y encabezados por un tal Álvar Colodro pusieron pie en las almenas.

Una vez arriba degollaron, en silencio y oscuridad, a los pocos y adormecidos centinelas. Escalaron todos cuantos, de los de a pie, aguardaban bajo el muro y a nada consiguieron hacerse con el arrabal al completo. Que había sido muy bien elegido pues lindaba con la parte de la ciudad de mayoritaria población mozárabe, que como suponían no dudó en prestarles su ayuda.

Al amanecer cerca de media ciudad de Córdoba era suya pues un grupo, con el adalid segoviano delante, llegó a la puerta de Martos, la tomaron y ya abierta pudieron por allí penetrar en entrar a la ciudad, los destacamentos de caballería que todavía aguardaban fuera. Pronto tanto el Barrado como el Cesáreo así como Juan Pérez y el Barcenilla tenían ya con ellos sus monturas.

Viendo el capitán segoviano la importancia de lo alcanzado y la facilidad que habían tenido en conseguirlo pensó que tal vez fuera posible mantener la conquista. Envió a toda prisa mensaje al rey Fernando para que le prestara apoyo y acudiera con toda la hueste que pudiera para completar el asalto y conseguir llegar al corazón de la capital, su alcázar y la tan mentada e impresionante mezquita, orgullo de todo el islam.

El rey Fernando recibió la noticia en Benavente, a mediados de enero, donde se encontraba con sus tropas y no lo dudó un momento. Convocó a todas las fuerzas leonesas que pudieran reunirse con él de inmediato y estas desde Salamanca, Zamora y la propia capital, León, llegaron tan prestas que a los pocos días ya estaban en marcha hacia el sur y a las que se iban juntando según avanzaban los freires de las órdenes militares. El 7 de febrero ya dieron vista a Córdoba.

Los refuerzos cristianos habían llegado desde el norte antes incluso que el propio Ibn Hud, a quien el asalto había pillado en Murcia y se demoró en preparar un potente ejército que pudiera aplastar sin problemas a la pequeña tropa de cristianos que se le había colado dentro. Había alcanzado al fin la zona y estaba ya acampado en Écija preparándose para lanzar el ataque cuando se encontró con que el rey cristiano se le había adelantado y, situado ya en la orilla izquierda del río, taponaba el viejo puente obra de romanos por el que Córdoba comunicaba con Écija, Sevilla y todo el este de Al-Ándalus. Era por donde únicamente podía llegar socorro a la ciudad y por el que a la fuerza había de pasar Ibn Hud.

El rey Fernando, además, había introducido ya parte de la hueste al otro lado del río en el arrabal de la Axerquía para apoyar a quienes la habían tomado y seguían manteniéndola en su poder.

El emir moro traía con él, amén de sus tropas andalusíes, una mesnada castellana de doscientos hombres al mando de un noble desterrado, Lorenzo Sánchez. Este le propuso hacer de espía y llegarse al real cristiano. Aceptó Ibn Hud sin saber que el espiado y traicionado iba a ser él mismo, pues el Sánchez aprovechó la ocasión para hacer las paces con don Fernando y obtener su perdón a cambio de su ayuda. Convinieron ambos en que el ejército cristiano, que era bastante más reducido que el musulmán, encendería multitud de hogueras para hacer creer que era mucho más grande. El supuesto espía regresado al lado del emir le confirmaría que, en efecto, el ejército de Fernando superaba al suyo.

Ibn Hud no era precisamente un temerario guerrero sino más bien todo lo contrario e informado además de que el primo del rey castellano, el aragonés Jaime I, estaba acechando y presto a caer sobre Valencia optó por dirigirse a Almería para allí fletar barcos que los condujeran hasta la ciudad levantina e intentar defenderla pues, con la mitad ya tomada y Fernando a sus puertas, Córdoba podía darse por perdida. Levantó el campo y se marchó por donde había venido sin combatir, dejando a los cordobeses a su suerte.

Estos al principio pensaron en rendirse de inmediato con la condición de que les dejaran partir con sus enseres. Pero más avisados que su señor, no tardaron en comprobar la pequeñez de la hueste cristiana y entonces se dispusieron a resistir fiados en las potentes murallas que rodeaban el cogollo de la gran urbe. Tres meses después seguían resistiendo y los concejos leoneses comenzaron a proponer al rey su regreso. Se negó Fernando y en otro golpe diplomático pactó con su pertinaz rival, el rey de Jaén, Alhamar y eliminó tanto cualquier peligro en su retaguardia como el que les prestara ayuda a los cercados.

Visto el acuerdo y perdida la única esperanza de ayuda que podían tener, los notables cordobeses entendieron que no les quedaba otra que intentar salvar lo que pudieran y rendir la ciudad. Lo hicieron el 29 de junio, fiesta de San Pedro, para gran alegría de todos y en particular de Miguel Barcenilla y Juan Pérez que se encargaron de decirles a todos que además de patrón de Burgos, san Pedro también lo era de su pequeño pueblo, Bujalaro.

Entre los cristianos los hubo que no querían aceptar amán alguno y eran partidarios de la degollina y el saqueo, pero se impuso la voluntad real y se aceptaron los términos que ya habían quedado casi pactados al comienzo del asedio: salir vivos y con lo que pudieran llevarse con ellos. En el almiar del alcázar se izó el pendón de Castilla y en la monumental mezquita, en su mihrab, se entronizó el crucifijo. Todos los edificios de la vieja capital califal se mantuvieron intactos con orden expresa de no atentar contra ellos. El día 30 de junio don Fernando hizo solemne entrada y en la mezquita, ya de nuevo regresada al culto cristiano y consagrada a la advocación de la Virgen María, se celebró misa por el obispo de Osma y se cantó el tedeum.

El rey Fernando se aposentó en el maravilloso alcázar

andalusí, a cuyas estancias y lujos tomó gran gusto y al saber que las campanas arrebatadas por Almanzor en 997 a la catedral de Santiago habían sido convertidas en grandes lámparas para iluminar la mezquita, las hizo descolgar y devolver de la misma manera que vinieron, pero ahora a hombros de cautivos musulmanes, al santuario del Apóstol. Quedó como gobernador de la ciudad Alfonso Téllez de Meneses y como alcaide Álvar Pérez de Castro.

Desde que la víspera de Nochebuena Miguel Barcenilla había entrado en el arrabal de la Axerquía, Juan Pérez notó en su compañero que una inquietud le iba creciendo por dentro. En los días siguientes y a la espera de que les llegara alguna ayuda y apareciera el rey Fernando, en aquel a veces angustioso tiempo que se prolongó más de mes y medio, el Barcenilla no dejó de preguntar a todo cordobés que se topara, particularmente del barrio mozárabe, por su padre, por aquel hidalgo llamado Arnoldo Barcenilla que había sido preso por los almohades cuando estos señoreaban Al-Ándalus y aterraban a los reinos cristianos en el ya lejano 1197.

Hacía de ello ya casi cuarenta años. Preguntó en todo comercio, en toda casa y a todos y de todos los oficios y no encontró de él rastro alguno. Confiando al fin sus penas y desaliento a Juan Pérez, este quiso aliviarlo y se sumó a la búsqueda. Pero lo hizo con mejor tino y en vez de preguntar por el hidalgo se puso a indagar sobre aquel joven maula que le acompañaba y que tal vez al llegar a Córdoba hubiera hecho valer su condición de moro, vuelto a Mahoma y haberse asentado quizá en la ciudad. Tenía, aunque no se lo dijera a su paisano, más esperanza de encontrar a este vivo pues a toda razón se le alcanzaba que de haber sobrevivido el hidalgo se hubiera intentado pedir rescate por él. Lo más probable sin embargo es que ambos llevaran muchos años muertos.

Resultó acertada su cábala pero no del todo. Pues al cabo dio con el Maula, el ahijado del abuelo Valentín y hermano de la Garza. Pero no se había vuelto moro, sino que había permanecido cristiano, y por ello había sido esclavo hasta que ahora pobre y ya muy envejecido vivía muy humildemente en el barrio mozárabe. Ni siquiera había salido a recibir a los cristianos. Tenía para ello una razón poderosa. Podían culparle de haber entregado al hidalgo Barcenilla a los almohades. Y más temió todavía cuando llegó a sus oídos que un hijo suyo andaba preguntando por él a toda la Axerquía. Se escondió entonces y solo las artes de Juan, heredadas de su padre el Juanillo, lograron ponerle sobre su pista y a la postre localizarlo para gran susto del anciano. Pues ya lo era y aún más lo parecía.

Hubo Juan de andarse con mucho tiento para que el otro no saliera huyendo cuando ya tuvo la certeza de que era él a quien buscaba. Mantuvo en secreto y nada dijo al Barcenilla de su hallazgo. Antes quería saber la reacción del uno y del otro, no fuera a ser que Miguel siguiera en su ofuscación, lo considerara culpable de la suerte de su padre y lo degollara por su propia mano. Que del Barcenilla todo, y también lo malo si se encolerizaba, podía esperarse.

El Maula, pues así lo llamó Juan al verlo, aunque no lo hubiera reconocido de no saber quién era, se llevó un enorme susto al ser sorprendido en una pequeña pero muy decente y limpia casa, donde vivía con una mujer también ya mayor y un par de hijas, la una soltera y la otra viuda con dos hijos. Allí era Enrique Gómez y había mantenido tal nombre aun cuando en su pueblo jamás nadie lo conociera por él.

Creyó el anciano que el cristiano venía como poco a apresarlo y lo más seguro a matarlo. Pero al decir su nombre y quién era su padre, al Maula le brillaron los ojos de esperanza. El Maula padre no había tenido mejor amigo que el Juanillo. Su hijo podía ser su esperanza. Tranquilizó a su familia, le hizo pasar y le ofreció su humilde hospitalidad, que alcanzó a un poco de mal vino y a unos muy dulces pasteles. Después se abrió a contarle lo sucedido desde que fueron capturados ambos por los almohades, guardándose para él en lo posible la obcecación del Barcenilla que los había puesto en aquel trance.

De hecho, al comenzar a relatar el cautiverio se deshizo en elogios sobre el valor y temple del hidalgo. Por ello él había preferido el cautiverio y no profesar de nuevo la fe de sus captores. Por el ejemplo del otro, que aun herido y roto se negó a doblegarse. Y él decidió no hacerlo tampoco. Por otro lado pretender hacerlo bajo el rigor almohade no le garantizaba nada y quizá aún más perjuicios por haber apostatado de la religión musulmana. Así que se resignó a su suerte y había permanecido cautivo, pasado como pastor de alquería en alquería, hasta que un pequeño golpe de fortuna hizo que quedara libre por la buena voluntad de su anciano dueño, que viéndolo ya mayor lo liberó a su muerte. Ya se había casado para entonces con una mozárabe que servía también en aquella alquería y juntos se habían venido a Córdoba. Había tenido más hijos, pero estaban muertos, y otra hija, casada, había marchado hacia Granada y no había sabido más de ella.

Entendió el Juan que a quien había de contarle todo era a Miguel Barcenilla pero antes debía él preparar el encuentro, no fuera a suceder alguna desgracia.

Por fortuna el Barcenilla, aunque con sus prontos, ya no era aquel joven violento que no atendía a razones. El hecho de que Enrique Gómez, el joven Maula, no se hubiera vuelto mahometano era muy poderosa prueba. Así que tras decirle primero que lo había localizado vivo y que le había confirmado la muerte ya muy lejana de su padre pudo explicarle lo sucedido y la verdad comenzó a abrirse paso en su mollera.

Fue sin embargo el Maula quien lo convenció del todo. El relato del cautiverio, tras caer ambos rodando desde lo alto de la cueva, y la valentía de Arnoldo enfrentando al jefe almohade y soportando con su brazo roto todo el camino hasta Córdoba hicieron emocionarse a su hijo y enorgullecerse de su hidalguía.

—Tu padre no se doblegó ante ellos. Era un valiente y en la adversidad demostró serlo por encima de toda conveniencia. Lo querían preservar vivo para pedir rescate pero su rebeldía los enfurecía. No lo quebraban ni los castigos, ni los golpes ni el hambre. Se mantenía, a pesar de su brazo maltrecho, erguido y desafiante. En algún momento decidió que moriría matando. Y eso hizo.

—¿Lo mataron los almohades?

—A espada cayó. Pero antes se cobró su precio. A aquel maldito jefe del pelotón que nos apresó y con quien se odiaba, se lo llevó por delante. En un descuido y tras haberle dejado el moro, tendido y aparentemente inconsciente en el suelo a base de golpes y latigazos, cuando se acercó para recrearse en su dolor, tu padre se levantó como un gato, le arrebató el cuchillo que llevaba en una funda al cinto y le rajó el cuello. El moro cayó sangrando como un cerdo. A don Arnoldo, allí mismo, sus soldados lo degollaron a golpe de alfanje. Murió como un soldado. Con todo su honor de hidalgo y de cristiano intacto. Y a mí me mostró el camino. Yo no quise abjurar de aquella fe que él tenía. Preferí vivir como cristiano en vez de como doble renegado.

Pasaron toda la tarde hablando y lo hicieron muchos otros días. Ambos socorrieron a aquella necesitada familia y en la mente de Juan comenzó a forjarse la idea de que volvieran con ellos al pueblo. Su hermana, su casi hermano el Valentín mozo y todos los recibirían con los brazos abiertos. El Barcenilla apoyó la idea pero el Maula se negó obstinadamente desde un principio y no hubo quien lo convenciera.

Pasaron los meses del asedio, incluso llegaron a pensar en que no concluiría y se retirarían sin acabar de tomar la ciudad. Pero cuando al fin cayó, redoblaron los esfuerzos para convencerlo de que volviera con ellos. Pero el Maula se siguió negando en redondo. Su vida ya estaba allí y no quería vivir de caridad ajena.

—Pero si hay allí tierra y ganado que son tuyos. No te la van a negar ni tu hermana ni su marido, ya te he dicho que está casada con el hijo de Valentín, y que fue tu gran amigo, como tu hermano, casi.

Pero fue imposible. Al fin Juan comprendió que un sentimiento extraño de vergüenza le impedía el retorno y se resignó a regresar sin él. Pero al menos le llevaría a la Garza el consuelo de que su hermano estaba vivo.

Aunque el rey Fernando permaneció en el alcázar hasta bien entrado el mes de agosto, las mesnadas de la Transierra ya para julio, ansiosas de regresar y con buen botín en las alforjas, emprendieron la vuelta a casa. El Barcenilla y Juan Pérez lo hicieron juntos, pero el primero ya tenía rumiada la decisión de volver cuanto antes e instalarse en aquella ciudad y aquella tierra tan rica. El rey había prometido que los que habían ayudado a tomarla serían los primeros en el reparto, aunque siempre tras los grandes señores. A Juan también se le pasó por la cabeza, pero en llegando a la tierra propia, sintió que era aquella donde le gustaría vivir y morirse cuando le llegara el tiempo y su día. Hasta quizá se empezara a quedar más tiempo en ella y ayudar a su hermano el Pequeño en las tierras y ocuparse él de las viñas, que era lo que más le gustaba y que tenía además mejor mano para el vino que nadie.

En un zurrón llevaba además algo que el Enrique le había encomendado que debía entregar como regalo y prueba de su vida a su hermana la Garza.

44

El fin de Al-Ándalus

Las mesnadas castellanas regresaron a sus hogares, para llegar a tiempo a la cosecha y la vendimia, pero una vez concluidas estas muchos de ellos, ya a finales de septiembre, decidieron emprender de nuevo el camino hacia Córdoba y el feraz valle del Guadalquivir. Las riquezas de la campiña cordobesa eran un gran reclamo y estaban en los sueños de muchos el alcanzarlas. Una verdadera marea de gentes partió hacia allá, cuando el rey ya se había marchado hacia el norte a encontrarse con su madre, en Toledo, que le estaba preparando boda pues ella y el obispo andaban preocupados por las tentaciones que pudieran acecharle al viudo en el alcázar cordobés. Lo convencieron y le dispusieron con la ayuda de Berenguela y su hermana doña Blanca, reina de Francia, un matrimonio con una dama francesa por ella elegida, doña Juana de Ponthieu, aunque con los viajes y acuerdos don Mauricio no pudo celebrar la boda en Burgos hasta dos años más tarde.

El rey permaneció allí y en el norte de sus reinos durante esos años y los dos siguientes pero hubo de ocuparse de lo que sucedía en Córdoba, que no se pudo prever. La gran afluencia de gentes en busca de riqueza y nueva vida topó con la inesperada realidad de que las vituallas se pusieron por las nubes y no había suficientes casas antiguas que pudieran albergarlos a todos. El rey tuvo que enviar como remedio algunos grandes convoyes con provisiones para atemperar la carestía de los alimentos.

Al final él mismo hubo de regresar a Córdoba con el propósito de poner orden en el reparto de tierras que estaba comenzando a provocar problemas y disturbios y además, y esencialmente, continuar el avance hacia el sur y acabar con todo el poder musulmán en Al-Ándalus.

Lo cierto es que ciudades y castillos habían ido cayendo uno tras otro sin apenas resistencia tras la muerte de Ibn Hud en el año 1238 y al llegar el año 1243 ya estaban bajo dominio cristiano Obejo, Hornachuelos, Almodóvar del Río, Lucena, Montoro, Baena, Écija, Marchena, Morón, Osuna y Estepa, amén de una pléyade de poblaciones más pequeñas. Nada parecía poder contener el avance, mermados además los moros por sus continuas disputas entre los diferentes reyezuelos, y nada lo contuvo a pesar de algunas tenaces resistencias, la más importante la del rey de Jaén y de Granada, el nazarí Alhamar.

Mientras él se reservaba Andalucía y ya comenzaba a urdir la toma de Sevilla, encomendó a su hijo Alfonso[76] la conquista de Murcia, que acabó por costar algo más de lo debido pero no por el rey musulmán sino porque el primo de Fernando, el aragonés Jaime, avanzaba incontenible por todo el Levante. En la década de 1230 ya se había apoderado de las Baleares y en los años cuarenta había tomado todo el

76. Alfonso X el Sabio.

reino de Valencia, capital incluida. Y tras un pacto con Alhamar, pensaban ambos dividirse Murcia. Pero la llegada del infante detuvo la operación y se volvió al acuerdo establecido, ya lustros antes, de reparto de influencia, que tanto Jaime como Fernando mantuvieron. Murcia quedaría para Castilla y así se hizo. El acuerdo se anudó aún más con la boda del infante Alfonso con la hija de don Jaime, doña Violante.

No había fisuras entre los reyes cristianos pero estas agusanaban cada vez más a los musulmanes. Tras la ciudad de Murcia, los castellanos se apoderaron de la muy fortificada Mula (Lorca) y luego, tras un asedio por tierra y mar con apoyo de la escuadra castellana que vino desde el Cantábrico, del gran puerto de Cartagena. Fue un ensayo para el plan que maduraba para tomar Sevilla y acabar definitivamente con el poder almohade, pues esa había sido su capital desde su llegada.

Fernando III lanzó su siguiente ofensiva en el año 1244 dirigida sobre la ciudad y reino que tanto se le había resistido y ante cuyos muros había fracasado en dos ocasiones, Jaén. Duró siete meses el cerco, pero el hábil Alhamar entendió que esta vez no tenía otra salida que entregar la plaza, al comprobar que el nuevo poder africano, los benimerines, que estaban haciendo trizas en el Magreb a las tropas almohades, no iban a socorrerle. Decidió pactar. Entregaría el reino de Jaén y se quedaría con Granada. Fernando aceptó el trato que contemplaba un acuerdo de vasallaje, la aceptación del dominio castellano de sus tierras y se comprometía a pagar la mitad de sus rentas, que se establecieron en ciento cincuenta mil maravedís anuales, que resultaban vitales para las arcas castellanas. Con ello Alhamar salvó su reino y el poder nazarí en Granada se mantendría más de dos siglos y medio.

La pieza final de la partida era Sevilla y Fernando la jugó con toda su fuerza, astucia y energía. Durante todos aquellos años había contado, sin embargo, con alguien con quien ya no contaba, su madre Berenguela, que mientras él estaba en las campañas andaluzas actuaba como regente y llevaba, mucho más que la esposa francesa de Fernando, las riendas de Galicia, de León y de Castilla. Pero en el año 1245, sintiéndose agotada, escribió a su hijo para decirle que se retiraba a un monasterio a prepararse para su muerte que la alcanzó al año siguiente, siendo enterrada, siguiendo su voluntad, en un sencillo sepulcro en las Huelgas burgalesas. Pero a su hija, que era monja allí, no le pareció acorde a su dignidad y la trasladó a un mausoleo más acorde a su rango, al lado de sus padres, el gran rey Alfonso VIII, el de la Navas, y la normanda Leonor, que fue la más castellana de las reinas.

Pero aquello no iba a detener al rey Fernando en su propósito sino animarlo. Llevaba años preparando con el almirante Ramón Bonifaz una gran flota para bloquear por mar a Sevilla pues comprendió que el cerco por tierra sería insuficiente si los moros mantenían el Guadalquivir abierto. Bonifaz destruyó primero la flota musulmana que intentó evitarlo y el cepo sobre Sevilla quedó cerrado. En él intervino el infante Alfonso, quien dejó estupefactos a los sitiadores amenazándolos con pasar a cuchillo a todos sus habitantes si derribaban un sola teja de su mezquita o un ladrillo de su almiar.[77] Finalmente Bonifaz, mientras que

77. La Giralda.

por tierra se iban sometiendo plazas y castillos vecinos, rompió el puente de barcas que unía con una enorme cadena la Torre del Oro con la orilla contraria del Guadalquivir, y la ciudad se encontró aislada tanto del castillo de Triana como del Aljarafe y aceptó capitular entrando el rey en ella el 23 de noviembre de 1248.

Fernando III se instaló en su alcázar y fue tanta su afición por la ciudad, igual a la que tuvo su hijo Alfonso luego, que ya vivió más en ella que en lugar alguno hasta su muerte. Con su toma y luego la de todo su alfoz, así como la de Jerez de la Frontera, el Puerto de Santa María y Cádiz, Al-Ándalus como tal llegó a su fin, ya no solo como el poder hegemónico que hasta las Navas lo había sido de toda la península, sino incluso como amenaza para los reinos cristianos del norte.

La frontera y su forma de vida y de muerte, las razias, las algaras, las cabalgadas de los caballeros serranos, murieron también con él, quedando tan solo reducida a aquella esquina de la linde con el reino granadino.

45

El collar de la Garza

Juan Pérez había custodiado en aquel viaje de vuelta desde Córdoba hasta su pequeña aldea castellana, como el bien más preciado que traía y a pesar de portarlos muy valiosos, aquel sencillo pero bello collar que el ahora viejo Maula le había entregado como presente para su hermana.

—Lo he mandado hacer para ella, pues no ha habido día que no la haya tenido presente. Que ella me recuerde a mí por él.

El aro con el que se rodeaba al cuello era de plata fina y colgaba de él un círculo también de ese metal en el que se dibujaba como una tela de araña de finísimos hilos teñidos de un rojo vibrante, carmesí. Dos pequeñas piedras azules, dos turquesas, remataban la pieza.

Era hermoso sin duda y, por su sencillez y finura, parecía estar hecho para el esbelto cuello de la Garza. Esta era una mujer madura, de más edad que su hermano, pero de más entera apariencia y que mantenía vivos sus ojos y erguidas siempre la mirada y la cabeza.

El Pérez se lo entregó nada más llegar a Bujalaro, en presencia de su marido y de su hijo.

Ella se emocionó con las nuevas. Fue una de las escasísimas veces que alguien vio llorar a sus ojos. Y lo hicieron de alegría.

Pero cuando pretendieron que se colgara el presente al cuello se negó rotundamente. Repuesta de su emoción y de su llanto, sabedora de la negativa de su hermano de venir, no se resignó a ello.

Con voz muy firme, con un tono que no admitía réplica alguna, ordenó:

—Tú, Valentín, que eras su hermano, y tu hijo, tu Antonio, traédmelo. Ahora que sé que está vivo no pienso morirme sin verlo. Id sin demora y traedlo con vosotros. No me pondré este collar hasta que no me lo pongan sus manos.

Comprendieron todos que debían hacerlo y cuanto antes se pusieran en marcha mejor sería.

Así que aquel mismo año acabada la cosecha y la vendimia, se unieron a Miguel Barcenilla, que se dirigía también hacia allí.

El hidalgo, llevándose sus mejores enseres en dos grandes carros, amén de sus caballos y varios sirvientes y acompañado de su mujer Aldonza, a quien entusiasmó el viaje e ir hacia aquella ciudad y aquellas tierras que soñaba floridas y alegres, partía a establecerse en Córdoba. Doña Aldonza estaba encantada de ir a vivir a aquellos lugares y a aquella urbe que no había tenido rival en la faz de la tierra y al lado de la cual la más grande ciudad castellana parecía una aldea. El hidalgo lo hacía seguro de que sería de los más agraciados por el rey en el reparto, pues se había dispuesto que los primeros en participar en el asalto tendrían mejores derechos y más favorable trato.

La hacienda en Bujalaro quedó al cuidado de su hermanastro, pues ya por tal lo reconocía y, aunque él mantenía la propiedad, el Cristiano podría hacer y deshacer a su antojo, excepto venderla sin su permiso, y con tan solo la obligación de pagarle al año una prudente renta. Él vendría, si podía, alguna vez a verlo. La otra parte correspondiente a su hermana Agustina ya estaba bajo la atención y cuidados de su marido, el Antonio.

El padre de este, el Valentín, a pesar de pasar de los cincuenta y no haber apenas salido del Común de Tierra de Atienza, seguía siendo llamado el Mozo y su hijo Antonio, dejando a la Agustina y a un chiquillo en casa, emprendieron con los Barcenilla el viaje. Al final, tras pedirle el favor su hermano menor, diciéndole que esa sería su última partida, Jesús Pérez, en Bujalaro ese era su nombre y ya lo sería siempre pues pensaba salir poco de allí en el futuro, se decidió a partir con ellos.

Fue un viaje, salvo por la fatiga del desplazamiento, tranquilo y sin sobresalto alguno. Había mucho trasiego por todos los caminos hacia Córdoba. Llegados allí se encontraron con el atasco de gentes, falta de viviendas y carestía de víveres. De vituallas, por fortuna y avisados, venía el hidalgo precavido. De la casa irían viendo luego.

Llegados a la vivienda de Enrique y tras los abrazos con el Valentín, el hijo del Maula entendió que ahora no era ya posible resistencia alguna, primero por la orden y deseo de su hermana y luego por quienes se la traían, su hermano y su sobrino como máximo portavoz de los deseos de su madre. La Garza deseaba, ordenaba, a sus polluelos reunirse de nuevo bajo sus alas, antes de que estas dejaran de poder cobijarlos y sus ojos de mirar en el cielo el vuelo de los vencejos.

Comprendió que estaba escrito y decidido. Su mujer, sus dos hijas y los nietos convinieron con agrado en ello. Para él suponía volver a su tierra. Para ellas poder tener alguna que pudieran llamar propia. Si los castellanos venían a Córdoba en busca de una nueva vida, ellos iban hacia Castilla a recuperar o a encontrar la suya.

Vino bien a todos, pues aunque pequeña, la casa de los mozárabes era aseada y en principio y hasta que no consiguiera Barcenilla, que sin duda la conseguiría, posibles no le faltaban ni influencias tampoco, un edificio acorde con su posición y rango, y ya intramuros de la urbe, les valdría para esos primeros días o meses. Pagaron por ella un precio que fue bueno a tenor de cómo se habían puesto en Córdoba y del que hubo de descontarse el carro y el tiro que les vendría bien a los otros para llevarse lo suyo en el camino de vuelta, lo que aún se lo abarató más todavía, y sin mucha más demora emprendieron viaje de regreso, para intentar llegar a Bujalaro por delante de las nieves.

Lograron dar vista al castillo de Jadraque cuando el Ocejón tenía ya la cima teñida de blanco. Era la primera nieve que los cordobeses veían y que el Maula les señalaba a sus alborozados nietos. El hombre parecía haber rejuvenecido años y a pesar de la fatiga del largo trayecto se movía con mucha mayor soltura que aquella primera vez en que Juan había conseguido encontrarlo. Había pasado el viaje en un continuo recordatorio con el Valentín de todo lo que había sucedido desde su marcha. Cuando ya habían atravesado Jadraque y bajaban hacia el pueblo por las revueltas de las Dehesillas le dijo en un repente a su amigo:

—Mira, Valentín, lo único que quiero mío es una punta de ovejas y que me consigas dos mastines. De lo demás no quiero nada. Con eso me vale.

—Eso ya lo tienes dispuesto, al igual que la casa, la que fue de tu padre. Pero tuyas son la mitad de las tierras de La Tobilla y algunas en nuestro término que también te corresponden. Tendrás para ti y los tuyos lo que en justicia te pertenece. Sobre eso ni yo ni tu hermana te vamos a dejar rechistar siquiera. Hasta parte en las viñas tienes.

Se adelantaron el Juan y el Antonio a avisar a la Garza de que ya llegaban. Y ella salió a la puerta a recibirlos. Traía el collar en la mano y antes de besar a su hermano hizo que este se lo pusiera al cuello y le cerrara el broche.

Epílogo

Era 15 de mayo, domingo. El Jesús y el Pequeño, Pérez, y el Antonio, Gómez, nietos del Juanillo y Pedro los unos, nieto del Valentín y el Maula el otro, habían subido al castillo en ruinas a ver desde allí las siembras. Aquel año había caído la sementera más por la parte del río y quedado de barbechera más por el lado de las alcarrias.

Las cebadas y los trigos, distinguibles aun a distancia por los verdes más claros o más oscuros, estaban ya encañando.

Los ojos se iban hacia las labores por el Vadillo, la Salía, el Bacho de San Pedro, el Samoral y ya, al otro lado del Henares, por las lomas de Peña Blanca. Allí la vista se paraba contemplando mecerse a las mieses, acunadas por un vientecillo, suave pero constante, que las mantenía en ondulante y continuo movimiento.

Había llovido la noche anterior y aún olía el campo a los olores que despierta la lluvia. Ahora lucía el sol en un cielo de azules bien lavados pero todavía no calentaba la tierra.

Estaba fresca la mañana.

Se sentaron los tres y estuvieron un buen rato callados, mirándolo todo.

Al rato, el Jesús dijo:

—Nos la hemos ganado, Antonio. Nuestros abuelos, nuestros padres y nosotros. Es nuestra tierra. Nos pertenece.

El Pequeño asintió a las palabras de su hermano mayor.

El Antonio tardó en contestar. También lo hizo asintiendo con la cabeza a lo dicho por su primo, pero luego añadió con la boca:

—Pero no, Jesús. Somos nosotros quienes le pertenecemos a ella.

Cronología

REINADO DE ALFONSO VI

1065

- Fernando I, rey de León y Castilla, muere en León. En virtud de lo dispuesto en 1063 su reino se divide entre sus hijos: Sancho (Castilla), Alfonso (León) y García (Galicia).

1067

- La reina Sancha, mujer de Fernando I, muere. Tras su fallecimiento, se empieza a romper el acuerdo sucesorio entre sus hijos.

1068

- Batalla de Llantada entre los reyes Sancho II de Castilla y Alfonso VI de León. La victoria de las tropas castellanas no tiene prácticamente consecuencias.

1071

- El rey García de Galicia es depuesto por sus hermanos, que se reparten su reino.

1072

- Batalla de Golpejera entre los reyes de Castilla y León. Alfonso VI de León es hecho prisionero y Sancho II reunifica los reinos.
- Alfonso VI es enviado al destierro a Toledo, tras la intercesión de su hermana la princesa Urraca y el abad Hugo de Cluny.
- Sancho II, a pesar de haber sido reconocido rey en León, ha de hacer frente a ciertos descontentos de la nobleza leonesa, entre ellos la desobediencia de la familia Ansúrez y la de su hermana Urraca, que se encastilla en Zamora.
- El rey Sancho II es asesinado ante los muros de Zamora.
- Alfonso VI, que ha vuelto del destierro tras la muerte de su hermano Sancho, es reconocido como rey de León, Castilla y Galicia.

1073

- El rey García de Galicia es apresado por Alfonso VI y enviado al castillo de Luna, donde vivirá prisionero hasta su muerte en 1090.

1075

- Al-Mamún, rey de la taifa de Toledo, principal aliado de Alfonso VI en Al-Ándalus, muere envenenado en Córdoba.

1080

- En un concilio celebrado en Burgos los obispos de los reinos de Alfonso VI deciden abandonar el rito visigótico-mozárabe y adoptar la liturgia romana, tal como era demandado por el papado.

- Pacto de Cuenca. Al-Qadir, rey taifa de Toledo, depuesto por un sector de la población apoyada por Al-Mutawakkil de Badajoz, se refugia en Cuenca. Llama en su ayuda a Alfonso VI, quien a cambio de reponerlo en Toledo exige la entrega de Zorita y otros castillos del territorio toledano.

1085

- Toledo se rinde a Alfonso VI tras el pacto alcanzado con Al-Qadir. Una de las condiciones del acuerdo establecía que los cristianos apoyarían al taifa toledano a apoderarse de Valencia, reino que había pertenecido a los dominios de su abuelo Al-Mamún.

1086

- Al-Qadir es entronizado en Valencia con la ayuda de las tropas cristianas mandadas por Álvar Fáñez.
- Los almorávides cruzan el Estrecho y convierten Algeciras en su cabeza de puente. El emir Yusuf ibn Taxufin, en su recorrido por Al-ándalus, va sumando a su ejército las tropas de las diferentes taifas andalusíes.
- Batalla de Zalaca/Sagrajas. Alfonso VI es herido de gravedad en una pierna. Tras la derrota, el ejército cristiano, entre cuyas tropas se encontraban los contingentes de Álvar Fáñez que habían acudido desde Valencia a la llamada del rey, se retiran ordenadamente hasta Coria, sin que los almorávides aprovecharan su victoria.

- Bernardo de Sauvetat es nombrado arzobispo de Toledo.

1088

- Yusuf ibn Taxufin regresa a Al-Ándalus y dirige una campaña militar contra Aledo que fracasa por las rencillas entre los taifas coaligados a los almorávides. Con los socorros de las tropas cristianas al mando de Alfonso VI la fortaleza resiste.

1090

- Yusuf ibn Taxufin regresa por tercera vez a Al-Ándalus. Los almorávides deponen a los reyes taifas de Granada y Málaga, que son desterrados en el Magreb.

1091

- Los almorávides toman Córdoba y ocupan Sevilla y destronan a su rey Al-Mutamid, que es desterrado al Magreb.

1092

- Los partidarios valencianos de los almorávides matan a Al-Qadir. La ciudad es gobernada por un consejo de notables a cuyo frente estaba el cadí Yafar ibn Yahhaf, reforzado por un contingente almorávide.

1093

- Matrimonio de la infanta Urraca, hija primogénita de Alfonso VI, con Raimundo de Borgoña.

1094

- Los almorávides ocupan Badajoz y deponen a Al-Mutawakkil.
- El Cid toma Valencia.

1097

- El emir de los almorávides, Yusuf, pasa el Estrecho por cuarta vez para ponerse al frente de la campaña militar anual.
- Batalla de Consuegra. Alfonso VI se refugia en su castillo y es sitiado durante ocho días por los almorávides, que al no poder tomar la fortaleza levantan el sitio.
- Los almorávides derrotan a Álvar Fáñez en el sector de Cuenca, que mandaba esa región hasta Zorita y Santaver.

1099

- Los almorávides cercan Toledo, acampando en San Servando. En su retirada conquistan Consuegra.
- Muerte del Cid en Valencia.
- Los cruzados conquistan Jerusalén.

1110

- Matrimonio de Alfonso VI con Isabel. Algunos autores señalan que se trata de la princesa musulmana Zaida, nuera del rey de Sevilla Al-Mutamid, convertida Isabel, madre del infante heredero Sancho.

1101

- Los almorávides sitian Valencia.

1102

- Alfonso VI llega en socorro de Valencia. Tras analizar la situación de la ciudad y tantear a las tropas almorávides ordena la evacuación de la ciudad, a la que prende fuego.

1104

- Alfonso VI toma Medinaceli tras un año de asedio.

1105

- Nace Alfonso Raimúndez, hijo de la princesa Urraca, el futuro Alfonso VII.

1106

- Muerte del emir almorávide Yusuf.

1107

- Muere el conde Raimundo de Borgoña.

1108

- Batalla de Uclés. Muere el infante heredero Sancho. Tras la derrota, Álvar Fáñez consigue guiar la retirada del grueso del ejército hacia los pasos del Tajo.

1109

- Muere Alfonso VI en Toledo.

1109

- Matrimonio de la reina Urraca, viuda, heredera de Alfonso VI, con Alfonso I de Aragón.

1110

- Alí ibn Yusuf, nuevo emir almorávide, cruza el Estrecho y concentra sus tropas en Córdoba. Tras pasar por la tierra de Álvar Fáñez destruyendo fortalezas y saqueándola, pone cerco a Toledo en la que Álvar Fáñez «*erat strenuus dux christianorum*». Durante ocho días los almorávides destruyen San Servando y concentran su ataque sobre la puerta de Almoguera. Levantado el cerco, antes de regresar a Córdoba, asaltan Madrid, Olmos, Canales y Talavera rompiendo sus murallas. Guadalajara y otras ciudades resisten sin grandes daños.
- Un grupo de nobles gallegos, con el conde de Traba al frente, reclaman los derechos hereditarios del infante Alfonso, hijo del primer matrimonio de la reina Urraca con Raimundo de Borgoña. Alfonso el Batallador invade Galicia y con el apoyo de las hermandades de Lugo vence a los nobles gallegos en Monterroso.
- Los almorávides toman Zaragoza y controlan todo Al-Ándalus.
- La corte castellano-leonesa, al igual que las ciudades del reino, se dividen entre los partidarios del rey de Aragón y los de anular el matrimonio de la reina por la relación de parentesco entre los reyes.

- El Papa amenaza con la excomunión a los cónyuges. Doña Urraca decide separarse del Batallador y se refugia en Sahagún. Alfonso I de Aragón, tras encarcelar a la reina en El Castellar, ocupa todas las plazas que habían tomado partido por la reina: Palencia, Burgos, Osma, Orense, Toledo (donde depone al arzobispo) y Sahagún (donde depone al abad).
- Los partidarios de la reina logran liberarla y se refugian en Candespina.
- Alfonso I el Batallador, con el apoyo de doña Teresa, hermanastra de la reina Urraca, y su marido Enrique, condes de Portugal (que pretendían la cesión del reino de Toledo), vence en Candespina a los partidarios de la reina, encabezados por los condes Gómez González y Pedro González de Lara.

1111

- Alfonso I de Aragón es aclamado en Toledo a su llegada a la ciudad, en la que se documenta una breve estancia del monarca.
- Álvar Fáñez recupera Cuenca del poder de los almorávides.
- La nobleza gallega y el arzobispo de Santiago, Diego Gelmírez, proclaman rey de Galicia al hijo de la reina, Alfonso VII. La aceptación de este hecho por parte de doña Urraca supone una nueva ruptura con el Batallador.

1112-1113

- Periodo de enfrentamientos-acuerdos entre los partidarios de la reina Urraca, del marido de la reina, Alfonso I de Aragón, y del hijo de la reina, el futuro Alfonso VII.

- Mazdali, nombrado por el emir almorávide gobernador de Córdoba, Granada y Almería, realiza una devastadora campaña en el valle del Henares. Cerca Guadalajara y asola toda la comarca antes de volver a Córdoba con abundante botín.
- En el verano de 1113 Mazdali toma el castillo de Oreja y cerca a Álvar Fáñez en el castillo de Montesant, que resistió.

1114

- Álvar Fáñez muere («después de las octavas de Pascua mayor») en un enfrentamiento con las milicias concejiles de Segovia, ciudad partidaria de Alfonso I de Aragón, defendiendo el reino a favor de la reina Urraca.
- Atendiendo a la consanguinidad de los monarcas, el matrimonio de doña Urraca y Alfonso el Batallador es declarado nulo en un concilio celebrado en Palencia.

1115-1117

- Los partidarios de la reina Urraca y los de su hijo, el futuro Alfonso VII, mantuvieron posturas de colaboración en diversas ocasiones, que se mantendrán a lo largo de los años siguientes, hasta el final del reinado de doña Urraca.
- Escasez de abastecimiento en Toledo, cuyo territorio sigue sufriendo la presión almorávide.

1118

- Alfonso I el Batallador conquista a los almorávides el reino de Zaragoza.
- El arzobispo de Toledo don Bernardo conquista Alcalá.
- Alfonso VII confirma fueros a Toledo.

1119-1120

- Doña Urraca da a Fernando García las villas de Hita y Uceda con los mismos términos que habían tenido en tiempo de Alfonso VI.
- Ese mismo año Fernando García de Hita otorga carta de arras que incluye a las dos poblaciones a favor de su mujer, Estefanía, nieta de Pedro Ansúrez (hija de Armengol V de Urgel y María Pérez).
- Alfonso I el Batallador repuebla Soria y la vincula a la diócesis de Tarazona.

1121

- Inicio del movimiento almohade en el norte de África con la sublevación de Mahdi ibn Tumart.
- Bernardo de Agén, chantre de la catedral de Toledo, es consagrado como obispo de Sigüenza. Con la restauración de esta diócesis, el arzobispo de Toledo y los partidarios de la reina doña Urraca y del infante Alfonso tratan de contener la expansión política y eclesiástica de Alfonso I de Aragón, que el año anterior había conquistado Calatayud y había promovido la restauración de la diócesis de Tarazona.

1124

- La reina doña Urraca, considerando la pobreza de la catedral seguntina, «destruida y asolada» durante más de cuatrocientos años, concede a la misma la décima parte del portazgo de Atienza y Medinaceli.
- Pascual Acebo, Juan Sabello y otros vecinos de la comarca describen los límites de los términos de Zorita y Almoguera según eran en tiempos de Álvar Fáñez.

1126

- Muere la reina doña Urraca en el castillo de Saldaña.
- Campaña de Alfonso I contra Granada y Córdoba.

REINADO DE ALFONSO VII EL EMPERADOR

1126

- Alfonso VII, que estaba en Sahagún a la muerte de su madre la reina Urraca, marcha a León, donde es coronado por el obispo don Diego. Allí acuden diversos miembros de la alta nobleza, como los condes Suero Vermúdez y Rodrigo Martínez, para presentarle su adhesión junto a otros nobles leoneses y asturianos. Desde la vieja capital del reino, marcha a Zamora, donde acudirán algunos magnates gallegos, encabezados por el conde Pedro de Traba, su viejo ayo, y el arzobispo Gelmírez. El recorrido del nuevo rey continuó por buena parte del territorio del reino: Salamanca, Cea, Saldaña... recibiendo el respaldo de la mayor parte de las autoridades locales y de muchos señores de la tierra.

1127

- Alfonso I de Aragón, para tratar de frenar los movimientos de su hijastro que empezaba a ser reconocido rey en Castilla, entra en territorio castellano con un fuerte ejército. El movimiento del monarca aragonés aceleró las adhesiones castellanas al nuevo rey leonés, lo que le permitirá la ocupación de Burgos y su reconocimiento por los concejos de la Tierra de Campos.
- Pacto de Támara. Las tropas de ambos contendientes se encuentran en el valle de Támara y para evitar un enfrentamiento abierto se negoció un acuerdo por el que Castilla y León volvían a los límites anteriores a la batalla de Atapuerca en 1054. En él se reconocía la soberanía de Alfonso I sobre Vizcaya, Álava, Guipúzcoa, Belorado, La Bureba, Soria, San Esteban de Gormaz y la Rioja. Por su parte, Alfonso I el Batallador renunciaba al título de emperador y cedía algunas plazas fronterizas: Frías, Pancorbo, Briviesca, Villafranca de Montes de Oca, Burgos, Santiuste, Sigüenza y Medinaceli.

1128

- Matrimonio de Alfonso VII con Berenguela, hija del conde de Barcelona Ramón Berenguer III.
- Alfonso I el Batallador, para asegurar la frontera frente a Castilla, promueve la repoblación de Almazán y conquista Molina a los almorávides.

- Alfonso Enríquez, hijo de doña Teresa, condesa de Portugal, comienza a desplazar en territorio portugués a su madre y a su amante y consejero, el conde Fernando Pérez de Traba, que se ven obligados a refugiarse en Galicia. Aunque Alfonso VII sometió a su primo, cercándolo en Guimarães, se iniciaba así el proceso de la independencia de Portugal.
- El gobernador almorávide de Granada Umar ibn Yusuf ataca las tierras de Toledo.

1129

- Alfonso VII da a la catedral y al arzobispo de Toledo el castro que ahora se llama Alcalá, antiguamente Complutum.
- Alfonso I el Batallador ataca Medinaceli y Morón, que son socorridas por Alfonso VII desde Atienza. El conde Pedro González de Lara vuelve a negar la ayuda a Alfonso VII.

1130

- El conde Pedro González de Lara es encarcelado y despojado de sus dominios, marchando al exilio a Bayona donde muere. Su hermano, el conde Rodrigo González, se somete a Alfonso VII y es nombrado alcaide de Toledo.
- Alí ibn Yusuf, emir almorávide, realiza una incursión contra Toledo y destruye el castillo de Aceca.
- Muere Mahdi ibn Tumart. Proclamación de Abd al-Mumin. Los almohades empiezan a controlar casi todo el norte de África.

1131

- El caudillo andalusí Zafadola, heredero de los Ibn Hud, últimos reyes taifas de Zaragoza, se hace vasallo de Alfonso VII. Con el acuerdo de vasallaje, por el que Zafadola entregó la fortaleza de Rueda al rey cristiano recibiendo a cambio posesiones en el reino de Toledo, Alfonso VII trataba de promover la creación de un Al-Ándalus gobernado por su vasallo, tributario de la monarquía castellano-leonesa y opuesto a los almorávides.

1132

- Los almorávides, en una nueva incursión en territorio toledano, matan a los alcaides de Escalona, Domingo y Diego Álvarez, y al de Hita, Fernando Fernández.

1133

- Nace el infante Sancho, futuro Sancho III de Castilla.
- Alfonso VII concede fuero a Guadalajara, señalándole los límites de su alfoz.

1134

- Desastre de Fraga. Muerte de Alfonso el Batallador. Separación de los reinos de Aragón y Navarra. Ramiro II el Monje es elegido rey de Aragón y García Ramírez rey de Navarra. Alfonso VII ocupa la Rioja y Zaragoza.

1135

- Alfonso VII es proclamado emperador en León por el cardenal arriano Guido de Vico, legado papal de Inocencio II. El emperador recibe el vasallaje de prácticamente todos los reyes y nobles cristianos peninsulares a excepción de Alfonso Enríquez de Portugal.
- Durante la coronación imperial de Alfonso VII, los obispos de Sigüenza y Tarazona llegan a una concordia sobre los límites de sus diócesis, quedando Calatayud para el primero y Daroca para el segundo. El silencio de Molina parece indicar que esta ciudad había sido abandonada tras la muerte de Alfonso I el Batallador.
- Alfonso VII otorga nuevo privilegio dando a la iglesia de Sigüenza el diezmo de las rentas reales en Medinaceli.
- El conde Rodrigo González de Lara, al casarse con la viuda de Fernando García de Hita, aporta en dote la heredad de Huérmeces, en el término de Atienza.
- El arzobispo de Toledo don Raimundo otorga fuero a Alcalá, en el que se fija que los moradores del castillo paguen la mitad que los de la villa.
- García Ramírez, rey de Navarra, se declara vasallo de Alfonso VII de León y Castilla, quien le entrega Zaragoza.

1136

- Alfonso VII entrega Zaragoza a Ramiro II de Aragón y García Ramírez, rey de Navarra, se alía con Alfonso Enríquez de Portugal contra el Emperador.

Diversos territorios gallegos, portugueses, navarros y castellanos se convierten en escenario de operaciones bélicas durante varios años.

- Motín en Santiago de Compostela que está a punto de costarle la vida al arzobispo Diego Gelmírez.
- Concilio de Burgos en el que se trata de poner fin a los conflictos sobre los límites de las diócesis de Burgos, Osma, Tarazona y Sigüenza, para cuya solución se sigue el documento llamado la «Hitación de Wamba». Dicho documento en realidad no tenía nada que ver con la geografía diocesana del antiguo reino visigodo (sobre la que en teoría se restauraban las diócesis nuevamente instauradas según avanzaba la ocupación cristiana), sino que se trataba de una carta apócrifa del mismo siglo XII, que se ajustaba bien a los intereses del triunfante Alfonso VII y sus colaboradores eclesiásticos.
- El conde Manrique Pérez de Lara, muy interesado en el sector de Atienza y Medinaceli, se dirigió a las ruinas de Molina, que ocupó, acometiendo la reconstrucción de sus defensas y su repoblación.

1137

- Nace el infante Fernando, el futuro Fernando II de León.

1138

- Campaña de Alfonso VII por tierras de Jaén y Coria en la que muere el conde Rodrigo Martínez. Los almorávides toman el castillo de Mora, por lo que

Alfonso VII manda construir el castillo de Peña Negra. Algaras del frontero Munio Alfonso en territorio musulmán.

- Alfonso VII otorga al obispo de Sigüenza don Bernardo «el lugar en que está construida la citada iglesia seguntina», con licencia para hacer una puebla en la que pueda instalar cien casados con sus familias y bienes, con facultad para labrar las tierras incultas que estaban desiertas.
- Alfonso VII adjudica al cabildo catedralicio de Toledo las tercias diezmales de Beleña y Cogolludo.

1139

- Toma de Oreja por Alfonso VII.
- Alfonso VII concede a la iglesia de Sigüenza los diezmos de las rentas reales de Atienza, Castejón, Medinaceli y Molina.
- Victoria de Alfonso Enríquez de Portugal sobre los almorávides en Ourique, tras la que comienza a intitularse como rey.

1140

- Guerra abierta entre Alfonso VII y Alfonso Enríquez de Portugal, que termina con los acuerdos de Valdevez en los que se pacta una tregua por tres años.
- Alfonso VII dona la villa de Talamanca a la condesa doña Urraca Fernández, hija de Fernando García de Hita. La villa volvería a la Corona en 1148.
- Alfonso VII, además de confirmar el señorío de la iglesia seguntina sobre los cien primeros pobladores

de la ciudad de Sigüenza, amplía el señorío episcopal con otros cien pobladores, con facultad para roturar y cultivar las tierras que hubiere incultas y abandonadas desde los tiempos de su abuelo Alfonso VI que adquirió la comarca.

- El obispo de Sigüenza llega a un acuerdo con el concejo de Medinaceli, que incluye en lo relativo «a la población de Santa María de Sigüenza», que pudiera aumentar con otros cuarenta vecinos con sus heredades (diez de Sigüenza de Suso y treinta de Medinaceli); y que los albarranes carentes de heredad podrán ir a poblar cuantos quisiesen.
- Esponsales del infante Sancho (III) con Blanca de Navarra.

1141

- El conde Rodrigo González de Lara da al monasterio de Arlanza la villa de Huérmeces, en el término de Atienza.

1142

- Alfonso VII toma Coria.

1143

- Muere el emir almorávide Alí.
- El nuevo emir, Taxufin, nombra a Avengania jefe supremo de Al-Ándalus.
- Incursión de Munio Alfonso, alcaide de Toledo, en el territorio de Córdoba. En la campaña derrota a los gobernadores de Córdoba, Avenceta, y Sevilla, Azuel, que mueren en el combate.

- Nueva campaña de Alfonso VII contra territorios de Córdoba, Sevilla y Carmona. El Emperador deja a Munio Alfonso y a Martín Fernández, alcaide de Hita, en retaguardia, en Peña Negra, que son atacados por Farax, el adalid musulmán de Calatrava. Muerte de Munio Alfonso.
- Independencia del reino de Portugal, tras unas negociaciones presididas por el cardenal-legado papal Guido en Zamora.
- Alfonso VII da al obispo de Sigüenza la villa desierta de Aragosa, con su castillo, situada entre Sigüenza y la tierra de moros. Como estaba abandonada largo tiempo y no se conocían sus términos, los señala y otorga a sus repobladores el fuero que eligiesen entre los de Medinaceli, Almazán, Atienza y Soria.

1144

- García Ramírez se casa con Urraca, hija de Alfonso VII.
- Campaña de Alfonso VII por un amplio territorio de Al-Ándalus con resultado muy positivo para el Emperador al producirse una rebelión generalizada de los líderes andalusíes contra los almorávides.
- Don Bernardo, obispo de Sigüenza, en el documento de dotación del cabildo de su iglesia, tras recalcar que encontró destruida la iglesia de Sigüenza y cómo la había reedificado con doble muro y torres contra el peligro de los enemigos, le asigna, entre otras cosas, la mitad de las rentas de los «habitantes que habían bajado del castillo a poblar la antiquísi-

ma ciudad de Santa María, poco poblada hasta el presente».

1144-1145

- La disgregación del poder almorávide en la península da lugar al segundo periodo de taifas en el que en un principio tiene una importancia fundamental Zafadola, que tras impulsar la sublevación de numerosas plazas consigue expulsar a Avengania de Córdoba.
- Taxufin perece en Marruecos tratando de frenar el avance almohade.
- Desembarco en la península de las primeras tropas almohades en respuesta a la petición de auxilio de Ibn Qasi, cabecilla espiritual y político del Algarve.

1146

- Muere Zafadola en una campaña muy confusa contra los almorávides desarrollada en las tierras de Baeza, Úbeda y Jaén a manos de los caballeros pardos, que en principio habían acudido en su ayuda al mando de los condes Ponce de Cabrera, Armengol de Urgel y Manrique de Lara.
- Campaña de Alfonso VII contra Córdoba controlada por el gobernador almorávide Avengania, quien termina por entregar la plaza y entrar al servicio del Emperador.
- Toma de Calatrava.
- Alfonso VII, a cambio de Caracena y Alcubilla, da al obispo de Sigüenza las salinas del vado en Santiuste y «Sigüenza de Arriba con su castillo y pertenencias».

Concede también que sus vecinos puedan seguir labrando y pastando en el término de Medinaceli como antes, cuando eran vecinos de esta, y que siguieran con el mismo fuero. Ordena que Sigüenza de Arriba y Sigüenza de Abajo constituyan una misma villa y un solo concejo, del que el obispo sería su señor.

1147

- El hispano-musulmán Ibn Mardanis, el Rey Lobo de las crónicas cristianas, y su suegro Ibn Amusco controlan la zona del Levante desde Cuenca hasta Valencia y Murcia.
- Los almohades toman Sevilla.
- Conquista de Almería por Alfonso VII el Emperador.

1148

- El conde Manrique Pérez de Lara concede fuero a Molina.

1149

- Entrevista en Zorita de Alfonso VII el Emperador con el Rey Lobo, Ibn Mardanis, de Murcia y con el rey de Valencia Ibn Amusco para afianzar su alianza contra los almohades. En el transcurso de la misma, Alfonso VII exime a los moradores del castillo de Almoguera del pago de numerosos impuestos, entre ellos el de posta, fonsadera y martiniega, para resarcirles de los daños sufridos por la población frente a los almorávides.

- Muere la reina Berenguela, esposa de Alfonso VII.
- Alfonso VII vende al concejo de Atienza los castillos de Castejón de Suso y Castejón de Yuso, sitos junto al Henares.
- Los oficiales del concejo de Atienza expulsan por la fuerza a los vecinos de Cogolludo de la aldea de Sopeña que habían poblado; tras echarlos y destruir lo poblado, ellos repueblan la aldea, que consideraban estaba dentro de su jurisdicción.
- Los almohades se apoderan de Córdoba.

1150

- Los almohades toman Badajoz.
- Campaña de Alfonso VII contra Córdoba con la colaboración de García Ramírez de Navarra.
- Muere García Ramírez de Navarra. Le sucede Sancho VI el Sabio.

1151

- La mayor parte de los reyes del occidente de Al-Ándalus (Béjar y Évora, Niebla, Jerez y Ronda y Tavira) se someten a los almohades.
- Tratado de Tudején: Alfonso VII y Ramón Berenguer IV se reparten las futuras zonas de reconquista.
- Matrimonio del infante Sancho, hijo primogénito de Alfonso VII, con doña Blanca, hermana de Sancho VI de Navarra. Matrimonio del monarca navarro con doña Sancha, hija de Alfonso VII.

1152

- Alfonso VII, al regresar de Lorca, da a Martín Ordóñez la peña de Anguix, en la ribera del Tajo, para hacer allí un castillo y poblarlo.
- Alfonso VII dona la aldea de Almonacid al conde Ponce de Cabrera y las aldeas de Vállaga y Hueva y ciertas heredades en Zorita a don Galindo.

1154

- Alfonso VII dona la aldea de Moratilla a Pedro Miguel.
- Alfonso VII dona la aldea de Alcocer, situada sobre el Guadiela en el alfoz de Huete, a la iglesia de Sigüenza.

1155

- Alfonso VII dona la aldea de La Pangía a Pedro Jiménez.
- Nace en Soria el infante Alfonso, que heredará el reino de Castilla tras la muerte de su padre Sancho III, con el nombre de Alfonso VIII.
- Sancho III da a la catedral de Sigüenza una aceña en Almazán, donada antes por Íñigo, capellán del rey Alfonso I de Aragón.
- Alfonso VII determina la división de los reinos de Castilla y León entre sus hijos varones Sancho y Fernando en un concilio celebrado en Valladolid.

1156

- Alfonso VII concede a los mozárabes que habían venido de Aragón a poblar Zorita las casas que había en el castillo de la villa, la mitad de su arrabal y otras heredades distribuidas por todo el alfoz, así como el derecho de tener alcaldes, jueces y colectores de impuestos que siempre fueran mozárabes.

- Don Pedro, obispo de Sigüenza, comienza la construcción de la catedral, asignando una parte de las rentas para la obra de la iglesia «mientras se construye la cabeza de los altares y la cruz de toda la iglesia».

1157

- Toma de Granada por los almohades.
- Campaña de Alfonso VII para socorrer Almería, en la que solo cuenta con la colaboración del Rey Lobo.
- Alfonso VII cambia con el Rey Lobo Alicún, cerca de Baza, por Uclés.
- Reconquista de Almería por los almohades.
- Muere Alfonso VII el Emperador. Los reinos de Castilla y León se dividen entre sus hijos Sancho III y Fernando II.

REINADO DE SANCHO III

1157

- Sancho VI de Navarra se declara vasallo de su cuñado Sancho III de Castilla.

1158

- Nace la orden militar de Calatrava. Los templarios, que tenían encomendada la defensa de dicha fortaleza desde que en 1147 se la entregara Alfonso VII, rehusaron a ella. Ante esta situación, Sancho III entregó la tenencia y el señorío de Calatrava al abad de Fitero Raimundo y al caballero Diego Velázquez, que fundaron la nueva orden.

- Acuerdo de Serón de Nágima entre Sancho III y Ramón Berenguer IV por el que el rey de Castilla renunció al título de rey de Zaragoza, así como a la soberanía sobre Calatayud y otras villas, a cambio de que el conde catalán y soberano aragonés y sus sucesores rindieran homenaje a los reyes de Castilla.
- Muere en Toledo Sancho III de Castilla.

REINADO DE ALFONSO VIII

1158

- A la muerte de Sancho III, siguiendo las instrucciones del testamento del monarca, se designa tutor del rey niño (que solo contaba tres años) a Gutierre Fernández de Castro y regente del reino a Manrique Pérez de Lara en un intento de equilibrar el reino entre las dos familias nobiliarias más poderosas. La solución dura pocos meses, pues los Lara, tras presionar al anciano conde don Gutierre, al que prometen que obedecerán como jefe, consiguen apoderarse de la persona del rey, al que trasladan a Haza, dentro de su zona de influencia.

1159

- La inestabilidad en Castilla motivada por el enfrentamiento entre los Lara y los Castro es aprovechada por el rey navarro, Sancho VI, que se apodera de Logroño y una gran parte de la Rioja. Fernando II de León ocupa por su parte la ciudad de Burgos.
- El Rey Lobo, Ibn Mardanis, con la colaboración de un importante contingente de caballeros y peones cristianos sitia y ocupa Jaén, Úbeda, Baeza, Écija y Carmona. Incluso intenta sitiar Sevilla.

1160

- Los Castro, dirigidos por Fernando Rodríguez de Castro, derrotan a los Lara en Lobregal.
- El califa almohade Abd al-Mumin pasa a la península. Derrota a los castellanos en tierras de Badajoz. Obliga al Rey Lobo a levantar el cerco de Córdoba y le arrebata Carmona.
- Los Lara, que custodiaban al rey niño, lo trasladan a Soria para alejarlo de la frontera con León.

1161

- El califa almohade regresa a Marruecos, circunstancia que es aprovechada por Ibn Amusco, suegro del Rey Lobo, con ayuda de un ejército castellano mandado por Álvar Rodríguez, nieto de Álvar Fáñez, para apoderarse de Granada, aunque la guarnición almohade aguanta en la alcazaba.

1162

- Alfonso II, rey de Aragón.
- Fernando II de León, que con el apoyo de los Castro controlaba ya buena parte del reino de Castilla, ocupa Toledo, al frente de la que pone a Fernando Rodríguez de Castro.
- Los almohades, con importantes refuerzos llegados desde Marruecos, se dirigen a Granada con un ejército de más de veinte mil combatientes. La plaza cae en su poder a pesar de que el Rey Lobo acudió en ayuda de los sitiados con una gran hueste mixta de musulmanes y cristianos. En el combate muere Álvar Rodríguez, nieto de Álvar Fáñez, apodado por los musulmanes el Calvo.

1163

- Los Lara, acosados por el rey de León y sus partidarios en Castilla, pactan la entrega de Alfonso VIII a su tío.
- Pedro Núñez de Fuentearmegil, caballero emparentado con los Lara, huye desde Soria con el rey niño, poniéndolo bajo la protección de las villas leales, llevándolo primero a San Esteban de Gormaz y más tarde a Atienza. Estos sucesos dan origen a la tradición de la Caballada, popular celebración el día de Pentecostés que rememora la huida del rey niño escondido bajo la capa de un arriero de la villa desde Atienza hasta Ávila, que según la tradición desde entonces recibe el título honorífico de Ávila del Rey o Ávila de los Leales. Ningún documento histórico

o crónica cercana a los hechos menciona este episodio.

- Abu Yaqub, nuevo califa almohade.

1164

- Batalla de Huete. El conde Fernando Rodríguez de Castro derrota a los partidarios de los Lara. El regente de Castilla, el conde Manrique Pérez de Lara, muere en la batalla. Su hermano, el conde Nuño Pérez de Lara, pasa a liderar su familia.

1166

- Alfonso VIII da al monasterio de San Salvador de Atienza cierta cantidad de sal de las salinas de dicha población.
- Muere el conde Gutierre Fernández de Castro.
- Don Nuño Pérez de Lara recupera Toledo.
- Alfonso VIII dona a la iglesia de Sigüenza la villa de Beteta.

1167

- Don Juan, arcediano de Huete, dona al monasterio de Monsalud la aldea de Córcoles.

1168

- Alfonso VIII da a la catedral de Toledo y a su obispo la aldea de Cortes (actual despoblado en el término de Illana, Guadalajara).

1169

- Cerco de Zorita. Tras ocupar la villa el ejército real, se entablan negociaciones con el alcaide de la fortaleza, Lope de Arenas, partidario de los Castro, en el transcurso de las que retiene como prisioneros en el castillo a los condes Nuño Pérez de Lara y Ponce de Minerva. Tras casi dos semanas de asedio, los encastillados se rinden y los condes son liberados.
- Alfonso VIII confirma a la catedral de Sigüenza una heredad en Almazán, donada por Jimeno de Morieta.
- Alfonso VIII da al monasterio de Monsalud la villa de Córcoles.
- Los almohades, enterados del enfrentamiento entre el Rey Lobo y su suegro Ibn Amusco que combatían por Jaén, marchan hacia Córdoba donde reciben la sumisión de Ibrahim ibn Amusco.
- Ibn Mardanis aguanta a los almohades en Valencia y Murcia.
- Alfonso VIII alcanza la mayoría de edad al comenzar su decimoquinto año de vida, tal como había establecido su padre Sancho III en su testamento.

1170

- Alfonso VIII da a la catedral de Sigüenza el monasterio de Velamozán.
- Alfonso VIII da a la catedral de Toledo y a su obispo don Cerebruno la aldea de Santa María de Cortes (actual despoblado en el término de Illana).
- Alfonso VIII da a la catedral de Sigüenza tres yugadas de heredad y la viña de Hermesinda en Hita.

- Alfonso VIII da a la catedral de Sigüenza el diezmo de todas las rentas del obispado.
- El prior de la Orden de San Juan concede fueros a los pobladores de Alhóndiga.
- Tratado de Sahagún entre Castilla y Aragón. Alfonso VIII y Alfonso II de Aragón acuerdan una paz perpetua y un pacto de alianza mutua contra cualquier enemigo, excepto Enrique II de Inglaterra, que era tutor de Alfonso II y padre de Leonor, futura esposa de Alfonso VIII.
- Alfonso VIII promete en arras a doña Leonor numerosas ciudades, villas y bienes, entre ellos las rentas de Atienza, Hita y Zorita.
- Alfonso VIII da a la catedral de Sigüenza la aldea de Tena, cerca de Hita.
- Alfonso VIII dona la villa de Beleña y su castillo al caballero Martín González.
- Alfonso II de Aragón, ante la toma de Valencia por los almohades, conquista Teruel y su comarca.

1171

- El califa almohade, Abu Yaqub, pasa a la península.
- Alfonso VIII da el castillo de Oreja a la Orden de Santiago.

1172

- Muere Ibn Mardanis, el Rey Lobo, cercado en Murcia por los almohades. Su hermano y sus hijos se someten a los almohades que controlan toda la España musulmana.

- Los almohades cercan y asedian Huete, que resiste defendida por don Pedro Manrique de Lara.

1173
- Alfonso VIII da a la catedral y al arzobispo de Toledo un baño en Guadalajara, cerca de la puerta de Álvar Fáñez.
- Tregua de Castilla con los almohades.

1174
- Alfonso VIII da a la Orden de Santiago la villa y el castillo de Uclés.
- Alfonso VIII dona a la Orden de Calatrava el castillo de Zorita.
- Alfonso VIII ampara la abadía de Córcoles, dada a la Orden de Calatrava.
- Sancha Martínez, con el beneplácito de su marido Pedro Martínez de Magán, dona a la Orden de Calatrava las aldeas de Almonacid, Hueva y Vállaga.

1175
- Alfonso VIII dona a la Orden de Calatrava el castillo y la villa de Almoguera.
- Alfonso VIII da a la catedral de Sigüenza la alberguería situada junto al Jalón, entre Huertas y Medinaceli.
- Alfonso VIII dona al monasterio de Bonaval el mismo lugar con varias heredades y derechos.

1176
- El califa Abu Yaqub regresa a Marruecos.

- Alfonso VIII confirma la donación a la Orden de Calatrava de las aldeas de Almonacid, Vállaga y Hueva en el término de Zorita.
- Alfonso VIII da a la Orden de Calatrava la villa y el castillo de Cogolludo.
- Alfonso VIII señala los términos al concejo de Atienza.
- Para poner fin a los problemas fronterizos que venían enfrentando a Castilla con Navarra desde hacía años, Alfonso VIII y Sancho el Sabio deciden solicitar el arbitraje del rey de Inglaterra.
- Cerco de Cuenca. Alfonso VIII da el Campillo al monasterio de canónigos regulares de Buenafuente.
- Alfonso VIII dona a la Orden de Calatrava la aldea de Moratilla.
- Inicio de la construcción de la Gran Mezquita de Sevilla, cuyas obras durarán hasta 1198.

1177

- Alfonso VIII da a la catedral de Sigüenza la aldea de La Miñosa.
- Enrique II de Inglaterra dicta sentencia arbitral en el conflicto fronterizo entre Castilla y Navarra.
- Muere el conde don Nuño Pérez de Lara, exregente de Castilla.
- Cerco de Cuenca. Alfonso VIII falla a favor de la Orden de Santiago en el pleito que sostenía con Almoguera y la Orden de Calatrava sobre la aldea de Estremera.
- Alfonso VIII de Castilla, tras casi un año de cerco, conquista Cuenca.

- Alfonso VIII da al monasterio de Monsalud la villa de Alocén.

1178

- Martín Pérez de Siones, maestre de Calatrava, compra a Pedro Martínez la heredad de Auñón por mil libras de oro.
- Don Cerebruno, arzobispo de Toledo, entrega a sus canónigos la aldea de Santa María de Cortes.

1179

- Tratado de Cazola: nuevo reparto entre Alfonso VIII de Castilla y Alfonso II de Aragón de las zonas de reconquista futura.
- Sancho VI el Sabio, rey de Navarra, hace renuncia definitiva a favor de Alfonso VIII de Castilla de la Rioja.

1179-1180

- Nace la infanta doña Berenguela, futura reina de León y Castilla.

1180

- Alfonso VIII, juntamente con el maestre de Calatrava, señor de la villa, concede fuero a Zorita.
- Alfonso VIII da una renta de veinte cahíces de sal en Atienza al monasterio de Monsalud.

1181

- Alfonso VIII da una heredad cerca del río Seseña y del Tajo a la catedral de Sigüenza.
- Alfonso VIII da a la catedral de Sigüenza la aldea de Quinqueyuga a cambio de la casa de Muriel. El mismo día le da también el diezmo de todas las rentas del obispado.

1182

- Alfonso VIII da a la iglesia de Cuenca el castillo de Peñas Alcatenas y Piedras Luches.
- Alfonso VIII da a la catedral de Sigüenza un molino en Berlanga a cambio de la heredad cerca del río Seseña y del Tajo.
- Alfonso VIII da a Martín González las villas de Beleña, Monterro y otras.
- Alfonso VIII confirma a la iglesia de Sigüenza la compra de la heredad de Esteras.

1184

- Segunda venida a la península del califa Abu Yaqub. Expedición almohade contra Santarém.
- Alfonso VIII concede una feria de diez días de duración a Alcalá de Henares desde el domingo «*de Quasi modo*».
- Alfonso VIII confirma a Gonzalo, médico, una heredad en la ribera del Tajuña dada por los concejos de Guadalajara y Brihuega.
- Conquista de Alarcón.
- Muere el califa Abu Yaqub Yusuf.

1185

- Alfonso VIII concede a Juan Pascual que los vecinos de la heredad que había comprado al concejo de Atienza cerca de Ledanca le paguen los derechos reales.
- Sancho I, rey de Portugal.
- Muere el conde don Fernando Rodríguez de Castro.

1186

- Tratado de Ágreda entre Castilla y Aragón.
- El médico Gonzalo da Archilla a la Orden de Santiago.
- Alfonso VIII da al monasterio de Bonaval una heredad en Alcazarilla.
- Conquista de Iniesta.

1187

- Alfonso VIII da al obispo de Sigüenza un judío morador en Medinaceli, sin servidumbre a otro señor.
- Tratado de Sauquillo entre Castilla y Aragón.

1188

- Alfonso IX rey de León.
- Alfonso VIII da a la catedral de Toledo la villa de Talamanca con sus términos.
- Primera reunión de las cortes en León, cuna y antecedente del parlamentarismo europeo.

1189

- El abad del monasterio de Monsalud y el maestre de la Orden de Calatrava firman una avenencia sobre la posesión de El Collado y Berninches.

- Alfonso VIII da a la catedral de Sigüenza el castillo de Riba, cerca de Atienza.

1190

- Don Nuño, maestre de la Orden de Calatrava, concede carta puebla a los moradores de La Bujeda.
- Pasa a la península el nuevo califa almohade Abu Yusuf.

1191

- Alianza de León, Aragón y Portugal contra Castilla.
- Alfonso VIII da a la orden cisterciense el monasterio de Óvila con Muriel y otras granjas.
- Tregua entre Castilla y los almohades.

1192

- Alfonso VIII da a la Orden de Calatrava la tercia en el diezmo de lo que pagaba en Toledo la madera transportada por el Tajo.

1194

- Alfonso VIII confirma privilegios al monasterio de Valfermoso.
- Muere Sancho el Sabio de Navarra. Le sucede su hijo Sancho VII el Fuerte.
- Pedro Fernández de Castro pasa a Marruecos al servicio de los almohades.

1195

- Nuevo viaje del califa almohade Abu Yusuf a la península para preparar una gran campaña contra Castilla.

- Derrota castellana en Alarcos, tras la que se pierde gran parte de La Mancha.
- Tras la derrota, Alfonso IX de León solicita la devolución de ciertos castillos, lo que avivará de nuevo las hostilidades entre los dos reinos.

1196

- Campaña almohade al frente del califa en la que tras tomar Montánchez, Santa Cruz, Trujillo y Plasencia, saquearon las tierras de Talavera, Santa Olalla, Maqueda y Toledo. La campaña se hizo coincidir con una incursión leonesa con ayuda de tropas almohades y de Pedro Fernández de Castro en Tierra de Campos.
- Pedro II rey de Aragón.
- Alfonso VIII recupera Plasencia.

1197

- Campaña almohade contra Talavera, Maqueda, Toledo, Madrid, Guadalajara, Oreja, Uclés, Huete y Cuenca.
- Tregua entre Castilla y los almohades.
- Acuerdo en Castilla y León. Matrimonio de la infanta doña Berenguela con Alfonso IX de León.

1198

- El califa almohade Abu Yusuf regresa a Marruecos.
- Alfonso VIII confirma a la iglesia de Cuenca la posesión de Pareja.
- Tratado de Calatayud entre Castilla y Aragón.

1199

- Muere el califa almohade Abu Yusuf.

1200

- Alfonso VIII confirma el acuerdo entre el obispo de Sigüenza y el concejo de Atienza sobre Cabanillas.
- Incorporación de Guipúzcoa y de Vitoria a la Corona de Castilla.

1201

- Nace el infante don Fernando, el futuro Fernando III de Castilla y León, hijo de doña Berenguela y Alfonso IX de León.

1202

- Alfonso VIII confirma al monasterio de Óvila unas heredades en Salmerón de Arriba.

1203

- Alfonso VIII concede a la iglesia de Toledo los diezmos de la bodega del rey en Guadalajara.

1204

- Nace el infante Enrique, el futuro Enrique I de Castilla.
- Alfonso VIII da al monasterio de San Audito unos molinos en Uceda.
- Alfonso VIII falla, en el pleito que por dicho motivo sostenían las órdenes de Calatrava y Santiago, que no debe haber barco en Algarga (actual despoblado en el término de Illana) que reciba portazgo.

- Disolución por disposición papal del matrimonio entre la infanta Berenguela y Alfonso IX de León.

1205
- Alfonso VIII dispone que el monasterio de San Audito tenga un excusado en Uceda y dos en Buitrago.

1206
- Alfonso VIII concede al arzobispo de Toledo la cancillería real.

1207
- Tregua entre Castilla y Navarra.
- Alfonso VIII da a Fernando Díaz la casa y la iglesia de San Audito y sus heredades.
- Alfonso VIII presencia la venta de La Cabrera al obispo de Sigüenza. Al día siguiente, el rey confirma dicha venta.
- Alfonso VIII confirma el acuerdo entre los concejos de Guadalajara y Uceda sobre sus términos.

1208
- Alfonso VIII entrega a Fernando Díaz y su comunidad la casa de San Audito con los términos y condiciones que indica.
- Alfonso VIII da a la iglesia de Cuenca el diezmo de las viñas de Alcocer.
- Alfonso VIII da al monasterio de Óvila las heredades de Barajas, Palmiches y Salmerón.

1210

- Alfonso VIII manda adehesar la laguna que tenía el monasterio de Óvila en el río de Peralveche.
- Alfonso VIII concede veinte cahíces en las salinas de Atienza al monasterio de Monsalud.
- Alfonso VIII da al monasterio de San Audito unos molinos en Uceda.

1211

- Alfonso II, rey de Portugal.
- Alfonso VIII concede licencia a la catedral de Sigüenza para adquirir cierta cantidad de heredades en Almazán y otros lugares.
- El nuevo califa almohade Abu Abd Allah pasa a la península.
- Alfonso VIII con las milicias concejiles de Madrid, Guadalajara, Cuenca, Huete, Uclés y algunos «ricos omes» lanza una campaña hacia las tierras del Júcar en la que toma Jorquera, Alcalá del Júcar y otros castillos, consiguiendo un gran botín.

1212

- Alfonso VIII confirma a la Orden de Calatrava la posesión de unas casas, huertos y majuelos en Moya y en Albalate de Zorita, dadas por don García de Aguilar.
- Batalla de las Navas de Tolosa. Alfonso VIII y sus aliados derrotan a los almohades.
- Tratado de Coimbra entre Castilla y León.

1213

- El califa almohade Abu Abd Allah regresa a Marruecos.
- Conquista de Alcaraz.
- Muere el califa almohade Abu Abd Allah.

1214

- Alfonso VIII confirma al monasterio de Óvila la heredad de Yelo.
- Alfonso VIII confirma el acuerdo establecido entre el monasterio de Óvila y el concejo de Barajas.
- Muere el infante Fernando, hijo de Alfonso IX de León y Teresa de Portugal.
- Muere el conde Pedro Fernández de Castro.
- Octubre. El día 5 muere Alfonso VIII. Le sucede su hijo Enrique I de Castilla, quedando como regente su madre, la reina Leonor, que muere el día 31. Queda como regente la infanta doña Berenguela, la hermana mayor del rey Enrique I.

REINADO DE ENRIQUE I

1214

- Enrique I da a la iglesia de Toledo la villa de Talamanca.

1215

- La familia Lara se opone a la regencia de doña Berenguela que, para evitar los conflictos internos, cede la regencia al conde Álvaro Núñez de Lara.

- Enrique I concede al monasterio de Óvila la heredad de Torote y la de Yelo.
- Enrique I concede una feria anual a Brihuega el día de San Pedro.
- Enrique I, atendiendo a los servicios prestados a su padre el rey Alfonso VIII por la aljama de judíos de Zorita y a la gran necesidad que en esos momentos tenía dicha comunidad, la exime de tributación.

1216

- Enrique I ampara al monasterio de Bonaval.
- Enrique I excusa de tributación al concejo de Carrascosa.
- Un importante grupo de magnates castellanos, entre los que destacan Lope Díaz de Haro, Gonzalo Rodríguez Girón, Álvaro Díaz de Cameros y Alfonso Téllez de Meneses, acuerdan con el apoyo de la infanta Berenguela hacer frente común ante Álvaro Núñez de Lara. Ante lo peligroso de la situación, doña Berenguela manda a su hijo Fernando a la corte de León con su padre el rey Alfonso IX. El conde Álvaro Núñez de Lara reacciona concertando el matrimonio de Enrique I con Sancha, hija del rey Alfonso IX de León, pretendiendo con ello unir los reinos de Castilla y León y apartar de la línea sucesoria de ambos reinos al infante Fernando de León, hijo de doña Berenguela y de Alfonso IX de León.

1217

- Enrique I de Castilla muere a consecuencia de un accidente en la ciudad de Palencia. El regente, el conde Álvaro Núñez de Lara, traslada el cadáver del rey niño al castillo de Tariego para ocultar su muerte, aunque no pudo evitar que la noticia fuera rápidamente conocida.

- La corona pasa a la hermana del rey, la infanta Berenguela.

REINADO DE FERNANDO III

1217

- Fernando III es proclamado rey de Castilla, tras la renuncia de su madre doña Berenguela.

1218

- Fernando III confirma el fuero de Zorita, dado por Alfonso VIII y el maestre de Calatrava.
- Alfonso IX de León crea la Universidad de Salamanca.
- Pacto de Toro: ratificación de la tregua entre Fernando III y su padre Alfonso IX de León.
- Rodrigo Fernández y su esposa, vecinos de Atienza, fundan el monasterio cisterciense femenino de San Salvador de Pinilla.

1219

- Boda de Fernando III con Beatriz de Suabia, oficiada por el obispo Mauricio en Burgos.
- Fernando III concede el llamado «fuero largo a Guadalajara».

1221

- Fernando III dispone que las heredades de la Orden de Calatrava en Zorita no pasen a realengo, ni las de este a la orden, así como que las heredades de los vecinos de Zorita que se marchen a dominios de realengo pasen a ser propiedad de la Orden de Calatrava.
- Fernando III manda a los concejos de Almoguera y Zorita y al comendador de ambas villas que traten bien a los mezquinos.
- Nace en Toledo el infante Alfonso, el futuro Alfonso X el Sabio.

1222

- Fernando III marcha en campaña contra el tercer señor de Molina Gonzalo Pérez de Lara (1212-1239), que había atacado pueblos del señorío de Medinaceli y coaligado con otros nobles para sublevarse a favor del rey Alfonso IX de León. El conde se refugia en el castillo de Zafra (Guadalajara). Obligado a rendirse, se ve forzado a firmar la Concordia de Zafra, según la cual el primogénito del conde, Pedro González de Lara, es desheredado en favor de su hermana Mafalda, que se casará con el infante Alfonso, hermano del rey.

1223

- Fernando III, tras hacer pesquisas sobre cómo era la situación en tiempos de su abuelo Alfonso VIII, ordena que todas las mercancías y ganados que vayan para venderse pasen el Tajo por los puentes de Toledo, Alarilla o Zorita.

1224

- El arzobispo Rodrigo Jiménez de Rada concede fuero a Brihuega.

1225

- Tratado de las Navas de Tolosa: Abd Allah al-Bayassi, emir de Baeza y Córdoba, se declara vasallo de Fernando III cuando se entrevistan en Andújar (Jaén) y se compromete a entregarle los castillos de Capilla, Salvatierra, Burgalimar, Martos, Andújar y Jaén.

1226

- El arzobispo Rodrigo Jiménez de Rada impulsa las obras de la catedral de Toledo.
- El conde Gonzalo Pérez de Lara y su esposa Sancha Gómez, señores de Molina, ceden al monasterio de Buenafuente del Sistal un terreno entre Anquela y Selas.

1227

- Alfonso IX de León conquista Cáceres.
- Fernando III ocupa Baeza.

Década 1220-1230

- Fernando III concede nuevo fuero a Zorita de los Canes.

1230

- Alfonso IX de León conquista Badajoz.
- Reunificación definitiva de Castilla y León bajo Fernando III, a la muerte de su padre Alfonso IX de León.
- Fernando III asedia Jaén sin éxito.

1231

- Fernando III crea el Adelantamiento de Cazorla y lo entrega al arzobispo de Toledo Rodrigo Jiménez de Rada.

1233

- Fernando III conquista Úbeda.

1234

- El arzobispo de Toledo Rodrigo Jiménez de Rada compra el monasterio de Buenafuente del Sistal, que pasa a manos del cabildo de la catedral toledana.

1235

- Fernando III conquista Chiclana de Segura y rinde Iznatoraf.

1236

- Fernando III, informado de que tropas del concejo de Andújar han tomado la Axerquía, un barrio intramuros de Córdoba, emprende una campaña en dirección a dicha ciudad, conquistando varios castillos. Al asedio de la ciudad acuden también tropas al mando de varios magnates castellanos.

1238

- Fernando III conquista Jerez de los Caballeros.
- Gonzalo Ibáñez de Gudiel, obispo de Cuenca, conquista Requena, que es anexionada a Castilla.

1239

- Muere Gonzalo Pérez de Lara y el señorío de Molina y Mesa pasa a su hija Mafalda González de Lara y al esposo de esta el infante Alfonso.

1240

- Fernando III conquista Marchena, Écija y otras poblaciones.
- El arzobispo Rodrigo Jiménez de Rada conquista Lucena, que es donada al obispo y al cabildo de Córdoba.

1241

- Tropas del concejo de Alarcón ocupan la pequeña puebla y el castillo de Al-Basit («La Llanura», hoy Albacete) y Fernando III se los entrega como aldea.

1242

- El arzobispo de Toledo Rodrigo Jiménez de Rada cede el monasterio de Buenafuente del Sistal a la reina Berenguela, madre de Fernando III, para ubicar un monasterio de monjas, pero esta lo cederá a su otro hijo el infante Alonso, señor de Molina, quien al año lo venderá a su suegra Sancha Gómez.

- El maestre de Calatrava otorga el fuero de Guadalajara a Cogolludo.

1243

- Los Banu Hud, que gobiernan Murcia, ante la división interna en facciones de los magnates del reino y la presión de las tropas aragonesas de Jaime I, optan por someterse como vasallos a Castilla y envían una embajada. El infante Alfonso, primogénito de Fernando III, firma el Tratado de Alcaraz, por el que Castilla ejercerá un protectorado sobre este reino.

1244

- Tratado de Almizra por el que Jaime I de Aragón y su futuro yerno el infante Alfonso se reparten las tierras conquistadas y por conquistar en el reino de Murcia y se confirman los límites del reino de Valencia.

1246

- La reina Berenguela muere en su retiro del monasterio de las Huelgas de Burgos, donde es enterrada.
- Boda entre el infante Alfonso (futuro Alfonso X) y Violante de Aragón (hija de Jaime I).
- Fernando III conquista Jaén, tras siete meses de asedio.

1247

- Fernando III, con el objetivo de conquistar Sevilla, encarga a principios de año a Ramón de Bonifaz y Camargo la creación de una armada. Este construye

cinco galeras en Santander, a las que añade trece barcos de vela vascos, cántabros y gallegos y se presenta en el Guadalquivir. En Sanlúcar derrota a la flota musulmana y remonta el río hasta encontrarse con Fernando III que había vuelto a Sevilla.
- Muere Rodrigo Jiménez de Rada, arzobispo de Toledo.

1248
- Sevilla se rinde a Fernando III una vez que la marina castellana destruye el puente de barcas trabadas sobre el Guadalquivir.

1250
- Fernando III convoca cortes en Sevilla, a las que, además de los magnates y prelados del reino, acuden por primera vez representantes de las ciudades del reino de Castilla, entre los que se encuentran los del concejo de Guadalajara.

1252
- Fernando III muere en Sevilla.

Índice

LIBRO PRIMERO
COMÚN DE TIERRA DE ATIENZA
LABRADORES

LIBRO PRIMERO
FRONTERA DEL TAJO ALTO. ZORITA
VILLANOS

LIBRO PRIMERO

FRONTERA DEL GUADIANA
CALATRAVOS

LIBRO SEGUNDO

COMÚN DE TIERRA DE ATIENZA
LABRADORES

LIBRO SEGUNDO

FRONTERA DEL TAJO ALTO

LIBRO SEGUNDO
FRONTERA DEL GUADIANA
CALATRAVOS

LIBRO TERCERO
COMÚN DE TIERRA DE ATIENZA
LABRADORES

LIBRO TERCERO
FRONTERAS DEL TAJO
Y EL GUADIANA

LIBRO CUARTO
COMÚN DE TIERRA DE ATIENZA
LABRADORES

LIBRO QUINTO
REINO DE CASTILLA